David Cha

Marcel Carné
Le môme du cinéma français

Éditions SOTECA

L'auteur remercie Arnaud de Vitry, Tania Lesaffre,
Béatrice de Durfort, Fred Muchnik et Philippe Morisson.

Ce livre est dédié à Roland Lesaffre.

Claude Chassaigne - Juin 2020 Londres

De l'esprit carnésien

Rendons à Achard ce qui appartient à Achard. C'est au cours d'une séance de prise de vues que l'auteur de *Jean de la Lune*, pour l'occasion mué en scénariste versatile, inventa à propos de l'ambiance qui régnait sur le plateau du *Pays d'où je viens* l'expression peu complaisante mais d'une justesse évidente d'« esprit carnésien ».

Abus de langage ou bon mot de dramaturge ? Sans doute un peu des deux tant le réalisateur du film s'irrita, au point d'en réfuter la pertinence et le plus parfait à-propos. Car quoique l'analogie se justifiât aisément, il était comme ça, Marcel Carné : doux, dur et dingue (un peu) ; bon, brute et truand (beaucoup). Bref, un concentré de Docteur Jekyll et de Mister Hyde, que le hasard et le destin avaient placé dans le cœur d'un homme à la créativité intègre. La vérité, il ne pouvait se résoudre à la voir apparaître au détour d'un calembour. Encore moins par le truchement de phrases toute faites, dont la qualité n'avait, à ses yeux, d'égal que l'ironie de son géniteur (que celui-ci fasse ou non partie du cénacle privé et réservé des amis d'ailleurs). Donc pas plus d'« esprit carnésien » que de « cinéma in-carné » ou de « carné d'idées ».

Alors pourquoi, tandis qu'un « Atmosphère, atmosphère » ou un « Bizarre, bizarre » s'offrait aisément, avoir tout de même choisi pour titre introductif cette expression ? Pour quelles raisons s'être déterminé, avec il faut bien l'avouer une pointe d'obstination (et à l'encontre de la plus élémentaire des rigueurs scientifiques et de la plus basique des déontologies), en faveur de cet épistyle simpliste ? Bref, en faveur d'une expression que doit bannir, depuis maintenant plus de trois siècles, tout écrivain sérieux s'engageant dans un nouveau *Discours de la méthode* ? En réalité non par pure provocation mercantile, mais pour coller à la réalité d'une vie pleine de contradictions, dans le seul but de la soumettre aux analyses d'une « psychanalyse-vérité » sans bienveillance. Comment s'y prendre autrement d'ailleurs, lorsque l'on souhaite compléter, renouveler et révolutionner une historiographie à la consistance fragmentaire et sectaire ? Ne fallait-il alors pas faire figurer comme principe iconoclaste une formule résumant tout à la fois les limites d'une longue existence et révélant les automatismes syncrétiques d'un être touche-à-tout et consciencieusement exclusif?

Le propos n'en sera pas pour autant objectif. La notion, aussi abstraite que fausse, comme le dit si justement Jean Lacouture, répond à un « concept [...] fuligineux [...] car quand on sait ce qu'un appareil photographique ou une caméra, instruments qui devraient par définition exprimer ce rapport à l'objet ou aux faits, déforme ou transforme le donné, visage humain ou rayon de soleil dans un champ, on conçoit ce que peut devenir un événement complexe ou un échange de discours réfractés à travers un cerveau humain. Chacun de nous a une histoire, un lieu d'origine, une sensibilité, des amis, des amours, un système de valeurs, une éthique, des passions. On voudrait qu'à travers ce prisme multiforme et pluridimensionnel apparaisse un produit "objectif". Qui définira comme tel un rapport, un récit, une analyse qui, d'une crise ou d'un meurtre ou d'un coup d'éclat, retiennent telles images, telles sensations, telle conclusion ? »[1]

Cette analyse s'applique d'autant mieux à notre situation que l'on connaît la genèse de cette étude biographique. Quoi de plus évident, après avoir effectué le classement des papiers personnels du cinéaste pendant dix mois, après avoir rencontré ses acteurs et amis, que d'entreprendre cette enquête? Quoi de plus important, lorsque aucune étude n'a encore pris en compte les archives conservées à la *French Library and Cultural Center of Boston* désormais revenues en France à la Cinémathèque et que l'on a eu le privilège de s'y plonger pendant plusieurs mois, que d'en rendre compte avec intégrité[2]? Quoi de plus logique, lorsqu'on est historien de formation et non critique cinématographique, à la fois totalement détaché d'une époque trop proche pour être analysée par un de ses aînés et surtout lorsque l'on souhaite définitivement sortir du conflit manichéen et stérile opposant les modernes aux anciens, que de partir sur les traces d'un homme symbolisant mieux que quiconque le siècle du cinématographe?

En 1952, tandis qu'une étude de Carlos Fernandez Cuenca s'intéressait à l'œuvre de Carné[3], Bernard-G. Landry faisait paraître un

1. Jean Lacouture, *Enquête sur l'auteur*, Paris, Arléa, 1989, p. 211.
2. Afin de conserver le caractère d'originalité des documents publiés dans cet ouvrage, les abréviations, défauts d'orthographe ou absences de ponctuation ont été dans la plupart des cas conservés.
3. Carlos Fernandez Cuenca, *Marcel Carné en sus cuatro films fundamentales*, Cineclub de Zaragoza, 1952.

portrait parmi les plus personnels. Pour lui, « Carné est un petit homme timide, d'une sensibilité quasi féminine qui confine à la susceptibilité. Il est bourré de complexes d'infériorité, que même ses succès ne l'ont pas aidé à surmonter. Il remplace donc les quelques centimètres qui manquent à son autorité physique par un caractère parfois agressif et une intransigeance têtue. S'il est tellement méticuleux, jusqu'à l'obsession morbide, c'est qu'il manque souvent de confiance en lui. Ce petit homme qui cache son âge, de peur qu'on le trouve trop jeune ; qui vous pose dix fois la même question, comme il recommence dix fois un même plan ; qui ne veut pas revoir ses anciens films, parce qu'il est trop tard pour qu'il y change quoi que ce soit, est au fond, un grand inquiet. C'est cette inquiétude, qu'il porte en lui au studio comme dans la vie et qu'il projette sur tous ses personnages, qui lui donne, sans doute, ce sens tragique. »[1] La même année, Jean Quéval cherchait de son côté à mieux connaître ce « petit homme brun à large carrure [...], le feutre marron un peu gavroche rejeté vers le crâne, la main franche et tendue, le regard chaleureux [avec] un débit volubile, où se glisse parfois une imperceptible intonation précieuse »[2].

Treize ans plus tard, Robert Chazal, alors journaliste à *France Soir*, n'hésitait pas à affirmer, dans une des plus intéressantes monographies consacrées à ce jour au réalisateur des *Enfants du Paradis* : « Ce qui est certain, c'est que la moitié, au moins, de l'œuvre de Carné est exemplaire et qu'elle suffit largement à lui conserver son rang parmi les tout premiers réalisateurs français. [Il faut] montrer ce qui, dans cette œuvre et cette carrière, aujourd'hui, doit être rappelé et retenir l'intérêt de ceux pour qui le cinéma, malgré l'évolution des techniques, est un art permanent. Ce qu'il faut encore, c'est préciser qu'une telle étude ne consiste pas à admirer sans réserve les réalisations d'un cinéaste qui serait classé une fois pour toutes dans notre panthéon personnel, mais, du moins, à les considérer avec l'attention qu'elles méritent et l'amitié et l'estime qu'on porte à leur auteur – comme à tout auteur qui s'est montré digne de ce nom. Ce qui importe, en définitive, c'est de mettre en évidence comment Carné a contribué à enrichir le cinéma et ce qu'on lui doit, quelles qu'aient été les modes et l'évolution que cet art a connues »[3].

---

1. Bernard-G. Landry, *Marcel Carné, sa vie, ses films*, Paris, Éditions Jacques Vautrain, 1952 (www.marcel-carne.com).
2. Jean Quéval, *Marcel Carné*, Paris, Éditions du Cerf, collection « 7e art », 1952, p. 5.
3. Robert Chazal, *Marcel Carné*, Paris, Éditions Seghers, coll. « Cinéma d'aujourd'hui » (dir. Pierre Lherminier), 1965, p. 10.

Près de cinquante ans après, une telle réhabilitation reste d'actualité. Malgré le temps, malgré la fin des hostilités conceptuelles, rien n'a encore été fait. En 1994, Michel Pérez dans *Les films de Carné* ne comprenait pas que le « réalisateur du film le plus universellement célèbre de l'histoire de notre cinéma [...], comblé de récompenses et de distinctions honorifiques, changé en institution nationale et internationale [...] n'en éprouve pas moins autant de difficultés que le plus falot des débutants à "monter" un nouveau film »[1]. En 2002, l'Américain Edward Baron Turk, avec « une érudition historique et culturelle que les études filmiques françaises pratiquent trop rarement »[2], apportait, après la dernière édition des souvenirs du metteur en scène lui-même, une pierre importante à un édifice qu'il fallait sans cesse reconstruire. La route de l'équité paraissait donc longue.

Cherchant à comprendre l'homme dans ses contradictions, le philosophe Kierkegaard avait subdivisé en quatre temps le rythme des cycles humains : « le temps esthétique, le temps éthique, le temps de l'absurde (ou de l'humour) et le temps du sacré »[3]. Cette vitatomie, quoique discutable pour plusieurs personnalités dont la constance créatrice et existentielle reste la principale particularité, s'applique en revanche à merveille à Marcel Carné.

Suivons alors les événements de sa vie grâce à ce canevas, en réunissant toutefois en un seul et même chapitre les sections « éthique » et « absurde ». Interrogeons-nous alors sur les conditions générales et spéciales de travail au sein desquelles furent « montés » les vingt-deux longs métrages du plus discret des réalisateurs de sa génération, ce qui nous amènera, ultime marche du palais personnel de l'auteur de tant de chefs-d'œuvre, à la présentation synthétique et cohérente de ses fondements idéels, à « la clé des œuvres » carnésiennes, séparée cette fois de ses exigences historiques ou personnelles. En d'autres termes, un Marcel Carné vu à travers l'œilleton de la caméra analytique. Pour enfin mieux comprendre l'esprit de cet éternel enfant de Paris que Jean Gabin, qui avait « le goût populaire des surnoms »[4], avait appelé "le môme".

1. Michel Pérez, *Les films de Carné*, Paris, Éditions Ramsay, coll. « poche cinéma », 1994, p. 6.
2. Geneviève Sellier, préface à Edward Baron Turk, *Marcel Carné et l'âge d'or du cinéma français 1929-1945*, traduit de l'américain par Noël Burch, Paris, L'Harmattan, 2002, p. 9.
3. Jean-Louis Barrault, *Souvenirs pour demain*, Paris, Éditions du Seuil, 1972, p. 64.
4. Michèle Morgan, *Avec ces yeux-là*, Paris, Éditions Robert Laffont, coll. « Presses Pocket », 1979, p. 97.

Le film d'une vie

Nogent, Eldorado du dimanche

« J'avais le sentiment que mon travail de journaliste était négatif et surtout je voulais montrer ce que j'étais capable de faire. J'ai alors acheté une caméra, la pellicule (4 500 F) et avec Michel Sanvoisin, nous sommes allés tous les dimanches d'été à Nogent »[1]. En 1929, une génération avant celle de la Nouvelle Vague, Marcel Carné décide avec l'un de ses amis de prendre en main son destin et de porter à l'écran ses aspirations esthétiques. À partir des courts instants volés sur les bords de la Marne, le jeune critique cinématographique se mesure à cet art qu'il vénère tant. Il forme alors à partir des images rapportées de ce court séjour, et où apparaît son jeune complice en silhouette et sa tante en chanteuse de rue, ce qui, aujourd'hui encore, fait le bonheur des salles d'art et d'essai.

Alors assistant de Feyder, il décide d'intituler cette première réalisation *Nogent, Eldorado du dimanche*, un titre qu'il trouvera ensuite désuet mais qui rend compte de cette réalité des après-midis champêtres d'une jeunesse parisienne étouffant entre les fortifications : « Non seulement on y dansait dans la joie simple que procure la nature, mais encore des bouffées de musique, portées par le vent, accompagnaient les évolutions de ceux qui préféraient la baignade, le canotage ou les courses cyclistes aux fox-trot d'alors. »[2] Cet « hommage affectueux aux classes populaires de Paris »[3] que Philippe d'Hugues considère davantage comme un « documentaire muet »[4] qu'une œuvre de fiction, le réalisateur le récusera pourtant : « Je décidais de filmer un de ces dimanches et je choisis Nogent-sur-Marne, que je connaissais bien [...]. Il commençait à la gare de la Bastille, où un vieux train à vapeur, poussif, sale mais plein de cris joyeux et de chansons

1. Cité par Robert Chazal, *Marcel Carné...*, p. 16.
2. Marcel Carné, *La vie à belles dents. Souvenirs*, Paris, Pierre Belfond, 1989, p. 27.
3. Edward Baron Turk, *Marcel Carné...*, p. 23.
4. Philippe d'Hugues, *Almanach du cinéma des origines à 1945*, Paris, Encyclopædia Universalis, 1992, p. 180.

brusquement oubliées, on songe au travail du lendemain. »[1] Jean Quéval parle d'un « reportage sensible et sincère, assez varié, assez long, assez investissant pour atteindre à l'effet de mélancolie »[2]. Mais comme le rappelle Michel Pérez, « ce sujet est dans l'air du temps. L'année précédente, les Américains (Paul Fejos avec *Solitude*, King Vidor avec *La Foule*) ont mis en scène les divertissements dominicaux des New-Yorkais et leurs évasions vers la plage de Coney Island avec une humeur souriante, mais vite nuancée de mélancolie. »[3] Sans oublier le *Menschen am Sonntag* de Siodmak, *La Zone* de Georges Lacombe et *À propos de Nice* de Jean Vigo.

Cette première œuvre de Carné est projetée le 17 décembre au *Studio des Ursulines* alors dirigé par Armand Tallier et Laurence Myrga. C'est sans doute la plus personnelle du cinéaste parisien, né vingt-trois ans plus tôt dans le nord de Paris et issu d'une famille implantée dans la capitale.

Pour Marcel Albert Carné, le jour s'est levé pour la première fois dans le quartier des Batignolles, petit village d'une trop vaste ville. Non pas, comme l'affirmeront plus tard la plupart des spécialistes en 1909, mais bien le 18 août 1906 si l'on se réfère aux *Minutes des actes de naissance du dix-septième arrondissement*[4]. Son père, né le 18 juin 1881 à Arleuf dans la Nièvre, est d'origine bretonne. Dès ses quatorze ans, Marcelin Paul Carné a décidé d'embrasser la carrière d'ébéniste, sur le faubourg Saint-Antoine, étape importante de sa nouvelle vie. Et c'est là sans doute qu'il a fait la connaissance de Véronique Marie Françoise Racouët, « domestique arrivée de sa Bretagne natale »[5] qui est née le 8 mars 1880. Elle devient sa femme le 13 janvier 1906 et donne naissance à leur fils unique cinq mois après.

Lorsque les premiers coups de canon de la Grande Guerre se font entendre, Marcel a perdu sa mère, depuis trois ans. Elle a succombé le 11 octobre 1911 des suites d'une longue maladie et laissé à la grand-mère de l'enfant ainsi qu'à une tante le soin de l'élever. Le jeune garçon se montre particulièrement actif mais ses après-midis se résument à jouer dans le square des Batignolles, son père s'occupant alors très peu de lui.

Quatre années passent. Il s'ennuie et n'a comme passe-temps que les grands événements parisiens, en particulier les enterrements de

1. Marcel Carné, *La vie à belles dents...*, p. 27.
2. Jean Quéval, *Marcel Carné...*, p. 11.
3. Michel Pérez, *Les films de Carné...*, p. 14.
4. Edward Baron Turk, *Marcel Carné...*, p. 14.
5. Myriam Provence, « Marcel Carné. Cinéaste de personnages au destin tragique », *Généalogie magazine*, n° 162, p. 40.

Sarah Bernhardt et d'Anatole France. Surtout, un jeu commence à avoir ses faveurs qui, bientôt, transformera son existence : la lanterne magique. Il se souviendra : « Une chambre désaffectée dans l'appartement qu'habitait mon père – quand il était à la maison – était devenue mon royaume. Je tapissais la pièce avec le reste des rouleaux disparates de papier peint qui avaient servi pour décorer l'appartement, le tout fixé avec des clous ou des punaises. Puis je calfeutrais tant bien que mal l'unique fenêtre de la pièce. Ayant obtenu ainsi une obscurité relative, je tendais une nappe blanche devant celle-ci. Il ne me restait plus qu'à lancer les invitations parmi les copains de mon âge. »[1]

En 1921, il obtient son certificat d'études mais, toujours, il se considérera comme un autodidacte. Il est temps pour lui de choisir une voie professionnelle. L'école communale terminée, son père le dirige vers l'ébénisterie, et le fait entrer dans une école pour perfectionner cet art délicat, ce qui s'avèrera par la suite très utile. Mais tandis qu'on le destine à l'École Boulle pour tenir ensuite son propre magasin de meuble dans le faubourg Saint-Antoine, déjà il consacre tous ses temps libres à fréquenter les cinémas, en particulier « à l'*Épatant*, à Belleville, au *Cinéma des Gobelins* ou encore au *Casino de Grenelle* »[2]. Il confiera : « Depuis un certain temps, en effet, la vision hebdomadaire d'un seul film ne suffisait plus ma curiosité. En l'espace de peu de mois, j'étais passé à deux, puis trois, puis cinq films par semaine et, maintenant, je voyais un film presque tous les soirs – sans compter les matinées des jeudis, dimanches et fêtes. Presque quotidiennement, il m'arrivait de traverser Paris, non seulement en métro, mais aussi à pied quand je n'avais pas l'argent nécessaire, pour peu qu'un film de Chaplin, de Lang ou de Murnau soit projeté à l'autre bout de la capitale, les salles d'exclusivité des Champs-Élysées et des Boulevards m'étant, évidemment, interdites. »[3]

Pour assouvir sa passion, il s'inscrit aussi à certains cours du soir de l'Association Philomatique, ainsi qu'à l'école des Arts et Métiers. Il passe alors ses dimanches matins au bois de Vincennes, caméra braquée sur certaines activités semi-champêtres. C'est là qu'il décroche le fameux brevet d'assistant opérateur, qui, pense-t-il alors, est la seule voie possible pour faire ses débuts dans le métier. Et toujours sans en avertir son proche entourage, il assiste à de nombreux spectacles, aux Folies Bergères,

1. Marcel Carné, *La vie à belles dents*..., p. 7.
2. Bernard-G. Landry, *Marcel Carné*..., chapitre 1.
3. Marcel Carné, *La vie à belles dents*..., p. 7.

au Casino de Paris, au Palace et au Moulin-Rouge où triomphent alors Mistinguett, Maurice Chevalier et les Dolly Sisters.

Pour subvenir à ses besoins, Marcel, après avoir servi dans la banque et dans l'épicerie du père d'un de ses amis, devient employé d'assurances. Comme beaucoup de jeunes s'engageant dans de petits métiers avant de trouver leur vocation, il sait déjà que la sienne sera liée à sa passion : « C'était cependant décidé : je vivrais "dans" et "pour" le cinéma, même si l'idée de devenir un jour metteur en scène ne m'effleurait pas. »[1]

C'est à Françoise Rosay, comédienne et épouse du réalisateur Jacques Feyder, que Carné doit sa première chance. La rencontre a lieu chez des amis. Après un repas où le jeune homme, enthousiaste, ne cesse de lui poser des questions sur le métier, l'héroïne de *Crainquebille* lui promet un entretien avec son réalisateur de mari. Et malgré une première rencontre assez froide entre les deux hommes, Carné obtient un poste d'assistant-opérateur, dès le mois de juin 1928, pour le tournage des *Nouveaux Messieurs*. Mais personne dans son entourage familial n'est encore mis dans la confidence. C'est au cours d'une des journées de tournage à proximité de l'Opéra, travaillant aux côtés de Georges Périnal, qu'un ami de la famille le reconnaît et s'empresse d'en avertir son père : « Je compris qu'il savait tout. J'eus d'ailleurs droit à l'explication sur-le-champ. »[2]

Ce qui aurait pu devenir un « Drôle de Drame » pour le jeune assistant se transforme en accomplissement personnel : son destin est désormais tracé et rien ne le fera dévier de sa route. Son père lui lance alors : « Plutôt que de suivre mes conseils [...] tu as choisi un métier de saltimbanque, de crève-la-faim. À ta guise. Tu auras toujours ton gîte et ton couvert assurés ici. Mais ne viens jamais me demander un sou ! Jamais. »[3]

Le film de Feyder remporte un certain succès auprès du public, même à Hollywood où le cinéaste de *L'Atlantide* est bientôt appelé. Se sentant orphelin une seconde fois et quitte à perdre du temps, Marcel décide alors de devancer l'appel sous les drapeaux et de partir pour les territoires occupés de Rhénanie.

Ses classes faites, il participe, pour occuper ses longs moments de liberté, au concours de critiques organisé par la revue *Ciné magazine* (et qu'il signe du nom de son ami Michel Sanvoisin). Son choix se fixe, en plus des *Nouveaux messieurs* qu'il connaît bien, sur *Les Deux timides* de

1. *Ibid.*, p. 17.
2. *Ibid.*, p. 23.
3. *Ibid.*

René Clair, *Espions* de Fritz Lang, *Le pont* de Joris Ivens et *L'Argent* de Marcel L'Herbier.

De retour en France au début de l'année 1929, deux engagements professionnels l'attendent : la société de production qui l'avait déjà engagé fait appel à lui pour le *Cagliostro* de l'Allemand Richard Oswald (où il devra cette fois assister à l'image Jules Kruger) et *Ciné magazine* l'engage pour une série d'articles, ses cinq premiers papiers ayant plu au rédacteur en chef.

Chose nouvelle pour l'époque, Marcel n'écrit alors qu'à la première personne, ce qui lui permet de conserver une autonomie de jugement dont Élie Faure a assuré qu'elle est « la forme suprême de l'humilité, marquant qu'il s'agit, non pas de "la" vérité proclamée sous le masque de l'objectivité mais d'"une" vérité singulière et simplement proposée sous la responsabilité de l'auteur »[1]. Son plus important article, daté du 12 juillet 1929, s'intitule « La caméra personnage du drame ».

Son *Nogent, Eldorado du dimanche* est alors projeté au Studio des Ursulines, bien reçu par la presse de l'époque. « On a beaucoup parlé de cet *Eldorado du dimanche*. Certains avec lyrisme. Carné en est le premier surpris. Il s'étonne surtout de lire que cette œuvre aurait pu faire de lui "un précurseur du néo-réalisme italien" »[2]. Il avouera dans ses souvenirs : « Alors que je m'attendais à ce que la presse parle exclusivement du long métrage américain, *Après la Rafle* de Cummings, donné en seconde partie, les critiques, unanimement, accordèrent leur préférence au court métrage. *Nogent* eut une presse absolument disproportionnée avec son importance. »[3] Tandis qu'Alexandre Arnoux souligne que « ce reportage de la banlieue séduit par sa fraîcheur et son esprit, par la variété des prises de vues et un certain sens de l'humour et de l'atmosphère »[4], Pierre Rambaud est marqué par « la vie dans toute sa fraîcheur, une suite de détails charmants, instantanés [...] un train du canotage, des balançoires et une jeune fille solitaire »[5].

René Clair, présent lors d'une autre projection placée entre un documentaire de Jean Painlevé et *Le Mystère du château du Dé* de Man Ray, propose alors à Carné de travailler auprès de lui comme assistant pour

1. Cité par Jean Lacouture, *Enquête...*, p. 305.
2. Edward Baron Turk, *Marcel Carné...*, p. 26.
3. Marcel Carné, *La vie à belles dents...*, p. 28.
4. Alexandre Arnoux, *Les Nouvelles littéraires*.
5. Pierre Rambaud, *Le Petit Dauphinois*.

son premier film parlant et musical. Ce sera *Sous les Toits de Paris*, avec à la technique un autre débutant, Georges Lacombe. Tourné très rapidement, le film trouve rapidement son public, Clair devenant alors l'un des cinéastes français les plus importants, notamment hors des frontières de l'Hexagone.

Mais malgré ce nouveau succès, déçu de son rôle et oublié au générique, appréciant peu la façon de travailler de Clair, le jeune Marcel Carné retourne de l'autre côté de la barrière et poursuit ses travaux de critique cinématographique. Il signe alors plusieurs articles pour *Vu*, *Paris-Match* et *Cinémonde*, cette fois sous « le pseudonyme d'Albert Cranche »[1].

Pour se distraire et ne pas perdre la main, il change ensuite de registre. De petits films publicitaires, qu'il monte avec Jean Aurenche et Paul Grimault pour le compte du producteur Charles Peignot (bientôt directeur de l'école des Arts et Métiers graphiques) le font connaître dès 1930 de plusieurs sociétés parisiennes. Moyennant un budget évalué à quelque 8 000 francs pour seulement une cinquantaine de mètres de pellicule, et avec sa caméra employée pour *Nogent*, il donne vie à de courtes saynètes de circonstances[2]. Mais l'un de ses sketchs, destiné à la maison Lévitan et qu'il intitule *Une élection à l'Académie*, se montre si « irrévérencieux » qu'il ne reçoit pas l'aval de la maison Pathé et de son patron Natan. Jouée par Jean Effel[3], « la scène représentait la façade de l'Institut. Devant une des portes, quelques badauds faisaient la queue. Soudain, on voyait sortir, affolé, un académicien sec et long, l'habit flamboyant, le bicorne crânement posé sur la tête, l'épée au côté. Il s'éloignait en courant suivi d'un huissier qui ne cessait de supplier : "Maître, maître... Revenez !" Après avoir culbuté deux ou trois passants et renversé le chevalet d'un peintre, l'académicien se tournait vers l'huissier et, superbe, répondait : "On m'avait promis un fauteuil à l'Académie... Mais je croyais que c'était un fauteuil Lévitan !..." »[4]

Parallèlement, son métier de journaliste se poursuit. En juin 1930, il fait dans les colonnes de *Ciné magazine*, où il est devenu rédacteur en chef, l'apologie du film policier américain, tandis qu'il entame une collaboration active avec un autre hebdomadaire, *Hebdo Film*, une revue corporative.

1. Jean Quéval, *Marcel Carné...*, p. 8.
2. Paul Grimault, *Traits de mémoire*, préface de Jean-Pierre Pagliano, Paris, Le Seuil, 1991, p. 57.
3. Bernard-G. Landry, *Marcel Carné...*, chapitre I.
4. Marcel Carné, *La vie à belles dents...*, p. 31.

Mais sa liberté n'a pas de prix : il n'hésite pas un instant à donner sa démission pour des raisons idéologiques et esthétiques. Et pendant plus d'un an, il vit de piges dont le caractère aléatoire ne lui fait évidemment pas oublier les bonheurs connus sur les plateaux de tournage. Or, dès le début de l'année 1932, après un bilan hollywoodien mitigé, Jacques Feyder fait son retour en France. Dans ses malles, un projet de scénario cosigné avec Charles Spaak, *Le Grand Jeu*, « un mélodrame traversé de légionnaires, de bistrots, de nostalgie à deux sous et d'abrutissement par l'alcool »[1]. Carné suit l'équipe en qualité d'assistant technique et part quelques mois pour Marseille, Casablanca, Marrakech, Mogador et Agadir. C'est l'actrice Marie Bell qui interprète le double rôle féminin aux côtés de Georges Pitoëff et surtout de Charles Vanel et Françoise Rosay avec lesquels l'élève-réalisateur sympathise.

En novembre 1933, journaliste confirmé, il signe son plus fameux article dans *Ciné magazine,* papier engagé que ses pairs considèrent comme un manifeste et qu'il a intitulé « Quand le cinéma descendra-t-il dans la rue ? » Appel à la révolte ou simple contestation générationnelle, vingt-cinq ans avant la Nouvelle Vague ? Du moins, Marcel Carné « s'engage dans la voie tracée par *Nogent*, prônant cette utilisation du décor naturel dont le parlant et l'influence du cinéma germanique allaient faire perdre l'habitude au cinéma français ».[2]

Dans le contexte politique tendu de l'année suivante, et face à la montée du fascisme, Carné décide de s'inscrire à l'Association des écrivains et artistes révolutionnaires de Paul Vaillant-Couturier sans toutefois adhérer au Parti communiste. Il expliquera plus tard : « La vérité, c'est que je fus sympathisant assez longtemps. Mais son sectarisme et son monolithisme finirent par m'éloigner de lui comme s'en éloignèrent la plupart des artistes ou des intellectuels qui, un moment, avaient mis en lui tous leurs espoirs… »[3] Toujours est-il que, le 6 février 1934, au cours des manifestations provoquées par l'affaire Stavisky, Carné se rend à la séance de l'Assemblée pour suivre au plus près les événements. Inconscient des risques encourus, on le retrouve place de la Concorde, avant de gagner la rue Royale puis la rue du faubourg Saint-Honoré où il se trouve pris entre deux groupes de gardes mobiles. Touché à une épaule rue Boissy d'Anglas, évanoui sur le sol, il parvient

1. Robert Chazal, *Marcel Carné…*, p. 20.
2. Michel Pérez, *Les films de Carné…*, p. 18
3. Marcel Carné, *La vie à belles dents…*, p. 43.

tout de même à échapper aux forces de l'ordre qui le laissent pour mort.

Deux mois plus tard, le 30 mai, remis de ses émotions, il assiste à la première projection publique du *Grand Jeu* qui le conforte dans ses choix. Suivront deux dernières réalisations aux côtés de son mentor. D'abord *Pension Mimosas*, achevé le 19 janvier 1935 mais dont l'histoire ne plaît pas à l'assistant technique principal qu'il est : « J'étais consterné que Feyder ait choisi un sujet que n'eût pas désavoué Henry Bataille. Heureusement, je devinais, je pressentais, qu'il arriverait par sa maîtrise à faire accepter l'histoire, à en dissimuler le côté démodé. »[1] Puis, le 30 novembre de la même année, sort sur les écrans *La Kermesse héroïque*, qui ne connaît pas un grand succès commercial mais sur lequel s'abat une « pluie de récompenses dont le Grand Prix du cinéma français »[2]. Pour ce qui est « sans doute le film historique le plus brillant réalisé en France avec le *Napoléon* de Gance [et avant] *Les Enfants du Paradis* »[3], le futur réalisateur a occupé, en plus de celui d'assistant technique, le poste de directeur de production. Il a dû remplacer au pied levé l'ancien titulaire, Pierre Guerlais, quelques jours seulement avant le début du tournage dans les studios d'Épinay-sur-Seine.

C'est au cours de ces journées de travail qu'il a fait la connaissance de Pierre et Raymond Blondy. Il a confié aux deux hommes son souhait de réaliser, après son remarqué *Nogent, Eldorado du dimanche*, un nouveau court métrage. Mais les temps ont changé. Après avoir tout d'abord envisagé d'utiliser la pièce *Fraternité* en un acte de Raymond Girard et Fernand Fleuret, le producteur Albert Pinkévitch, qui a obtenu l'accord de Françoise Rosay, lui impose l'idée de transformer son projet en un premier long métrage. Cependant « la mode n'est pas encore de donner une caméra, de la pellicule, quelques acteurs et quelques millions à un débutant. On ne fait donc pas totalement confiance à Carné. On demande à Feyder de superviser son poulain tant qu'il le pourra »[4].

C'est alors qu'il est convoqué au siège du Parti communiste français. Dans les bâtiments du 120 de la rue La Fayette, il est reçu par une commission où siègent Paul Vaillant-Couturier, Louis Aragon, Jacques Duclos, Maurice Thorez et André Marty. Le Parti communiste a pensé à lui pour réaliser un document de propagande. Cette *Vie est à nous* doit

1. *Ibid.*, p. 41.
2. Jean-Marc Loubier, *Louis Jouvet Biographie*, Paris, Ramsay, 1986, p. 171.
3. Edward Baron Turk, *Marcel Carné...*, p. 36.
4. Robert Chazal, *Marcel Carné...*, p. 22.

montrer les conditions de travail et d'existence des ouvriers et du petit peuple. Bien qu'ayant tourné la manifestation du 14 juillet 1935 entre Bastille et Nation, Carné refuse. Il se voit mal en « cinéaste officiel ». Seul Jean Renoir supervisera le travail de réalisation de trois espoirs du cinéma français, « les prometteurs Jacques Becker, Jean-Paul Le Chanois et André Zwobada »[1] mais aussi « Henri Cartier-Bresson, Maurice Lime et Pierre Unik »[2].

Carné attend son heure. La rencontre avec Frank Rollmer va changer sa vie. Ce producteur influent, qu'il appellera plus tard « Papa Rollmer »[3], accepte enfin de lui confier l'adaptation du *Prison de velours* de Pierre Rocher. Ce sera *Jenny*.

Jenny

En paraphrasant Jean-Louis Barrault, les années qui suivent seront pour Carné parmi les plus importantes de toute sa carrière. Ce seront « trois années de lumière, [...] trois années dilatées, effervescentes. La renaissance de la Comédie-Française. La consécration du Cartel. Les grandes œuvres de Giraudoux, Jules Romains, Salacrou, Cocteau. Les décors de Christian Bérard. Les soirées d'intelligence : [...] François Mauriac, [le] professeur Mondor, [...] Paul Morand. [Outre les films] de Prévert et Carné, [ceux] de Jean Renoir, de Grémillon. La peinture, à son apogée. La récolte des surréalistes. L'apparition de Sartre. L'émancipation sociale. Paris, capitale spirituelle du monde. Les gens les plus disparates acceptaient de se fréquenter. Personne n'était alors replié sur soi-même... »[4] Car pour ce premier long métrage, Carné a décidé de faire appel, aux côtés de Jacques Constant, à Jacques Prévert. Il l'a découvert pour la première fois en janvier 1936 au théâtre Édouard VII et se souviendra longtemps de cette rencontre : « Aussitôt après avoir vu *Le Crime de Mr Lange*, j'ai eu très envie de collaborer avec Prévert. Son travail pour *Lange* m'avait enthousiasmé. Lui, bien sûr, s'est fait un peu tirer l'oreille : il ignorait tout de moi. Mais ça a collé tout de suite. »[5]

1. Annie Mallégol, Noël Demaines, *Le Grand Atlas du Cinéma français*, Paris, Éditions Atlas, 1996, p. 17.
2. Edward Baron Turk, *Marcel Carné...*, p. 74.
3. Marcel Carné, *La vie à belles dents...*, p. 53.
4. Jean-Louis Barrault, *Souvenirs...*, p. 119.
5. Robert Chazal, *Marcel Carné...*, pp. 22-23.

Après de nombreuses semaines de travail, le scénario est enfin achevé. L'histoire est celle de Danielle, une jeune pianiste française, contrainte de quitter Londres après une peine de cœur. Mais de retour à Paris chez sa mère, Jenny, elle ne sait pas que celle-ci a transformé son hôtel particulier de la rue Spontini en établissement nocturne, « le plus gai de Paris ». Au fur et à mesure des révélations, la jeune femme se rend compte non seulement des réalités de l'activité secrète mais surtout que Jenny s'est mise dans une mauvaise situation à cause d'un certain Lucien, lequel l'a contrainte à des dépenses inconsidérées. Lorsqu'elle rencontre sans le savoir l'amant de sa mère, elle en tombe follement amoureuse. Au même moment, Benoît et Dromadaire, deux des « complices » de Jenny, décident de corriger l'imprudent, non seulement par jalousie mais aussi pour ne pas que leurs affaires soient mises à mal. C'est en venant rendre visite à Lucien à l'hôpital que Jenny découvrira enfin la jeune femme pour laquelle il la quitte : sa propre fille. Il ne lui reste plus qu'à rentrer chez elle, abandonnée et seule…

Dès cet étonnant *Jenny*, les répliques font mouche. Le Benoît qu'interprète Charles Vanel affirme sans rire que « la vie c'est comme la mayonnaise, il faut pas la rater » ou que « la morale, quand elle fout le camp, le fric cavale derrière ». Plus philosophe, Florence réplique à un client insistant : « Vous avez les poches pleines et le cœur vide, on peut pas tout avoir ».

Déjà, tout l'esprit de Prévert se met en place à travers le rôle de Dromadaire, qu'incarne Jean-Louis Barrault : « Moralité dans le fond, quand on est dans le fond, vaut mieux rester dans le fond ». « – J'aime mon chien. – T'as un chien toi ? – Non, j'aime ce que je n'ai pas. » Sans oublier la plus proche collaboratrice de Jenny, Madame Vrack, qui se souvient : « J'avais un ami, il est mort drôlement. Il a déliré pendant trois jours, il voyait des girafes. » Et qui confie ensuite : « Les mariages, les enterrements, ça m'amuse, ça passe le temps. »

Le film rencontre immédiatement son public. « La critique fut assez favorable. Comme les journalistes savaient que Carné était un ancien assistant de Feyder et de Clair, on parla d'influences. On voulu retrouver dans les scènes d'extérieur la manière de *Nogent*. Tout cela n'était pas entièrement faux. En tout cas, la jeune maîtrise de Carné impressionna. Et le tandem explosif Carné-Prévert fit déjà tiquer les moralistes. Ils n'avaient pas fini d'en voir »[1]. Car malgré la tentative du producteur Rollmer pour

1. *Ibid.*, pp. 24-25.

s'attribuer tous les mérites, la qualité de Joseph Kosma à l'orchestre et celle de Roger Hubert à l'image s'imposent dans ce quatuor de talent où Carné et Prévert excellent.

Pourtant, se souvient le réalisateur, « les critiques ne savaient trop que penser du film. L'original y côtoyait la convention et le mélo contrastait avec le caractère singulier de certains personnages. De même étaient-ils déroutés à la fois par les lieux insolites et jamais vus où se déroulait l'action ainsi que par le dialogue d'un style totalement nouveau qui les laissait perplexes. Situer une scène d'amour sur les bords du canal de l'Ourcq dans la lumière cafardeuse du petit matin, ou montrer l'héroïne éplorée longeant une passerelle de chemin de fer, sa silhouette noyée dans la fumée des locomotives qui montait jusqu'à elle, autant d'images inhabituelles. »[1]

Aussi, « comme c'était un film avec filles de joie et vilains garçons, on affubla Carné de l'étiquette, si mal venue, de réaliste. Par la suite, les nuances viendraient : réalisme poétique puis, le plus juste : fantastique social »[2]. Une expression de réalisme poétique apparue dans *La Nouvelle Revue française* sous la plume de Jean Paulhan « pour décrire le mélange de réalisme et de symbolisme qui caractérise les romans de Marcel Aymé »[3].

La politique s'invita aussi à la table des journalistes. François Vinneuil écrit qu'il croit savoir « que M. Carné est de gauche [...]. Ainsi *Jenny* confirmerait tout ce que l'on incline à penser à propos de l'influence déprimante des idéologies socialistes sur les artistes, même lorsqu'ils font œuvre neutre, sur la tristesse qui imprègne tout, la vie quotidienne et les productions de l'esprit dans les époques d'oppression et de chienlit marxiste »[4].

Vient surtout « l'affaire » Albert Pinkévitch. Devant le succès rencontré par ce premier film, ce producteur souhaite engager Carné à l'année mais avec un autre réalisateur. Feyder est proposé par son jeune élève mais refuse, sans doute pour des raisons financières. Alors Carné propose Renoir qu'il admire pour *La Chienne*, *Toni* et *Le Crime de Monsieur Lange* et qui s'intéresse aux *Carnets du capitaine X*. Pinkévitch, suivant les conseils de Carné et Gabin, optera pour une réalisation d'anthologie avec le seul Renoir aux commandes. Le titre du film : *La Grande illusion*. Carné, laissé sur la touche, en gardera une vive rancœur.

1. Marcel Carné, *La vie à belles dents...*, p. 62.
2. Robert Chazal, *Marcel Carné...*, p. 25.
3. Edward Baron Turk, *Marcel Carné...*, p. 104.
4. François Vinneuil, *L'Action française*.

Il ne se laisse pas abattre et envisage alors de tourner, cette fois-ci pour l'Intercommercial Film Consortium, un long métrage sur les adolescents maintenus dans des camps de redressement. Sous le titre *L'Île des Enfants perdus* (influence directe de Prévert), le scénario se révèle une charge contre le traitement imposé par la société à de jeunes cas difficiles. Il « devait évoquer la véritable chasse à l'enfant à laquelle des touristes et des insulaires s'étaient livrés lors d'une tentative d'évasion de quelques détenus de la célèbre maison d'éducation surveillée située sur le territoire de [Belle-Île]. »[1] Évidemment, un différend naît avec le ministère de la Santé publique. Après avoir rédigé une quarantaine de pages, comme le révèle la lettre cosignée par Carné et Prévert à en-tête de l'IFC et adressée au ministre en date du 21 août 1936, l'intérêt du projet se veut pourtant moralisateur : « Monsieur le ministre, sur la demande de M. Viborel, de la Commission Technique de la Propagande, et à la suite de différentes entrevues que nous avons eues avec plusieurs de vos collaborateurs, Mme Suzanne Lacorre, Mme Alice Joualle et le docteur Hazemann, nous avons l'avantage de vous adresser ci-joint un résumé du film provisoirement intitulé *L'Île des Enfants Perdus*, film dont nous envisageons la réalisation prochaine. Vous trouverez également sous ce pli copie de la lettre qui nous a été adressée par M. Jean Salviche, producteur de ce film. Nous attirons particulièrement votre attention sur le fait que ce film ne serait pas un documentaire, mais un film “anecdotique” dont une faible partie seulement se déroulerait à l'intérieur d'une maison d'éducation surveillée. De plus, et ainsi que nous l'avons indiqué à Mme Suzanne Lacorre, un premier sous-titre indiquerait que l'action se passe en 1934 et 35, et ce film assez sombre par lui-même se terminerait par la publication des améliorations apportées par le gouvernement du Front populaire, publication s'inspirant de la déclaration du droit de l'Enfance “Jeunesse 1925”. Nous ne vous demandons, Monsieur le ministre, aucun patronage officiel, mais simplement une sorte d'appui moral nous permettant de prouver à nos producteurs que vous n'êtes pas hostile à la réalisation et à l'exploitation d'un film dont le caractère social et *propre* ne pourrait vous échapper. Dans l'espoir d'une prompte réponse – les exigences de la prise de vues à l'extérieur nous faisant une obligation de réaliser ce film avant la mauvaise saison – nous vous prions d'agréer, Monsieur le Ministre, nos salutations fraternelles. »[2]

1. Michel Pérez, *Les films de Carné*..., p. 24.
2. Archives Carné, 9 CAR/32.

Mais rien n'y fait. Voyant tous les problèmes engendrés par le thème choisi, Carné se voit alors proposer par le producteur Corniglion-Molinier un *Leviathan* (finalement abandonné puis repris vingt-cinq ans plus tard par Léonard Kiegel) puis *Les Jumeaux de Brighton* (vite abandonné mais également repris par un autre metteur en scène avec Raimu et Michel Simon). La carrière du jeune réalisateur paraît au point mort.

Drôle de Drame

Alors que tout semble mal engagé, Carné se détermine pour un roman policier, *The Lunatic at Large or His First Offence* de Storer Clouston. Assez proche de l'univers proposé par les frères Prévert dans *L'Affaire est dans le sac*, cette farce surréaliste prend très vite le nom de *Drôle de Drame*. L'histoire est des plus rocambolesques. « Irwin Molyneux écrit sous le pseudonyme de Félix Chapel des romans policiers fortement critiqués par Archibald Soper, évêque de Bedford, son cousin. Invité à dîner par le couple Molyneux, Archibald trouve très étrange que la femme de son cousin soit absente. Irwin invente toutes sortes de mensonges maladroits pour justifier l'absence de sa femme, qui est en fait aux cuisines à s'occuper du dîner, en raison de la démission de sa cuisinière. Mais Archibald se met à soupçonner son cousin… Le lendemain, après une nuit passée au domicile d'Irwin Molyneux, il appelle Scotland Yard… »[1]

Tourné en seulement « vingt-trois jours »[2], « à cheval sur août-septembre »[3], le film est distribué par Pathé autour d'« affiches portant des milliers de fois les lettres D.D.D. Rosay, Jouvet, Simon, Barrault, Aumont aussi dans un rôle de laitier, cela faisait beaucoup de bons comédiens, non spécialistes du comique, embarqués dans ce film burlesque. Et c'est peut-être un des secrets de sa réussite. »[4] Cependant, lors de la première qui a lieu le 20 octobre 1937 au Colisée, ce sont « les sifflets qui accueillent ce *Drôle de Drame*. Dans la salle on crie, on injurie. "C'est crétin !" "C'est idiot !" »[5] D'autant que le cinéaste rencontre, au même moment, des démêlés avec les parfums Molyneux qui lui reprochent d'avoir utilisé le nom de la marque pour son personnage principal !

1. Texte de présentation des Éditions Montparnasse.
2. Michel Pérez, *Les films de Carné…*, p. 24.
3. Jean-Marc Loubier, *Louis Jouvet Biographie*, Paris, Ramsay, 1986, p. 202.
4. Robert Chazal, *Marcel Carné…*, p. 26.
5. Jean-Marc Loubier, *Louis Jouvet…*, p. 203.

Seuls les dialogues font l'unanimité, en particulier le face-à-face Simon-Jouvet demeuré à la postérité : « – Et où demeurent-ils exactement, ces amis qui ont la rougeole ? – Ah oui... où ils demeurent exactement ? Vous me demandez, mon cher cousin, où ils demeurent exactement ? Euh... ben, c'est bien simple, ils demeurent exactement dans les environs de... euh... Brighton, je crois. – Vous croyez, cher cousin... bizarre, bizarre... – Qu'est-ce qu'il a ? – Qui ? – Votre couteau ? – Comment ? – Vous regardez votre couteau et vous dites bizarre, bizarre, alors je croyais que... – Moi j'ai dit bizarre, bizarre ? Comme c'est étrange... Pourquoi aurais-je dit bizarre, bizarre ? – Je vous assure, cher cousin, que vous avez dit bizarre, bizarre. – Moi j'ai dit bizarre ? Comme c'est bizarre... »

Les coulisses de cette scène seront ensuite révélées par Carné dans ses souvenirs intitulés *La vie à belles dents* : « La scène du repas fut épique. Simon détestait Jouvet – qui le lui rendait bien – depuis que ce dernier l'avait dirigé dans *Siegfried* à la Comédie des Champs-Élysées. Quelques répliques aigres-douces avaient même été échangées, à mon insu, entre deux prises de vues sur le plateau. Un jour, mine de rien, Jouvet avait confié à Simon qu'on lui avait tout d'abord proposé le rôle dévolu à celui-ci par la suite. Naturellement, il n'en était rien. Une autre fois, interrompant une prise de vues, je n'avais pas encore eu le temps d'en indiquer la raison, quand on entendit Simon prendre sa petite voix et dire suavement à Jouvet : "Vous vous êtes trompé." Aussi chacun avait juré d'avoir la peau de l'autre. La scène du repas et son "Bizarre... Bizarre..." allaient leur en fournir l'occasion. Du moins chacun le croyait-il. Je n'avais, évidemment, pas été mis dans la confidence. Mais l'un et l'autre s'étaient juré de soûler son partenaire à la faveur de la scène. C'est ce qui se produisit. À cette différence près que chacun d'eux soûla l'autre. Pour employer une formule qui a beaucoup servi, on peut dire que cet après-midi-là le champagne coula à flots sur le plateau. Durant toute la scène, tous les deux étaient demeurés assis. Je ne m'aperçus de leur ivresse que lorsqu'ils se levèrent à la fin de la journée. Titubant, Simon alla soulager sa vessie derrière le décor. Quant à Jouvet, droit comme un if, il s'en fut dignement jouer *La Guerre de Troie* de Giraudoux au Théâtre de l'Athénée. Le lendemain, je me renseignai : il paraît qu'il y avait été excellent ! »[1]

Le reste du film est truffé de « fausses perles du trésor populaire » : « Une double vie, ce n'est pas une vie ! » ; « Un homme d'Église n'est

1. Marcel Carné, *La vie à belles dents*..., p. 67.

jamais seul, les malheurs du monde sont toujours avec lui » ; « À force de chercher, on finit toujours par trouver » ; « On ne se marie pas pour être heureuse » ; « À force d'attendre les événements, ils arrivent » ; « Quand le mari meurt, la femme pleure »[1].

Les jours qui suivent la première, à l'exception du *Merle blanc*, « la presse traîne les auteurs et les interprètes dans la boue »[2]. C'est ainsi que le futur scénariste Marcel Achard écrit : « Pour être drôle, une extravagance doit être improvisée... Artistiquement photographiés, les gags de *Drôle de Drame* donnent une déplorable impression de travail. »[3] Et François Vinneuil de regretter une nouvelle fois que « la fête tourne... à la mascarade triste, au dîner de têtes où des invités sans fantaisie voudraient bien enlever leur fausse barbe pour déguster le potage. »[4] En revanche, Émile Vuillermoz accorde au travail de Prévert un *satisfecit* pour « sa vivacité et [...] son originalité d'esprit »[5]. Jean Quéval retiendra une « homogénéité [et] une négation burlesque de la société »[6].

Le Quai des brumes

Après ce *Drôle de Drame*, Raoul Ploquin, alors directeur de la production française de la U.F.A. de Berlin, décide pour la première fois de réunir Carné et Gabin, lequel se trouve alors sous contrat avec sa société. Il est vrai que les épouses de Ploquin et Gabin ont particulièrement apprécié le film burlesque. Et comme le rappelle le réalisateur, Gabin avait failli tourner dans *Jenny*, à la place d'Albert Préjean.

Lorsque Doriane Moncorgé prononce pour la première fois le nom de Carné devant l'interprète de *Pépé le Moko*, celui-ci l'interrompt immédiatement : « Tu dis quel nom ? [...] – Carné... Marcel Carné... – Mais je connais [...]. Il me voulait pour interpréter son premier film [...]. – Pourquoi ne l'as-tu pas fait ? – [Julien Duvivier] m'avait mis le marché en main : si je tournais le truc de Carné, je faisais ballon pour *La Belle Équipe* qu'il préparait ! »[7] Tandis que les deux hommes se rencontrent Chez Allard, le metteur en scène lui confie penser alors

1. Michel Pérez, *Les films de Carné...*, p. 31.
2. Jean-Marc Loubier, *Louis Jouvet...*, p. 203.
3. Marcel Achard, *Marianne*, 27 octobre 1937.
4. François Vinneuil, *L'Action française*, 29 octobre 1937.
5. Émile Vuillermoz, *Le Temps*, 6 novembre 1937.
6. Jean Quéval, *Marcel Carné...*, p. 24.
7. Marcel Carné, *La vie à belles dents...*, p. 70.

au *Quai des brumes* de Mac Orlan. Vingt-quatre heures plus tard, la décision est prise.

Le scénario est « soumis par Ploquin à la U.F.A. dont le grand maître occulte était Goebbels. Scandale ! “Scénario décadent, ploutocrate, etc.” Catastrophe pour Ploquin qui avait désormais sur les bras non seulement Gabin et son cachet de 450 000 F mais encore un scénario refusé et que ses auteurs ne voulaient pas modifier. Ploquin demanda alors l'autorisation de vendre le tout à un autre producteur, ce que Goebbels accepta quand il sut que l'acquéreur éventuel était Gregor Rabinovitch. »[1] Pour Michèle Morgan, qui offrira son talent et ses yeux au film, la raison de cet investissement allemand était aisément explicable : « Nous n'avons certainement jamais autant tourné en Allemagne que durant les années qui précédèrent la guerre. Les coproductions étaient considérées par le Dr Goebbels comme un excellent moyen de faire rentrer des devises étrangères, dans le cadre des accords commerciaux franco-allemands du 10 juillet 1937, et devaient compenser la déficience des exportations de films allemands qui, depuis le régime national-socialiste, baissaient progressivement. »[2]

Après avoir déplacé l'action du Montmartre de 1900 d'origine au port de Hambourg, et après un essai à Neubabelsberg, le film se tourne finalement en France. Et Le Havre accueille l'équipe technique. Reste toutefois à convaincre le Service cinématographique de l'armée d'autoriser l'adaptation de cette histoire si « délicate » en ces années d'avant-guerre. Le 15 novembre 1937, un certain commandant Calvet, « représentant le département de la Guerre à la commission de Contrôle des Films » adresse à « Monsieur le directeur de l'Alliance cinématographique européenne 56 rue de Bassano Paris 6e » son avis : « [...] Comme suite à ma lettre n° 1 562 en date du 21 octobre 1937 et à la visite de M. Droin et M. Pierre Maréchal, j'ai l'honneur de vous faire connaître que je ne vois pas d'inconvénient, en ce qui concerne le Département de la Guerre, à ce qu'il soit tiré un scénario du “Traitement par Jacques Prévert du *Quai des brumes*” de Pierre Mac Orlan à condition que la page 9 de ce résumé soit traitée par le metteur en scène, le dialoguiste et les interprètes avec tout le tact désirable pour que le militaire n'ait à aucun moment l'allure d'un homme disposé à faire un sale coup. [...] »[3] Et surtout que ce mot

1. Robert Chazal, *Marcel Carné...*, p. 29.
2. Michèle Morgan, *Avec ces yeux-là...*, p. 113.
3. Archives Carné, 9 CAR/42.

de déserteur ne soit jamais prononcé et que « le héros plie soigneusement ses effets militaires au lieu de les jeter en vrac »[1].

Les prises de vue du *Quai des brumes* commencent le 2 janvier 1938. Carné se souvient : « Il faisait un froid terrible. Les jours étaient brefs, on tournait sans interruption de neuf heures du matin à trois heures de l'après-midi. Évidemment on avait compté sur la brume. Comme elle n'était pas au rendez-vous, Trauner et Schüfftan avaient imaginé, dans le but de la remplacer artificiellement, de faire brûler une sorte de goudron dans de grands récipients en tôle. Cela donna l'effet désiré, mais on s'aperçut en même temps que la fumée noire et épaisse se déposait sur nos vêtements, nos visages et nos mains. »[2]

L'histoire est celle d'un déserteur : « Jean [...] arrive au Havre en camion et recherche un abri avant de quitter la France. Il est hébergé dans une cabane au bout des quais par l'étrange et chaleureux Panama. Il fait la connaissance d'un curieux peintre, Michel et d'une belle jeune fille triste, Nelly. Elle est terrorisée par son tuteur, un homme assez louche, Zabel, lui-même guetté par un petit groupe de voyous dont le chef est Lucien. Celui-ci est un personnage veule. Jean le gifle devant ses acolytes un matin où il importune Nelly. Michel se suicide, laissant à Jean ses vêtements civils et son passeport. Jean décide de s'embarquer pour le Venezuela mais le souvenir de la nuit qu'il vient de passer avec Nelly le retient à terre. Il court chez la jeune fille, trouve Zabel, une scène violente éclate et Jean écrase le crâne de Zabel à coups de brique. Au moment de fuir vers le port, il est abattu à coups de revolver par Lucien. Il s'écroule, Nelly sanglote à côté de lui. "Embrasse-moi... vite" dit-il avant de mourir. »[3]

Le film est projeté pour la première fois le 18 mai suivant. L'accueil est excellent. C'est même un triomphe absolu et Carné commence à occuper une place de choix dans la profession. « Mais, à l'époque, les réalisateurs ne savaient pas encore assurer leur propre publicité. Ils restaient dans l'ombre des vedettes dont le mérite était de faire entrer les gens dans les salles sur la seule réputation de leur nom. »[4] Or, il est vrai qu'« on est tellement habitué à considérer *Le Quai des brumes* comme un classique que nul ne songe qu'à sa sortie il était d'abord un film de "jeunes" »[5].

---

1. Michel Pérez, *Les films de Carné...*, p. 34.
2. Marcel Carné, *La vie à belles dents...*, pp. 75-76.
3. www.cinema-francais.fr
4. Robert Chazal, *Marcel Carné...*, p. 32.
5. Philippe d'Hugues, *Almanach...*, p. 218.

Et il est vrai qu'à cette époque l'ensemble de l'équipe a une moyenne d'âge de quarante ans. L'ambiance y est légère, Michèle Morgan se souvenant particulièrement de ce réalisateur « courtois, un peu sec dans son verbe mais, chose étonnante [qui] ne m'intimide pas et aiguise ma curiosité. On sent chez lui une intelligence rapide, précise, le sens de l'esthétisme »[1].

C'est le personnage du peintre Kraus, alias Robert Le Vigan, qui redonne à Prévert l'occasion de ses poétiques tirades, ici d'une langueur et d'une tristesse infinies : « Qu'est-ce qu'il y a de plus simple qu'un arbre ? Pourtant, quand je peins un arbre je mets tout le monde mal à l'aise. C'est parce qu'il y a quelque chose, quelqu'un de caché derrière cet arbre. Je peins malgré moi les choses cachées derrière les choses. Un nageur, pour moi, c'est déjà un noyé. »

C'est cependant le couple vedette Gabin-Morgan qui permet au film de remporter un joli succès populaire, avec notamment la réplique de Nelly à Jean qui se plaint du fond de la mer : « Ce n'est pas le fond de la mer. Le fond de la mer, c'est plus loin, plus profond. » Comme la comédienne le soulignera dans ses Mémoires : « C'était joli cette rencontre sur le *Quai des brumes*, au Havre, et ce baiser final... si parfait que tout ce qui venait après me semblait vouloir l'abîmer. D'emblée notre couple avait plu. Les journalistes parlaient, avec toute l'émotion désirable, de notre accord parfait : il était la force, j'étais le rêve ! Donc dès la sortie de *Quai des brumes*, sans aucune timidité de plume, la presse nous baptise "le couple idéal du cinéma français" »[2].

Aux États-Unis, le film (*Port of Shadows*) remporte aussi « un grand succès »[3]. Malgré tout, la critique du *Canard enchaîné* est très virulente, ainsi que Lucien Rebatet dans *L'Action française* ou Georges Sadoul dans *L'Humanité*, ce dernier parlant de « la politique du chien crevé au fil de l'eau »[4]. Pour Jean Renoir, il s'agit ni plus ni moins que d'un film fasciste, théorie que Henri Jeanson réfute dans *La Flèche* du 12 août 1938. « Et l'on put lire dans une feuille intitulée *Ciné-Combat*, supplément d'un hebdomadaire défunt, *Ciné-France*, un article ainsi titré : "*Pépé le Moko*, *Quai des brumes* : mauvaise propagande". Comment s'étonner, après cela, qu'on ait écrit, selon Daquin : "C'est la faute à *Quai des brumes* si nous avons perdu la guerre." »[5] Pourtant

1. Michèle Morgan, *Avec ces yeux-là...*, p. 95.
2. Michèle Morgan, *Avec ces yeux-là...*, p. 110.
3. *Ibid.*, p. 154.
4. Marcel Carné, *La vie à belles dents...*, p. 86.
5. Robert Chazal, *Marcel Carné...*, p. 31.

Claude Briac ne craint pas d'affirmer qu'il n'y avait pas « dix metteurs en scène au monde capables de réaliser un tel film »[1]. *L'Avant-garde* souligne aussi dans ses colonnes qu'« en dépit de cette atmosphère de misère, morale, physique et physiologique, peut-être même à cause de cette atmosphère, trouble, floue, brumeuse, *Le Quai des brumes* est un chef-d'œuvre »[2]. Et *Le Merle blanc* de conclure : « Après cette succession d'images qui portent en elles toute la poésie morbide des âmes désespérées, nous comprenons que Marcel Carné vient de nous donner un chef-d'œuvre... Jacques Prévert mérite d'être associé au succès de Marcel Carné »[3].

Les récompenses affluent. « *Quai des brumes* fut choisi, avec d'autres films, pour représenter la France à Venise sous le titre *La Rive du destin*[4]. Toute la sélection française fut primée et Marcel Carné reçut une médaille spéciale. Et pourtant le choix de *Quai des brumes* avait provoqué des remous. René Jeanne, lui-même, délégué officiel de la France à Venise, avait, comme journaliste, déploré ce choix »[5]. La Biennale de Venise lui décerne donc un prix de la mise en scène qui équivaut cette année-là au Lion d'or car au dernier moment « les autorités italiennes intervinrent pour faire pression sur le jury »[6]. Le *Prix Delluc* récompense également le travail de Carné, ainsi qu'un prix japonais et le titre de « meilleur film étranger de l'année en Amérique »[7].

Hôtel du Nord

Fort de ces succès, le cinéaste est contacté par le producteur Raymond Hakim. Carné propose de réaliser un *Train d'enfer* avec Jean Gabin et Simone Simon. Mais cette future *Bête humaine* est abandonnée car le thème a déjà été envisagé et déposé par Jean Grémillon. Et finalement Jean Renoir reprendra l'idée.

C'est alors qu'un autre producteur, Lucachévitch, propose à Carné de mettre en scène Annabella, à cette époque « la vedette féminine numéro un du cinéma français [...]. Sa présence dans un film suffisait à le faire vendre

1. Marcel Carné, *La vie à belles dents...*, p. 86.
2. *L'Avant-garde*, 28 mai 1938.
3. *Le Merle blanc*, 21 mai 1938.
4. Henry-Jean Servat, *Les trois glorieuses. Danielle Darrieux, Michèle Morgan, Micheline Presle*, Paris, Pygmalion, 2008, p. 66.
5. Robert Chazal, *Marcel Carné...*, p. 31.
6. Marcel Carné, *La vie à belles dents...*, p. 87.
7. *Ibid.*, p. 88.

à un prix tel dans les pays d'Europe centrale que cela couvrait largement le devis ». Un accord est trouvé mais les prétentions artistiques et financières du réalisateur ont fait bondir son interlocuteur : « Comment ! Si jeune, vous voulez gagner autant d'argent ? Je trouve ça immoral ! »[1] Pourtant, nul n'ignore que *Jenny* a couvert sept fois son budget et que le jeune metteur en scène se taille – à l'époque – une réputation d'économe. Reste à choisir une histoire. Carné jette son dévolu sur un livre de Dabit, *Hôtel du Nord*, un livre cité dans l'article de *Cinémagazine* cinq ans auparavant. Ce livre, Annabella l'a justement lu et apprécié, et elle « donne son accord »[2].

Le tournage a lieu en septembre 1938, pendant « une quinzaine de jours aux studios de Billancourt »[3]. Mais les premières menaces sur la Tchécoslovaquie imposent « la mobilisation, classe après classe »[4] Et bien que Carné doive déplorer un plateau vidé progressivement de ses techniciens, il parvient à sortir le film le 14 décembre suivant, dans les temps impartis.

« Dans un hôtel situé sur le bord du Canal Saint-Martin à Paris, on célèbre une communion. Les propriétaires et clients de l'établissement fêtent l'événement autour d'un repas chaleureux. Un couple de jeunes amoureux (Pierre et Renée) s'installe dans une des chambres. Au cours de la nuit, un coup de feu retentit… C'est ainsi que démarre l'intrigue d'*Hôtel du Nord*, merveilleux film d'ambiance dont le personnage principal est bien entendu cet hôtel du canal parisien. Sur un scénario de Jean Aurenche et des dialogues de Henri Jeanson, Marcel Carné décrit avec autant de minutie que de passion les hommes et les femmes qui logent dans l'hôtel ou ses environs. Au milieu des décors imaginés par Trauner, on croise un patron paternaliste, un policier raciste, de jeunes amoureux naïfs, un éclusier cocu, et un mac accompagné de sa protégée. Tous ces personnages typiques d'une époque participent à l'atmosphère si caractéristique du film. Pour incarner ces personnages, Carné et son équipe s'entourent de comédiens épatants parmi lesquels Jean-Pierre Aumont, Bernard Blier, Annabella ou Paulette Dubost. En tête d'affiche de cette distribution, un couple inoubliable : Arletty et Louis Jouvet. Les deux comédiens s'emparent des dialogues de Jeanson et inventent des personnages à la gouaille inoubliable. Leurs échanges sont un pur régal

1. *Ibid.*, p. 7.
2. Jean Quéval, *Marcel Carné…*, p. 35.
3. Jean-Marc Loubier, *Louis Jouvet…*, p. 222.
4. Marcel Carné, *La vie à belles dents…*, p. 23.

pour les oreilles et sonnent comme une musique de rue, un témoignage de l'argot qui régnait à l'époque dans les quartiers parisiens. »[1]

Les dialogues font surtout la part belle au duo du souteneur et de la prostituée. Ainsi Jouvet affirme-t-il devant des policiers médusés : « C'était un 6.35, je le sais, j'ai l'oreille musicienne », avant qu'Arletty ne reprenne au bond : « C'est fantastique [...] Ah vous pouvez crâner, pour une belle prise, c'est une belle prise. » De retour du « trou », tandis qu'il lui propose de se rendre sur la Côte d'Azur et se rêve une nouvelle vie, il lui reproche son vocabulaire : « Vocabulaire ? Marrant. Le seul mot d'argot que j'entrave mal... » Et elle se fâche : « Je ne pars plus, moi aussi j'ai mes caprices ». Puis philosophe : « C'est pas un homme qui a l'habitude à perdre ses colis en route. Il tardera pas à rappliquer pour en reprendre livraison. »

Mais chacun se souvient de l'éternel « Atmosphère atmosphère ... » : « – T'en fais du chichi parce que tu vas à la pêche. Moi je vais à la chasse tous les soirs et je ne crâne pas. D'abord aller à La Varenne alors qu'on devrait en croquer à Toulon... Pourquoi qu'on part pas pour Toulon ? Tu t'incrustes, tu t'incrustes, ça finira par faire du vilain. – Et après ? – Oh t'as pas toujours été aussi "fatalitaire". – Fataliste ! – Si tu veux, le résultat est le même. Pourquoi tu l'as à la caille. On n'est pas heureux tous les deux ? – Non. – T'es sûr. – Oui. – T'aime pas notre vie. – Tu l'aimes notre vie ? – Faut bien, je me suis habituée ? Coquard mis à part, t'es plutôt beau mec. Par terre on se dispute, mais au lit on s'explique. Et sur l'oreiller, on se comprend ! Alors ? – Alors rien. J'en ai assez, tu saisis : je m'asphyxie. Tu saisis : je m'asphyxie ! – À Toulon y'a de l'air puisqu'il y a la mer, tu respireras mieux. – Partout où on ira ça sentira le pourri. – Allons à l'étranger, aux colonies. – Avec toi ? – C't'idée... – Alors ce sera partout pareil. J'ai besoin de changer d'atmosphère... et mon atmosphère : c'est toi ! – C'est la première fois qu'on me traite d'atmosphère ! Si j'suis une atmosphère, t'es un drôle de bled ! Oh là là... des types qui sont du milieu sans en être et qui cognent à cause de ce qu'ils ont été, on devrait les vider. Atmosphère... atmosphère ! Est-ce que j'ai une gueule d'atmosphère ? Puisque c'est ça vas-y tout seul à La Varenne... Bonne pêche et bonne atmosphère ! »

Pour Robert Chazal, « c'est une réussite, tout compte fait, qu'*Hôtel du Nord*. Elle a ses limites, certes, inhérentes à une certaine forme "boulevardière", à répliques-minutes et à mots d'auteur, qu'illustrent la plupart

1. François-Olivier Lefèvre, *Tvclassik*.

des films auxquels a collaboré Henri Jeanson. Moins ambitieux que *Quai des brumes*, *Hôtel du Nord* est resté ce qu'il était : un film sans âge qui a pour lui de se dérouler dans un univers de fantaisie, donc constamment vraisemblable. On revoit toujours avec plaisir *Hôtel du Nord* parce que cela demeure et demeurera longtemps un régal de voir et d'entendre, notamment, deux incomparables comédiens comme Arletty et Jouvet. On se dit, bien sûr, que cela ne vise pas très haut [...]... Mais on ne peut s'empêcher de penser, devant *Hôtel du Nord*, que ça aussi "c'était du cinéma". Et l'on a raison. Car il est des classiques de tout rang et tous ordres »[1]. À l'époque, Marcel Achard souligne que « Marcel Carné est un jeune maître [et] sa mise en scène est une réussite extraordinaire »[2]. Et les autres articles de presse relèvent la qualité des décors, « par exemple, cet autobus réel qui traverse le décor (et plaît toujours à Carné) choque profondément la critique »[3], en particulier Claude Mauriac [4].

Cet *Hôtel du Nord* sera la seule entorse à la complicité du duo avec Prévert. Pour la première fois depuis trois films, l'écrivain est absent au générique car il a entrepris un voyage en URSS suivi d'un long périple aux États-Unis. Dès son retour, le metteur en scène le rappelle à ses côtés et signe au début de l'année 1939 pour un second opus avec Gabin, cette fois pour un film noir situé dans la pègre. Prévert envisage dans un premier temps *Rue des Vertus*, une histoire de gangsters « ayant pour cadre la petite église des Baux-de-Provence »[5] avec également Arletty et Jules Berry. Parti avec un de ses amis, Carné retrouve en route Prévert et Trauner avec lesquels il élabore une maquette de travail « pour le compte du producteur Frogerais »[6]. Mais cherchant à reconstituer l'histoire sur fond de veillée de Noël, le projet semble marquer le pas dès les premières pages du scénario.

Le Jour se lève

Un hasard heureux relance alors l'équipe qui avait connu le succès avec *Le Quai des brumes*. Carné, qui habite rue Caulaincourt, a pour voisin de pallier un certain Jacques Viot qui lui propose un court « synopsis de

1. Robert Chazal, *Marcel Carné...*, p. 35.
2. Michel Pérez, *Les films de Carné...*, p. 55.
3. Robert Chazal, *Marcel Carné...*, p. 34.
4. Marcel Carné, *La vie à belles dents...*, p. 98.
5. *Ibid.*, p. 101.
6. Jean Quéval, *Marcel Carné...*, p. 37.

quelques pages [...], trois feuillets, pas un de plus, un peu chiffonnés et jaunis »[1]. Il s'agit d'une « histoire dramatiquement forte, comprenant, comme la *Rue des Vertus*, le rôle vedette pour Gabin, condition essentielle. Prévert lui-même, [...] à l'adaptation, [...] écrit les dialogues de ce qui allait être *Le Jour se lève* »[2]. Tandis que Viot et Prévert travaillent à l'hôtel de L'Aigle noir à Fontainebleau, Carné va prendre des renseignements auprès de la police d'Amiens pour connaître avec exactitude la manière dont les forcenés sont repris par les forces de l'ordre.

Pour ménager le suspense dans l'équipe du film, le réalisateur ne précise la fin de l'histoire qu'à « la dernière minute »[3], Prévert ne fournissant les ultimes dialogues que le matin du tournage. L'originalité du film réside dans sa construction, ce qui rend Carné enthousiaste : « L'intrigue proprement dite était à peu près inexistante mais, pour la première fois dans l'histoire du cinéma, [...] elle commençait par la fin et se déroulait à la faveur de retours en arrière. »[4] Il s'agit en effet du premier grand flash-back du cinéma français, après celui de *The Power and the Glory* de Sturges porté à l'écran par Howard et un an avant celui, si célèbre, de *Citizen Kane*. Ce qui explique le carton d'explication affiché par le producteur et destiné à faire comprendre aux spectateurs les arrêts fréquents et les fondus-enchaînés. Mais personne ne remarque que la fusillade fatale a été tournée avec des balles réelles. Du moins, Michel Pérez souligne « l'extraordinaire réussite de la conjonction des divers éléments de ce plan final tient, à n'en pas douter, à cette longue préparation à l'inéluctable à laquelle nous convie le film entier : la lumière de l'aube que nous recevons de face, à travers la fumée des gaz lacrymogènes, la sonnerie du réveil qui s'est déclenchée juste au moment où la grenade est tombée sur le plancher de la chambre, les détails du décor que nous revoyons pour la dernière fois dans un ensemble un peu flou (le fauteuil en osier, les débris du miroir, les points d'impact des balles, sur les murs) et qui nous sont montrés à la faveur d'un lent travelling arrière dont la sonnerie a été comme le signal de départ. »[5]

Le film est projeté pour la première fois le 17 juin 1939 au cinéma Madeleine. Dans quelques répliques, Arletty retrouve sa gouaille

1. Marcel Carné, *La vie à belles dents...*, p. 103.
2. Robert Chazal, *Marcel Carné...*, p. 36.
3. Jean Quéval, *Marcel Carné...*, p. 39.
4. Marcel Carné, *La vie à belles dents...*, p. 103.
5. Michel Pérez, *Les films de Carné...*, p. 62.

mélancolique découverte dans *Hôtel du Nord*. À Gabin, elle lance : « Moi, si je pouvais t'oublier… je t'oublierais tout de suite, je te le garantis… un bon souvenir… des souvenirs… Est-ce que j'ai une gueule à faire l'amour avec des souvenirs ? »

Le réalisateur considère alors *Le Jour se lève* « supérieur au *Quai*. En tout cas, c'est un film qui vieillira moins vite. »[1] Il regrette juste de ne pas avoir souligné dans la dernière scène, lorsque Jules Berry jette le pistolet pour montrer qu'il n'attend plus rien de la vie, « la raison de son geste »[2].

Pour Robert Chazal, « beaucoup de critiques et d'historiens ont écrit que *Le Jour se lève* était l'œuvre la plus accomplie de Carné et ont souligné en particulier qu'il était composé comme une véritable tragédie et qu'on y respectait la règle des trois unités. Cette conception scolaire de la critique est, à dire vrai, exaspérante. Cette trop fameuse règle des trois unités est un de ces carcans contre lesquels il a fallu se battre et qui n'est que la plus connue de toute une série de conventions théâtrales dont le spectacle moderne n'a que faire, le cinéma surtout. […] *Le Jour se lève* n'a donc rien à voir avec une tragédie classique et c'est bien reposant »[3]. Pourtant les journalistes sont assez sévères, tel Paul Reboux dans *Paris-Midi* qui regrette : « Après le film muet et le film parlant, le film chuchoté. »[4] Ou Pierre Wolff : « Le jour se lève du pied gauche. »[5] Malgré ces critiques, René Lehmann affirme : « Marcel Carné excelle à camper dans leur cadre faubourien des êtres simples, des gens du peuple et des dévoyés sur qui s'abat une fatalité inexorable et littéraire. Il les dépeint avec clairvoyance, avec amour, avec une lucidité qui sait accueillir le romanesque et même la poésie, sinon la précision psychologique. La maîtrise du découpage, la beauté des images, la qualité du dialogue, la puissance d'une action dissociée cependant par les besoins de la narration et le rythme volontairement lent adopté par l'auteur du *Jour se lève* un film extrêmement attachant et fort, dont on n'aimera peut-être pas la substance mais qu'on ne pourra pas s'empêcher d'admirer. »[6] Et l'originalité du montage fait écrire à Alexandre Arnoux que « le tour de la narration, cette façon

1. Marcel Carné, *La vie à belles dents…*, p. 108.
2. *Ibid.*, p. 109.
3. Robert Chazal, *Marcel Carné…*, pp. 36-37.
4. Marcel Carné, *La vie à belles dents…*, p. 108.
5. *Ibid.*, p. 108.
6. René Lehmann, *L'Intransigeant*.

d'attaquer l'histoire par l'épilogue, par l'assassinat du dompteur de cabots et de revenir en arrière, de traduire en somme le monologue intérieur du barricadé qui revit sa vie, cette manière de jouer avec le temps et de mêler le siège des policiers à l'évocation des mobiles du crime, tout cela a de la puissance et du ragoût... »[1].

Après ce film et malgré un climat de tension évident en cette année 1939, Carné ne songe qu'à porter à l'écran *Le Facteur sonne toujours deux fois* de James Cain avec une nouvelle fois Gabin, Michel Simon mais aussi Viviane Romance. Il prend contact avec Jack Forrester et André Parent, mais se voit contrait d'abandonner son projet, le compagnon de la comédienne souhaitant jouer lui-même le personnage principal. L'adaptation attendra finalement quelques années avec Pierre Chenal dans *Le dernier tournant*, Visconti pour *Ossessione* et Tay Garnett. Autre projet abandonné : *École communale*, malgré Jeanson et l'agent de liaison Michel Koustoff avec lequel Carné allait engager trois autres films : « Le scénario de Jeanson n'était pas terminé [...] mais la préparation était allée très loin. J'avais engagé deux cents gosses. L'affaire aurait pu être reprise à l'armistice, mais Jeanson ne s'y intéressait plus... »[2].

Les Visiteurs du soir

La guerre est déclarée. À l'instar d'un Jean-Louis Barrault qui est employé pour « faire le ménage du bureau des officiers »[3], Carné est « mobilisé comme pionnier de deuxième classe dans l'Est. Il fit des routes. Il aurait été plus utile au Service cinématographique de l'Armée, mais il avait négligé d'en faire inviter les responsables aux premières de ses films... »[4]. Il se rend à Coulommiers retrouver le 606e régiment de pionniers. Mais ses seuls exercices, l'arme à l'épaule, s'avèrent un désastre : gaucher, il ne peut en effet viser de l'œil droit !

Après une mission au-delà de la ligne Maginot, il est ensuite affecté « au Grand Quartier Général »[5] de La Ferté-sous-Jouarre, une mutation qu'il doit au fameux commandant Calvet qui avait statué sur le sort du *Quai des brumes* trois ans plus tôt et avait refusé qu'il intègre la section

1. Alexandre Arnoux, *Les Nouvelles littéraires*, 17 juin 1939.
2. Robert Chazal, *Marcel Carné...*, p. 38.
3. Jean-Louis Barrault, *Souvenirs...*, p. 132.
4. Robert Chazal, *Marcel Carné...*, p. 39.
5. Jean Quéval, *Marcel Carné...*, p. 42.

cinématographique. Mais grâce à un ami, il retrouve d'autres comédiens, Jean Marchat, Jean Dasté, André Barsacq et... Jean-Louis Barrault.

De retour à Paris, en fausse permission, il manque son train gare de l'Est. La raison: le changement d'heure d'été. Ce hasard lui permet d'échapper aux contrôles qui envoient les soldats sur le front. C'est alors, avec la débâcle, la fuite vers Toulouse puis Montauban. Il y revoit Pierre Blondy et Jean-Pierre Aumont, apprend que *Le Jour se lève* a été coupé (notamment la scène où l'on aperçoit Arletty nue) et, après avoir longtemps hésité, se rend pour quelques jours à Nice.

Malgré les difficultés, il choisit alors de revenir à Paris. C'est là qu'il apprend que ses premiers films sont « interdits par le régime de Vichy, sans d'ailleurs aucune justification [mais] les uns étaient interprétés par des comédiens qui, dans les derniers temps de la guerre, avaient gagné les États-Unis comme Gabin, Michèle Morgan ou Jouvet ; et surtout la plupart, pour ne pas dire tous, avaient été réalisés avec le concours de techniciens israélites, tels Kosma et Trauner »[1].

Commence alors la partie de sa vie la plus discutée et pourtant la plus réussie d'un point de vue strictement professionnel et artistique. Pour Jean-Louis Barrault, qui choisit à cette époque de suivre la même voie, les choses sont simples : « À moins d'être résistant actif, un héros du maquis, à moins d'être passé à Londres ou aux États-Unis, d'où certains envoyaient d'ailleurs des conseils plus difficiles à suivre qu'à donner, que devait faire la plus grande partie de ce peuple pris dans la nasse ? La conduite la plus correcte n'était-elle pas précisément de vivre *debout* à l'intérieur même de sa tâche ? »[2]

Auprès d'Alfred Greven, dirigeant la Continental-Films, et ayant fait la connaissance de Raimu, Carné accepte de réaliser de nouveaux films mais exige qu'ils soient réalisés en France avec la liberté du sujet proposé. Premier projet, bientôt abandonné : *Les Évadés de l'an 4000* qu'il regrettera encore plus de vingt ans après : « J'aimerais [le] tourner [...] en modifiant tout ce qui y est dépassé et ne représente qu'une infime partie de l'ensemble. C'est un projet qui me tente toujours. Inspiré d'un excellent roman de Jacques Spitz, adapté avec Jacques Viot et dialogué par Jean Anouilh, il devait être accompagné par la musique d'Honneger et interprété par Jean Marais, Danielle Darrieux, Arletty,

1. Marcel Carné, *La vie à belles dents...*, p. 125.
2. Jean-Louis Barrault, *Souvenirs...*, p. 191.

Pierre Renoir, Pierre Larquey, etc. Mais il y eut désaccord avec la production sur le choix des acteurs et sur le devis car le film était prévu en deux épisodes (4 500 mètres). La réalisation des décors, due à Andreieff et Challiez, aurait à elle seule coûté une fortune et la Continental ne voulait pas investir une somme d'argent importante pour un film français fait en France. »[1] Pour les maquettes générales, il a pensé à Cocteau mais « Graven, sans refuser ouvertement, montra quelque réticence à signer le contrat de l'auteur des *Enfants terribles.* »[2] La série des échecs se poursuit avec un conte de Marcel Aymé intitulé *Les Bottes de sept lieues* et qui se déroule rue de l'Élysée-des-Beaux-Arts « une ruelle de Montmartre bien sordide dissimulée sous un nom de fanfare »[3]. Faute d'épaisseur, le film ne se fait pas non plus.

C'est alors que le producteur André Paulvé lui fait signer un nouveau contrat de trois films. Il envisage dans un premier temps une adaptation de *Nana* d'Émile Zola (mais les droits d'adaptation, entre les mains d'un certain Pinés, ne seront jamais levés) et, déjà, le *Juliette ou la Clef des songes* d'après Georges Neveux, qu'il retrouvera dix ans plus tard. Carné en a admiré une version au théâtre avec Falconetti et envisage une adaptation par Jacques Viot, des costumes et décors de Christian Bérard, la musique de Henri Sauguet tandis que l'image devait être assurée par Roger Hubert. Surtout, les dialogues additionnels étaient signés Cocteau. Les rôles principaux auraient été tenus par Jean Marais et Madeleine Ozeray, avant que Micheline Presle ne remplace cette dernière. Déjà, Alain Cuny est envisagé pour interpréter le musicien. Mais une fois encore, Carné doit abandonner. De cet énième échec naîtra pour le producteur Sacha Gordine, de ce trio Cocteau-Bérard-Paulvé, *L'Éternel Retour* avec Jean Marais en tête d'affiche.

De nouveau sans projet, Carné retourne sur la Côte d'Azur retrouver Prévert et le journaliste du *Merle Blanc* Pierre Laroche. L'écrivain-poète pense comme le metteur en scène à un film « dans le passé »[4], afin d'éviter la censure de Vichy et surtout se laisser une liberté d'écriture totale.

L'expérience de Carné dans *La Kermesse héroïque* se révélera précieuse pour ces *Visiteurs du soir*, « mélange de simplicité et de sophistication »[5]. L'équipe, autour de Prévert, est formée de Laroche, Trauner, Kosma, Wakhévitch (pour les décors officiels) et Thiriet. Le travail préparatoire

1. Robert Chazal, *Marcel Carné*..., pp. 39-40.
2. Marcel Carné, *La vie à belles dents*..., p. 130.
3. Jean Quéval, *Marcel Carné*..., p. 42.
4. Marcel Carné, *La vie à belles dents*..., p. 108.
5. Michel Pérez, *Les films de Carné*..., pp. 67-70.

dure près d'une année. Arletty, Alain Cuny, Jules Berry, Marie Déa (à la place de Madeleine Ozeray), Marcel Herrand, Fernand Ledoux, Roger Blin, Gabriel Gabrio, Jean d'Yd et Pierre Labry sont engagés. François Chaumette, Alain Resnais et Jean Carmet font leur première apparition à l'écran.

Dans les faits, « Paulvé était décidé à accorder ce qu'il faudrait : vingt millions de francs, ce qui était énorme. Et la construction du décor représentant le château, où le baron Hugues donne un grand banquet en l'honneur de sa fille Anne et de son fiancé le chevalier Renaud, fut entreprise. Ce château tout blanc qui fit tant discuter, avait été vieilli, noirci, conformément à la tradition. Mais s'il pleut rarement dans le Midi, les orages y sont d'une grande violence. Et il suffit d'une nuit de déluge pour redonner à ce château de stuc sa blancheur initiale… "– Nous manquions de tout, dit Carné, et les choses les plus difficiles à obtenir étaient justement celles dont nous avions le plus impérieux besoin. Pas de peinture laquée, par exemple, et le staff était fait de plâtre et d'herbe. Acteurs et figurants emportaient le dallage avec leurs semelles… Les figurants étaient si mal nourris qu'il fallut mettre un enduit purgatif sur les mets du banquet pour éviter le pillage. Les costumes étaient en textiles artificiels impossibles à photographier de près. »[1] La solution se trouve une fois encore dans la technique, avec « des plans généraux, dans le recours à la profondeur du champ, dans ces habiles mouvements d'appareil qui consistent à tourner autour de la salle du banquet et des figurants sans jamais s'approcher trop d'aucun motif »[2].

Les difficultés se multiplient, notamment du fait des restrictions. Surtout, Carné commence à être dans le viseur des collaborationnistes, qui publient dans *Je suis partout* un article à charge intitulé… *Carné de balles*. Son sort semble scellé. Et à Nice, les ennuis concernent le château du baron Hugues, que Carné souhaitait pourtant blanc et que Wakhévitch a patiné sans son accord ! Ce n'était donc pas la cause d'un orage : aux yeux du réalisateur, il fallait retrouver le caractère originel des constructions médiévales, telles que les avaient connues les hommes de cette époque!

Du fait de ces contretemps, les prises de vue débutent non le 22 avril comme prévu à Vence, mais trois semaines plus tard. L'on revient à Paris pour tourner les intérieurs. Lampin est remplacé par Pierre Sabas à la

1. Robert Chazal, *Marcel Carné…*, pp. 41-42.
2. Jean Quéval, *Marcel Carné…*, p. 44.

direction de la production. C'est Charles Munch et la Société des Concerts du Conservatoire qui créent la partition écrite par Maurice Thiriet et Joseph Kosma.

L'histoire se résume en quelques lignes : « Satan délègue, sous l'apparence de ménestrels, deux de ses suppôts, Dominique et Gilles, pour semer malheur et destruction sur Terre en l'an de grâce 1485. Alors que Dominique réussit sa mission en soumettant à son emprise séductrice le baron Hugues et Renaud, le fiancé de sa fille Anne, Gilles faillit à sa tâche en succombant amoureusement devant la pureté d'Anne à laquelle il ne devait apporter que tourments. Leur amour déchaîne le courroux de Satan qui intervient en personne pour achever son œuvre de désolation comme il l'entend. »[1]

Dès les projections privées, le film symbolise la résurrection du cinéma français, tant par ses ambitions artistiques que par l'importance de son budget. La présentation à la presse se tient chez Maxim's et la première « dans une salle archi-comble »[2]. Les critiques sont élogieuses et la plupart des spectateurs envoûtés par cette fable médiévale. « Lorsque *Les Visiteurs du soir* sortirent le 5 décembre 1942 (un mois après l'occupation de la zone Sud par les nazis) au cinéma Madeleine (où ils sont restés plus d'un an en exclusivité) ce fut un concert unanime de louanges dans la presse, y compris chez ceux pour qui la France avait perdu la guerre à cause de *Quai des brumes*. Lucien Rebatet (François Vinneuil) s'écria : "Aucun spectateur de quelque culture ne contestera, je pense, le goût infaillible avec lequel Carné a créé ses moindres images." Pour être dit d'un ton pédant, le compliment n'est pas moins appréciable, venant d'un monsieur pour qui Carné et Prévert étaient bien près de symboliser le diable. Roger-Marc Thérond, alors en zone Sud, gagnait ses galons de critique en répondant aux reproches de lenteur que l'on faisait aux *Visiteurs* : "On a dit que le rythme faisait défaut aux *Visiteurs du Soir*. Au contraire, il est volontairement lent, tel un cygne sur un lac." La formule est heureuse et confirmée par Barjavel dans l'*Écho des Étudiants* : "Le rythme est lent, surtout au début. Mais c'est le résultat d'un choix et non d'une erreur..." »[3].

Pour André Bazin, le film a « surgi dans la morne production 1941-1942 comme un événement révolutionnaire. On a tout de suite compris

1. www.allocine.fr
2. Marcel Carné, *La vie à belles dents...*, p. 154.
3. Robert Chazal, *Marcel Carné...*, p. 41.

qu'il marquerait une date, le début d'une influence, l'origine d'un style. Le photographe a su créer ici des images parfaitement en accord avec le drame, sèches, blanches et noires, dépouillées et lumineuses comme le paysage méridional qui en constitue le fond. Ce poème en langue d'Oc n'a pas besoin de l'équivoque de l'ombre pour élaborer ses maléfices. Le mystère est tout entier dans l'âme des êtres et des choses qui offrent sans détour leur apparence brûlée au soleil. »[1]

La fin du film donne pourtant lieu à des interprétations diverses. « Ainsi Stanislas Fumet, qui s'acharne à exalter le caractère mystique des *Visiteurs du Soir*, écrit : "Marcel Carné nous a fait entendre que son amour est bien de l'amour surnaturel puisque, aboutissant à la mort, à la pétrification de la mort, il lui résiste." Fumet interprète ces cœurs qui battent comme un rythme inséré dans l'éternité et l'amour d'Anne comme un amour sauveur au sens religieux. Henri Agel, dans son livre *Le cinéma a-t-il une âme*, n'est pas d'accord et déclare que ce battement de cœur dans une statue relève de la poésie, du merveilleux, beaucoup plus que de la foi chrétienne. Pour Sadoul, c'est encore autre chose. Le diable des *Visiteurs* "devait avoir, dans l'esprit des auteurs, quelques traits de Hitler" et l'on pouvait trouver un sens symbolique à ces cœurs qui battaient sous l'apparente insensibilité de la pierre... Allusion très claire, selon Sadoul, à la Résistance. En réalité, faire battre les cœurs de ces amants de pierre était une façon pratique (et aussi poétique) de donner à ce film une fin presque heureuse. En apparence tout au moins, car la conclusion reste la même que dans les œuvres précédentes de Carné : l'amour n'est possible qu'au-delà de cette terre »[2]. Malgré ces éloges, le cinéaste aurait aimé changer la fin « qu'il estime être une facilité »[3]. Pour ce qui concerne l'allusion à la résistance, Carné et Prévert, sans y avoir vraiment pensé, accepteront ensuite « cette interprétation qui correspondait [...] à un besoin réel chez une partie du public, fin 1942, quand le film est sorti »[4].

Les félicitations sont nombreuses et les avis unanimes. Dès le 15 décembre, Charles Spaak écrit à son ami Carné, de son domicile parisien du 13 rue Franklin : « [...] J'ai vu, hier soir, "les Visiteurs". C'est un film magnifique. De tous tes mérites, il en est un qui me touche particulièrement ; quelle leçon, tu nous donnes, de courage et d'ambition.

1. André Bazin, *Jeux et poésie*, 1943.
2. Robert Chazal, *Marcel Carné...*, p. 43.
3. *Ibid.*, p. 44.
4. Marcel Carné, *La vie à belles dents...*, p. 156.

(Je suis revenu penaud à la maison…) Pardonne-moi de m'être quelquefois moqué de ta petite taille = tu es un grand monsieur. […] »[1] Le film « impose la mode du courant fantastique qui, après une longue absence dans le cinéma français, dominera la production de ces années »[2]. Et honneur suprême, il se voit décerner le Grand Prix du Cinéma français.

Les Enfants du Paradis

Pour le second film signé avec Paulvé, après avoir une nouvelle fois envisagé *Nana* (sans parvenir à avoir les autorisations d'adaptation), le réalisateur s'installe au Negresco avec son producteur, avant que Prévert ne les rejoigne. Un *Milord l'Arsouille avec* Pierre Brasseur est imaginé mais les dépenses envisagées ne sont pas raisonnables en période de guerre. Difficile ensuite de savoir avec certitude qui a l'idée des *Enfants du Paradis* tant chacun tente de s'en approprier la paternité.

Jean-Louis Barrault proposera quelques années plus tard sa version, corroborée par Carné lui-même et évidente de la part d'un passionné des grandes années du théâtre français : « Nous continuions à faire du cinéma. Madeleine tournait avec Grémillon. Christian-Jaque m'avait engagé pour une vie de Berlioz, *La Symphonie fantastique*. C'était l'été 42. Madeleine tournait dans le Midi *Lumière d'été*. […] Madeleine fut appelée à Nice aux studios de la Victorine où s'était réfugié tout le cinéma français. […] Je reste deux ou trois jours à Nice. Je rencontre Prévert et Carné. Ils étaient en colère. Un producteur venait de leur refuser un scénario. Nous prenons un verre à une terrasse de café de la promenade des Anglais (celle que fréquentait dans le temps mon grand-père). Prévert me dit : "Tu n'as pas une idée de sujet ?" "Si. Pour le cinéma parlant, tu devrais tourner l'histoire d'un mime ; en opposition avec un acteur parlant. Par exemple : Deburau et Frédérick Lemaître". Deburau, pour défendre sa femme, avait tué l'agresseur par mégarde d'un coup de canne (il était champion de canne). Tout le Boulevard du crime s'était précipité au procès, non pour le voir acquitter *[sic]*, mais pour entendre le son de sa voix. Un mime au cinéma parlant ? Le Boulevard du crime ? Tout ça plaît à Prévert. "Écris-moi là-dessus quatre ou cinq pages, j'en ferai le scénario et nous essaierons de faire le film". "Si cela t'excite, je te passe tous les bouquins que

1. Archives Carné, 9 CAR/5.
2. Philippe d'Hugues, *Almanach*…, p. 273.

je possède". Prévert, en vrai poète, prit tout ça à son compte et imagina *Les Enfants du Paradis*. Il y ajouta l'anarchiste Lacenaire qu'interpréta Marcel Herrand. Brasseur fit Frédérick Lemaître. Arletty, Casarès, les deux héroïnes. Pierre Renoir faisait "Chant d'habits". Decroux, Margaritis, Joseph Kosma, Trauner, les camarades du groupe Octobre : toute notre jeunesse. Le mime, le théâtre et le cinéma se trouvaient pour moi réunis. Cela se passait la même année que *Le Soulier de satin* : 1943. Un bon millésime : une vraie synthèse de la vie. Et tout cela pendant l'Occupation. Dans la mesure où notre complexion astrale s'accorde plus ou moins avec certains personnages que l'on interprète, je crois que le plus proche de moi fut Baptiste. »[1]

Tout de suite emballé, Carné se rend à Paris et s'installe pendant de longues semaines au musée Carnavalet où il trouve « tout [...] dans les estampes du temps : des documents sur le boulevard du Crime, sur les Funambules et les autres théâtres, des dessins d'estaminets et de bouges à la Courtille et même les silhouettes des marchands des rues qui exerçaient les fameux petits métiers de Paris »[2]. De son côté, Prévert pose ses bagages à la Bibliothèque nationale pour se documenter sur le trio historique Deburau-Lacenaire-Lemaître. De retour au Prieuré de Valette et après avoir lu Jules Janin, le premier titre *Funambules* est remplacé par *Les Enfants du Paradis*, le « paradis » étant le nom donné au dernier étage des théâtres par le public populaire, le « poulailler ». Arletty joue Garance, qui la fera définitivement entrer dans le Panthéon des acteurs français. Wakhévitch, espéré pour les décors mais indisponible, est remplacé par Léon Barsacq. Mayo dessine des costumes fabuleux, exécutés ensuite par l'un des directeurs de la maison Lanvin.

C'est au milieu du mois d'août, à la Victorine de Nice, que commence le tournage du film. Mais « les "événements" eurent [...] une grande influence sur la Direction du Cinéma. Les Américains ayant débarqué en Sicile, ces Messieurs de Paris ordonnèrent le repli général sur la capitale. En vain Carné démontra-t-il que quinze jours lui suffisaient pour finir les scènes du boulevard du Temple dont le décor ne pouvait être reconstruit. Il fallut partir. On perdit ainsi trois mois, dix millions de francs et l'on ne reprit que le 9 novembre dans les pires conditions. »[3] Et il s'en fallut de peu que Jean-Louis Barrault, engagé sur *Le Soulier de satin*, ne

1. Jean-Louis Barrault, *Souvenirs...*, pp. 167-169.
2. Marcel Carné, *La vie à belles dents...*, p. 159.
3. Robert Chazal, *Marcel Carné...*, pp. 44-45.

fût remplacé par un certain Jacques Tati que Carné a découvert à l'ABC : « Grand, mince, [...] sa silhouette évoquait davantage celle de Deburau »[1] !

Entre-temps, Pathé a racheté les droits du film depuis qu'André Paulvé se trouve interdit d'exercice professionnel, les autorités allemandes ayant « découvert que celui-ci avait par une arrière-grand-mère quelques gouttes de sang juif dans les veines »[2]. « En février 1944, pourtant, l'avance alliée étant très lente, tout le monde redescendit à Nice pour retrouver le décor du boulevard du Crime. Il était très endommagé et il en coûta 700 000 F pour le remettre à peu près en état. Et, en juin 1944, au moment du débarquement, ce fut Carné qui ralentit volontairement le rythme des prises de vues. Quitte à avoir pris tant de retard, autant essayer d'en profiter pour faire des *Enfants du Paradis* (titre définitif) le premier film français présenté dans la France libérée. »[3] L'attente du public se fait donc chaque jour plus pressante. Pendant que l'équipe de tournage reçoit la visite de Jean-Paul Sartre et Jean Giraudoux, Carné revient à Paris pour différentes scènes d'intérieur. Mais il est pris dans les combats de la Libération. Comme dix ans plus tôt, il se promène de manière insouciante dans la ville et manque d'être abattu par des balles perdues sur le pont Saint-Michel.

Malgré ces péripéties, le film est achevé. L'histoire fera rêver plusieurs générations de spectateurs : « Le boulevard du Temple, au temps de Louis-Philippe, avec ses théâtres où se jouent chaque soir des mélodrames aux sanglants dénouements, a été surnommé "Le Boulevard du Crime". C'est là que le comédien Frédérick Lemaître aborde la belle Garance, mais elle rejoint son ami Lacenaire, personnage inquiétant. Tandis qu'ils regardent la parade des Funambules, Lacenaire vole une montre et disparaît. Garance va être accusée lorsque Baptiste Deburau, sous son maquillage de Pierrot, mime la scène. Garance en signe de reconnaissance lui jette une fleur. Baptiste aime Garance. mais Nathalie, la fille du directeur du Théâtre, aime Baptiste. Un soir au cours d'une représentation, une violente bagarre éclate. Baptiste et Frédérick sauvent la situation et font un début triomphant. Ils fraternisent. Baptiste l'emmène loger dans son modeste hôtel "Le Grand Relais". Au cours de ses vagabondages nocturnes, Baptiste rencontre Garance en compagnie de Lacenaire dans un immonde tripot. Il l'entraîne au "Grand Relais" pour disparaître aussitôt. C'est là qu'elle retrouve Frédérick... Et tandis que sur

1. Marcel Carné, *La vie à belles dents...*, p. 162.
2. *Ibid.*, p. 165.
3. Robert Chazal, *Marcel Carné...*, p. 45.

scène les trois protagonistes interprètent une pantomime où ils parodient les événements réels, le comte de Montray vient chaque soir admirer Garance. Quelques années plus tard, Frédérick Lemaître est devenu l'un des rois du Boulevard. Baptiste triomphe tous les soirs aux Funambules. Il s'est marié avec Nathalie dont il a un petit garçon. Frédérick le prévient que Garance vient chaque soir l'applaudir. Mais lorsqu'il se précipite dans sa loge, elle a disparu. Elle est rentrée chez son mari, le comte de Montray. Frédérick remporte un immense succès dans *Othello*. Après la représentation, le comte se querelle avec Frédérick, convaincu qu'il est son rival, mais Lacenaire soulève un rideau dévoilant aux yeux de tous Garance et Baptiste enlacés. Les amants partent pour "Le Grand Relais". Le lendemain matin, le comte est assassiné par Lacenaire aux bains turcs, Nathalie retrouve les fugitifs. Garance s'en va seule sur le Boulevard du Crime, envahi de masques en ce jour de Carnaval, tandis que Baptiste tente vainement de la rejoindre. »[1]

Véritable mise en abyme, à l'instar de *Hamlet* ou *Pagliacci*, le film en une sorte de théâtre dans le théâtre met en scène les personnages dans leurs propres drames. Ainsi, lorsque Deburau se révèle comme comédien, c'est pour libérer Garance (qui s'appelle en réalité Claire) accusée à tort d'avoir dérobé une montre. Lorsqu'aux côtés de Nathalie sur scène, pendant la pantomime, il aperçoit en coulisses Frédérick faisant la cour à Garance, il s'arrête de jouer et Nathalie comprend la jalousie de Baptiste. De la même manière, Frédérick jouant *L'Auberge des Adrets* ridiculise les auteurs et échappe à ses créanciers en prenant le public à partie. Sans oublier Lacenaire qui laisse découvrir, en tirant le rideau, Baptiste et Garance aux yeux du comte de Montray et de Frédérick !

Le 16 décembre 1944, le père du cinéaste meurt à Paris à l'âge de soixante-trois ans. Mais le montage des *Enfants du Paradis* laisse peu de temps à Carné. Dès le 9 mars 1945, une soirée de gala est organisée au Palais de Chaillot. Feyder, qui avait pourtant adoré *Le Quai des brumes*, est peu prolixe en compliments. Et la presse est « loin d'être unanime dans l'éloge »[2]. Face à Georges Sadoul qui souligne qu'il faut y reconnaître « le chef-d'œuvre de Marcel Carné, le chef-d'œuvre de Jacques Prévert »[3], François Chalais évoque dans *Carrefour* « un Vautrin revu par Paul Féval

1. www.cinema-francais.fr
2. Marcel Carné, *La vie à belles dents...*, p. 172.
3. Georges Sadoul, *Les Lettres françaises*, 17 mars 1945.

avec une interminable tranche de *Mystères de Paris* »[1]. Mais dès la sortie sur les écrans le 22 mars suivant, c'est un triomphe. En dépit des deux parties et des trois heures de projection (finalement réduite sans l'accord de Carné à deux heures, pour tenir en une seule séance), le cinéma Madeleine aligne cinquante-quatre semaines de première exclusivité.

Au cours d'un voyage vers Londres pour un gala exceptionnel au Curzon, le public anglais fait également un triomphe aux *Enfants du paradis*. Présent en Angleterre avec son épouse France Roche, François Chalais est forcé de reconnaître son erreur devant Prévert et Carné : « Excusez-moi [...]. Je me suis trompé. Votre film est très beau. »[2]

De retour à Paris, le réalisateur parvient à échapper aux F.F.I. Il se voit malgré tout reprocher son activité pendant l'Occupation. Le comité de libération du cinéma, présidé par Pierre Blanchar, lui refuse de la pellicule pour filmer la fin de la guerre, rappelant qu'il a fait tourner une comédienne, Arletty pour ne pas la nommer, ayant eu une relation avec un officier allemand. Puis la commission d'épuration lui reproche son contrat avec la Continental, qu'il n'a pourtant jamais respecté et lui adresse un blâme. Carné ajoutera : « En réalité, ce que d'aucuns ne me pardonnaient pas, c'était d'avoir réalisé deux films qui, malgré l'Occupation, avaient eu un retentissement considérable. Je ne suis pas sûr qu'un cinéma français à l'agonie les eût tellement chagrinés. Cela, en tout cas, eût répondu davantage à leur politique du pire, alors que notre cinéma connut durant la guerre un essor et un rayonnement exceptionnels. »[3] Il oubliait volontairement l'article publié « à la demande d'Henri Jeanson à *Aujourd'hui* [...] un article particulièrement anodin [...] où sous le titre de "Cinéma vieux frère", Carné se moquait des producteurs juifs qui jouaient sur la côte et fort gros jeu pendant que le cinéma se mourait en France »[4].

Il convient finalement de considérer que *Les Enfants du Paradis* « prend place parmi les œuvres qui nomment et garantissent un septième art »[5]. Indéniablement le « plus grand film français de ce premier siècle de cinéma »[6], il demeure bien « [...] l'une des plus grandes réussites de l'histoire du cinéma mondial [...]. Il est projeté sans arrêt et reste un

1. François Chalais, *Carrefour*, 17 mars 1945.
2. Marcel Carné, *La vie à belles dents*..., p. 174.
3. *Ibid.*, p. 179.
4. Bernard-G. Landry, *Marcel Carné*..., chapitre I.
5. Jean Quéval, *Marcel Carné*..., p. 59.
6. Bernard Chardère, *Les Enfants du Paradis*, Paris, Éditions de Monza, 2005, p. 9.

grand succès dans le *présent*. Il est un des atouts de la permanence de l'œuvre de Carné, sans doute son atout principal. À lui seul, il retient les plus convaincus des détracteurs de Carné de condamner en bloc toute sa carrière, et celle de Jacques Prévert par-dessus le marché. Ce monument gêne, on aimerait s'en débarrasser, sa splendeur heurte la logique qui voudrait que Carné-Prévert soient classés une fois pour toutes au rayon "Histoire" et qu'on n'en parle plus mais il est là, dominant, avec de rares autres à sa taille, tout le cinéma français. *Les Enfants du Paradis* est un film que l'âge avantage. Les spectateurs et les critiques de 1945 ont été tout naturellement éblouis par son aspect de "super-production", l'importance et la qualité des moyens mis en œuvre pour sa réalisation, et cette somptuosité décorative et architecturale qui fait que ce film, avant d'être une grande œuvre, est d'abord une *construction* réussie, un objet bien *fini*, un *travail bien fait*. Mais on voit mieux aujourd'hui, sans cesser d'être sensibles à ces qualités visibles, ses richesses profondes »[1].

Les Portes de la nuit

« Après cette éclatante réussite commune, l'association de Marcel Carné et de Jacques Prévert ne pourrait que se répéter ou se dissoudre. Elle fera l'un et l'autre. »[2]

En effet, malgré le succès du film, le Festival de Cannes refuse en 1946 de sélectionner *Les Enfants du Paradis* au seul prétexte qu'il est sorti depuis trop longtemps. Carné s'en consolera, non sans une pointe de vanité, « en songeant que si *Voyage au bout de la nuit* avait été dédaigné par le Goncourt, *Les Enfants du Paradis* pouvait bien l'être par le Festival de Cannes »[3].

Pourtant, « réaliser et réussir, coup sur coup, deux œuvres de l'importance des *Visiteurs du Soir* et des *Enfants du Paradis* à une époque où tout était plus difficile que jamais, était un tour de force qui avait son poids. En outre, il s'agissait de deux succès commerciaux. On serait donc en droit de penser que Carné n'eut qu'à lever le petit doigt pour trouver un, deux, dix producteurs avides de sa collaboration. Il n'en fut rien. La valse des projets recommença. »[4]

1. Robert Chazal, *Marcel Carné*..., p. 46.
2. *Ibid.*, p. 47.
3. Marcel Carné, *La vie à belles dents*..., p. 197.
4. Robert Chazal, *Marcel Carné*..., p. 48.

Schwartz, qui a vécu caché quatre ans dans une chambre de bonne près des Champs-Élysées, se propose comme nouveau producteur. On envisage d'adapter *Mary Poppins*, un *Léocadia* « d'après la pièce de Jean Anouilh »[1] mais aussi de reprendre le *Jour de Sortie* qui avait été prévu avant *Les Enfants du Paradis* mais cette fois sous le titre *La Lanterne magique* ou *Les Présents du passé* avec Arletty, Louis Salou et Fabien Loris. Innovation importante : les événements du réel seraient projetés en noir et blanc et ceux, fictifs, bénéficieraient de la couleur.

Puis Korda propose à son tour à Carné un contrat pour trois films. Étonnamment, ce dernier refuse, ce qu'il regrettera longtemps. Après avoir tenté une adaptation de la nouvelle d'Andersen *L'Ombre*, il jette alors son dévolu sur *Le Masque de la Mort rouge* d'Edgar Poe qui lui permet de rêver de son premier film entièrement en Technicolor. Mais les premières évaluations financières mettent vite un terme au projet, qui reparaîtra un temps « sous forme de ballet avec Ludmilla Tchérina dans son film dansé dont *Les Amants de Teruel* ne devaient former que le tiers »[2].

Le producteur Tramichel, « d'accord sur-le-champ »[3], envisage ensuite un *Candide* en couleur « d'après Voltaire qui devait plus tard, et sur un mode mineur, inspirer Norbert Carbonneaux. Carné, lui, voyait grand et juste. Son Candide devait être Gérard Philipe et Pangloss aurait eu pour interprète Louis Jouvet. On imagine le régal et on réalise la perte que représente l'échec de ce projet »[4]. Coup du sort terrible : le producteur trouve la mort la veille de la signature du contrat !

C'est à partir d'un autre ballet de Prévert et Kosma créé par Roland Petit, *Le Rendez-vous*, donné au Théâtre Sarah-Bernhardt, que le metteur en scène s'attelle cette fois à un nouveau scénario. Avec le producteur Borderie, il envisage de confier les rôles à Gabin et Marlène Dietrich dans une coproduction R.K.O.-Pathé. Le duo Carné-Prévert s'installe alors à *La Colombe d'or* à Saint-Paul-de-Vence pour écrire le scénario. Le cinéaste revient ensuite à Paris dans la voiture de Gabin, malgré une panne d'essence sur la route et un hôtel fermé ! Finalement, après avoir lu les premières scènes, le couple vedette refuse. En réalité, Gabin tient trop à son *Martin Roumagnac* qu'il souhaite porter à l'écran depuis dix ans, utilisant un stratagème pour parvenir à ses fins et dénoncer son contrat.

1. Jean Quéval, *Marcel Carné...*, p. 80.
2. Robert Chazal, *Marcel Carné...*, pp. 48-49.
3. Marcel Carné, *La vie à belles dents...*, p. 182.
4. Robert Chazal, *Marcel Carné...*, pp. 52-53.

Il obtient même gain de cause auprès du directeur du Centre national de la cinématographie, Fourré-Cormeray.

Un malheur n'arrivant jamais seul, des difficultés naissent entre Prévert et Carné à propos du dialogue de l'Île de Pâques, le metteur en scène refusant de lui consacrer les dix minutes proposées ! Le retard s'accumule, Jacques Prévert ayant accompagné son épouse à la maternité pour la naissance de leur « fille prénommée Michèle, en souvenir du *Quai des brumes* »[1].

Renommé *Les Portes de la nuit*, le film trouve son titre chez Victor Hugo : « Ah ! Seigneur, ouvre-moi les portes de la nuit afin que je m'en aille et que je disparaisse. »[2] L'histoire débute à Paris en 1945. « Diego se rend chez Mme Lécuyer pour lui annoncer la mort de son mari, qu'il avait connu pendant la résistance. Arrivé chez elle, il retrouve Lécuyer sain et sauf. Ils vont dîner au restaurant, où un étrange clochard se présente ainsi : “Le destin c'est moi”. Il prédit à Diego qu'il rencontrera cette nuit “la plus belle fille du monde”. Or Diego ayant raté le dernier métro, Lécuyer et sa femme l'hébergent pour la nuit. Quand tout le monde semble endormi, Cri-Cri se lève ! Diego le suit et se retrouve dans le chantier d'un entrepreneur de démolition (Sénéchal). C'est là que Diego rencontre Malou (fille de Sénéchal) et femme de Georges, homme d'affaires, enrichi pendant la guerre, qu'elle vient de quitter. Pour Diego la prophétie du Destin se réalise. Il danse avec Malou sur le thème célèbre des “Feuilles mortes”. Pendant ce temps, Guy Sénéchal se dispute avec son père, leur querelle se poursuit sur le chantier, où ils retrouvent Diego et Malou. Guy Sénéchal s'en va prévenir Georges, et lui donne son revolver, malgré l'intervention du clochard-Destin qui tente vainement de les empêcher de se parler. Un peu plus tard, Diego et Malou sortent d'un bistrot de cheminots. Georges arrive en voiture, tire et blesse Malou ; Guy Sénéchal s'enfuit tandis que Diego conduit Malou à l'hôpital. Guy Sénéchal marche, hagard, à travers les voies d'une gare de triage. Il est renversé par un train. À l'hôpital, Diego et Georges apprennent que Malou est morte. Lorsque Diego quitte l'hôpital, les rues commencent à s'animer. Au métro Barbès, les voyageurs du premier métro partent pour le travail. »[3]

Ce décor de la station de métro Barbès-Rochechouart, confié aux soins de Trauner, est reconstitué à Joinville et fait couler beaucoup d'encre, notamment à cause du prix très élevé de la facture globale. Dans *La vie*

1. Marcel Carné, *La vie à belles dents*..., p. 188.
2. Michel Pérez, *Les films de Carné*..., p. 92.
3. http://cine-passion.voila.net

à belles dents, Carné a justifié son choix en affirmant que dans la station réelle le public, déjà trop dense pour permettre de tourner, aurait reconnu les comédiens et surtout que « tout plan d'ensemble sous un angle utile est impossible »[1]. De nombreux journalistes sont alors invités par la production à assister aux dernières scènes du tournage et, pour se rendre au studio, on choisit de leur envoyer un plan de métro où sont inscrits les noms des comédiens.

Pour la musique, c'est au cours d'un repas organisé rue Dauphine, en présence de Gabin, Kosma, Prévert et Carné, que la fameuse chanson *Les Feuilles mortes* est présentée. Le cinéaste a rapporté les conditions de cette découverte *Au Vieux Pont-Neuf*, un établissement tenu par trois sœurs qui voulaient recevoir Jean Gabin à dîner et lui dressèrent une table dans leur salle à manger personnelle : « Je revois encore le décor. Une pièce minuscule qui ne comporte d'autre ameublement qu'une grande table centrale rectangulaire – laquelle dévore toute la surface –, quatre chaises, et un piano droit collé au mur, qui a l'air de s'effacer avec une sorte d'humilité. Dans l'espace étroit entre celui-ci et la table, deux chaises font face à cette dernière, les dossiers touchant presque le clavier du piano. Près de la fenêtre, à l'angle du mur, se dresse une pile de nappes et de serviettes à peine sèches et dont la blancheur immaculée renvoie la lumière, encore ensoleillée en ce soir d'été. Gabin a pris place sur l'une des deux chaises qui tournent le dos au piano, Kosma à sa gauche. Je suis en face de lui, Jacques [Prévert] à ma droite. On achève de boire l'apéritif. L'atmosphère est détendue. Cependant, je devine Kosma nerveux sur sa chaise, avec comme un air de complot entre Jacques et lui. À la fin, ce dernier n'y tient plus. "Vas-y maintenant", dit-il à Kosma. Voyant celui-ci se mettre au piano, ou plus exactement se tourner pour lui faire face, Gabin a compris : "La chanson ?" dit-il. Il a été convenu en effet que le film en comporterait une qui pourrait aider à son lancement. [...] Kosma exécute d'abord quelques arpèges. Puis il attaque doucement, chantant à mi-voix, ses doigts effleurant légèrement les touches : *Oh, je voudrais tant que tu te souviennes / Des jours heureux où nous étions amis*. La mélodie s'élève doucement. Nostalgique. Prenante. Pour finir par devenir envoûtante. À peine Kosma a-t-il plaqué le dernier accord que, perdu dans un rêve, Gabin lui demande : "Rejoue encore." Dix fois au cours du repas, Kosma se remettra au piano. Dix fois, Gabin lui dira : "Encore, tu veux ?"

1. Marcel Carné, *La vie à belles dents...*, p. 192.

Après les hors-d'œuvre, nous fredonnons déjà deux ou trois motifs. Le rôti achevé, nous connaissons par cœur le refrain. Au café, pour peu que Kosma nous soutienne, c'est presque la chanson tout entière que nous entonnons. Jacques, heureux, savoure. Quant à moi, j'ai l'impression que, quoi qu'il arrive, je n'oublierai jamais la douceur de ces instants. Gabin se tourne vers Jacques : "De première", dit-il en hochant la tête. Si je peux me permettre la formule : *Les Feuilles mortes* venait de naître… »[1].

La distribution réunit finalement, autour de Pierre Brasseur, Julien Carette, Saturnin Fabre, Serge Reggiani, Jean Vilar, Dany Robin et le petit garçon Simon, Gabin et Dietrich laissant leurs rôles au jeune protégé d'Édith Piaf, Yves Montand, et à Nathalie Nattier, aperçue dans *L'Idiot*. Pour des besoins publicitaires, Paul Éluard écrit la préface du film : « À Carné et Prévert, qui inaugurent l'image réelle. Ouvrir les portes de la nuit, autant rêver d'ouvrir les portes de la mer. Le flot effacerait l'audacieux. Mais du côté de l'homme, les portes s'ouvrent toutes grandes. Son sang coule avec sa peine. Et son courage de vivre malgré la misère, étincelle sur le pavé boueux, enfantant des prodiges. Ce n'est pas le rêve que d'habiter entre Barbès et la Villette. Je ne m'en suis jamais plaint. Pour m'ennuyer, j'allais ailleurs, et mon désir d'ailleurs n'avait alors plus de bornes. Avais-je vraiment besoin de m'ennuyer ? Avais-je vraiment besoin d'aller aux îles avec le secret espoir d'y attendre patiemment la mort ? Je me le suis figuré parce que je fermais les yeux sur moi. Ma jeunesse me faisait un peu peur. Dans mon beau quartier, entre Barbès et la Villette, vivre est honorable. Et le bonheur pourrait avoir sa place partout. Le seul obstacle, c'est le temps, le temps de mourir. Avant la nuit totale, verra-t-on, aura-t-on le temps de voir, de s'éclairer ? Dans mon beau quartier, des hommes acquièrent sans cesse le droit de régler leurs affaires – et ne les règlent pas –, le droit d'être beau – et quand ils se regardent dans la glace, ils haussent les épaules –, le droit de punir et de pardonner, le droit de se reposer, d'aimer et d'être aimé, car ils l'ont mérité. Ils savent que leurs rues ne sont pas des impasses et ils tendent désespérément la main pour s'unir à tous leurs semblables. Dans mon beau quartier, la résistance, c'est l'amour, c'est la vie. La femme, l'enfant sont des trésors. Et le destin est un clochard dont on finira bien par brûler, au grand jour, les loques, la vermine et la sottise rapace. »[2]

1. *Ibid.*, pp. 194-195.
2. Archives Carné, 4 POR/1.

Le film sort aux cinémas Marignan et Marivaux le 3 décembre 1946. Mais alors que le public français a réservé un accueil formidable l'année précédente aux *Enfants du paradis*, cette opposition résistants-collaborateurs conduit à une impasse. En cette année 1946 « les gens ne pensent qu'à oublier ce cauchemar qu'ils ont vécu »[1]. Surtout, erreur importante, les dialogues n'ont pas changé et Montand doit dire un texte à l'origine prévu pour Gabin ! La critique s'engouffre dans la brèche. Françoise Giroud, François Chalais et Georges Altman (dans *L'Écran français*) reprocheront aussi cette double opposition résistants-collaborateurs et bourgeois-ouvriers, trop clairement exprimée à leurs yeux dans le film. Georges Sadoul écrit par exemple : « Avec son film le plus controversé, Marcel Carné donne l'œuvre la plus caractéristique d'une année où le cinéma français hésite à la croisée des chemins. Aux *Portes de la Nuit*, apparurent, sous des traits précis, collaborateurs, F.F.I., profiteurs de guerre, miliciens, antipathiques affairistes retour de Londres (*sic*). Malgré la poétique désordonnée des *Départ* et des *Ailleurs* elle fut vigoureuse, la peinture des faubourgs parisiens et de logements exigus hantés par le souvenir des otages fusillés. Cette actualité déplut au public »[2].

Henri Gérard ne craint pas non plus d'affirmer : « On pourrait faire au film de Carné de nombreux reproches. Il manque parfois de vie, souvent de spontanéité et de naturel. Certaines scènes, immobiles, bavardes, sont d'une longueur excessive, et nous avons déjà signalé ses conventions. Mais, pour ma part, je trouve que ces défauts pèsent peu en face des brillantes réussites. [...] *Les Portes de la nuit* sont à coup sûr, depuis la Libération, l'une des œuvres les plus intéressantes du cinéma français. L'interprétation est, en général, excellente. Pourtant, Nathalie Nattier est une déception[3]. On la nomme, à plusieurs reprises, "la plus belle femme du monde", ce qui est fort peu croyable. En outre, elle est froide et sans mystère en dépit d'une jolie voix. Yves Montand est souvent gauche, mais toujours franc et sympathique. Saturnin Fabre et Carette sont parfaits dans leurs sketches et Pierre Brasseur nous rappelle son talent dans un rôle désagréable. Le destin, c'est Jean Vilar. Il se montre à la fois inquiétant et précis. Mais la grande vedette du film sera probablement Serge Reggiani, qui traduit avec une extraordinaire vérité son rôle de petite canaille. Rien ne lui échappe de son personnage et il se conduit comme un remarquable

1. Jean-Louis Barrault, *Souvenirs*..., p. 179.
2. Robert Chazal, *Marcel Carné*..., p. 51.
3. Bernard-G. Landry, *Marcel Carné*..., chapitre I.

comédien dans sa sobre expression de la lâcheté. »[1] Et Jean Fayard de ne rien retenir de réellement positif : « [...] Les bonnes âmes trouveront des circonstances atténuantes. Je veux bien reconnaître que la culpabilité de M. Carné n'est pas totale. Il a réussi avec l'aide de son opérateur, Agostini, un quart d'heure de cinéma assez impressionnant. Il s'agit de quelques vues nocturnes de ruelles faubouriennes et, surtout, du grand tableau de l'aube se levant sur un paysage ferroviaire. Là, on sent la patte d'un metteur en scène original, et même d'un peintre. Mais il a fallu avant d'en arriver là, subir une heure trois quarts d'une histoire insipide, généralement incompréhensible et d'une prodigieuse prétention. Le responsable de ce scénario est M. Prévert que d'aucuns appellent un poète et qui n'est, à tout prendre, qu'un littérateur de café-concert. [...] C'est sur cet abracadabrant mélange de mélo et de fausse poésie qu'on a engagé une dépense de cent millions. Le résultat est d'autant plus navrant que les protagonistes, Yves Montand et Nathalie Nattier, engagés au dernier moment pour parer à la défaillance de Jean Gabin et de Marlène Dietrich, jouent à colin-maillard dans les ténèbres poétiques dont on les enveloppe. On peut avoir une certaine indulgence pour Yves Montand, visiblement gêné par un accent qui n'a rien de parisien et qui est au moins un excellent chanteur de music-hall. (On s'est bien gardé de la faire chanter ici.) Mais Mlle Nattier témoigne d'une insuffisance vraiment tragique. Je ne crois pas que Gabin et Marlène eussent sauvé des rôles absurdes, mais ils leur auraient donné un peu de relief. Ce qui me choque, c'est que M. Prévert ne se soit pas donné la peine de modifier des répliques visiblement faites sur mesure pour ces deux acteurs, au moment où deux autres les remplaçaient. Il est vrai que M. Prévert est beaucoup plus économe de sa prose et de ses idées que de nos deniers, puisque son film est la seconde version d'un ballet qu'il a fait représenter. D'une pierre deux coups de... ballet. Le cinéma français a déjà commis et commettra – hélas ! – d'autres navets de cet acabit. Mais nous espérons n'en revoir jamais d'aussi prétentieux... ni d'aussi dispendieux. »[2]

Prévert, muet jusque-là, ne supporte plus ce type de commentaires. Il adresse alors au *Figaro*, qui vient de publier un article signé Pierre Seize sur « Les Cent millions de Marcel Carné »[3], une lettre dans laquelle il exprime ni plus ni moins... son désir d'abandonner le métier.

---

1. Henri Gérard, *L'Époque*, 4 décembre 1946.
2. Jean Fayard, *Résistance – Paris-Matin*, 11 décembre 1946.
3. Bernard-G. Landry, *Marcel Carné...*, chapitre I.

Pourtant ses dialogues n'ont rien à envier à ceux des précédents films du duo. Diego (Yves Montand) semble ici retrouver les accents du *Quai des brumes* : « Là-bas, c'est comme ici. Et partout, c'est pareil. Toujours la même histoire. Un grand souffle pour dire bonjour. Un petit mouchoir pour dire au revoir. »[1] Plus prosaïque, Monsieur Sénéchal (Saturnin Fabre) rappelle les difficultés du monde extérieur : « Mon argent ! Mon argent ! Mais qu'est-ce vous avez tous avec mon argent ! Ma parole ! On croirait que vous oubliez que je ne suis qu'un modeste entrepreneur de démolitions. »[2] Suit Raymond Lécuyer (Raymond Bussières) rappelant les événements récents : « J'ai eu de la chance. Les Frisés nous emmenaient. Tarif habituel : douze balles "fivety". Et tout d'un coup "un miracle". Des anges qui tombent du ciel. L'inspecteur Constantini "et sa suite". Supplément d'information. »[3] Sans oublier Monsieur Quinquina (Carette), pour lequel il n'y a « pas d'histoires, pas de grands mots, pas de vessies, pas de lanternes. "Une lampe, tout simplement". La lampe Liberator. Fabrication française, modèle américain. »[4]

Malgré les reproches de manichéisme, ces *Portes de la nuit* méritent mieux que le sort qui leur est fait. « Quel que soit le schématisme du tableau, [...] c'est là que se refont inlassablement les itinéraires nocturnes de la solidarité toujours nécessaire et de l'angoisse qu'on n'a pas encore désapprise entre le désert gelé des rues de février et les rares points chauds et lumineux toujours camouflés en vue d'éventuels raids aériens : le "restaurant du marché noir", l'appartement du père Sénéchal dont les fenêtres donnent sur le chantier de matériaux de démolition où du bois disparaît, l'appartement des Lécuyer, lieux de refuge contre l'hiver et contre la guerre pas encore finie, où la vie s'organise, on le voit au premier coup d'œil, autour du poêle à bois. »[5]

La Marie du port

En 1947, le producteur Nicolas Vondas propose à Carné de reprendre *L'Île aux enfants perdus*. Le film s'intitulerait cette fois *La Fleur de l'âge* et seraient choisis pour en interpréter les principaux personnages, outre

1. Archives Carné, 4 POR/1.
2. *Ibid.*
3. *Ibid.*
4. *Ibid.*
5. Michel Pérez, *Les films de Carné...*, p. 97.

Arletty qui reviendrait à l'écran et remplacerait Danielle Darrieux[1] : « Reggiani, [...] Carette, Meurisse, Teynac, Tissier, Margo Lion, Martine Carol, et deux débutants, Claude Romain (que nous retrouverons dans *La Marie du port*) et Anouk Aimée »[2].

En réalité, pour les besoins d'un distributeur exigeant, une partie de l'histoire située dans une maison d'éducation se transforme radicalement et fait apparaître... quelques scènes étonnantes à bord d'un yacht. Le réalisateur engage également des jeunes provenant réellement de maisons de correction, la plupart devant « avoir la tête rasée. Beaucoup acceptaient, après avoir rechigné un instant. D'autres refusèrent. Autour de Reggiani qui, la "boule à zéro" comme les autres, jouait le détenu évadé, évoluait toute la kyrielle de ses compagnons, diversement typés »[3].

Mais une nouvelle fois, des problèmes apparaissent. Le yacht loué à Monte-Carlo ne connaît que des ennuis mécaniques ; l'administrateur manque de tuer Trauner ; le chien accompagnant Paul Meurisse meurt le premier jour du tournage ; et surtout une grève se répand parmi les comédiens... Comble de malchance, un jeune figurant se noie à Belle-Île !

« Au bout de dix semaines, 45 millions étaient dépensés pour un quart de film tourné... Ces 45 millions (dont vingt étaient imputables à la préparation d'ensemble du film) ne représentaient en fait que dix millions de dépassement réel. Le film, de toute façon, pouvait être terminé pour moins de cent millions. Mais l'un des bailleurs de fonds partit pour l'étranger. Les autres bloquèrent les crédits en signifiant qu'ils ne les libéreraient qu'une fois le film installé à l'abri des studios. Carné chercha de nouveaux concours. Salvo d'Angelo, directeur d'*Universalia*, société italienne que l'on disait prête à financer des superproductions destinées à supplanter Hollywood en perte de vitesse, proposa à Carné de reprendre le film à condition de le tourner en Italie. Mais c'était pratiquement impossible » [4]. Le film est donc cette fois interrompu. À Paris, les journalistes se déchaînent pour dénoncer la folie des grandeurs de Carné, en particulier Michel Duran dans *Le Canard enchaîné* qui demande que l'on confie des capitaux « à des gens normaux », ce qui « sous couvert d'esprit [marque une certaine] ségrégation sexuelle, dans un journal qui pourtant se défendait de tout préjugé »[5].

---

1. *Ibid.*, p. 100.
2. Robert Chazal, *Marcel Carné...*, p. 53.
3. Marcel Carné, *La vie à belles dents...*, pp. 202-203.
4. Robert Chazal, *Marcel Carné...*, pp. 53-54.
5. Marcel Carné, *La vie à belles dents...*, pp. 206-207.

De retour à Paris pour relancer une dernière fois le film, les vingt-cinq minutes tournées sont projetées en présence du ministre des Colonies, un certain... François Mitterrand, en présence de sa belle-sœur la productrice Christine Gouze-Rénal. Mais après la séance, les bobines ne seront jamais retrouvées. *La Fleur de l'âge* est décidément maudite !

Un nouveau projet est donc à trouver. Au début de 1948, le producteur Salvo d'Angelo, installé au château Saint-Ange à Rome, reçoit Carné. Ce dernier propose d'adapter *Le Château* de Kafka « dont il avait fait l'adaptation avec Jean Ferry [mais] le problème, dans ce cas, était de joindre les héritiers de l'écrivain, ou son exécuteur testamentaire. Carné n'était pas le premier ni le dernier à se heurter à cette difficulté qui, cette fois, se révéla insurmontable »[1]. Puis, « toujours sensible aux drames de l'actualité, Carné amena alors la production à s'intéresser au roman de Thyde Monnier, *Le Barrage d'Arvillars*, inspiré par la tragédie de Tignes, le village noyé. [Mais le sujet] fit peur aux producteurs. Ils craignaient sans doute que l'homme des *Portes de la Nuit* ne chargeât son film d'arrière-pensées politiques et sociales... Finalement, on renonça, après avoir pourtant acheté un autre roman qui traitait du même sujet et dans lequel se trouvait un personnage d'ingénieur fort intéressant. C'était *La meilleure part* qui, finalement, devait être réalisée par Yves Allégret avec Gérard Philipe dans le rôle principal »[2].

D'autres sujets réapparaissent. Notamment *Les Évadés de l'an 4000* sous le titre *Soleil noir*. Puis un *Eurydice* d'après Jean Anouilh, que Carné et Viot préparent en baie de Naples où il se sont installés pour quelques semaines et où le cinéaste apprend la mort de son maître Jacques Feyder. Le rôle-titre de cet *Espace d'un matin* est proposé à Michèle Morgan, la distribution devant réunir autour de Gérard Philipe, les fidèles Michel Simon, Françoise Rosay et Paul Meurisse. Tandis que le travail d'adaptation progresse, Anouilh écrit : « [...] J'ai reçu le reste avec un trou de la page 11 à la page 17 qui fait que je juge mal. Je suis très content de la fin escaliers rues mystérieuses et fiacre. Moins content du sketch représentation ratée des 2 orphelines que je trouve *trop outré* et important pour le ton général de l'ouvrage. C'est votre affaire : je ne peux plus vous embêter avec des détails éternellement je me demande seulement deux choses que je communique à d'Angelo (qui, entre parenthèses ne m'a pas

1. Robert Chazal, *Marcel Carné...*, p. 54.
2. *Ibid.*, p. 54.

encore présenté de contrat à signer : c'est cocasse !) Ces deux conditions qui ne sont pas inamicales me permettront de ne plus vous emmerder. Si vous permettez le travail achevé je ne ferai seulement mes suggestions et mes propositions de détail, en ami, vous en tiendrez compte ou non. Voici le diktat (!) : 1° Le titre sera changé, supposons c'est dans ce genre qu'il faudrait trouver *Les fiancés de la mort* inspiré de *Eurydice* la pièce de Jean Anouilh. C'est la formule qu'avait suggérée d'Angelo sur le contrat je m'y tiens et je veux qu'elle soit obligatoire, ainsi que le changement de titre et que mon nom ne paraisse qu'en qualité d'auteur de la pièce d'*Eurydice*. 2° Je ne me charge pas des dialogues additionnels ce soin sera confié à Georges Neveux, à qui je fais absolument confiance. Il gardera ce qu'il croira bon et refera le reste. Il est d'accord et disposé à venir passer juillet avec vous à Capri pour mettre tout au point. D'Angelo sera d'accord puisque cette partie de mon contrat tombera et que je ne toucherai rien. J'aimerais bien cependant toucher un jour quelque chose, faites-le lui dire ! Dites oui pour Neveux, son esprit est plus près du mien que celui de Viot et même dans une révision de l'adaptation il vous sera utile. Bonne chance ! Je suis moi, ici, dans la merde jusqu'au cou et immédiate ! Affectueusement, Jean Anouilh. Renvoyez-moi ce qui est fait au complet SVP. »[1]

L'écriture du scénario s'achève à Sorrente puis à Capri. Le producteur est Henri Deutchmeister ; Christian Bérard et Wakhévitch signent les décors, Georges Neveux les dialogues additionnels. « Mais les discussions s'éternisaient entre Carné et Salvo d'Angelo. Les efforts faits par *Universalia* pour attirer en Italie de grands metteurs en scène français (Bresson, Clément, Carné, etc.) n'étaient pas du goût de tout le monde dans la péninsule. La presse s'empara de ce nouveau "scandale". Carné et *Universalia* échangèrent des lettres ouvertes. Cela, qui venait après tant de projets avortés et la querelle publique de *La Fleur de l'Âge*, était catastrophique pour le réalisateur dont le contrat (pour deux films) fut purement et simplement annulé. Il devait plus tard recevoir des dommages et intérêts, mais *L'Espace d'un matin* resta dans les tiroirs »[2].

Carné n'a donc plus réalisé depuis trois ans. Avec le producteur Sacha Gordine, il revient pourtant aux affaires, avec une nouvelle fois Gabin qui souhaite depuis longtemps tourner *La Marie du port* de Georges

1. Archives Carné, 9 CAR/13.
2. Robert Chazal, *Marcel Carné*..., p. 55.

Simenon. Louis Chavance fait partie de l'équipe « pour le scénario, Georges Ribemont-Dessaignes pour les dialogues », tandis que Prévert accepte de superviser l'ensemble. Ce sera la dernière œuvre du duo, Marcel Carné se rendant alors à *La Colombe d'Or* où il sera témoin de la première rencontre entre Yves Montand et Simone Signoret.

Nicole Courcel, après plusieurs essais, est engagée pour tenir le rôle-titre aux côtés de Gabin qui vient alors de se remarier. Les extérieurs sont tournés en Normandie avec... une seule journée de pluie : la chance semble avoir tourné. Et au cours du tournage à Joinville, en septembre 1949, un jeune homme de vingt ans fait irruption sur le plateau. Carné avouera quarante ans plus tard : « Une rencontre qui allait sinon changer ma vie, du moins l'enrichir. [...] Il avait connu Gabin [...] près d'Alger, quand l'interprète du *Quai des brumes* avait rejoint les Forces navales libres, quelques mois, avant la fin de la guerre. Champion de boxe, il avait même fait quelques rounds avec lui. Il avait également connu Marlène qui accompagnait Gabin. Et puis aussi Marcel Cerdan, contre lequel il avait mis les gants [...]. Tel fut le début d'une amitié sans limite [...]. L'inconnu était Roland Lesaffre »[1].

Le film s'achève dans une ambiance bon enfant. L'histoire se déroule à Cherbourg. « [...] Henri Chatelard est l'heureux propriétaire d'une grande brasserie et d'un cinéma, ses affaires marchent bien et il y consacre tout son temps. Odile Le Flem, sa maîtresse, rêve d'un salon de coiffure à Paris mais se borne à paresser dans sa chambre. Son père venant de mourir, la jeune femme accompagnée de Chatelard se rend à l'enterrement à Port-en-Bessin. Tandis que Chatelard tue le temps au café Josselin, les oncles et les tantes se distribuent la progéniture du défunt. Seule, Marie, la cadette d'Odile, se dérobe. C'est une jeune personne volontaire, têtue, renfermée et sans doute calculatrice, elle forme un contraste complet avec la molle Odile. Chatelard a fini par acheter, aux enchères, un chalutier. Le bateau le fait revenir à Port-en-Bessin et, à chaque fois, il retrouve Marie, serveuse au restaurant. La jeune fille semble peu décidée à comprendre qu'elle plaît à Chatelard ; aussi elle a un amoureux en la personne du fils Viaud, Marcel, jeune garçon-coiffeur légèrement exalté. Marcel jaloux crie, s'enivre et finit par tomber sous la voiture de son rival. Bon prince, Chatelard l'emmene à Cherbourg, le fait soigner, l'installe chez lui. Odile qui s'ennuie reçoit avec plaisir le garçon ; quant à Chatelard, il essaie

1. Marcel Carné, *La vie à belles dents...*, p. 217.

d'oublier Port-en-Bessin et Marie. Sous couleur de revoir Marcel, celle-ci débarque un beau jour dans la brasserie. Chatelard essaie encore d'arriver à ses fins. Marie résiste. De guerre lasse, Chatelard la conduit chez Marcel, Odile partage justement le lit du jeune coiffeur. Digne, Marie veut regagner Port-en-Bessin. Chatelard la rattrape et pour la convaincre de son amour, lui glisse dans la main les clés de son établissement. Le poing de la Marie du port se crispe victorieusement sur le trousseau tant convoité. »[1]

Dès le film projeté, on se plaît à en saisir le sens caché. D'aucuns y voient des allusions à la jeunesse de cinéphile de Carné, en particulier le Murnau présenté dans le cinéma de Cherbourg[2]. Autre clin d'œil : l'affiche dans la salle est celle… des *Portes de la nuit*. Du moins, comme le rappelle le dépliant distribué à la presse, les questions posées par le film sont nombreuses. « La force obstinée de la jeunesse ambitieuse l'emportera-t-elle sur les résolutions de l'homme dans la force de l'âge ? »[3]

Il n'en demeure pas moins que les dialogues sont bien ceux qui ont fait le succès du duo Carné-Prévert. Au début du film, Chatelard affirme à sa femme : « – J'ai des gens à voir. – Mais tu ne connais personne… – Raison de plus pour faire connaissance. » Et de retour à Cherbourg : « L'essentiel c'est qu'on fasse bon ménage tous ensemble : l'ennui, toi et puis moi. » Lorsque le père Viau critique l'argent de Chatelard, il fait songer à Quinquina (joué à chaque fois par Carette) dans *Les Portes de la nuit* : « S'ils veulent m'éclabousser, qu'ils l'arrosent leur bateau ». Et Chatelard à Marie, à propos du jeune amoureux éconduit : « Tu le prendrais comme garçon d'honneur. Parce que tu sais, des fois, dans les noces, les garçons d'honneur, il plaisent à la mariée. »

Dans *Le Figaro*, Claude Mauriac relève le changement de registre de Gabin. Il est vrai que son rôle de Chatelard est bien loin de celui du *Quai des brumes* ou du *Jour se lève*. Les dernières phrases à Marie annoncent davantage le Gabin des années cinquante : « Voilà les clés […] de la brasserie. Et en cherchant bien tu trouveras les clés de la mairie. […] Parce que tu te marieras en blanc, t'as l'âge. Et puis ça ira bien avec mes cheveux. »

Pourtant la critique continue de se diviser entre les pro et les anti-Carné. Louis Chauvet souligne « la recherche vigoureuse et [le] travail

1. www.cinema-francais.fr
2. Bernard-G. Landry, *Marcel Carné…*, chapitre 2.
3. Archives Carné, 4 MAR/1.

très bien fait »[1] et Jeander range le film « par sa sobriété, par la qualité de son interprétation et celle – étonnante – des images d'Alekan, bref, par sa "ligne", [comme] une œuvre digne du réalisateur du *Quai des brumes* et des *Enfants du Paradis* »[2]. En revanche, Jacqueline Michel y voit non pas « une cathédrale, mais [...] une belle église romane, sobre et pure, sans rugosité et avant Viollet-le-Duc »[3], tandis que Henri Troyat trouve un film péchant « par une disproportion flagrante entre la minceur de l'intrigue et l'ampleur des moyens mis en œuvre pour l'illustrer »[4]. Chazal conclut : « Entre l'aventurier en retraite, installé dans ses pantoufles et la fille qui joue de sa virginité comme d'une action en Bourse, il n'y a pas de ces regards noyés de brume, de ces violences issues de la passion. Pas même de cette tendresse calme qui réunit ceux que le grand amour effraie. Il y a une manière d'évaluation lucide des avantages à tirer de l'association, une sorte de bilan préalable des profits et pertes dont le résultat positif conduit à l'abandon des corps et des privilèges. Plus, peut-être, que l'éloignement du grand spectacle et du cinéma ambitieux, c'est cette renonciation au grand amour même fugitif qui donne à *La Marie du port* une place à part dans l'œuvre de Carné »[5]. Sélectionné pour la Semaine du Film Français à Cannes en 1950, il ne se verra pourtant décerner aucun prix.

Juliette ou la Clef des songes

C'est alors que *La Rue des vertus* est à nouveau envisagée, Carné souhaitant réunir à l'écran Montand et Signoret. Mais c'est finalement *Juliette ou la Clef des songes* qui est retenu car le producteur Gordine tient à produire un film à grands moyens.

« Ce fut avec *Juliette ou la Clef des songes* représentée en 1930 au théâtre de l'Avenue que Georges Neveux fit ses débuts d'auteur dramatique. Il avait publié l'année précédente à la N.R.F., après avoir été longtemps journaliste, un recueil de poèmes intitulé *La Beauté du Diable*. Au théâtre il a donné par la suite *Le Voyage de Thésée* (1943), *Plainte contre Inconnu* (1946), *Ma Chance et ma Chanson* (1949 Bruxelles) et des traductions de Shakespeare, dont *Othello*, représenté l'an dernier au Théâtre

1. Louis Chauvet, *Le Figaro*, 17 mars 1950.
2. Jeander, *Libération*, 15 mars 1950.
3. Jacqueline Michel, *Le Parisien libéré*, 16 mars 1950.
4. Henri Troyat, *Le Rouge et le Noir*, 28 mars 1950.
5. Robert Chazal, *Marcel Carné...*, p. 57.

Français. Le cinéma lui devait déjà *Aux Yeux du Souvenir* dont il écrivit le scénario et les dialogues avec Jeanson. De sa pièce *Juliette ou la Clef des songes*, il a composé pour le film un nouveau dialogue. »[1]

Neveux, qui voulait lui-même adapter sa pièce, a donc demandé à Cocteau de lui céder les droits qu'il a un temps possédés. « Au cours de cette deuxième adaptation de la pièce [...] l'acte de la forêt, seul ou à peu près, subsistait. Le petit port méditerranéen ainsi que le navire avaient disparu. L'intrigue se passait maintenant à Paris et le film s'ouvrait sur... la prison de la Santé, où était incarcéré le héros. Même chose pour le dernier tiers. Celui-ci, arraché au sommeil par la sonnerie stridente du réveil de la Centrale pénitentiaire, allait vivre libre quelques jours, où il retrouverait dans la vie quotidienne les personnages qui évoluaient dans son rêve. »[2] Malgré les regrets de Carné de n'avoir pu adapter fidèlement la pièce et d'avoir cédé sur quelques points pour plaire à un plus large public, « c'était là une grande supériorité de la seconde version [...] : pour la première fois à l'écran, on traitait un rêve prémonitoire. »[3]

En effet, comme le souligne le programme distribué à la presse, de l'argument initial « demeure presque uniquement l'idée du village sans mémoire. Marcel Carné n'a pas cherché, par ailleurs, à nimber d'artifices cette histoire d'un rêve. Le fantastique ne s'accommode plus aujourd'hui d'effets trop voulus. Il prend l'aspect du réel, du quotidien. *Juliette ou la Clef des songes* [demeure] sans nul doute parmi les œuvres maîtresses de ce grand réalisateur. Elle s'inscrit dans la forme la plus personnelle de son art et de sa pensée. »[4]

Pierre Brasseur est envisagé dans le rôle de Barbe-Bleue mais le cachet demandé est malheureusement trop élevé. Tandis que Gérard Oury et Jean Le Poulain ont été auditionnés, Jean-Roger Caussimon tient finalement le rôle. L'accordéoniste est dévolu au dernier moment à Yves Robert. Quant à Pierre Blanchar, il demande à Carné que sa fille puisse tenir le rôle de Juliette mais celui-ci refuse car « pour le couple [...], de nombreux essais avaient été faits par des comédiens dont le nom fait rêver aujourd'hui. Ainsi l'on vit ensemble Anouk Aimée (qui eût été la vraie Juliette) et Michel Auclair ; Odile Versois et Serge Reggiani ; Roland Lesaffre et Leslie Caron qui aurait été engagée si Gene Kelly, plus rapide que Sacha Gordine, n'avait

1. Archives Carné, 4 JUL/1.
2. Marcel Carné, *La vie à belles dents...*, pp. 220-221..
3. *Ibid.*, p. 221.
4. Archives Carné, 4 JUL/1.

choisi la jeune danseuse et apprentie comédienne pour *Un Américain à Paris*. La scène que jouèrent tous ces couples pour leur essai [était] celle des retrouvailles de Juliette et Michel »[1]. Finalement, devant l'insistance de Gordine, Gérard Philipe donne son accord pour donner la réplique à Suzanne Cloutier[2].

Le rêve du héros est au centre de l'histoire. « Michel [...] a volé dans la caisse du grand magasin où il travaille. Il a besoin de l'argent pour réaliser son projet : faire un voyage avec Juliette [...] dont il est très amoureux. Mais il se retrouve en prison. Ses rêves l'emmènent dans un village provençal dont personne ne sait le nom et où personne ne se souvient de rien. Il ne tarde pas à y retrouver Juliette, qui elle, est courtisée par un châtelain mystérieux et inquiétant qui s'avèrera être Barbe-Bleue [...]. Juliette s'apprête à épouser le châtelain lorsque la sonnerie de la prison retentit, tirant Michel de ses rêves. Une fois éveillé, Michel apprend que la plainte déposée contre lui a été annulée par son patron, Monsieur Bellanger, qui a les traits du châtelain Barbe-Bleue. Il apprend aussi que c'est Juliette qui a insisté pour que Michel soit libéré et que cette même Juliette s'apprête à donner sa main à Monsieur Bellanger. Désespéré, Michel décide de retourner dans le pays de l'oubli dont le réveil l'avait extrait. »[3]

Le dialogue ne cesse de basculer d'un monde à l'autre. Tandis que le compagnon de cellule de Michel ne peut se résoudre à accepter son sort – « On nous oublie. D'ailleurs, les prisonniers qu'est-ce qu'on en ferait, si on ne les oubliait pas » –, Juliette trouve plus belle l'histoire rêvée que la réalité : « Notre première nuit, tu vas me la raconter, elle sera si belle, racontée par toi ».

Malgré la fameuse forêt entièrement reconstituée dans les studios de Boulogne, le film est accueilli à Cannes dans l'indifférence générale, ce qui le condamne « à la plus grande majorité »[4]. Georges Charensol a beau souligner « la perfection formelle qui fait de chaque plan [...] une réussite achevée »[5], son confrère Claude Mauriac dénonce une « insupportable prétention »[6] et un article de *Paris Soir* titre : « La France a perdu un cuirassé à Cannes »[7].

1. Robert Chazal, *Marcel Carné...*, p. 63
2. Roland Lesaffre, *Mataf*, Paris, Éditions Pygmalion – Gérard Watelet, p. 150.
3. http://fr.wikipedia.org
4. Jean Quéval, *Marcel Carné...*, p. 106.
5. Georges Charensol, *Les Nouvelles littéraires*, 29 mai 1951.
6. Claude Mauriac, *Le Figaro littéraire*, 26 mai 1951.
7. Marcel Carné, *La vie à belles dents...*, p. 227.

Malgré tout, la première parisienne au Madeleine-Cinéma est un triomphe. Reste que pour beaucoup «*Juliette ou la Clef des songes* est un film extrêmement important pour Carné et le cinéma français. L'échec commercial est évident, mais la réussite artistique est cependant certaine. Pourquoi donc cet échec? Beaucoup d'explications sont données. On a accusé l'absence de référence à l'actualité, surprenante chez un cinéaste "engagé". On a dit que la pièce de Georges Neveux était un piètre sujet d'inspiration cinématographique»[1]. Il faut dire que Cocteau, sans doute déçu d'avoir été dépossédé de son premier travail sur l'adaptation, n'a cessé de répéter à qui voulait l'entendre que ce film était une catastrophe. Cependant, Gérard Philipe affirme dans les mois qui suivent que, s'il le fallait, il recommencerait le film dans les mêmes conditions. Pour les besoins de la distribution, Carné présentera sa *Juliette* au festival de Heidelberg le 30 juillet 1951[2]. Son moral est alors au plus bas.

Thérèse Raquin

Une fois encore, tout est à refaire. Une *Reine Margot*, avec Robert Dorfmann à la production, est envisagée. Le metteur en scène se rend à la Bibliothèque nationale pour étudier la vie de Catherine de Médicis qu'incarnerait Anna Magnani: «Carné voulait, dans ce film, faire des recherches particulières d'atmosphère poétique, les décors et les costumes étant traités dans des styles très contrastés. Il dut ainsi, une fois de plus, remettre dans les tiroirs un film qui aurait peut-être compté dans sa carrière.»[3] Mais les frères Hakim, voyant l'accueil réservé à *Juliette ou la Clef des songes*, proposent de leur côté d'adapter l'un des romans de Zola. «On m'avait demandé, dit Carné [...] un film pas trop cher. Pour compenser l'absence de moyens spectaculaires, il fallait une histoire violente avec des personnages violents. *Thérèse Raquin*, que le producteur me proposait, correspondait à cette définition. Le souvenir du film de Feyder me faisait hésiter. Mais, finalement, je me suis décidé.»[4]

Comme pour *La Marie du port*, le film est donc né d'une volonté d'économie. Les droits du roman, bien qu'achetés autrefois par Marie Bell, ne posent aucun problème d'adaptation. Charles Spaak, qui signe

1. Robert Chazal, *Marcel Carné*..., p. 9.
2. Archives Carné, 9 CAR/33.
3. Robert Chazal, *Marcel Carné*..., p. 64.
4. *Ibid.*, p. 64.

les dialogues, se rend alors avec le réalisateur aux Gets. C'est Lesaffre qui les reçoit, accompagné d'une petite chienne que Carné baptise Nanouk « en souvenir du film admirable de Flaherty »[1]. Ce même Lesaffre qui deviendra sous la plume du scénariste le marin, le scénariste ayant été très impressionné par les souvenirs de guerre du jeune acteur. Mais avant de venir dans les Alpes, il ne sait rien de tout cela car, le réalisateur l'avouera, « ce témoin, j'en avais d'abord parlé au producteur Hakim, sans rien en dire à Spaak qui avait déjà préparé une adaptation. J'ai attendu que nous soyons à la montagne, Spaak et moi, pour découvrir mes batteries. Mais ça s'est très bien passé. »[2] Il lui donnera l'une des plus belles répliques du film : « J'ai jamais été verni... les coups de pied au cul, c'est mon enfance, les coups de fusil, c'est ma jeunesse... »[3]. Un Spaak qui laissera aussi dans la bouche de Camille « bon commerçant lyonnais » cette haine de l'étranger : « On vous accepte chez nous, on vous nourrit et vous en profitez pour faire vos saletés »[4].

Reste tout de même à trouver une idée originale pour ne pas répéter le film du maître. Alors « Carné transpose *Thérèse Raquin* à l'époque moderne, dans les années cinquante. C'est le premier rôle marquant où Simone Signoret abandonne son personnage de putain magnifique. Avec son gilet gris, sa robe noire, ses cheveux tirés très sobrement en arrière, son visage très pâle et le feu contenu de son regard, la "Thérèse Raquin" de Simone Signoret est fascinante. Un volcan sous la glace. Thérèse sert d'infirmière à un mari hargneux, Camille (Jacques Duby), lui-même esclave consentant de sa vieille mère (Sylvie), un monstre femelle qui poursuit sa bru d'une haine inextinguible qui fermente dans le huis clos de la petite-bourgeoisie provinciale. Hantée par sa passion pour Laurent (Raf Vallone), elle refuse pourtant de s'enfuir avec lui. Laurent devient alors un familier de la petite société qui se réunit autour de Camille et de sa mère pour jouer aux "chevaux" dans un salon sinistre dont on perçoit presque les odeurs de naphtaline et d'encaustique [...]. Mais Camille emmène Thérèse à Paris, pour la mettre sous bonne garde. Apprenant leur départ, Laurent se faufile dans le train. Thérèse, croyant son mari endormi dans le compartiment, sort pour le rejoindre. Camille la suit et, après une violente dispute avec Laurent, il est précipité par la portière ouverte. Personne n'a vu Laurent monter dans

1. Marcel Carné, *La vie à belles dents*..., p. 233.
2. Robert Chazal, *Marcel Carné*..., p. 65.
3. Michel Pérez, *Les films de Carné*..., p. 120.
4. *Ibid.*, p. 120.

le train. À la police, Thérèse affirme avoir dormi pendant tout le voyage, elle n'a pas vu son mari sortir. Elle retourne chez elle, et affronte tranquillement le regard haineux de sa belle-mère, qui a tout compris mais ne peut plus parler. Foudroyée par une attaque, elle est paraplégique. La comédienne Sylvie est inoubliable dans ces moments, avec son regard de sorcière vaincue, éternellement fixe, où se reflètent les flammes de la cheminée et toute la haine enfin justifiée mais impuissante d'une harpie de province qui a perdu son fils, son unique raison de vivre, et qui voit triompher sa rivale. Le crime serait parfait s'il n'y avait eu un témoin dans le compartiment. C'est Roland Lesaffre, baroudeur de charme et maître chanteur d'occasion, le personnage inventé par Carné pour remplacer le fantôme imaginé par Zola. Laurent et Thérèse cèdent à ses exigences et lui donnent de l'argent. Ils sont libres de s'enfuir. Mais le maître chanteur se fait écraser par un camion fou qui déboule dans la rue. Il ne rentrera pas à son hôtel à temps pour empêcher la femme de chambre de poster sa lettre de dénonciation. »[1]

La préparation puis le tournage du film ne dépassent pas dix-huit mois et, malgré quelques difficultés en particulier liées aux relations entre le metteur en scène et ses deux principaux acteurs, le résultat dépasse l'attente de la production. Les arguments publicitaires, portés par la double présence de Simone Signoret et de Raf Vallone, sont mis en avant auprès des exploitants de salles : « [...] Le public aimera *Thérèse Raquin*. Avec *Thérèse Raquin*, nous vous présentons non seulement un des films les plus prestigieux de ces dernières années mais aussi un de ceux qui réaliseront les recettes les plus considérables. Un seul des arguments de *Thérèse Raquin* ferait la carrière d'une autre production. *Thérèse Raquin* est l'œuvre la plus marquante de Carné qui, lui-même, est l'homme qui étonna le monde entier dès son premier film et a continué depuis. *Thérèse Raquin* est adaptée d'un roman de Zola dont Spaak et Carné ont conservé l'essence de violence, de passion charnelle et d'impitoyable dureté. *Thérèse Raquin* réunit en un couple admirable et angoissant l'actrice la plus sensuelle de France et l'acteur le plus viril d'Italie : Simone Signoret et Raf Vallone. Ce sont, a-t-on dit, deux forces de la nature qui font éclater les cadres de la mesquinerie. *Thérèse Raquin* pose cette question qui reste attractive pour les êtres les plus différents : le crime parfait est-il possible ? *Thérèse Raquin*, drame de la passion, de la jalousie et de la haine, renferme cependant des moments

1. Catherine David, *Simone Signoret ou la mémoire partagée*, coll. « Elle était une fois », Paris, Robert Laffont, 1990, pp. 108-110.

jamais atteints dans le film d'action : la marche hallucinante du train dans la nuit ; un meurtre commis à 140 km/heure ; un camion de dix tonnes projeté dans une boutique. *Thérèse Raquin*, c'est, disait Zola, l'histoire d'un homme puissant et d'une femme inassouvie. Carné s'est souvenu de cette définition et cela donne à son film un dynamisme sauvage et démoniaque comme si Zola répétait encore "voir en eux la bête". *Thérèse Raquin*, représentant la France à Venise au Festival 1953, y remporta le Lion d'Argent, la plus haute récompense accordée cette année-là. Tous ces arguments doivent être utilisés pour présenter au public l'œuvre la plus chaude, la plus brûlante du metteur en scène des plus grands chefs-d'œuvre de l'écran, celui dont Raf Vallone a dit : "J'ai appris avec lui en trois mois plus qu'avec toute ma vie en dix ans." *Thérèse Raquin* est forcément une œuvre exceptionnelle, puisqu'elle réussit ce miracle : avoir l'approbation de la critique, l'admiration des confrères et l'enthousiasme des spectateurs. [...] »[1]

À propos de cette présentation à la Mostra, Carné tournera longtemps en dérision « un bien réjouissant spectacle : celui de vénérables dames appartenant à la haute aristocratie vénitienne, vêtues avec une somptuosité très recherchée, couvertes de bijoux et fardées à l'extrême, qui tirent soudain de leur sac un joli petit sifflet d'or ou d'argent, le portent à leurs lèvres et soufflent de toutes leurs forces [...] afin de marquer leur désapprobation [...] une tradition solidement établie [et] une manière à elles de tuer le temps, en attendant que le temps les tue. »[2] Les applaudissements, il est vrai, avaient été plus nombreux mais le réalisateur, qui partage la récompense avec *La Strada* de Fellini, doit une nouvelle fois supporter des sifflets doublés d'injures.

Le film permet en tout cas au cinéaste « de réaliser une œuvre puissante et qui a gardé sa force dramatique, malgré quelques longueurs. Ce n'était pourtant pas une œuvre facile car si le fameux témoin du crime, ce maître chanteur inventé de toutes pièces renforçait l'action, il avait cependant l'inconvénient de faire basculer l'intrigue en cours de film. Le premier drame était la mort du mari. Le second le chantage du témoin et ses conséquences »[3]. Simone Signoret offre au personnage l'image « d'une Parque qui pourrait aussi bien couper le fil de sa propre vie que celui de la vie des autres »[4].

1. Archives Carné, 4 THE/1-3.
2. Marcel Carné, *La vie à belles dents*..., p. 233.
3. Robert Chazal, *Marcel Carné*..., p. 66.
4. Michel Pérez, *Les films de Carné*..., p. 125.

Pour la plupart des journalistes, le film est à classer parmi les chefs-d'œuvre de Carné. « Le meilleur film du Festival de Venise 1953. Un ouvrage de classe, un film qui aura un succès justifié dans le monde entier » (Stève Passeur, *L'Aurore*). « Merveilleusement mis en scène, *Thérèse Raquin* est merveilleusement joué... » (Max Favalelli, *Paris-Presse*). « La marque indéniable d'un maître » (Louis Chauvet, *Le Figaro*). « Le film de Marcel Carné est de la classe de ses plus grandes œuvres : du *Quai des brumes* au *Jour se lève* » (France Roche, *France-Soir*). « Un coup de maître ! Un film poignant et remarquablement raconté et joué » (Jean Néry, *Franc-Tireur*). « Un succès sans ombre pour le cinéma français » (J. de Baroncelli, *Le Monde*). « Un beau film classique, typiquement français et d'une admirable pureté de lignes dans la simplicité et dans la mesure » (Jacqueline Fabre, *Libération*). « Remarquable ! Ce film a fait triompher le cinéma français à Venise » (*Le Film français*). « Une œuvre forte, d'une puissance dramatique soutenue et implacable » (*La Cinématographie française*). »[1]

Aujourd'hui, « à voir et à revoir *Thérèse Raquin* [...] on admire encore la maîtrise technique, la "finition" du travail, la direction d'acteurs mais on regrette justement ce "fantastique" sans lequel les films de Marcel Carné ne sont pas tout à fait les siens »[2]. La critique releva aussi « la question de l'infidélité à Zola [mais] s'accordait, en général, à justifier les libertés prises avec l'œuvre originelle, allant même, dans une surenchère d'éloges dont Carné avait sans doute perdu l'habitude tant on s'était montré sévère envers ses films récents, jusqu'à juger le film supérieur à un roman dont il n'avait pas hérité les vices naturalistes. »[3] Jean de Baroncelli reprocha cette proximité avec le roman et en voulut à Carné et Spaak « de ne pas avoir tranché davantage encore dans le vif... de ne pas avoir substitué, dès le début du film, leur mécanisme tragique à celui de Zola »[4]. Tandis que Georges Charensol rendait « un hommage sans réticence à un admirable technicien »[5], que Jean Dutourd affirmait sans ambages que Zola « ne désavouerait certainement pas »[6] cette adaptation, qu'André Bazin considérait comme « un grand film, une œuvre dont la beauté simple et pourtant savante, directe et cependant sans concessions s'impose par-dessus

1. Archives Carné, 4 THE/1-3.
2. Robert Chazal, *Marcel Carné...*, p. 67.
3. Michel Pérez, *Les films de Carné...*, p. 116.
4. Jean de Baroncelli, *Le Monde*, 14 novembre 1953.
5. Georges Charensol, *Les Nouvelles littéraires*, 12 novembre 1953..
6. Jean Dutourd, *Carrefour*, 11 novembre 1953.

toutes les critiques de détail »[1] ou que Jean Néry soulignait « sa vigueur, son humanité et son exceptionnelle maîtrise »[2], seul Yves Gibeau dans *Arts* trouva *Thérèse Raquin* « indigne de Marcel Carné et cette "presse" enthousiaste qu'on lui a consacrée… »[3].

En tout cas, pour un film de commande, il « marque un tournant dans la carrière de Carné [qui] abandonne ce réalisme poétique ou plutôt ce fantastique social dans lequel il fut inégalable pour faire du naturalisme. Il y avait sans doute, dans *La Marie du port*, l'amorce de ce virage. Pourtant, la mer, l'atmosphère du port, et aussi la façon de montrer les pêcheurs, certains personnages, étaient encore bien dans la ligne Carné. Dans *Thérèse Raquin* où, quoi qu'on en dise, Carné a suivi Zola (et ce n'était pas Spaak qui pouvait l'aider à s'en évader), la peinture du milieu assez sinistre de ces petits bourgeois est pleine d'embûches. […] Or l'univers de *Thérèse Raquin* commande plutôt le mépris, ce qui n'est pas l'affaire de Carné »[4].

Le film connaît ensuite un succès inespéré, récompensé à de nombreuses reprises, non seulement avec un « prix en Amérique, un autre au Japon »[5] mais aussi par différents festivals à travers le monde.

L'Air de Paris

Très impressionné par *Thérèse Raquin* mais surtout admiratif des *Enfants du Paradis*, Cino del Duca décide à son tour de produire « son » Carné. Avec Dorfmann, qui dirige les Productions Cinématographiques Européennes., il donne carte blanche au metteur en scène.

Carné, qui se rend fréquemment salle Wagram, propose cette fois une œuvre originale ayant pour cadre le milieu de la boxe : « Non pas l'histoire du "petit champion qui devient grand champion" – on l'avait fait mille fois – ni celle d'une gloire du ring sur le déclin [mais évoquant] l'existence courageuse des jeunes amateurs qui, à peine achevé le travail souvent pénible de la journée, se précipitent dans une salle d'entraînement […] dans le seul espoir de monter un jour sur le ring »[6].

1. André Bazin, *Le Parisien libéré*, 10 novembre 1953.
2. Jean Néry, *Franc-Tireur*, 11 novembre 1953.
3. Yves Gibeau, *Arts*, 12 novembre 1953.
4. Robert Chazal, *Marcel Carné…*, p. 66.
5. *Ibid.*, p. 66.
6. Marcel Carné, *La vie à belles dents…*, p. 238.

Roland Lesaffre, qui a été un jeune champion de France de la discipline et s'est signalé dans *Thérèse Raquin*, est de la partie. Et Gabin, qui lui a mis le pied à l'étrier dans le cinéma, incarne… son entraîneur paternaliste. « Robert Dorfmann et sa femme, la comédienne Agnès Delahaye, avaient plusieurs projets dont *Touchez pas au Grisbi* prévu pour Périer et Blier, *L'Assommoir* de Zola. Pour *L'Air de Paris* (d'abord *La Choute*) Carné voulait Gabin, pour lui. Il était aussi l'homme du *Grisbi* (prévu pour une autre date). C'est ainsi que Gabin fit le *Grisbi* tandis que Périer était engagé pour *Gervaise* (ex-*Assommoir*) que Clément allait réaliser avec Agnès Dorfmann comme productrice »[1].

L'Air de Paris peut sembler une « carte postale parisienne »[2] mais c'est avant tout un hymne à l'amitié et à la famille du sport[3]. « Victor Le Garrec a eu dans sa vie une grande passion, la boxe. Il a réussi à ouvrir et à diriger une salle d'entraînement où il essaie de dénicher des poulains. Blanche, sa femme, l'aide de son mieux sans partager son enthousiasme et en rêvant de se retirer sur la Côte d'Azur. La rencontre d'un modeste employé à la SNCF, André Ménard, va tout à coup changer la vie de Le Garrec. Il discerne dans ce jeune garçon mieux qu'un espoir : un futur champion. Il le décide à venir habiter chez lui pour l'avoir constamment sous la main, ce qui n'est pas pour satisfaire Blanche. Personne ne doit venir troubler l'entraînement, mis à part le couple d'épiciers du coin dont la fille Maria qui n'est pas insensible au charme d'André. Victor Le Garrec ne pouvait évidemment prévoir qu'en assurant son service en gare, le jeune homme allait tomber follement amoureux d'une ravissante jeune femme aperçue à la fenêtre d'un train. Un objet égaré permet aux jeunes gens de se retrouver et, un peu troublée, Corinne promet à André d'assister à son premier match. En effet, ce jour-là, elle est au premier rang. André, fou de joie, gagne brillamment et entame un grand amour partagé avec Corinne. Mais Victor veille. André hésite, va-t-il suivre la jolie fille au hasard de sa vie mondaine, ou continuer dans la voie du succès que lui a ouverte Le Garrec ? Corinne comprend ce qu'elle doit faire, elle quitte Paris en renonçant à un bonheur trop précaire. Abandonné, amèrement déçu, se croyant trahi, André Ménard retrouvera pourtant la fidèle amitié de Victor, balayant les souvenirs et dégageant l'avenir. »[4]

1. Robert Chazal, *Marcel Carné…*, p. 68.
2. Michel Pérez, *Les films de Carné…*, p. 126.
3. Roland Lesaffre, *Mataf…*, p. 195.
4. www.cinema-francais.fr

Le couple que forment Blanche (Arletty) et Victor (Gabin) fait songer à celui du *Jour se lève* (avec quelques années de plus) et les dialogues rappellent ceux de *Hôtel du Nord*. Ainsi Victor : « Le soleil, le soleil, j'aurais bonne mine en mode baigneur ». Ou Blanche : « C'est peut-être pas la première jeunesse, mais malgré tout c'est pas si mal. »[1] Le truculent « Ah, pour rigoler, on rigole » précède : « C'est un vrai courant d'air, ce môme-là. Partout où il passe, les gens s'enrhument ». Plus osée, dans le café, la réponse de Corinne à André, qui lui demande si elle n'a pas peur de se salir : « C'est un genre de chose qui ne m'a jamais fait peur ! »

Toutefois, une partie du texte confié à Sigurd a longtemps inquiété Dorfmann qui, le 25 février 1954, demande des modifications aux scénaristes : « [...] Depuis les premiers jours nous vous avons signalé le danger du dialogue des scènes portant, dans votre découpage, les numéros : 103 et 104. Il y a peu de chance à notre avis que ce dialogue puisse subsister dans sa forme actuelle au moment de la projection devant les censeurs et même si ce stade était dépassé favorablement, il y a encore le risque de plaintes par la suite, ce qui pourrait entraîner une demande de coupure. Si nous revenons aujourd'hui encore sur cette question c'est que nous venons d'avoir connaissance d'une plainte qui vient d'être déposée au Ministère de l'Intérieur, par une ligue de Nord-Africains parce que l'on avait employé le terme “bicot”, dans le film *La Rage au corps*. Une enquête est maintenant ouverte et il y a de grandes chances que les Autorités vont nous demander de faire rentrer toutes les copies en service pour la suppression de ce terme. Votre dialogue étant beaucoup plus virulent sur le comportement des Nord-Africains que le terme “bicot”, il y a lieu de croire que nous allons vers des incidents analogues, sinon plus graves. Il semble donc que la formule d'un dialogue de “couverture” pour ces numéros 103 et 104 est indispensable et doit être prêt pour le jour de tournage prévu à notre plan de travail. [...] »[2] Ne demeurera finalement que la « sale clientèle » par la voix de l'hôtelière et la réplique d'André : « Elle vous rapporte le maximum, cinq type par chambres et un seul lit. »

Aux côtés de Gabin, Roland Lesaffre tient véritablement la vedette. Mais selon le metteur en scène (ce que confirmera le comédien lui-même), il semble avoir attrapé la grosse tête depuis qu'il a appris qu'il allait tourner *La Main au collet* avec Hitchcock[3]. En revanche, il faut aussi reconnaître

1. Michel Pérez, *Les films de Carné...*, p. 127.
2. Archives Carné, 9 CAR/26.
3. Roland Lesaffre, *Mataf...*, pp. 204-205.

que le tournage, respectant la chronologie du scénario, a épuisé le jeune acteur, exténué de ses combats (réels) contre Séraphin Ferrer, un champion hors pair[1]. Au cours du tournage, l'anecdote la plus savoureuse concerne également une scène d'amour jouée avec Marie Daëms, où l'émotion du comédien aurait, selon ses dires, été « visible » par tout le monde ! Carné rapportera dans ses mémoires la scène : « Depuis un bon moment, [ils] folâtraient sur le lit du décor [...] lorsque je vis soudain Roland s'immobiliser et Marie Daëms partir d'un formidable éclat de rire [...]. Il lui était arrivé ce qui peut arriver à tout homme normalement constitué, qui joue avec fougue – et sincérité – une scène de ce genre, pour peu que la prise de vues dure un certain temps. Le plus drôle est qu'il avait revêtu, ainsi que la scène l'exigeait, le pantalon de pyjama de sa partenaire, et c'était dans celui-ci que s'était produit... l'accident ! »[2]

Malgré ces péripéties, l'argument commercial est évidemment celui d'un retour inespéré : « [...] Il y a quinze ans, Marcel Carné réunissait, pour la première fois, dans le film *Le jour se lève*, le couple Jean Gabin – Arletty. Il a reformé, aujourd'hui, ce tandem pour être la vedette de *L'Air de Paris* qui évoquera, une fois de plus, dans le registre doux-amer qui lui est familier l'attendrissante vie quotidienne du petit peuple de Paris. Roland Lesaffre, Marie Daëms, Folco Lulli et Simone Paris sont les autres interprètes de ce film, dialogué par Jacques Sigurd et produit par del Duca films, producteur Robert Dorfmann. »[3]

Cet *Air de Paris* doit beaucoup aux derniers aménagements du scénario. « Ce qu'il faut penser de cette cuisine de dernière heure, la critique l'a dit, le public l'a pensé et Carné le reconnaît : "Jusqu'au match de boxe j'aime beaucoup ce film où j'ai, je crois, réussi à donner l'atmosphère, le climat de ce monde de la boxe. Après je vous l'abandonne." »[4] Malgré tout, la plupart des journalistes encensent le film. Pour Rodolphe-Maurice Arlaud, « c'est vraiment un magistral coup de poing dans l'écran, un direct dans la figure de tous les spectateurs »[5] et pour Georges Sadoul « ces traits sont justes, typiques, valables [...] un film français [qui] peint avec [...] vigueur la vie privée d'un ouvrier »[6]. À l'inverse, pour Jean Dutourd,

1. *Ibid.*, p. 200.
2. Marcel Carné, *La vie à belles dents...*, p. 241.
3. Robert Chazal, *Marcel Carné...*, pp. 69-70.
4. *Ibid.*, p. 68.
5. Rodolphe-Maurice Arlaud, *Combat*, 30 septembre 1954..
6. Georges Sadoul, *Les Lettres françaises*, 30 septembre 1954.

c'est « un film très intéressant, avec des parties de chef-d'œuvre [...] et des parties de navet »[1], pour André Bazin « une œuvre déséquilibrée, désorientée, comme intérieurement trahie »[2], pour Claude Mauriac « une belle âme qui trahirait un visage maniéré »[3] et pour Georges Charensol un ensemble technique [qui] ne suffit pas à nous retenir »[4]. Dernier sur la liste, François Vinneuil, ne retient que « les fadaises, les lourdeurs, les bassesses du dialogue, la sottise des situations feuilletonesques [déplorant] qu'un tel soin soit dépensé pour une pareille ânerie »[5].

Entre-temps, Jacques Flaud, directeur général du CNC, fait remettre à Carné son Lion d'argent pour *Thérèse Raquin,* comme le rappelle la lettre adressée le 30 juillet 1954 au metteur en scène, à son domicile parisien du 55 rue Caulaincourt : « [...] Le Ministre chargé du Cinéma m'avait fait part de son désir de vous remettre personnellement le lion symbolique et le diplôme qui ont couronné, l'année dernière, à Venise, le film : *Thérèse Raquin.* Malheureusement, les occupations nombreuses qui l'ont assailli depuis sa nomination, ne lui ont pas permis de donner suite à son projet. Je me permets, dans ces conditions, et avant le prochain Festival, de vous faire parvenir ces objets symboliques. Permettez-moi de vous redire mes félicitations et mes remerciements pour la contribution importante que vous ne cessez d'apporter à notre Cinéma National [...]. »[6]

Le Pays d'où je viens

Cette récompense stimule Carné. Une fois encore, alors qu'il aurait pu se reposer sur ses lauriers, il envisage un nouveau film. « Il avait vu le *Rififi* et ce film lui avait donné l'envie de travailler avec Auguste Le Breton. Ce dernier avait proposé *Les Hauts Murs* qui tentaient assez Carné, mais qui n'avaient pas plu au producteur italien que Lesaffre avait contacté, à Rome[7]. Finalement tout le monde se retrouva en Italie et tomba d'accord sur une idée originale [...] : *Les Prisonniers*, inspirée par la catastrophe d'Orléansville : un tremblement de terre libère les détenus d'une maison

1. Jean Dutourd, *Carrefour*, 29 septembre 1954.
2. André Bazin, *Le Parisien libéré*, 30 septembre 1954.
3. Claude Mauriac, *Le Figaro littéraire*, 2 octobre 1954.
4. Georges Charensol, *Les Nouvelles littéraires*, 29 septembre 1954.
5. François Vinneuil, *Dimanche matin*, 30 octobre 1954.
6. Archives Carné, 9 CAR/37.
7. Roland Lesaffre, *Mataf*..., p. 227.

d'arrêt qui se répandent dans la ville voisine. »[1] Le directeur du Centre de la cinématographie italienne, Emanuele Cassuto, invite le réalisateur des *Enfants du paradis* à porter à l'écran cette histoire se déroulant dans « un paysage aride, désert, brûlé par le soleil. [Après le séisme], certains détenus poursuivent leur route, d'autres pillent et violent. Mais il en est qui secourent les blessés et même arrachent à la mort des habitants enfouis sous les décombres. Les premiers secours arrivent enfin. Et avec eux, les forces de l'ordre. Que va-t-on faire de ces condamnés de droit commun qui, c'est indéniable, ont sauvé de nombreuses vies humaines ? [...] Pour commencer, on les enferme de nouveau dans la partie centrale qui n'a pas été détruite. Ce qu'il adviendra d'eux, du formidable mouvement d'opinion qui se crée autour de ces hommes, ainsi que du manque de libéralisme du pouvoir, fournissait matière à la seconde partie de la nouvelle. »[2] Mais Carné abandonne.

Il se replie alors sur une commande, sa première depuis *Jenny,* sous le titre *Le Pays d'où je viens*.

En « manque de caméra après de longs mois d'inactivité, il confie alors : « Duhour et Bokanowski m'ont demandé de tourner *Le Pays d'où je viens*. [...] je m'étais brisé une cheville sur le plateau et je dirigeais le film une jambe dans le plâtre. On me transportait sur une civière. C'était grotesque et incommode... »[3]. Installé « étendu tel un empereur romain du temps de la Décadence »[4], il fait débuter Gilbert Bécaud dans une « aimable pochade [traitée] plastiquement [...] dans le style violemment coloré des cartes de vœux »[5].

Pour la première fois en effet, Carné tourne en couleurs. L'histoire, pour tout public, est celle d'amours de jeunesse sur fond de chants de Noël et dont les premières images se résument en quelques lignes : « Éric Perceval est un fils de bonne famille en vadrouille sur le compte en banque de papa. Son oncle engage des hommes de main pour le retrouver et le ramener au sein de la famille. Mais un soir de Noël, Éric entre dans une brasserie où est employé un pianiste qui lui ressemble trait pour trait. » Malgré les hésitations, « cela donna un film gentil qui eut le tort de sortir dans une salle trop grande, le Gaumont-Palace, avec un gala à tout

1. Robert Chazal, *Marcel Carné...*, pp. 69-70.
2. Marcel Carné, *La vie à belles dents...*, p. 244.
3. Robert Chazal, *Marcel Carné...*, p. 69.
4. Marcel Carné, *La vie à belles dents...*, pp. 246-247.
5. *Ibid.*, p. 245.

casser et, le lendemain, l'insurrection de Budapest… Pourtant, [*Le Pays d'où je viens*] est cette année-là la septième recette sur le plan national. »[1] Finalement, ce film forme mieux qu'« une vitrine de grand magasin, avec ses arbres de Noël, ses edelweiss et ses houppelandes saupoudrées de neige »[2].

La critique devient alors violente. En particulier François Truffaut qui reproche à Carné de ne pas être assez bon juge de ses scénarios : « Le problème demeure […] de trouver des sujets qui lui conviennent et qui ne soient point trop démodés » [3]. Tandis que Gilbert Salachas y voit « une bluette sans prétention »[4], Jacques Doniol-Valcroze « imagine la quantité de talent qu'il a fallu à Carné pour en faire une œuvre de qualité »[5].

Les Tricheurs

Vexé, le cinéaste se penche alors avec Charles Spaak sur *Les Baladins,* un synopsis signé Jean Grémillon, que Carné s'empresse de mettre au travail, lui écrivant le 10 mars 1956 : « […] Mon cher Jean, ci-joint le découpage en question. J'aimerais que vous en preniez connaissance, afin que nous puissions en parler dès jeudi à votre retour. Toutefois, je vous enverrai demain une seconde lettre, plus détaillée, concernant les trois ou quatre scènes qui me semblent faibles et sur lesquelles votre talent pourrait plus particulièrement s'exercer… Merci de votre bon accueil au téléphone. Je suis quant à moi personnellement ravi de renouer avec vous… Avec mon admiration et mon amitié fidèle quoique lointaine. […] »[6]

Mais la santé de Jean Grémillon ne lui permet pas d'aller plus loin et ce sont Spaak et Carné, installés au Trianon Palace à Versailles, qui en écrivent finalement les dialogues. « On y retrouvait l'époque de *La Reine Margot*, avec, en toile de fond, la Saint-Barthelemy. L'histoire était celle d'une troupe de "commedia dell'arte" à la Cour des Valois. Les comédiens y étaient naturellement accusés de tous les maux. »[7] Le film est également prévu en couleurs mais les producteurs belges de Cinétel refusent, pour des raisons exclusivement financières : « Tout ce qui se rapportait aux Valois

1. Robert Chazal, *Marcel Carné…*, p. 69.
2. Michel Pérez, *Les films de Carné…*, p. 135.
3. François Truffaut, *Arts*, 31 octobre 1956.
4. Gilbert Salachas, *Cinéma 56*, décembre 1956.
5. Jacques Doniol-Valcroze, *France-Observateur*, 25 octobre 1956.
6. Archives Carné, 9 CAR/34.
7. Robert Chazal, *Marcel Carné…*, p. 70.

étant traité dans les tons noir, rouge et or, tout ce qui avait trait aux comédiens dans les tons pastels, clairs et lumineux. »[1]

Vient alors le temps des *Tricheurs* dont les premiers titres sont *Les Mains vides* puis *Les Enfants du désordre*. Carné souhaite non seulement « mettre l'accent sur la responsabilité des parents » mais aussi faire écho à son plus grand succès, sorti treize ans auparavant.

Ce Saint-Germain-des-Prés des années cinquante, Carné l'a connu et fréquenté avec *Le Flore*, *Les Deux-Magots*, *Le Tabou*, *Le Lorientais* et *La Huchette*. Bien entendu, il n'a pas oublié le *Rendez-vous de juillet* de Becker qui en 1949 avait déjà mis en scène cette « génération trop jeune pour avoir fait la guerre mais trop vieille pour n'avoir pas été marquée par elle »[2].

En revanche, Carné a personnellement croisé « un jeune homme [traînant] d'appartement en appartement, usant et abusant de la crédulité de ses amis » tandis que Spaak a « connu une jeune fille qui elle aussi [ne suit] aucune règle de vie et ne subsiste qu'aux crochets de son entourage. »[3] L'idée principale est donc la suivante : à la manière de Roméo et Juliette, ces modernes amants « ont tout pour être heureux. Ils ne sont victimes d'aucune rivalité de clans, et rien ne s'oppose à leur bonheur. Ce sont eux, compte tenu du milieu qu'ils fréquentent, qui se créent leurs propres tabous. »[4]

Pour aller plus loin, Cinétel engage dans un premier temps les deux complices de *Thérèse Raquin* mais Georges Loureau, coproducteur, trouve vite le sujet « trop scabreux »[5]. Miraculeusement, Robert Dorfmann reprend alors le flambeau. Et *Libération*, dans son édition du 19 août 1957, annonce en avant-première : « [...] Parmi les quelque 150 000 touristes qui ont envahi la Côte d'Azur depuis le 1er août, un homme prend des vacances forcées : c'est Marcel Carné qui soigne les restes d'une mauvaise sinusite. Nous l'avons rencontré à l'Opéra-Plage, à Nice, alors qu'il sirotait un rafraîchissement en compagnie de Yoko Tani, l'épouse japonaise de Roland Lesaffre. [...] – Un sujet explosif ? – Le fait est que les gens qui sont au courant du projet polémiquent déjà avec chaleur. À l'hôpital, ces jours derniers, si j'ai reçu de gentilles lettres comme celle de Cocteau qui

1. Marcel Carné, *La vie à belles dents*..., p. 250.
2. Annie Mallégol, Noël Demaines, *Le Grand Atlas*..., p. 56.
3. Philippe Durant, *Belmondo*, Paris, Robert Laffont, 1993, p. 134.
4. Marcel Carné, *La vie à belles dents*..., p. 250.
5. *Ibid.*, p. 251.

m'encourage "en tant que citoyen d'honneur du pays et vieux fantôme de Villefranche", j'ai reçu aussi une lettre d'injures ; parce que, me dit-on, la jeunesse n'est pas toute... pourrie. Mais je le sais. Grand diable ! Je sais qu'il y a une jeunesse multiple ! Qu'il y a les oisifs, les travailleurs, les vrais étudiants, ceux qui vont en Algérie... Je sais tout cela. Mais la jeunesse dont nous parlons existe aussi. Nous avons donc décidé avec Spaak de la montrer. [...] »[1]

Le scénario prend sa forme définitive au pavillon d'Estrées à Saint-Cloud, Jacques Sigurd remplaçant finalement Spaak trop occupé à son *Normandie-Niémen* en ce début d'année 1958.

L'histoire est celle de deux mondes qui se croisent. « Bob, fils de famille, rencontre par hasard Alain qui vient, pour le geste, de voler un disque dans un magasin. Une sorte de sympathie naît entre eux. Bob le présente à ses copains et l'emmène à une surboum chez Clo, la fille d'un diplomate. Au cours de la soirée, il devient l'amant de Clo qui lui présente Mic. Cette dernière et Bob se revoient mais, prisonniers de leurs personnages et de la comédie qu'ils se jouent à eux-mêmes comme aux autres, ils n'osent s'avouer leur amour. Le malentendu s'aggrave lorsque Mic croit que Bob veut se livrer à une opération de chantage qui doit rapporter à la jeune fille l'argent nécessaire à l'achat d'une voiture. Par dépit, Mic se donne à Alain alors que Bob a décidé de mener seul cette dangereuse opération. Mic se rend alors compte de son erreur. Une surboum les réunit dans le château de Clo [à Bois-le-Roi]. On y joue au jeu de la vérité. Sous le regard d'Alain, Mic ment pour cacher son amour ; Bob également. De plus par bravade, il annonce ses fiançailles avec Clo. Mic ne peut en supporter davantage. Elle saute dans sa "jag". Bob la poursuit. La Jaguar percute un camion. Mic meurt à l'hôpital. Bob, brisé, ne trichera plus. »[2]

À l'origine, toujours par mesure d'économies, « l'intrigue se déroulait en flash-back dans la pensée de Bob, au cours de la messe de mariage l'unissant à Clo, qu'il avait fini par épouser. » Finalement le film débute étonnamment, après la scène du juke-box, par... un hommage à Prévert et à *L'Affaire est dans le sac* ! Puis les dialogues s'enchaînent autour des expressions en vogue de la fin des années cinquante : « Nous sommes là à l'époque des "croulants", des "amortis" et des "surboums", tout ce

1. *Libération*, 19 août 1957.
2. www.cinema-francais.fr

petit vocabulaire pittoresque pouvait sembler racoleur au moment de la sortie du film, il n'était plus que simplement documentaire quelques mois après »[1].

Les question d'existence sont dévolues à Alain. À un des jeunes écoutant du jazz et paraissant les yeux dans le vague, il affirme, péremptoire : « Il a raison c'est une forme d'hypnose, ça permet d'aller plus loin. C'est ça le vrai truc, aller plus loin. [...] Jusqu'au jour où on se fout en l'air pour aller plus loin encore. [...] Ah les ennuis, c'est comme le bonheur, comme l'argent, à l'état pur ça n'existe pas. » À Bob qui trouve dégoûtant de faire du chantage pour une histoire d'amour entre une « bourgeoise » et un jeune auprès du mari, il répond : « Hautement moral, justice, punition divine, la rançon de l'adultère, le prix du péché, la Jag'du scandale [...] ça leur coûtera jamais assez cher toute leur salade moyenâgeuse, amour, fidélité, tromperie, nous on a dépassé tout ça, pas vrai [...] ? Nous sommes pour la liberté sous toutes ses formes. » Seule Mic, un temps lucide, avoue à son frère Roger avoir trompé Bob avec Alain, « parce qu'il y a la vie, parce qu'on veut être libre, ne pas s'attendrir, se prouver qu'on est fort. Parce qu'il y a les autres tout le temps, que pour nous coucher ça ne compte pas, qu'aimer c'est de la blague, la négation même de l'individu ».

Afin de choisir ses comédiens, Carné se lance dès février 1958 dans de nombreuses auditions. Et le 20 mars, accompagné par Roland Lesaffre, il présente au caveau de la Huchette sa nouvelle équipe : Andréa Parisy, Jacques Charrier, Pascale Petit, Laurent Terzieff et Alfonso Mathis.

Le premier tour de manivelle aurait dû être donné à la fin du mois. Non seulement des conditions difficiles expliquent pour une grande partie le retard pris mais Carné souhaitait au départ « tourner des scènes d'extérieurs sur les Champs-Élysées et à Saint-Germain-des-Prés », l'autorisation lui ayant été refusée[2]. Il est vrai que depuis le mois de mai le général de Gaulle est revenu aux affaires...

Après une courte pause à Deauville pendant la Pentecôte[3] en compagnie de Lesaffre, Yoko Tani (l'épouse du comédien depuis deux ans), Alfonso Mathis et la jeune actrice Sandrine (finalement présente dans le film), arrive le moment crucial du tournage. Mais le contexte politique met à mal les plans élaborés, une grève frappant les techniciens durant

1. Michel Pérez, *Les films de Carné...*, p. 138.
2. *Ici Paris*, 28 mai 1958.
3. *Paris-Normandie*, 26 mai 1958.

trois jours. La solution : un garage de la rue Caulaincourt est réquisitionné dès la fin du mois de juin pour rattraper le temps perdu[1].

La surprise-party est bien sûr le plus grand moment du film. La production elle-même alimente la rumeur : « [...] Pendant la plus importante des "surboums" organisées au studio de Joinville pour une séquence du nouveau film de Marcel Carné *Les Tricheurs* on a distribué aux cent cinquante figurants de la surprise partie du vrai whisky, ainsi qu'aux principaux interprètes Andréa Parisy, Pascale Petit, Laurent Terzieff et Jacques Charrier. Histoire de créer l'ambiance. Résultat : trop d'ambiance. Il a fallu recommencer, cette fois à l'eau colorée. [...] Pendant la réalisation [...] Marcel Carné a organisé au studio de Joinville deux surprises parties, deux "sur-boums" authentiques, qualifiées de "sensas" par la juvénile figuration des scènes. Voici le bilan de la deuxième "sur-boum" : 150 jeunes gens de 14 à 20 ans ont dansé pendant douze jours ; 2 000 verres cassés ; 3 jeunes filles évanouies ; 2 chevilles foulées. Enfin une jeune danseuse est entrée violemment en contact avec une console pendant un "be-bop" trop frénétique. Les principaux acteurs du film [...] n'ont pas eu le droit de se plaindre de leur fatigue. »[2]

Dès les projections privées, les premières réactions sont enthousiastes. Pourtant absent, l'auteur du *Quai des brumes* Pierre Mac Orlan se réjouit du succès annoncé : « [...] Je n'ai pu aller hier [7 septembre] vous féliciter et je le regrette parce que la *Sedif* a envoyé la convocation, chez Maxim, à une adresse où je n'habite plus *depuis 16 ans !* J'ai reçu l'invitation ce matin. Voilà mon vieux : mais je vous dis que je suis bien content que de votre succès. Votre ami. P. McOrlan. »[3]

L'avant première du film est donnée au Marignan le 9 octobre en présence de nombreuses personnalités. Dans la salle, on reconnaît notamment Simone Simon aux côtés de Jean Marais, Bourvil, Jean-Louis Barrault et Michèle Morgan, mais aussi Pierre Brasseur et Françoise Arnoul, Jacques Prévert, Marcel Aymé, Jean Anouilh, Jean-Paul Sartre, ainsi que Henri-Georges Clouzot, Jean-Pierre Aumont, Gilbert Bécaud et Arletty. Le film est également présenté dès le lendemain au cinéma Marivaux puis au Français. Le succès est phénoménal : « Tous les records de fréquentation étaient battus dans les deux salles »[4].

---

1. *France Soir*, 1er juillet 1958.
2. Archives Carné, 4 TRI/2-1.
3. *Ibid.*, 9 CAR/8.
4. Marcel Carné, *La vie à belles dents...*, p. 258.

En revanche pour *Les Cahiers du cinéma*, *Les Tricheurs* est un film « archaïque et superficiel » car la Nouvelle Vague a fait son apparition. « Porté aux nues avant, pendant et quelques années après la guerre, Marcel Carné est en butte aux attaques systématiques de certains éléments de la nouvelle génération de cinéastes et de critiques qui se sont manifestés en France après 1950 et surtout après 1958 »[1]. Il fait aussi l'objet « de virulentes attaques de la jeune critique qui, sans contester le "métier" de Carné, fit grief au metteur en scène d'aborder un tel sujet dans un style conventionnel ». Les analyses cinématographiques, très différentes les unes des autres, démontrent que le film ne laisse pas indifférent. *Le Canard enchaîné* reprend dans son numéro du 22 octobre l'idée générale du film pour railler la situation politique de l'époque, preuve supplémentaire du succès populaire des *Tricheurs*. Pour Paule Sengissen, on retrouve dans le film « l'essentiel des thèmes de Marcel Carné [...] : la solitude de l'homme dans la société justement exprimée dans *Le Jour se lève*. Ici chaque personnage est solitaire face à ses camarades ; le thème de l'amour impossible qui, des *Visiteurs du soir* aux *Enfants du Paradis*, sans omettre *Juliette ou la Clef des songes*, est une constante de Carné ; enfin, la mort, comme dans les œuvres précédentes, est seule fidèle au rendez-vous. Visuellement, la deuxième surprise-partie évoque *Les Enfants du Paradis*, la poursuite en voiture rappelle le début de *Quai des brumes*. »[2] Georges Sadoul retient « la chaleur dont Carné entoure ses personnages »[3], Simone Dubreuilh remarque « que ces *Tricheurs* éclatent comme une bombe, apportant le témoignage sur la jeunesse qui manquait au cinéma français »[4] et Jean de Baroncelli rappelle « le thème [...] des amoureux que leur amour même voue à la haine du destin »[5]. Bien que Michel Aubriant écrive que le scénario pourrait être comparé à « du Victor Margueritte revu par la secrétaire de Jean-Paul Sartre »[6], pour *Cinémonde* du 29 décembre 1958 le meilleur film français de l'année est bien évidemment *Les Tricheurs*.

Dès les premières séances, le public réagit avec force, les jeunes générations s'opposant aux plus anciennes. Ce qui alimente la querelle et pousse le magazine *L'Express* à lancer un débat constructif sous le titre

1. Robert Chazal, *Marcel Carné...*, p. 9.
2. *Radio-Cinéma-Télévision*, 26 octobre 1958, p. 43.
3. Georges Sadoul, *Les Lettres françaises*, 16 octobre 1958.
4. Simone Dubreuilh, *Libération*, 14 octobre 1958.
5. Jean de Baroncelli, *Le Monde*, 14 octobre 1958.
6. Marcel Carné, *La vie à belles dents...*, p. 258.

« Marcel Carné : "Je n'ai rien inventé". » L'entretien vire au débat d'idées : « *L'Express*. – Qu'est-ce qui vous a incité à faire ce film ? Marcel Carné. – Pour vous le dire, il me faudrait parler un peu de ma vie privée… Je suis célibataire, très bohème, et je fréquente Saint-Germain-des-Prés depuis au moins une vingtaine d'années, avec Jacques Prévert. Je crois connaître le milieu dont je parle, pour en avoir suivi l'évolution. J'ai pensé qu'il y avait là un film à faire, un sujet qui n'avait pas été traité. J'ai eu l'occasion de connaître, là, certains individus. Les principaux personnages du film existent, je les connais. […] La grande difficulté, évidemment, était de rendre tous ces gens sympathiques. […] Quatre ou cinq jeunes ont recueilli pour moi une précieuse documentation. Par exemple, l'histoire extraordinaire des ascenseurs. Quand il y a "surboum" dans une maison où se trouvent deux ascenseurs, deux garçons montent sur le toit des ascenseurs… On fait partir en même temps les deux ascenseurs… et il s'agit de se jeter à plat ventre le dernier à l'arrivée au plafond. Autrement dit, on risque, ni plus ni moins, la mort ! Nous y avons renoncé parce que cela rappelait trop la scène des voitures dans *La Fureur de vivre*, de James Dean. Et nous l'avons remplacée par l'histoire d'un petit chat en perdition sur un toit. Deux garçons risquent leur vie pour aller le chercher. Et l'un d'eux dit, à la fin : "*J'ai horreur des chats.*" […] *L'Express*. – Qu'avez-vous voulu dire, à travers votre film ? Qu'est-ce qui vous a séduit dans un tel sujet ? Marcel Carné. – Il faut que je sois tenté par des personnages, une atmosphère, une histoire, pour entreprendre un film qui m'intéresse. J'avoue que l'histoire vient souvent en dernier lieu. Dans un film, le détail compte plus que l'armature dramatique. C'est mon point de vue. Là, j'ai été séduit par l'atmosphère, le milieu, les personnages. Et puis, j'ai eu l'idée de ce thème : un couple que rien ne séparerait, ni les raisons sociales, ni des raisons de famille, rien !… et qui se créerait ses propres tabous, autrement dit qui ferait son propre malheur, comme dans le film. Il y a eu, évidemment, plusieurs versions. Nous en avons abandonné une première, dans laquelle Bob, le garçon, se suicidait. Dans la seconde, il faisait un mariage de raison et épousait Clo parce qu'il voulait, avec elle, parler de Mic. Tout cela était un peu trop romantique. *L'Express*. – Tout le monde relèvera une phrase de votre film, celle que prononce Roland [Lesaffre] : "Nous sommes dans un univers qui se débine… ces jeunes ont cinquante ans de pagaille derrière eux… sans doute autant devant." Elle semble donner la clé de ce que vous avez voulu dire. Est-ce exact ? Marcel Carné. – Pour juger équitablement de l'esprit de ce film… il faut considérer que le scénario a été écrit bien avant le 13 mai… [date de l'arrivée du général de Gaulle au pouvoir] Je ne veux pas dire que tout a changé – ne me faites surtout pas dire ce que je ne me propose pas de dire ! – mais le pessimisme général était plus grand alors. Je ne veux pas faire de politique, on a déjà trop tendance à cela ; mais il faut bien voir qu'à tort ou à raison, une majorité (je ne dis pas l'unanimité) croit en un avenir meilleur dans l'immédiat. En fait, seul l'avenir le dira. [...] »[1]

La Commission de censure n'a pas souhaité interdire le film aux plus jeunes, les professionnels ayant eu finalement gain de cause face aux représentants des ministères. Mais à Nice, le film est finalement interdit aux moins de dix-huit ans par décision du maire, Jean Médecin, sans que celui-ci ait d'ailleurs visionné le film, preuve supplémentaire de l'ambiance délétère accompagnant sa sortie.

En province, la sortie s'échelonne entre fin octobre et fin novembre. C'est un triomphe : 46 424 entrées en une semaine et plus de 443 000 après treize semaines. La même année, *Les Amants* de Louis Malle en totaliseront par exemple 200 000 après six semaines. Au bout du compte, près de cinq millions de spectateurs se rendront dans les salles obscures pour venir applaudir les jeunes acteurs : « *Les Tricheurs* [fut] l'un des films les plus importants d'après-guerre, ne serait-ce que par son retentissement et ses recettes. »[2]

Pour fêter cette réussite collective, une boum est organisée chez Lesaffre[3], fête que *Paris-Journal* relate le 22 octobre suivant en précisant que seuls Laurent Terzieff et Andréa Parisy étaient absents (cette dernière tourne alors à Papeete *Les Ambitieux*). Trois jours plus tard, Marcel Carné est invité avec Raoul Ploquin à la réception donnée dans les salons d'Unifrance Film par Masashi Shimizu, le président de la société japonaise Toho. Le Japon n'oublie pas le créateur des *Enfants du paradis*. Puis Carné reçoit des mains d'André Maurois, à la Maison de la Chimie, le Grand Prix du Cinéma français. Créé en 1934, sous l'égide de Louis Lumière, cette distinction doit « récompenser dans son ensemble un film français en tenant compte de sa valeur littéraire et artistique, de ses qualités techniques et de son caractère général, ce film étant destiné par sa diffusion à être un interprète de la pensée française et une expression de l'art français ». Le film est distingué par neuf voix sur seize. Le Prix avait été autrefois attribué à *La Kermesse héroïque* de Jacques Feyder, *Jour de fête*

1. *L'Express*, 16 octobre 1958, numéro spécial, n° 388.
2. Robert Chazal, *Marcel Carné*..., p. 70.
3. Roland Lesaffre, *Mataf*..., p. 282.

de Jacques Tati, *Le Journal d'un curé de campagne* de Robert Bresson, *Les Belles de nuit* de René Clair et *Le Blé en herbe* de Claude Autant-Lara. C'est Roland Lesaffre qui a annoncé à Carné la bonne nouvelle. On retrouve à cette soirée, autour du réalisateur et du ministre de la Culture Jacques Soustelle, de nombreux acteurs et actrices, au premier rang desquels Michèle Morgan, Gérard Philipe, Fernandel, Anouk Aimée, mais aussi Jeanne Moreau, Arletty, Yoko Tani, Jean Marais, Pascale Petit et Roland Lesaffre. On remarque aussi la présence du réalisateur René Clair ainsi que du directeur général du Centre National de la Cinématographie, Jacques Flaud, que Carné retrouvera peu de temps après lors d'une émission de télévision intitulée « Liberté de l'Esprit ».

Cette émission évoque la censure cinématographique et *Ciné-Revue* en publie les meilleurs extraits. On découvre un Carné à la croisée des chemins, annonçant même la mort du réalisme poétique : « Les jeunes ont deux phobies : la solitude et le silence. On a adressé certains reproches à mon film. On a notamment affirmé que j'exagérais en dépeignant ainsi une certaine jeunesse. Pourtant, je suis plutôt resté en dessous de la vérité. Il s'agit d'une certaine jeunesse, d'une fraction infime de la jeunesse. Ce n'est même pas tout Saint-Germain-des-Prés ; c'est une fraction de Saint-Germain-des-Prés. Mais, ce que je peux dire, c'est que cette jeunesse existe très certainement ; j'ai mis deux ans à faire ce film ; par conséquent, je n'y ai pas raconté n'importe quoi ; j'ai pris mes renseignements à la source et les principaux personnages des *Tricheurs* existent ; je les connais ; je pourrais les montrer. Ces personnages sont même plus pittoresques que je ne les ai montrés. Et ce qu'ils font va beaucoup plus loin que je ne l'ai dit. [...] J'ai assisté à des "surboums" en témoin et [...] j'y ai vu des choses plus "fortes" que celles que j'ai décrites. J'avais d'abord pensé faire un film sur ces jeunes de Saint-Germain que je connais bien. Puis j'ai pensé à deux personnages, disons : Roméo et Juliette à Saint-Germain-des-Prés. Ces jeunes gens n'avaient aucune contrainte et faisaient eux-mêmes leur vie ; leurs familles ne les empêchaient pas de se marier ; rien ne pouvait leur interdire de faire leur bonheur ensemble, sinon cette forfanterie, cette espèce de jeu tragique qui les amenait à se heurter pour leur propre malheur. Des *Tricheurs*, sont nées au moins trois jeunes vedettes pratiquement inconnues auparavant. Cela m'a d'ailleurs créé certaines difficultés au départ. Mon sujet a été refusé plusieurs fois, soit parce qu'on le trouvait trop scabreux, soit parce que je n'avais pas de grandes vedettes pour un film, somme toute ambitieux : ni Jean Gabin, ni Brigitte Bardot, ni Michèle Morgan. [...] Je préfère travailler ainsi plutôt que de diriger une vedette célèbre, laquelle n'apporte pas beaucoup d'imprévu. Je trouve également que, pour le public, il existe plus de crédibilité s'il voit, à l'écran, des acteurs et des actrices qu'il n'a pas vus auparavant dans de nombreux rôles différents. Comment croire à un missionnaire incarné par un acteur que l'on a vu dans un rôle de gangster ? [...] On m'a parfois demandé pourquoi je n'avais pas réalisé *Les Tricheurs* en couleur. Je me suis moi-même posé la question de la couleur avant de commencer le film. J'avais une idée à ce propos : une chose m'avait beaucoup frappé : toutes ces filles et tous ces garçons avaient dans leurs vêtements le rouge et le noir qui dominaient. [...] Je me suis tout de même dit en fin de compte que la couleur était un petit luxe qui ne s'imposait pas, parce que dans le drame elle est assez difficile à manier. Il faut vraiment avoir une idée où la couleur ajouterait au drame. Comme ce n'était pas le cas, j'y ai renoncé. [...] Pour moi, un film est moyen d'expression du détail. Vous pouvez prendre demain un sujet et en tirer vingt scénarios différents. On peut trouver un thème de film dans un journal, dans un fait-divers, partout [...]. Ce qui m'a été le plus désagréable à propos des *Tricheurs*, c'est qu'on m'ait parfois dit qu'il s'agissait d'un film à thèse. J'ai horreur du film à thèse. Je raconte une histoire ; au spectateur d'en tirer la morale qu'il veut. [...] Je ne vois pas actuellement quelle révolution cinématographique pourrait se comparer à celle du parlant. On a beaucoup parlé du relief. Mais le relief visuel n'apporte pas grand-chose. Le relief sonore – la stéréophonie – non plus. Ce sont des perfectionnements, mais non des révolutions. Vraiment, je ne vois pas de possibilité de "révolution" à l'horizon. Nous avons le grand écran, le Cinémascope ; cela apporte une plus-value à un moyen d'expression. C'est tout. Il ne peut plus y avoir de révolution comparable à celle du parlant, parce que le cinéma muet était, en quelque sorte, une situation d'attente : il était inévitable, quel que fût le merveilleux du langage des images, que le cinéma en arrivât un jour à la parole. [...] Je reconnais volontiers que, dans certains films, dans certains de mes films, la musique a beaucoup d'importance : dans *Les Visiteurs du soir* et dans *Les Tricheurs*... J'ai cherché pendant de très longs mois la musique pour *Les Tricheurs*. Je n'ai d'ailleurs pas obtenu ce que je voulais, parce qu'il y avait une question de droits américains très compliquée, mais j'en ai tout de même obtenu une partie. La musique joue un rôle capital dans mon film, parce que toute cette jeunesse vit par cette musique de jazz. Ces jeunes ont deux phobies : la solitude et le silence. On se réunit au bistrot ; si on est chez soi, on ne peut y être seul. À aucun moment, on ne peut vivre dans le silence : il faut faire marcher un disque. Ici, je devais utiliser la musique de jazz comme on en trouve dans les juke-boxes, mais, dans mon prochain film, je voudrais passer à la musique concrète [...]. Évidemment, le public n'est pas du tout habitué à cela et je ne sais comment il réagira. J'ai fait plusieurs films poétiques ; si je n'en fais plus, ce n'est pas parce que j'abandonne le genre, mais plutôt parce que le genre m'abandonne. Les producteurs français, à tort ou à raison, considèrent que je suis plus à l'aise dans un film réaliste que dans un film poétique. Je suis un peu comme une mère de famille qui a un enfant bien portant et un enfant chétif : bien souvent son amour va vers l'enfant chétif. Alors j'ai un faible pour le film poétique. Si cela ne dépendait que de moi, je tenterais une autre expérience dans cette direction : malheureusement *Juliette* n'a pas eu beaucoup de succès. Le film a été présenté à Cannes ; il y a eu un gros différend entre le producteur et le distributeur ; *Juliette* est sous séquestre depuis cinq ans ; les gens ne voient pas les raisons pour lesquelles le film ne sort pas ; ils constatent tout simplement qu'il ne sort pas. Je dois, en outre, reconnaître que le public français, avec son esprit cartésien, n'aime pas beaucoup ce genre de films, et les producteurs les craignent comme la peste. Voyez Cocteau : malgré les réussites que furent *L'Éternel Retour* et *Orphée*, il ne lui est plus possible de faire de films poétiques. [...] »[1]

Roland Lesaffre, dans une interview accordée à *Paris Journal* le 2 janvier 1959, annonce alors que *Les Fauves*, reprise d'un projet intitulé *Les Prisonniers*, sont en préparation avec, à ses côtés, Anthony Quinn et Peter Ustinov et explique qu'il sera obligé de se faire raser entièrement le crâne. Parallèlement, cherchant à attirer l'attention des professionnels du cinéma sur le réalisateur plutôt que sur le succès commercial du film, Philippe Bouvard révèle dans sa chronique à *France-Soir* que Carné « dort sous les ponts », ce qui permet de sensibiliser les institutions sur la situation personnelle du cinéaste.

Terrain vague

La vie n'a pas été tendre avec Marcel Carné. Bien qu'avec Roland Lesaffre il se rende en mars 1959 à l'Assemblée générale annuelle de l'Association professionnelle de la presse cinématographique belge, rien ne semble épargner le réalisateur. La réception à la Maison de la presse

1. *Ciné Revue*, 27 mars 1959, n° 13, pp. 22-23.

de Bruxelles, à l'invitation du président Joe van Cottom, ne fait pas oublier un quotidien qui se dégrade. Pendant ce temps pourtant, *Les Tricheurs* sortent en Grande-Bretagne, en Espagne, en Italie, en Argentine, puis au Brésil et, au début de l'année suivante, au Mexique. Le film est même présenté en Grèce dès ce mois de mars 1959 par Marcel Carné et Pascale Petit puis à Munich, en juin, avec Roland Lesaffre et Andréa Parisy. Le succès est prodigieux. Mais Carné souhaite reprendre le chemin des studios. À la fin de l'année, Roland Lesaffre lui présente deux producteurs pour *Les Prisonniers*, mais une nouvelle fois aucune suite n'est donnée.

Sans doute encore sensibilisé par le sort de la jeunesse, le cinéaste se passionne pour le roman de Hal Ellson Duke, *Tomboy ou les enfants tueurs*. Cette fois, Louis Dolivet se propose comme producteur. Le réalisateur comprend bien que l'accueil réservé aux *Tricheurs* ne va pas le servir car « l'auteur d'un récent succès vit un moment où il est sûr de lui, de sa vision des choses et des gens. Il est persuadé de sa valeur et, comme tel, entend imposer ses vues. Inutile de dire qu'un tel état d'esprit mène assez souvent à la catastrophe. »[1]

Ce nouveau film porte alors sur le « mal-être » de la jeunesse des « grands ensembles » et rappelle que quinze ans après la fin de la guerre, la reconstruction du pays pose des problèmes sociaux importantes : « En bordure des HLM parisiens s'étend un immense terrain vague qui [...] sert de refuge à des gens qui, aux heures de loisirs, s'échappent ou sont souvent éjectés de leurs logements surpeuplés. Ils se groupent par petites bandes plutôt inoffensives, partagent leurs premiers secrets, constituent leurs "trésors" et se soumettent à des rites sévères. Le caractère sacré de leurs révoltes est souligné par l'initiation par le saut aux yeux bandés et l'épreuve du sang. Une histoire d'amour impossible naît entre deux membres d'un même clan, Dan, une belle jeune fille garçonne, et Lucky, un garçon doux mais bagarreur. »[2]

Au cours du tournage, des problèmes sont apparus avec les bandes de voyous : l'un des jeunes figurants a enduit de vaseline le visage de la comédienne principale, les bagarres se sont multipliées et l'un des acteurs a même été retrouvé à la prison de Fresnes après trois jours de recherche.

1. Marcel Carné, *La vie à belles dents...*, p. 260.
2. www.wikipedia.org

Toute l'incompréhension entre les jeunes et la société est symbolisée par Dan, à qui Babar demande : « T'es marrante, t'aime personne. T'as toujours l'air d'être en bagarre avec le monde entier. T'aime pas les filles, et t'as pas l'air non plus d'aimer les garçons. Il y a des moments je me demande pourquoi tu me supportes... ». La réponse est simple et paraît presque anodine : « Parce que tu es le seul à n'avoir jamais rien essayé avec moi. »

Finalement, un temps prévu pour concourir à la Mostra, le film ne sera pas monté pour concourir à Venise. Pour la première du film, le 8 novembre 1960, Carné demande à Édith Piaf de bien vouloir se produire sur la scène du Berlitz mais l'artiste décline l'invitation pour des raisons personnelles. Beaucoup ignorent en réalité qu'elle a été obligée de se séparer de tous ses meubles pour payer ses innombrables dettes. Finalement, une danseuse espagnole, la Chunga, la remplacera mais sa présence sera quelque peu incongrue...

Étonnant : Truffaut, qui a vu le film « au milieu d'un public très dense et très ému et avait réagi exactement comme lui »[1], félicite Carné en lui envoyant une carte de Carcassonne, puis une lettre émouvante. Mais *Terrain vague* est un grand échec commercial. Et la critique éreinte non pas tant le film, sorte de *Fureur de vivre* trop français, que le changement opéré par le réalisateur. Georges Sadoul pour *Les Lettres françaises* relève tout de même que l'œuvre « retient par sa profonde et sincère probité [malgré] la faute d'un scénario insuffisant »[2], Claude Mauriac regrettant que Carné n'ait pas « encore donné son chef-d'œuvre »[3] Jean de Baroncelli, pour clore le débat, écrit : « C'est un film raté, voilà tout »[4].

Pourtant, pendant les fêtes de Noël 1960, sans doute porté par le récent succès des *Tricheurs*, l'éternel chef-d'œuvre du duo Prévert-Carné, *Les Enfants du Paradis*, est diffusé pour la première fois à la télévision. Cela incite Pathé à ressortir enfin le film dans les salles parisiennes, comme le prouve la lettre adressée par le directeur commercial J.-M. Spengler au metteur en scène : « [...] J'ai le plaisir de vous informer qu'à la suite du passage de votre film *Les Enfants du Paradis* le 30 décembre sur les antennes de la télévision française, nous avons

1. Marcel Carné, *La vie à belles dents...*, p. 266.
2. Georges Sadoul, *Les Lettres françaises*, 15 novembre 1960.
3. Claude Mauriac, *Le Figaro littéraire*, 12 novembre 1960.
4. Jean de Baroncelli, *Le Monde*, 14 novembre 1960.

eu l'idée de tenter une expérience, en le ressortant dans une salle des Champs-Élysées. Nous avons constaté, en effet, que ce classique du cinéma semblait avoir toujours une audience favorable : d'ailleurs, vous avez sans doute eu connaissance des articles du *Figaro*. Aussi, allons-nous passer, à partir du 18 Crt., au Cinéma Marbeuf. Le film est loué pour une semaine s'entend, mais si l'expérience est, comme je l'espère, concluante, il peut très bien rester plusieurs semaines à l'affiche. Je tenais à vous prévenir, afin que ce ne soit pas la presse parisienne qui vous apprenne cette nouvelle sortie des… *Enfants du Paradis* […]. »[1]

Du Mouron pour les petits oiseaux

Aux producteurs Robert et Raymond Hakim, qui étaient venus le retrouver sur le tournage de *Terrain vague*, Carné propose désormais d'adapter *Les Dimanches de Ville-d'Avray*. Mais cela ne se fait pas et « le film, très transposé, devait être réalisé, plus tard, par Serge Bourguignon »[2]. L'histoire d'un amnésique, adaptation avec Henri-François Rey d'un roman brésilien, est aussi vite abandonné qu'il a été envisagé. C'est ensuite le tour d'un *Germinal* avec Charles Spaak à Budapest. Mais alors que Carné tente de retrouver les mines décrites par Zola dans la Hongrie des années soixante, des problèmes administratifs ne tardent pas à mettre fin aux dernières illusions. Le projet avorte et attendra Yves Allégret pour voir le jour. Carné connaît alors « une longue période d'inactivité »[3].

Mais de leur côté les frères Hakim veulent absolument produire, après celle de Cukor avec Greta Garbo, une version plus moderne de *La Dame aux camélias*. Ce projet est envisagé avec Jacques Charrier en Armand Duval et, suggestion du réalisateur, avec Claudia Cardinale dans le rôle-titre. Pour cette adaptation, que l'on renomme *Le Temps d'un amour*, Carné se souviendra : « Ayant décidé que l'action du film se passerait dans le milieu cinématographique, nous imaginâmes que l'héroïne serait une starlette qu'un film ferait brusquement connaître, non sans qu'elle ait employé auparavant pour parvenir à ses fins tous les procédés possibles, d'une morale discutable [et] notre héroïne serait

1. Archives Carné, 9 CAR/31.
2. Robert Chazal, *Marcel Carné*…, p. 74.
3. Marcel Carné, *La vie à belles dents*…, p. 267.

atteinte de leucémie »[1]. Mais Jeanne Moreau est imposée par les deux frères qui, pour convaincre Carné, achètent une pleine page dans la revue *Le Film français* [2].

Une nouvelle fois, le cinéaste abandonne, malgré une dernière tentative. Il se tourne alors vers le Vautrin imaginé par Balzac. L'idée intéresse un temps le producteur Jules Borkon, mais celui-ci propose finalement au réalisateur de porter à l'écran une adaptation d'un roman d'Albert Simonin. Entre-temps, Carné a conseillé à Borkon d'engager Ursula Andress pour jouer dans un de ses films mais celui-ci l'a laissée partir pour Hollywood… où elle incarnera la partenaire de Sean Connery dans *James Bond contre Dr. No* !

Pour *Du Mouron pour les petits oiseaux* qu'il débute alors, Carné souhaite une nouvelle fois retrouver Arletty mais l'accident dont est victime son éternelle Garance bouleverse les projets des producteurs. Suzanne Gabriello remplace la comédienne dans la peau de Madame Communal mais avec un rôle finalement réduit.

Le scénario est une vaste farce sociale où tous les genres semblent réunis. « Dans son quartier, M. Armand passe pour être un homme des plus respectables. Son flegme en impose et aussi le fait qu'il est propriétaire d'un immeuble de rapport. Toutefois son honorabilité n'est que de façade. M. Armand est un ancien truand qui s'est assagi, mais qui surveille du coin de l'œil les agissements de ses locataires surtout lorsqu'il s'agit d'argent. Ainsi Mlle Lucie, entraîneuse dans une boîte de nuit, est toute disposée à se vendre à son voisin du dessous, boucher de son état. Lucie, pleine de sentiment, souhaite offrir une belle voiture à l'Italien, son amant. Lucie n'a pas de chance, le boucher a vu son portefeuille subtilisé par sa propre épouse qui achète ainsi les faveurs du commis, Jojo. Tout ce joli monde sait d'autre part que dans leur immeuble persiste à vivre une centenaire qui bat la campagne, mais dont le magot est, paraît-il, fort coquet. La mort subite de la vieille dame semble étrange à la police qui vient enquêter. Ce remue-ménage inquiète fort M. Armand prisonnier d'un passé peu reluisant. Il combine alors un coup audacieux : il achète la voiture que souhaite Lucie et convainc la fille de partir avec lui sur la Côte d'Azur. Celle-ci, fine mouche, se débarrasse du gangster à la première

1. *Ibid.*, p. 269.
2. *Le Film français*, n° 868, 20 janvier 1961.

station-service et file dans l'auto avec le bas de laine de la centenaire. Malheureusement pour elle, le subtil Armand avait transféré le trésor d'une boîte de bonbons à une vieille mallette, que Lucie jette avec désinvolture au fond d'une rivière. » [1]

Le dialogue est des plus savoureux. Lucie, jouée par Dany Saval, supplie le boucher (Jean Richard) qu'elle a retrouvé dans une chambre d'hôtel : « Loulou, dis-moi que je suis pas pour toi un caprice, qu'une fantaisie de riche commerçant. » Le même boucher confie à son tour à l'apprenti qui plaît à sa propre femme : « Un bon conseil, te marie pas. Ah le mariage pour un homme, c'est l'enfer. On arriverait des fois à regretter même la guerre, c'est dire. »

Albert Simonin, qui assiste à l'une des projections, décide alors d'intenter un procès à Carné. « Ça avait mal démarré à cause des déclarations hostiles de Simonin, à la télévision. Mais le mauvais effet n'avait été que passager… »[2] se rappelle le cinéaste. Mais ce dernier décide tout de même de lui répondre dans l'émission de Michel Droit et, pour finir… la plainte est retirée.

Du Mouron pour les petits oiseaux, après *Terrain vague*, est de nouveau mal reçu par la presse spécialisée. Comme l'avoue Carné, « j'aurais dû me rappeler que les critiques estiment une fois pour toutes que je ne peux pas faire de films comiques. Ça m'aurait évité la volée de bois vert que l'on m'a administrée, avec toutefois cette consolation que le public a aimé ça »[3].

Pour Chazal, « on pense à tous ces "remplacements" parce que ce film lui-même donne l'impression d'une quête vers le passé. C'est peut-être à travers cela qu'on peut l'aimer. C'est peut-être à cause de cela qu'il a irrité tant de critiques. De toute façon, ce n'est pas sur le *Mouron* que Carné sera jugé. Quand on a fait *Drôle de Drame*, repris avec le succès que l'on sait, on a bien le droit de s'amuser à faire *Du Mouron pour les petits oiseaux* »[4]. Il reste, pour Michel Pérez, « une galerie de portraits d'une cocasserie inégale qui aura au moins le mérite de gommer suffisamment la vulgarité affirmée du roman d'Albert Simonin. Paul Meurisse en gangster retiré des affaires, Jean Richard en boucher affligé d'une épouse aussi dévastatrice que Suzy Delair, Dany Saval en femme légère en conduite et en cervelle, Roland Lesaffre en benêt "siphonné" voisin d'une Jeanne Fusier-Gir qui ne

1. www.cinema-francais.fr
2. Robert Chazal, *Marcel Carné…*, p. 75.
3. *Ibid.*, p. 75.
4. *Ibid.*, p. 75.

lui cède en rien en extravagance, Jean Parédès en aristocrate amateur de télégraphistes, autant de braves gens qui viennent peut-être un peu tard attiser les dernières braises d'une flambée de bonne humeur populiste. [...] Le Carné du *Mouron* [s'offre ainsi] le luxe de renouer avec le petit peuple de la rue parisienne [...] qu'il déguise comme s'il s'agissait de retrouver les fastes du Mardi Gras »[1]. On peut aussi déplorer cette phrase de Marcel Martin dans *Cinéma 63*, qui malgré « une série de portraits assez bien venus » regrette la conjonction entre « comique laborieux, situation rebattues, dialogues insupportablement plats »[2].

Trois Chambres à Manhattan

Après un bref retour à sa nouvelle *Dame aux camélias*, le réalisateur constate avec amertume que Zanuck, qui a toujours les droits, souhaite imposer cette fois pour le rôle principal Irina Demick. Il envisage alors une vie de *Diaghilev* avec Orson Welles dans le rôle-titre et Noureev dans celui de Nijinski. Ne se considère-t-il pas justement comme un véritable « balletomane »[3], à l'image des *Portes de la nuit*, créées par Roland Petit? C'est pourtant la mort dans l'âme qu'il lui faut mettre un terme à ses rêves esthétiques, les producteurs russes considérant alors que « des Noureev, le Bolchoï en comptait une dizaine »[4].

D'autres projets remontent à la surface: en plus du retour des *Dimanches de Ville-d'Avray*, il envisage *Chéri-Bibi* avec Lino Ventura, *La Cérémonie*, *La Permission* sur la guerre d'Algérie et surtout *La route de Salina*, « histoire très violente où [il retrouverait] un peu de l'atmosphère de ce *Facteur sonne toujours deux fois* qu'il ne peut s'empêcher de garder en mémoire. Hélas une histoire très compliquée de droits bloqués fait échouer le projet. »[5]

Une rencontre met enfin un terme à cette nouvelle série d'échecs. Sur les Champs-Élysées, il fait la rencontre du producteur Lumbroso et lui demande d'adapter le célèbre *Trois Chambres à Manhattan* de Simenon qui a déjà été envisagé par Marc Allégret, Jean Delannoy ou Jean Renoir. Pourtant, la profession sait que Raoul Lévy en a acquis les droits et

1. Michel Pérez, *Les films de Carné...*, p. 147.
2. Marcel Martin, *Cinéma 63*, avril 1963.
3. Marcel Carné, *La vie à belles dents...*, p. 278.
4. *Ibid.*, p. 278.
5. Robert Chazal, *Marcel Carné...*, p. 76.

que Jean-Pierre Melville envisage d'en diriger l'adaptation avec Monica Vitti. Ce problème de droits d'adaptation n'est finalement pas un obstacle. Le rachat est assez rapide, Melville préférant alors tourner *Le Deuxième Souffle*.

Après avoir relu le roman de Simenon, Carné imagine trouver sa « Kay » en Simone Signoret puis Jeanne Moreau, avant que le rôle ne soit confié à Annie Girardot. Quant au rôle masculin, il serait tenu par Claude Giraud, déjà aperçu dans *Les Tricheurs*, Maurice Ronet, dans un premier temps contacté, n'étant pas libre à ce moment-là.

Carné visite alors New York en compagnie de Sigurd et Lumbroso, puis fait ses repérages dans une ville qu'il découvre véritablement. Il revient émerveillé de son voyage : il a notamment assisté à une représentation de la comédie musicale *Hello Dolly* qui lui a rappelé ses premières découvertes parisiennes. L'annonce du film est faite pour la première fois dans la revue *La Cinématographie française* du 24 juillet 1963.

Quelque temps plus tard, il se rend une nouvelle fois à New York pour les extérieurs mais finalement pour des raisons financières se verra contraint d'insérer des images d'un documentaire sur la ville américaine ainsi que sur Mexico. Au même moment, *Les Cahiers du Cinéma* le contactent par l'intermédiaire de François Truffaut, comme en atteste la lettre en date du 10 novembre 1964 : « [...] Je suis chargé par les Cahiers du Cinéma de vous "relancer" à propos d'une enquête qui sera publiée dans le Numéro spécial de Noël sur le Cinéma Français. Nous tenons beaucoup à avoir votre réponse à ce questionnaire, même laconique. Je sais que vous êtes en pleine préparation de film et j'espère que vous pourrez quand même consacrer un petit moment à cela. Je vous présente tous mes vœux pour votre nouveau film, j'espère que nous ferons enfin connaissance, un jour, et je vous prie de me croire fidèlement vôtre. [...] »[1]

Une nouvelle publicité passe dans *Le Film français* du 4 septembre 1964 annonçant le premier jour de tournage pour le 15 octobre suivant. Mais le producteur tient davantage à engager Maurice Ronet et fait quelque peu traîner l'avancement des travaux.

Le tournage débute finalement le samedi 6 mars 1965 et se termine le samedi 17 avril. Sept semaines à Boulogne seront nécessaires en plus des dix jours passés à New York car « contrairement aux usages les mieux établis, on avait commencé à tourner en studio, réservant les extérieurs

1. Archives Carné, 9 CAR/3.

pour plus tard, après la centième de *Après la chute*, Annie Girardot ayant, à ce moment-là, la possibilité de se faire remplacer pendant une dizaine de jours (au lieu des trois semaines prévues) »[1]. Puis, miracle : « Parmi tous ces éléments défavorables, il y eut cependant une nouvelle circonstance heureuse. Les représentations de *Après la chute* s'interrompirent plus tôt que prévu et Annie Girardot eut l'esprit plus libre pour tourner le film dont les prises de vues à Paris se terminèrent le 24 avril, les extérieurs à New York commençant le 5 mai alors que Carné était sur place dès le 26 avril »[2].

Cette histoire de deux solitudes offre un superbe rôle de femme blessée à Annie Girardot et d'homme sensible à Maurice Ronet. « Deux Français paumés vivant à New York font connaissance dans les vapeurs de l'alcool, s'aiment sans véritable désir l'un de l'autre, comme ça, presque pour passer le temps qui s'écoule interminablement. Lui s'appelle François. Alors qu'il était devenu un acteur connu, il quitta tout à coup la France sur un coup de tête sentimental, mais les lumières d'Hollywood ne furent pour lui que des mirages et il recherche maintenant à New York de quoi vivre grâce à la télévision. Elle, c'est Kay. Elle avait cru trouver le bonheur avec Larsi, un authentique comte italien, la lassitude, l'ennui ont eu raison d'elle. Elle a fui son mari et son enfant. Elle vit péniblement elle aussi, partageant l'appartement d'une amie qui vient d'ailleurs de partir sans laisser d'adresse. C'est alors qu'elle rencontre François et que tous deux essaient de mettre en commun leurs détresses et de s'épauler mutuellement. Essai sans amour pour lutter contre l'asphyxie. Sans amour, mais non sans jalousie. Un homme, Pierre, surgit. A-t-il été l'amant de Kay ? Soupçonneux, François écoute le producteur de T.V. qui l'adjure de se méfier de Kay et qui l'aiguille vers une fort séduisante actrice. Ce n'est qu'à la suite d'une courte séparation qu'ils finissent par comprendre la force de leur amour, sans même que celui-ci leur donne le ressort qui leur manquait. »[3]

Les longs face-à-face des comédiens fournissent des dialogues d'une poésie mélancolique. Kay se promène avec François dans New York et lui confie : « Il y a une chose que j'adore à New York, la nuit : ces fumées. C'est comme dans *Les Mille et une nuits*. Il y a toujours une fumée comme celle-là qui monte et qui se transforme en génie. En bon génie, bien entendu. On lui demande ce qu'on veut, il vous donne et tout change. »

1. Robert Chazal, *Marcel Carné...*, p. 78.
2. *Ibid.*, p. 79.
3. www.cinema-francais.fr

Contre l'avis de Carné, *Trois Chambres à Manhattan* est choisi « avec *Pierrot Le Fou* de Godard, pour représenter la France au festival de Venise de 1965, c'est-à-dire [pour] la compétition la plus chaotique de toute l'histoire du cinéma. Accueilli de façon houleuse lors de sa présentation, le matin, aux journalistes, *Trois Chambres à Manhattan* obtint le soir, au gala du Palazzo et aussi à la représentation populaire de l'Arena, un succès certain »[1]. Roland Lesaffre et Annie Girardot assistent à la projection aux côtés du cinéaste. Et nouvelle consécration, la jeune actrice reçoit la coupe Volpi pour sa magnifique interprétation.

C'est dans le numéro spécial « Cannes » de *La Cinématographie française* que Lumbroso annonce l'arrivée du film sur les écrans[2]. Le scénario possède des qualités que les critiques remarqueront, et ce « malgré la banalité du dialogue »[3] et « une vaine philosophie de boulevard »[4] qui lui sont souvent accolées, au grand dam de Carné lui-même. Philippe Defrance regrettera surtout « une sorte d'impuissance de la caméra à rendre compte des sentiments, des palpitations cachées de la vie »[5].

En cette même année sort aux éditions Pierre Seghers la belle biographie de Robert Chazal, critique pour *France-Soir*. Pierre Lherminier, alors directeur de la collection, précise dans sa préface que « consacrer un livre à Marcel Carné en 1965 peut surprendre [car] s'il est un réalisateur qui ne soit pas "à la mode", c'est bien lui, dont depuis quinze ans la critique avancée et ce qu'il est convenu d'appeler les "cinéphiles" accueillent chaque nouveau film avec les plus grandes réserves, et dont le festival de Venise vient d'accabler la dernière œuvre avec un jugement d'une stupéfiante sévérité. [...] À suivre cette pente, on se trompe sur le cinéma d'hier, et si on lui préfère le cinéma d'aujourd'hui, c'est aimer celui-ci de travers que de méconnaître ce dont il est issu. »[6]

Les Jeunes Loups

Carné n'en a cure et poursuit son chemin. Il rêve de mettre en scène un *Garçon de la place d'Espagne* avec un producteur italien, mais le projet tombe une nouvelle fois aux oubliettes, malgré trois mois de travail sur le

1. Robert Chazal, *Marcel Carné...*, p. 80.
2. *La Cinématographie française*, n° 2113, 8 mai 1965,.
3. Marcel Carné, *La vie à belles dents...*, p. 288.
4. Michel Pérez, *Les films de Carné...*, p. 151.
5. Philippe Defrance, *Cinéma 66*, janvier 1966.
6. Robert Chazal, *Marcel Carné...*, p. 79.

scénario et un voyage à Rome avec le producteur Calamara qui a financé le *2+5 Missione Hydra* dans lequel joue Roland Lesaffre. De retour en France, ce dernier accueille son ami Marcel et lui propose de tourner avec le producteur Joël Lipchutz, pourtant connu pour être spécialiste de films… érotiques.

C'est alors que réapparaît le personnage de Vautrin, mais dans un Rastignac contemporain. Ce seront *Les Jeunes Loups*. Cette histoire, sur fond de libération sexuelle, surprend dans la filmographie de Carné. Michel Pérez résume le film d'une formule assez juste : « Le sujet des *Jeunes Loups* fait songer à une sorte de travelling qui prendrait pour cible l'un des personnages rapidement aperçus dans la faune des *Tricheurs* : Peter, le garçon qui s'offre aux femmes mûres afin d'exercer sur elles un fructueux chantage une fois la "faute" accomplie »[1].

Tout cela constitue une histoire des plus étranges. « Alain a vingt ans. De condition modeste, il a misé sur le charme que lui confère sa beauté pour se pousser dans l'existence. Il vit pour l'instant aux crochets de la princesse Linzani, fastueuse dame qui l'entretient dans une cage dorée. Un séjour sur la Côte d'Azur provoque la rencontre d'Alain et de Sylvie. Cette jeune personne qui affecte volontiers des airs émancipés n'a cependant aucun amant ; Alain va être le premier, mais, la nuit passée, le garçon se hâte de rentrer chez la princesse. Déçue, Sylvie traîne sa tristesse dans Paris. Elle y fait la connaissance d'un aimable beatnik, Chris, qui l'emmène dans une boîte où justement Alain se trouve. Le jeune homme semble heureux de la revoir. Sylvie ne demande qu'à pardonner, mieux, elle lui propose un travail chez un photographe de ses amis. Mais Alain ne peut s'adapter au moindre travail ; de plus, il commet un vol. Mis en demeure de rembourser, il s'emploie en vain à faire chanter la princesse, puis finit par extorquer la somme, en échange de ses bons offices, à Mme Sinclair, dont il devait décorer l'appartement. "Empruntant" une voiture, Alain emmène Sylvie passer un doux week-end à Deauville, après quoi il doit entrer au service d'un riche promoteur d'immeubles. Sylvie comprend très vite que ce monsieur multiplie les aventures homosexuelles : accablée, elle quitte Paris, retourne au Cannet. C'est là qu'elle voit revenir Alain, ramené par Chris. Les promesses pleuvent : travail, probité, pourquoi pas fidélité. Sylvie ne veut croire qu'à l'instant qui passe : la Côte est trop belle ; la vie qui les cerne, trop luxueuse, les tentations trop évidentes pour que cesse de hurler la meute des jeunes loups. »[2]

---

1. Michel Pérez, *Les films de Carné…*, p. 152.
2. www.cinema-francais.fr

Pour réunir les fonds nécessaires à la production, Roland Lesaffre est parvenu à « vendre » le film au Japon pour 35 millions de francs et a fait une demande officielle en haut lieu. Le 19 août 1966, le chef de cabinet d'André Malraux, Marcel Brandin, répond au comédien installé à l'hôtel Talmina de Courchevel : « [...] M. Chevasson a parlé à M. André Malraux des ennuis actuels de M. Marcel Carné. Bien entendu, le ministre est tout prêt à l'aider, mais il vous serait très obligé de lui dire en quoi il peut le faire ? Intervention auprès de la radio (qui, comme vous le savez, ne dépend pas de nous, sans quoi...) ou autre chose ? Voudriez-vous me donner quelque précision à ce sujet, je vous en serais reconnaissant. [...] »[1] Une subvention de 50 millions est accordée.

Le tournage est décidé mais pose de nombreux problèmes, le réalisateur souhaitant tourner sur les lieux mêmes du scénario, ce qu'il n'avait pu faire (on s'en souvient) ni pour *Hôtel du Nord* ni pour *Les Tricheurs*. La sentence est cependant la même, le cabinet du préfet de police de Paris informant le 8 mai 1967 : « [...] Par lettre du 25 avril 1967 vous avez bien voulu solliciter l'autorisation d'utiliser les locaux du café "Popoff" rue de la Huchette, comme lieu de tournage de votre film *Les Jeunes Loups*. J'ai l'honneur de vous faire connaître que pour des motifs d'ordre public, il m'est impossible, et je vous en exprime mes regrets, d'accéder à votre désir. »[2]

Les difficultés s'accumulent. Le sort semble s'acharner. Ayant reçu une avance sur recette, René Pignères, à la fois producteur et distributeur du film, écrit le 11 mai 1967 à la mandataire des scénaristes avant le passage obligé devant la commission de censure : « [...] À l'attention de Madame Josem. Concerne film *Les Jeunes Loups*. Messieurs, nous vous prions de trouver ci-joint, la photocopie de la lettre que nous recevons du président de la Commission de censure et que nous vous adressons en tant que mandataires de Monsieur Marcel Carné et de Monsieur Claude Accursi. Vous comprendrez que nous soyons amenés à faire les plus expresses réserves sur la réalisation de ce film et nous vous informons que nous ne prendrons la décision de poursuivre ce film qu'après avoir reçu des apaisements écrits de ladite Commission de censure, de même que les apaisements de Monsieur Marcel Carné et de Monsieur Claude Accursi sur le contenu de leur découpage [...]. »[3]

1. Archives Carné, 9 CAR/48.
2. *Ibid.*, 9 CAR/43.
3. *Ibid.*, 9 CAR/29.

Pendant ce temps, les comédiens sont choisis. Christian Hay, Haydée Politoff, Yves Beneyton, Roland Lesaffre et… Élisabeth Teissier se répartissent les rôles principaux. L'histoire relate donc les aléas d'un jeune homme sans scrupules sexuels mais le film se voit retirer plusieurs scènes par la censure gouvernementale. Et à cause de graves problèmes de distribution, le film tourne vite au fiasco commercial.

Le distributeur prétextera le rythme trop lent du montage, comme en atteste la lettre du 21 novembre écrite à Carné : « […] Je n'ai pu vous joindre au téléphone et je vous confirme ce que j'ai dit à Madame Josem jeudi dernier. Nous n'avons pas réussi à trouver une exclusivité à Paris pour votre film "dans sa forme actuelle". Faites-moi l'amitié de croire que nous agissons dans l'intérêt commun et que les réflexions que je vous livre n'ont d'autre dessein. Je vous l'ai dit à plusieurs reprises, le montage de ce film est beaucoup trop lent et spécialement en deuxième partie. Il faudrait absolument que le film ait dix minutes de moins. Les scènes avec Monsieur Lesaffre n'apportent absolument rien au film, sinon d'en briser le rythme. La scène de la fin, dans le magasin de l'antiquaire, n'a absolument aucun intérêt et peut se limiter à un seul clin d'œil entre Christian et l'acheteuse. Vous ne voulez pas vous départir d'une rigueur logique dont le public aujourd'hui n'a cure, témoin votre entêtement à réaliser des plans de Christian Haye dans la conversation téléphonique avec l'antiquaire. Ces images ne "servent à rien, absolument à rien". Tant que vous ne voudrez pas trouver un rythme moderne à ce film qui a mille qualités – nous croyons vous l'avoir déjà dit – et qui est susceptible d'être une excellente affaire, nous devons faire toutes réserves sur son exploitation commerciale. Pensez à tout ce qui précède pendant qu'il en est encore temps et n'hésitez pas, je vous en conjure, à donner quelques coups de ciseaux, spécialement dans la deuxième partie du film. Nous sommes associés et nous sommes amis. […] »[1]

Finalement cinq coupures sont exigées par la commission de censure, en particulier la scène où « le couple nageant, nu, dans la piscine de Deauville, les vues sous-marines permett[ent] d'apercevoir leurs deux corps dans une lumière diffuse d'aquarium »[2]. Seule la musique interprétée par Nicole Croisille fait la célébrité du film, le disque sortant aux éditions musicales *La Compagnie* et sous le label *Riviera*. La presse remarque

1. *Ibid.*, 9 CAR/30.
2. Marcel Carné, *La vie à belles dents…*, p. 294.

à peine les qualités du traitement esthétique, bien que Michel Aubriant parle d'un « bon Carné, un excellent Carné, très supérieur aux *Tricheurs* »[1]. André Cornand écrit dans *La saison cinématographique* : « Carné est resté Carné dans son travail et sa conception de la mise en scène. Son erreur a été de croire que le sujet du film lui permettait d'adopter certaines méthodes, certaines conquêtes du jeune cinéma, en particulier celle qui consiste à employer des non-professionnels [...] »[2].

Le cinéaste a surtout compris que les grèves ayant touché ses équipes techniques, et qui ont posé tant de problèmes pour le tournage, annoncent les grèves et manifestations de l'année suivante. Pourtant gagné aux idées de gauche, cela lui rappelle les événements de 1934 auxquels il avait pris part. Il expliquera plus tard dans ses Mémoires : « En mai 1968, de nombreux Français s'indignaient, avec juste raison, de la présence des chars soviétiques à Prague. Mais ces mêmes Français auraient trouvé tout naturel que ceux de Massu campent place de la Sorbonne. Mieux : ils applaudissaient qu'un de Gaulle en désarroi aille les quémander auprès du fameux général. »[3] Finalement, Carné avouera : « Le cœur n'y était plus. »

Les Assassins de l'ordre

Pourtant, le roman de Jean Laborde, *Les Assassins de l'ordre*, lui redonne un mince espoir. L'ancien acteur Michel Ardan, devenu producteur, suit le projet.

Au même moment, la télévision suédoise diffuse *Les Visiteurs du soir*, ce dont se félicite Robert Cravenne alors délégué général d'Unifrance film dans une lettre du 5 septembre : « Mon cher Marcel, voici quelques-uns des articles parus dans la presse suédoise à l'occasion de la projection de votre film *Les Visiteurs du soir*, le 18 juillet 1969, à la télévision suédoise. Notre délégation à Stockholm nous précise que la presse a été unanimement élogieuse et a souligné que ce film était un exemple de “Résistance intellectuelle adroitement camouflée”. [...] »[4] En novembre de la même année, hasard heureux ou programmation concertée, et trente ans après sa réalisation, reparaissent grâce à *Ciné-Revue* sur les écrans le précurseur

1. Michel Aubriant, *Le Journal du dimanche*, 31 mars 1968.
2. André Cornand, *La saison cinématographique*, 1968.
3. Marcel Carné, *La vie à belles dents...*, p. 46.
4. Archives Carné, 9 CAR/22.

Nogent, Eldorado du dimanche et ce qu'aurait dû réaliser Carné mais que reprit Renoir, *La Vie est à nous*.

Pour le projet des *Assassins de l'ordre*, première tentative du metteur en scène « sur des événements strictement contemporains »[1], Michel Simon est un temps pressenti pour tenir l'un des rôles principaux. De La Ciotat, le 17 septembre 1968, il écrit à Carné pour rappeler ses anciens démêlés avec la justice : « [...] Quel film pour vous ! il n'y a que vous qui puissiez le réaliser, et quel rôle pour moi celui que je n'attendais plus depuis longtemps. Je suis hanté par la scène finale où notre société est jugée en quelques mots, elle m'émeut, m'attriste et me donne du courage, le sentiment de n'être plus seul, grâce à ces jeunes auteurs grâce à Cervantès qu'ils font généreusement revivre. Je suis parti il y a onze ans en guerre contre l'Oréal, j'ai rompu pas mal de lances, contre cette forteresse, j'ai été condamné à un franc de dommages et intérêts pour les avoir traités d'assassins, ils m'ont menacé de mort il y a sept ans, c'est pourquoi ce livre courageux et lucide m'a tellement bouleversé. Je vis plus ou moins ce personnage depuis 1957 ! et je m'y sentirai à mon aise. Quelle drôle d'aventure que la vie, se retrouver ainsi trente ans après, autour d'une si énorme tentation. Racontez-moi comment tout cela vous est advenu ça me passionne ! Mon cher Salou me répétait souvent "Ah ! là là le Destin il n'y a rien de tel ! Tout d'un coup je pense à la Censure ! Je touche du bois et j'installe la présente sous les signes d'armoiries protectrices. [...] »[2]

C'est finalement Jacques Brel qui est engagé pour tenir le rôle du juge d'instruction. Paul Andréota se charge des dialogues. Les extérieurs sont faits à Aix-en-Provence et, par autorisation spéciale du garde des Sceaux René Pleven, grand fan du réalisateur, le palais de justice ouvre ses portes pour quelques scènes. Le seul problème concerne les forces de police car les C.R.S. refusent de faire de la figuration : le cinéaste contournera le problème en filmant à leur insu des troupes lors de l'enterrement d'un blouson noir tué par un commerçant de La Courneuve !

Cette histoire des *Assassins de l'ordre* rappelle un fait divers bordelais, qui sera désormais transposé en Provence. « Le juge Level a pour mission d'enquêter sur la mort d'un certain Saugeat, arrêté un matin de décembre par deux inspecteurs de police. Aucun des témoins ne paraît très loquace. Seule une prostituée, Danièle Lebègue, ayant appris la mort

1. Michel Pérez, *Les films de Carné...*, p. 156.
2. Archives Carné, 9 CAR/1.

de Saugeat, se présente d'elle-même au juge. Elle lui apprend que c'est sur les conseils du commissaire Bertrand qu'elle avait été invitée à quitter Paris pour quelque temps. Level est soutenu par la presse et les étudiants. Son enquête se heurte à de nombreux obstacles dressés par ceux qui craignent que la vérité éclate : son fils, François, est arrêté dans une rafle et l'on découvre de la drogue sur lui ; son amie, antiquaire, est accusée de recel ; le protecteur de Danièle est menacé d'en prendre pour cinq ans si celle-ci persiste dans ses déclarations. Level tient bon car il est persuadé que le commissaire Bertrand et les deux inspecteurs sont responsables de la mort de Saugeat : ils l'auraient interrogé un peu trop brusquement pour lui faire avouer un délit mineur. Ce n'est que grâce à la confiance de son fils et de ses camarades étudiants que le juge Level trouve la force de se battre jusqu'au bout. Mais les jurés acquitteront les accusés. Ce jour-là, devant le palais de justice, monte la rumeur d'une manifestation. »[1]

À Aix-en-Provence même, au cours d'une soirée bien arrosée, Michel Ardan et Jacques Brel font alors le pari de se promener à moitié nus dans les rues de la ville, ce que fait sans aucune gêne « le grand Jacques ». Au-delà de l'anecdote, le chanteur-acteur se montre passionné par le film et n'a rien manqué des séances de montage car il souhaite devenir à son tour réalisateur. Surtout, l'écrivain Daniel Guérin, ami de longue date de Carné et Lesaffre, après avoir assisté à une projection privée, demande que la censure n'empêche pas le film de sortir dans son intégralité et parvient à dégoupiller toute influence gouvernementale.

Car au même moment, les étudiants sont en plein mouvement contestataire et manifestent contre « le procès intenté à Alain Geismar »[2]. Comme pour *Le Quai des brumes* ou *Les Tricheurs*, la polémique n'est plus très loin. Pourtant, les anciens films de Marcel Carné font progressivement leur réapparition à la télévision, connaissant une seconde jeunesse auprès d'un public n'ayant jamais vu tous ces chefs-d'œuvre d'avant-guerre.

Les projections en province des *Assassins de l'ordre* se multiplient et pourtant le succès tarde à venir. Le ministre de la Police fait pression sur les directeurs de salle et, bien qu'un Prix des spectateurs soit décerné au film lors du festival de Moscou, celui-ci ne reçoit pas l'accueil escompté. La presse est sans réaction. Carné se souviendra : « Alexandre Astruc qui, à l'issue d'une projection, était dithyrambique passait le film complètement

1. www.cinema-francais.fr
2. Marcel Carné, *La vie à belles dents…*, p. 298.

sous silence dans *Paris-Match* [...], Pierre Billard ou François Nourissier, de *L'Express*, partaient malheureusement en voyage ou étaient absorbés par d'autres occupations »[1]. Et on ne cesse de comparer le film à ceux d'André Cayatte « dont c'était le domaine réservé »[2]. Bernard Cohn regrette en particulier ces « appels du pied au spectateur vers des problèmes "actuels", les conflits de génération, la drogue, la contestation »[3] et Guy Hennebelle parle d'un « prêchi-prêcha pénible et laborieux »[4].

Il s'agit pourtant d'un « brûlot humaniste qu'on est en droit d'attendre, [...] un film qui a bien la force d'un cri d'indignation et qui, comme tel, mérite beaucoup plus de respect qu'on ne lui en a accordé à sa sortie »[5]. En résumé, *Les Assassins de l'ordre* parviennent à « mobiliser les consciences face à l'injustice et flétrir toute indifférence »[6].

Une nouvelle fois déçu, presque amer, Carné se voit décerner à Venise un Prix spécial pour l'ensemble de sa carrière. Il partage cet honneur avec John Ford et Ingmar Bergman, ce dernier malheureusement absent lors de cette soirée. Le diplôme qu'il reçoit est signé par Fellini, Visconti, Pasolini, De Sica, Zeffirelli, De Santis. C'est une grande satisfaction personnelle mais aussi une grande frustration de ne pas être honoré dans son propre pays où ne lui parviennent « qu'attaques, sarcasmes ou même dédain »[7].

Cette fois, la coupe est pleine. Mais la France se rattrape. Le 3 janvier 1972, le ministre Jacques Duhamel lui écrit : « J'ai le plaisir de vous faire connaître que par arrêté qui sera publié prochainement au *Bulletin Officiel des Décorations, Médailles et Récompenses*, j'ai décidé de vous élever au grade de Commandeur de l'Ordre des Arts et des Lettres. Je me réjouis de pouvoir ainsi rendre hommage à un réalisateur dont les œuvres honorent la production cinématographique française. Permettez-moi de vous féliciter très vivement de cette distinction. [...] »[8] Et à son tour, le conseil de Paris lui remet la médaille de vermeil de la Ville comme l'apprennent ses plus proches amis : « M. André Planchet, Syndic du Conseil de Paris, vous prie de bien vouloir assister à la réception qui sera donnée le lundi 21 février 1972, à 15 heures précises, dans le salon de la présidence à

1. *Ibid.*, pp. 304-305.
2. *Ibid.*, p. 305.
3. Bernard Cohn, *Positif*, octobre 1971.
4. Guy Hennebelle, *Cinéma 70* (www.marcel-carne.com).
5. Michel Pérez, *Les films de Carné...*, p. 156.
6. *Ibid.*, p. 157.
7. Marcel Carné, *La vie à belles dents...*, p. 307.
8. Archives Carné, 9 CAR/47.

l'hôtel de ville de Paris à l'occasion de la remise de la médaille de vermeil de la Ville de Paris à M. Marcel Carné. [...] »[1] Le temps des honneurs s'annonce enfin pour le réalisateur.

La Merveilleuse Visite

Son accomplissement personnel passe encore par un nouveau film. Un de ses amis, Emanuele Cassuto, fait connaître à Carné l'histoire de *La Merveilleuse Visite*, une nouvelle de Wells écrite en 1895. Pour faire aboutir ce nouveau projet qui l'enthousiasme, il fait alors la rencontre du jeune Claude Poher, neveu du président du Sénat, qu'il croit capable de l'aider. Didier Decoin, le fils du cinéaste et qui se verra en cette même année 1973 refuser le prix Goncourt de justesse pour son roman *Abraham de Brooklyn*, travaille aux dialogues et à l'adaptation. Roland Lesaffre, l'ami de toujours, tiendra quant à lui le rôle du bedeau.

Le synopsis tient en quelques lignes. « Le lendemain de la fête de la Saint-Jean. Le recteur d'un petit village de Bretagne et son sacristain longent la côte en carriole. Ils découvrent sur la plage un homme nu, inanimé, et décident de le ramener au village. À son réveil, l'inconnu explique qu'il vient d'un autre monde et qu'il est littéralement tombé du ciel. Le recteur décide d'appeler le jeune homme Jean, en référence à la fête de la veille. Il se pose surtout beaucoup de questions sur ce visiteur mystérieux : est-ce un ange ou un fou ? En attendant, sur les conseils de Ménard, le recteur décide d'héberger le jeune homme. Le comportement de Jean, qui ignore les convenances sur Terre, ne tarde pas à agacer les habitants du village... »[2]

Le choix de filmer la Bretagne est tout d'abord un hommage de Carné à ses propres origines familiales : « [...] Si j'avais mis autant d'obstination à vouloir tourner *La Merveilleuse Visite*, c'était un peu pour prendre ma revanche sur le naufrage de *La Fleur de l'âge*. Breton par ma mère, je crois "sentir" particulièrement la Bretagne, et j'enrageai de ne pas avoir encore pu montrer à l'écran son visage rude et sauvage. »[3]

Après avoir acheté les droits au fils de l'écrivain anglais, le cinéaste se rend en Italie pour dénicher son jeune héros, à l'exemple, dit-il aux journalistes, d'un « jeune Gérard Philipe »[4], près de cinq cents garçons ayant déjà été

1. *Ibid.*, 9 CAR/53.
2. www.programme-tv.net
3. Marcel Carné, *La vie à belles dents...*, p. 316.
4. *Le Figaro*, 16 février 1972.

présélectionnés par ses assistants en Angleterre, en Suède et en Allemagne. C'est pourtant à Rome qu'il découvre Hiram Keller. Mais au dernier moment c'est finalement un certain Gilles Kohler qui se voit confier le rôle de l'ange, Keller étant définitivement écarté après des essais infructueux.

Jean Drucker, à cette époque producteur, a accepté de financer le film à hauteur de 38 millions de francs. Mais pour Carné, les temps sont durs tandis que les honneurs pleuvent. Le 7 juin, il reçoit cette invitation de Nicole de Hautecloque : « Le Conseil de Paris, conscient et admiratif du prestige personnel que vous avez apporté par votre action à la renommée de notre capitale [s'honore] à travers la proposition, de vous offrir, à l'Hôtel de Ville, le 7 juin 1973, à 21 heures, une "soirée de prestige" qui vous sera consacrée. Son but est de remercier chacun d'entre vous qui êtes responsable, grâce à votre art, à votre travail, à la persévérance de votre courage, à votre esprit ou à votre faculté inventive, de la renommée de Paris, Paris envié mais admiré aussi par le monde entier. Cette renommée, c'est en grande partie à vous que Paris le doit. J'aurais aimé pouvoir convier tous ceux qui, dans le silence et l'anonymat, contribuent à créer ce prestige inimitable dû à l'art et à la beauté, à l'élégance aussi, qualité unique et incomparable. En vous adressant cette invitation, je vous convie à vouloir bien représenter tous ceux qui, à vos côtés, remplissent cette belle mission, et j'espère que vous voudrez bien honorer de votre présence cette réception offerte en remerciements à ceux, innombrables, qui apportent leur pierre au "prestige de Paris". [...] »[1]

Un hommage lui est également rendu le 29 juin de la même année au Dig-it, rue du Vieux-Colombier à Paris. Le 6 juillet suivant, *Drôle de Drame* est diffusé à la télévision. Une semaine plus tard, le réalisateur donne le premier tour de manivelle de son nouveau film près de Quimper, à Plogastel-Saint-Germain.

Pour les besoins du scénario, une maison traditionnelle a été entièrement redécorée à la mode « seventies ». Bernard Blier puis Charles Vanel, dont les cachets sont trop élevés, ont finalement été remplacés dans le rôle du recteur par Lucien Barjon. Mary Marquet prête ses traits à la comtesse illuminée et la jeune Deborah Berger, âgée de dix-sept ans, née à New York mais résidant avec son père le comédien William Berger à Rome, incarne Délia. Elle a été préférée à Agostina Belli et on la retrouvera un peu plus tard dans le *Rose Bud* d'Otto Preminger.

1. Archives Carné, 9 CAR/40.

Mais une nouvelle fois des problèmes apparaissent avec le directeur de tournage, trop peu expérimenté. Roger Delpey, producteur du film, connaît également des difficultés avec son associé, Jean Lara, ce qui entraîne impayés et chèques en bois. Lesaffre arrive même sur le plateau avec un huissier.

Le producteur Quintard rachète alors le film malgré les multiples interruptions, notamment celle provoquée par deux cuisiniers bretons venus à Paris pour être payés. Et tandis que la musique d'Alan Stivell est imposée par Carné, des séances de tournage sont organisées en toute hâte à la Pointe du Van, le 17 juillet et à Pont-Croix le samedi suivant, 21 juillet, « lors d'un bal populaire, place de la République » pour terminer rapidement le film[1]. Dans le rôle de François Mercadier, le comédien Jean-Pierre Castaldi, que les journaux de l'époque présentent encore simplement comme le « gendre de Simone Signoret »[2], y tourne sa plus importante scène avec Deborah Berger. Et pour faciliter le travail des figurants, cinq cents litres de cidre sont distribués aux figurants… Officiellement : pour mettre de l'ambiance.

Le 28 mars 1974, Françoise Rosay s'éteint « après de longs mois de souffrances »[3]. L'enterrement a lieu le 3 avril suivant. Carné aura évidemment une pensée émue pour sa première vedette lors de la projection de *La Merveilleuse Visite*.

Pour ce dernier long métrage, il aura plus tard ces mots : « […] Un film pas comme les autres. On connaît la formule publicitaire. Elle a déjà beaucoup servi. Et pourtant je crois, sans nulle forfanterie de ma part, qu'elle s'appliquerait assez bien au film *La Merveilleuse Visite*, que Didier Decoin et moi-même avons adapté du roman, portant le même titre, d'H. G. Wells. À une époque où la violence et le sexe, le sexe surtout, voire la scatologie, submergent un peu plus chaque jour les écrans français, entreprendre un film qui soit, sous une certaine forme, une recherche de la pureté ; ne pas craindre, pour ce faire, de mêler le réalisme au merveilleux, le naturel au surnaturel, fallait oser… D'oser à y croire, la distance pouvait être longue. C'est dire combien j'eus de plaisir à voir que, pour tous ceux qui m'entourèrent et me soutinrent, l'étape fut vite franchie. Reste à savoir si, pour tous les autres, rêver a encore un sens dans ce pays… […]. »[4]

1. *Le Télégramme*, 18 juillet 1973.
2. *Ouest-France*, 24 juillet 1973.
3. Françoise Rosay, *La Traversée d'une vie*, souvenirs recueillis par Colette Mars, préface de Jean Anouilh, Paris, Robert Laffont, 1974, p. 13.
4. *Dossiers Unifrance Film*, août 1974, n° 490.

Présenté au comité de sélection de Cannes (toujours contre son avis), le film est cette fois refusé. Il ne pourra même pas être présenté durant la quinzaine « hors compétition ». Carné demande cependant à Decoin et Lesaffre de placer des affiches un peu partout dans la ville pour présenter l'œuvre : pas moins de trois séances à guichets fermés seront nécessaires pour contenter le public ! Et Michèle Morgan sort bouleversée d'émotion.

La première publique, en réalité destinée à la presse, est donnée au Gaumont-Élysées 2 : « L'Association Française de la Critique de Cinéma et Orion Films vous prient d'assister à la Première de Gala du nouveau film de Marcel Carné *La Merveilleuse Visite* le mardi 26 novembre 1974, à 22 h 30 très précises au cinéma Gaumont-Élysées 2 (66 Champs-Élysées). La projection sera précédée du premier film réalisé par Marcel Carné, le court métrage *Nogent, Eldorado du dimanche*. Ce gala est un hommage que la Critique de Cinéma rend à Marcel Carné. [...] »[1]

L'histoire, assez proche d'une fable moderne, fait songer aux toiles préraphaélites du siècle précédent. Mais la critique surprend une nouvelle fois le réalisateur. « En dehors de Teisseire et de Charensol, qui s'en tenaient honnêtement à leur opinion première, la presse qui suivit immédiatement fut du même tonneau. Henry Chapier [...] aurait voulu que le réel ne fût pas réel [...]. Chauvet [...] voyait en Mary Marquet une débutante. [...] Pour celui, enfin, courageusement anonyme de *Paris-Match*, distributeur d'étoiles à l'instar du Guide Michelin, c'était la Bretagne telle que je la montrais qui était "conventionnelle" »[2]. Seul sans doute Gilles Colpart pour la *Revue du cinéma* reconnaît que « le film est cette fois-ci réussi, et beau, dans une simplicité généreuse »[3]. Reste que les spectateurs qui se rendront aux projections seront fascinés, comme en attestent les nombreuses lettres qui seront adressées au domicile de Carné : « Toutes, ou presque, parlaient du "rêve" que leur avait procuré le film. »[4] Les États-Unis décerneront un grand prix du film fantastique, ainsi que des récompenses pour la musique et la mise en scène.

Force est pourtant de reconnaître la qualité de cette « Bretagne vigoureusement folklorique, des silhouettes et des personnages [...], des paysages où les aspérités d'une nature, dont il est permis de dire qu'elle

1. Archives Carné, 9 CAR/61.
2. Marcel Carné, *La vie à belles dents...*, p. 326.
3. Michel Pérez, *Les films de Carné...*, p. 161.
4. Marcel Carné, *La vie à belles dents...*, p. 326.

n'est pas toujours idyllique, se prêtent avec bonne grâce à l'intrusion du merveilleux »[1]. Et malgré un semi-échec, lié à l'avènement de l'érotisme au cinéma, *La Merveilleuse Visite* permet une nouvelle fois à Roland Lesaffre de livrer une composition des plus bouleversantes.

La Bible

Une parenthèse va pourtant procurer à Carné un immense plaisir. C'est Philippe Sauzay, chef de cabinet du président de la République, qui l'appelle et lui explique que le président Giscard, fraîchement élu, a vu la veille *Le Jour se lève* à la télévision. Il souhaite féliciter personnellement le cinéaste pour son immense carrière. Bien que n'ayant pas voté pour le candidat, ce dernier accepte l'invitation mais insiste pour venir en compagnie de ses interprètes fétiches, Michèle Morgan, Jean-Louis Barrault, Bernard Blier, Michel Simon, Roland Lesaffre ainsi que François Périer, Jacques Charrier, Dany Saval, Annie Girardot et évidemment Jean Gabin (lequel au tout dernier moment se décommande). Mais Arletty et Simone Signoret, auxquelles Carné a bien sûr immédiatement songé, refusent de se rendre à l'Élysée.

Ils seront finalement treize à table ce 20 février 1975 ! Madame Giscard d'Estaing demande alors à Philippe Sauzay de se joindre à eux. Et tandis que la Kay de *Trois Chambres à Manhattan* et la Nelly du *Quai des brumes* entourent Valéry Giscard d'Estaing, Michel Simon se tient entre l'épouse et la fille du président. La discussion est animée mais tout le monde se quitte en bons termes.

Pourtant, trois mois plus tard, la mort de Michel Simon frappe comme un coup de tonnerre. *Le Canard enchaîné* ironise et prétend que le comédien âgé de quatre-vingts ans a été… « empoisonné par l'Élysée ».

Carné doit à son tour mettre un terme à ces critiques et va jusqu'à justifier l'absence de Jean Gabin dans l'émission de Michel Drucker, ce que l'acteur appréciera en remerciant directement le metteur en scène. Dans l'une des ses lettres, il demande même que Carné songe à lui soumettre un nouveau film. Inespéré.

Didier Decoin reçoit la commande du scénario, le metteur en scène ayant pensé à une adaptation de *Taxi de nuit* de Serge Groussard. Mais le projet est pourtant abandonné. Yves Ciampi leur propose alors de monter

1. Michel Pérez, *Les films de Carné…*, p. 159.

La Puissance et l'Argent, sur les liaisons dangereuses de la presse et de l'industrie. Mais l'avance sur recette n'est pas accordée, « sous le singulier prétexte qu'un film Carné-Gabin pouvait [s'en] passer »[1].

Alors le cinéaste profite de ce contre temps pour achever la rédaction de ses Mémoires auxquels il a souhaité donner le titre *À cœur ouvert* et qui, finalement, deviendront *La vie à belles dents*. Pourquoi ce choix ? Il s'en expliquera : « Simplement pour dire que j'avais avidement mordu à tout ce qui fait à mes yeux l'attrait de l'existence, à tous ses spectacles et à tous ses plaisirs, sous toutes ses formes et toutes ses couleurs »[2]. La première séance de dédicaces se tient en Belgique : « La librairie Libris (Toison d'Or) et les Éditions Jean-Pierre Ollivier ont le plaisir de vous inviter à la séance de signature qu'elles organisent le lundi 20 octobre 1975 de 17 à 19 heures pour le livre de Marcel Carné *La vie à belles dents* avenue de la Toison d'Or – 1060 Bruxelles [...]. »[3] À la fin de ce livre, où il règle quelques comptes et s'attribue parfois le beau rôle, Carné remarque avec amusement que l'anagramme de son nom est... écran. Son nom était donc prédestiné.

Les récompenses et les médailles continuent d'affluer. Il apprend tout d'abord par le président Giscard sa « prochaine nomination au grade d'Officier de la Légion d'honneur, [...] promotion du 1er janvier 1976. »[4] La même année, à l'occasion de son soixante-dixième anniversaire et de ses quarante ans de carrière, la Monnaie de Paris décide aussi de frapper une médaille en son honneur. Son directeur Pierre Dehaye l'informe le 14 juin : « L'Administration des Monnaies et Médailles vient de terminer la frappe de la médaille à votre effigie, œuvre de M. Serge Santucci, dans la version destinée à la Collection Générale de la Monnaie. Permettez-moi de vous faire l'hommage d'un des tout premiers exemplaires de cette médaille, en argent, de cette version qui précède celle du Club Français de la Médaille. [...] »[5]

Grande nouveauté également : pour la première fois, Carné siège au jury d'un festival, celui de Taormina. Arrivé en Sicile, il en profite pour visiter la basilique de Monreale. C'est une révélation, un choc qui va lui inspirer sa dernière œuvre sur grand écran !

1. Marcel Carné, *La vie à belles dents...*, p. 326.
2. *Ibid.* p. 360.
3. Archives Carné, 9 CAR/60.
4. *Ibid.*, 9 CAR/38.
5. *Ibid.*, 9 CAR/41.

Au départ intitulé *Chant d'amour* et finalement devenu *La Bible*, le scénario est vite confié à Didier Decoin qui se met directement au travail. Le producteur André Tranché se lance avec ferveur dans l'aventure malgré les échafaudages colossaux qu'il convient d'élever dans le chœur « à quarante-deux mètres du sol [afin d'éviter] une évidente déformation optique »[1]. Carné se rend ensuite en Israël pour filmer les paysages de Palestine.

Projeté à Cannes en 1978 et accueilli avec ferveur par le public, le film reçoit le Prix œcuménique et la presse se montre enfin élogieuse à l'égard de cet « oratorio inspiré des Mosaïques de la Basilica de Monreale »[2]. Mais deux disparitions ont cependant frappé le cinéaste. C'est en arrivant à Palerme en novembre que Carné a appris la mort de Gabin. Et quelques mois plus tard, en avril 1977, tandis qu'il se trouve dans la ferme de Lesaffre dans le Limousin, un flash radio l'a informé du décès de Jacques Prévert. Une page se tourne.

Oubliés d'une grande partie du public français, les films de Carné continuent cependant de remporter un grand succès à l'étranger, en particulier aux États-Unis où « la réputation des *Enfants du Paradis* »[3] n'est plus à faire. Deux « salles Carné » sont alors inaugurées à la *French Library and Cultural Center of Boston*. À ses yeux, cette cérémonie est non seulement la consécration d'une vie mais aussi d'une certaine idée de la culture française dans son ensemble.

La même année, Carné est élu membre libre à l'Académie des Beaux-Arts. Il ne deviendra véritablement académicien que deux ans plus tard, malgré une indiscrétion de Roland Lesaffre au *Figaro* qui manque de le fâcher avec l'institution. Le secrétaire perpétuel, Emmanuel Bondeville, lui annonce définitivement le 10 octobre 1979 : « [...] Monsieur et très honoré Confrère, j'ai l'honneur de vous informer que l'Académie des Beaux-Arts, en sa séance de ce jour, vous a élu au fauteuil d'académicien vacant dans la section des Membres Libres par suite du décès du Comte Arnauld Doria. Aussitôt que l'Académie aura reçu l'ampliation du décret approuvant votre élection, je m'empresserai de vous inviter à prendre part à nos travaux [...] »[4]

1. Marcel Carné, *La vie à belles dents...*, p. 327.
2. Archives Carné, 4 BIB/1.
3. Jean-Louis Barrault, *Souvenirs...*, p. 259.
4. Archives Carné, 9 CAR/44.

L'Homme à la caméra

En 1979, *L'Homme à la caméra*, inspiré de l'autobiographique *Vie à belles dents* est présenté à la télévision. C'est Christian-Jaque, le réalisateur de *La Symphonie fantastique* et de *Fanfan la tulipe*, qui met ainsi à l'honneur son ami Carné, cette fois dans son propre rôle, avant qu'une grande fatigue cardiaque ne l'éloigne momentanément de ses projets.

Pierre Montaigne présente le portrait en quelques lignes : « Drôle de Drame autour d'un portrait incomplet de Marcel Carné. Trop souvent on attend que les artistes soient morts pour leur rendre hommage. C'est donc une heureuse initiative que de consacrer un film à l'œuvre et à la personnalité de Marcel Carné. Paul Meurisse, après tant d'autres, regrettait qu'on n'accorde pas à ce cinéaste "la place qu'il mérite, c'est-à-dire la première". Comme les mémoires de Carné, le film s'intitule *La Vie à belles dents*. Christian-Jaque l'a magistralement mis en scène. Les quatre auteurs, Jacques Robert, Henri-François Rey, Didier Decoin et Roland Lesaffre ont dessiné un portrait du réalisateur mettant en lumière son attirance pour le diable, ses cinquante ans de mariage avec une caméra qui a la voix inoubliable d'Arletty, le caractère d'un Parisien des Batignolles, son sens de l'amitié, son attitude dans l'adversité et enfin les jours de gloire d'un "prince de la lanterne magique" dont l'Institut a fait officiellement un immortel. Rendez-vous de l'amitié : Jean-Louis Barrault est le récitant de ce long métrage mis en musique par Georges Delerue (Oscar 1980). Roland Lesaffre en clochard nostalgique nous conduit avec humour et émotion d'une séquence à l'autre. Yves Montand est aussi présent à ce rendez-vous de l'amitié. Dès les premières images, entre l'écran et les quelques privilégiés que nous étions, le talent a passé comme un courant à haute tension. Michel Simon, Jean Gabin, Louis Jouvet, Françoise Rosay, Arletty, Jules Berry, Marcel Herrand, Jean-Louis Barrault, Yves Montand et tant d'autres sont là, avec des auteurs comme Prévert, Jeanson, Aurenche, Rey et Decoin, avec des musiciens comme Thiriet, Jaubert ou Kosma, et chacun apporte sa pierre, indispensable et irremplaçable, à Marcel Carné pour qu'il construise quelques chefs-d'œuvre du cinéma français. Terminus rétro : quelques images de *Nogent, Eldorado du dimanche*, que Carné tourna en 1929. Un musée à Boston : après le mot "fin", la salle du Centre national du cinéma se rallume. Les instants d'émerveillement passés, l'esprit critique revient au galop. Que manque-t-il dans ce gros plan de Marcel Carné ? Quelques mots qui souligneraient l'importance et la singularité de son œuvre dans le cinéma international, quelques confidences personnelles de l'artiste sur ses conceptions et sa technique. À Boston, où Carné a son musée, comme à Pékin ou à Tokyo, les cinéphiles attendent, de la bouche de Carné, les secrets de son alchimie, les leçons de son expérience. Mais, à juste titre, le réalisateur du *Jour se lève* estime probablement prématuré de faire son testament esthétique. Enfin, et surtout, de l'aveu même de Christian-Jaque, il manque à ce film, au point d'en déséquilibrer l'harmonie, certains extraits comme ceux de *Quai des brumes*, ou de *Trois Chambres à Manhattan*, une œuvre pour laquelle Didier Decoin demande aujourd'hui justice. Rappelons que l'an dernier, lors du gala des Césars, les professionnels du cinéma désignaient *Les Enfants du Paradis* comme le meilleur film français, depuis l'avènement du parlant et que *Quai des brumes* se trouvait également classé parmi les dix premiers. De son côté, Valéry Giscard d'Estaing a déclaré à la télévision (l'interview figure dans *La Vie à belles dents*) que sur une île déserte, il choisirait d'emporter *Les Enfants du Paradis* et *Quai des brumes*. [...] Alors pourquoi ces "trous" dans l'évocation de la carrière de Marcel Carné ? C'est la question que nous avons posée à Paule Sengissen, une productrice qui se bat, avec l'aide d'Antenne 2, et du Fonds d'intervention culturel pour réaliser au mieux l'hommage filmé dont nous parlons. Sa réponse : "Je suis parfaitement consciente de ce qui apparaît comme des oublis. À tel point que je considère comme inachevé un film que l'on nous demande, tant en France qu'à l'étranger, et qui a déjà coûté 2 000 000 de francs. Pour nous résumer, le droit de citation est reconnu par la jurisprudence et consacré par la loi de 1957. Son exercice ne se heurte à aucune difficulté dans le domaine de l'édition littéraire ou musicale, où les exemplaires des œuvres sont à la disposition de tous. Il n'en est pas de même pour les œuvres cinématographiques dont les négatifs sont conservés par les producteurs qui en interdisent parfois l'accès. Ainsi, l'exercice du droit de citation se trouve paralysé en matière de cinéma, ce qui porte une atteinte grave à la liberté d'expression, et l'auteur principal, lui-même, Marcel Carné, en est la victime. Même si les ayants droit n'ont pas contribué à la réalisation des films, il ne s'agit évidemment pas de les déposséder de biens qu'ils ont acquis ou dont ils ont pu hériter, mais nous souhaitons que des décrets d'application soient édictés pour que la loi de 1957 soit applicable, au plus tôt, au cinéma. Les chefs-d'œuvre du 7e Art font partie de la mémoire et du cœur de tous les cinéphiles, et, donc, de notre culture. Il serait bon de s'en souvenir en cette année du patrimoine." La balle est maintenant dans le camp des pouvoirs publics et des intéressés : sur le plan pratique, ces derniers devraient comprendre aisément que ce film, sur Carné, constitue, pour ses propres films, une excellente publicité. Mais, au-delà de Marcel Carné, qui, lors de son discours de réception à l'Institut, s'élevait contre le mépris dans lequel sont tenus les réalisateurs et les auteurs de films, il faut que soit, à la fois, facilité et réglementé le droit de citation cinématographique. Sans quoi c'est tout un pan de notre culture qui sombrera bientôt dans le néant. »[1]

Mais au début de l'année 1980, alors qu'il se voit attribuer un César d'honneur, le réalisateur refuse d'abandonner le métier. Il accepte pour un temps de superviser des spectacles audiovisuels, « nouvelle expression qui faisait fureur à New York et à Londres »[2] et qui débute pour lui à Lourdes, évidemment dans une mise en images de la vie de Bernadette Soubirous. Il confiera alors : « Je suis loin de me douter que ces spectacles audiovisuels vont m'enchaîner pour neuf années. [...] J'avoue que leur réalisation me passionnera par la nouveauté du procédé. J'y trouverai comme une seconde jeunesse [et] je jouirai d'une absolue liberté de création. »[3]

Il fait d'abord redécouvrir le site et la vie de la jeune fille de Massabielle. Comme l'écrit R. Arnaut en juin 1980, grâce à Carné « Le jour va se lever sur mon pays. » Le spectacle est une ode à l'amour : « Lourdes 1857. On vient de vivre deux années de disette et de choléra. Quelque chose de surhumain pèse sur le pays. Un pauvre parmi les pauvres : François Soubirous vit, sans ressource, dans un cachot avec sa femme Louise et ses quatre enfants. Bernadette, malade, va à Bartrès chez sa nourrice. Le bon air et la nourriture assurée... Le soir... à la veillée, les enfants écoutent les histoires. Bernadette, à quatorze ans, est encore illettrée. Elle garde les moutons. Elle connaît ses brebis et ses brebis la connaissent. 11 février 1858. Trois petites filles ramassent du bois, insensiblement, elles se sont rapprochées de la grotte de Massabielle. Soudain... première apparition. La rumeur bondit de maison en maison. Pour Bernadette... un seul recours... elle va à l'église... raconte tous les détails au prêtre. Le dimanche, après les vêpres, la bergère comparaît chez le commissaire. Il pardonnera si Bernadette promet de ne plus aller à la grotte. "Je ne peux pas, monsieur, j'ai promis d'y aller." Elle ne veut pas désobéir. Mais il y a cette force qui la pousse vers Massabielle ! Cette force terrible et merveilleuse ! À la neuvième apparition, Bernadette, sur l'ordre de la Demoiselle de Massabielle,

1. *Le Figaro*, 12 août 1980.
2. Marcel Carné, *La vie à belles dents...*, p. 344.
3. *Ibid.*, p. 345.

creuse le sol boueux au fond de la grotte. Chaque poignée de boue contient quelques gouttes d'eau pure. Le printemps est revenu. Bernadette a, devant le docteur Douzous, tenu la flamme du cierge entre ses mains dix minutes et le médecin n'a constaté aucune brûlure. 16 juillet. Le jour décline et la brume rampe. Pourtant la foule prie sur l'autre rive du gave. Soudain une ombre vient se mêler aux autres ombres. Bernadette au couvent de Saint-Gildard à Nevers. Une autre vie commence. Tout est simplicité et transparence. Elle a enfin trouvé la paix de l'âme sinon celle du corps. Toi, pèlerin d'un jour, quelle que soit la couleur de ta peau, quelle que soit ton malheur, quel que soit ton espoir, tu es ici le bienvenu. "On dit que les gens n'ont pas de cœur ; alors, j'en fabrique quelques-uns." »[1]

Suit un *Toulouse-Lautrec et Albi* confrontant « des dessins ou des pastels du peintre [à une] évocation de l'hérésie cathare »[2]. Puis un projet sur *Versailles*, finalement abandonné en octobre 1981, le réalisateur ayant cette fois été victime d'un accident devant son domicile du boulevard Suchet. Mais après avoir été hospitalisé, il reprend son bâton de pèlerin pour *Martinique Ile aux fleurs* qu'il considère comme le plus réussi de ses spectacles et précède un *Roma Aeterna,* avec « 3 000 diapositives synchronisées par quarante-huit projecteurs de diapositives [où] Marcel Carné laisse l'histoire se dérouler d'elle-même, de la Rome des empereurs à la Rome humaniste. Il survole cette ville devenue éternelle et brosse une œuvre, historique et héroïque, faite de tragédies, de larmes, de sang et de joie. Le réalisateur, en chef d'orchestre inspiré, enchaîne en de petites séquences vives et contrastées les fresques et peintures, les sculptures, les gravures d'époque, sur les musiques divines des plus grands compositeurs classiques. Rome se dévoile alors dans sa dualité et ses interrogations, dans ses combats et ses victoires, dans ses œuvres d'art exceptionnelles mais, aussi, dans sa dimension spirituelle en charge du rayonnement chrétien. *Roma Aeterna* a été réalisé en 1983, avec un budget important de plus de 10 millions de francs. Cette œuvre est longtemps restée dans l'oubli, en raison de nombreux problèmes qui ont entravé sa distribution. »[3]

Après cela, un ultime projet de spectacle audiovisuel aurait dû porter sur Paris, comme un hommage aux précédents longs métrages et au *Sous les Toits de Paris* de René Clair. « De Lutèce à Beaubourg, [il aurait synthétisé] ce que pourrait observer un "piéton de Paris" […] au long

1. Archives Carné, 4 LOU/1.
2. Marcel Carné, *La vie à belles dents…*, p. 346.
3. www.marcel-carne.com

d'une journée passée dans la capitale. D'abord le petit jour succédant à la nuit, l'arrosage des rues et le soleil levant qui frappe les immeubles. Puis les marchés, les enfants qui se dirigent vers l'école et, par association d'idées, la Bibliothèque nationale. Ensuite, il est dix heures, Paris bouchonne. C'est le tour des garçons de café, le déjeuner, les brasseries… Le début d'après-midi nous conduit au Palais de justice. Et ainsi de suite, en soignant les enchaînements et en diversifiant les lieux visités ou les activités évoquées : les Champs-Élysées, les grands couturiers, les bijoutiers, le Marais, les antiquaires, les jeux des enfants au jardin du Luxembourg, les amoureux enlacés. [À travers] soixante-seize appareils [mélangeant] la photographie et le cinéma […] se déroule une journée parisienne, si riche de lieux et d'évocations : le Ménilmontant ancien et celui d'aujourd'hui envahi par le béton. Le Père-Lachaise, le mur des Fédérés, ce qui nous permet de passer directement à la Commune et aux révoltes parisiennes… On entend Arletty prononcer sa réplique fameuse "Atmosphère !" et nous nous retrouvons sur le canal Saint-Martin. Dans le cadre assez contraignant des cinquante-deux minutes imposées […], on arrive au final : les bals du 14 juillet et les feux d'artifice, entièrement évoqués par le cinéma »[1].

Mais pour des raisons de distribution, le spectacle ne sera jamais monté. Alors Carné doit se contenter des hommages. Après le British Film Institute l'année précédente, Venise lui décerne dès 1984 un Lion d'or prêt à l'ensemble de sa carrière[2]. Le 14 avril de la même année, deux salles de cinéma de Romilly-sur-Seine sont baptisées de son nom et de celui de « Truffaut », en présence du réalisateur du *Dernier métro* qui se confie prêt à abandonner ses films « sans exception pour avoir signé *Les Enfants du Paradis* »[3] ! Puis François Mitterrand le décore le 22 octobre 1985 de la médaille de commandeur de la Légion d'honneur au palais de l'Élysée[4]. Et le 27 octobre 1989, il reçoit cette fois des mains de l'empereur du Japon, le *Praemium Imperiale*, équivalent pour les artistes du Prix Nobel. Il est vrai que le cinéma français est parmi les plus appréciés au pays du Soleil levant : Jean-Louis Barrault l'a vingt ans auparavant appris

1. Marcel Carné, *La vie à belles dents…*, p. 349.
2. *Catalogue de l'exposition Marcel Carné cinéaste*, Paris, Musée de Montmartre, 15 janvier-30 avril 1994, p. 13.
3. Marcel Carné, *La vie à belles dents…*, p. 355.
4. Archives Carné, 9 CAR/54.

« à Osaka [...] dans un théâtre de plus de quatre mille places »[1] où *Baptiste* avait connu un triomphe sans précédent. D'ailleurs, à Fukuoka, le comédien remarqua que « la langue française [...] est fort bien comprise »[2]. C'est là aussi que deux Japonais l'aborderont, ayant reconnu le Deburau des *Enfants du Paradis*.

Mouche

Tandis que Carné reçoit en novembre 1990 le prix Lumière avec son ancien assistant Michelangelo Antonioni, il confie dès le mois de janvier suivant à François Forestier, dans une interview parue dans *Première,* qu'un ultime projet est en préparation. Ce testament cinématographique s'intitulera *Mouche*. Le scénario a une nouvelle fois été écrit en collaboration avec Didier Decoin, qui en a aussi signé les dialogues.

L'histoire, inspirée d'une nouvelle de Maupassant, relate la vie d'un « garagiste à bateaux, abandonné par sa femme, [vivant] terré, dans sa maison jusqu'au moment où arrivent cinq jeunes canotiers en goguette, accompagnés de "Mouche", une naïade aussi jeune que séduisante »[3]. Hommage à son *Nogent* des débuts, ce film doit mettre en scène « cinq jeunes garçons, cinq joyeux lurons. Chaque dimanche, ils vont canoter à Chatou, à bord de ce que l'on appelait une yole, embarcation à quatre rameurs et un barreur, souvent une barreuse portant ombrelle. Ils rencontrent une fille, modèle à l'école des Beaux-Arts, dont ils vont faire précisément leur barreuse. Elle est jolie, assez simple et libre, ce qu'on appelle une grisette. Naturellement, tous les cinq en tombent amoureux, mais ce qui, ailleurs, risquerait de tourner au drame, voire à la tragédie, se déroule ici le plus simplement du monde. La fille devient la maîtresse de chacun d'eux, au su des autres. Rien de graveleux, cependant ; une constante joie de vivre : le vrai visage du bonheur partagé. Un incident vient un instant troubler leur harmonie »[4]. Enceinte, elle hésite en effet sur le nom du futur père, mais un accident lui fait perdre l'enfant... un enfant que les cinq garçons lui promettent de lui offrir de nouveau !

Les images devaient être de Pasqualino de Santis, la musique de Michel Legrand et les principaux interprètes le prometteur Wadeck

1. Jean-Louis Barrault, *Souvenirs*..., p. 289.
2. *Ibid.*, p. 293.
3. *Catalogue de l'exposition Marcel Carné cinéaste*..., p. 45.
4. Marcel Carné, *La vie à belles dents*..., p. 356.

Stanczak, l'éternel Roland Lesaffre et la débutante Virginie Ledoyen (Carné avait aussi envisagé Juliette Binoche). Mais des difficultés de production mettent un terme au tournage, après seulement quelques prises de vue.

Que faire alors? Peut-on croire aux derniers projets qui le portent encore vers *Les Chevaux masqués* d'après Henri-François Rey (qui a été son dialoguiste pour *Terrain vague*) et pour le *Taxi de nuit* de Groussard?

Du moins, la réalité le rattrape. Des problèmes apparaissent en effet avec les descendants de Prévert pour la colorisation des *Enfants du Paradis*. Le mardi 21 septembre 1993, *France-Soir* confronte les points de vue de Carné et de la petite-fille du scénariste, Eugénie Prévert-Bachelot. Le metteur en scène poursuit sa réflexion pour la rétrospective de son œuvre, intitulée *Marcel Carné cinéaste* organisée entre le 15 janvier et le 30 avril 1994 au Musée de Montmartre, siège de la Société d'Histoire et d'Archéologie du Vieux Montmartre. Le catalogue, dirigé par les commissaires Pierrette Ginane, Gérard Poteau et l'agence Culturcom', précise que les principaux collaborateurs de cette exposition « ont été les comédiens Roland Lesaffre et Tania Busselier, la Galerie Ciné-Image et Jean-Louis Capitaine, Frédéric Damien de la librairie Ciné-Reflets, Christian Delacampagne des Affaires Étrangères, Michèle Aubert, Sylvie Bourcier, Michel Contour et Éric Le Roy des Archives du Film, France Mayo, Jeanine Trauner et bien sûr Arnaud de Vitry d'Avaucourt et la French Library of Boston (Musée Marcel Carné). » Le catalogue s'articule alors autour de sept chapitres: « Marcel Carné et Montmartre; Biographie de Marcel Carné; Filmographie de Marcel Carné; Marcel Carné journaliste; La colorisation; Marcel Carné et Prévert; Marcel Carné vu par... »[1].

En 1995, tandis que Carné pleure la mort d'Arletty, une vente aux enchères finit de disperser les souvenirs de l'actrice à Drouot le 10 mars. Puis une dernière fois, le réalisateur fait la « une » du *Figaro* dans un article de Jean-Claude Lamy sur les « grands silencieux » tandis que Claude Sarraute, dans *Le Monde*, lui consacre une pleine page le vendredi 11 août, sa dernière interview importante.

En juin 1996, il fête alors ses quatre-vingt-dix ans avec ses amis et nombre de curieux ou d'envieux. C'est à la fin de l'année, le 31 octobre, veille de la Toussaint, qu'il s'éteint à l'hôpital Antoine-Beclère de Clamart, en région parisienne. Comme le titre sobrement *Le Monde*, « Marcel Carné, le cinéaste de la poésie noire d'un Paris perdu est mort »[2].

1. *Catalogue de l'exposition Marcel Carné cinéaste...*, p. 3.
2. Jacques Siclier, *Le Monde*, 2 novembre 1996.

La vie des films

Les films de Carné n'ont donc pas eu une vie facile. Et avant tout, « il faut de l'argent, trouver des producteurs, relancer les banques. Et puis il y a les exploitants et s'ils disent : “Oui, peut-être, mais nous, ta vedette, on n'en veut pas à Bourg-en-Bresse”, le projet capote et l'acteur reprend sa place dans la file d'attente »[1]. Le réalisateur souvent avec.

Les producteurs

Les problèmes rencontrés par Carné comptent parmi les plus célèbres de toute la profession, ce qu'il admettra : « Dieu sait si j'ai eu des difficultés avec les producteurs, mais j'en ai connu qui avaient la passion de ce qu'ils entreprenaient. Ils se lançaient dans l'aventure parfois inconsidérément, mais avec, si j'ose dire, une certaine générosité. Maintenant, ce sont presque tous des hommes d'affaires blasés qui, en limitant leurs risques de perdre, limitent par là même leurs chances de gagner. Le cinéma a plus de maturité, de sérénité. On est devenu raisonnable. Or l'art a surtout besoin de démesure… Dans ces conditions, on ne peut plus faire les films dont on rêve. L'originalité est dangereuse, et surtout incompatible avec cette fuite du risque qui est bien la caractéristique essentielle de notre époque. Et pas seulement dans le cinéma. En outre, on ne peut plus faire des films *comme* on voudrait les faire. Le soin demande beaucoup de temps et le temps coûte de plus en plus cher… »[2]. Et son animosité est justifiée : « Quant aux producteurs, ils touchent non seulement ces fameux 7 % sur le devis du film (qu'ils ont donc intérêt à gonfler), mais encore ils reçoivent des émoluments allant, pour un film moyen, jusqu'à quinze millions d'anciens francs. Ce sont les producteurs, et plus précisément le producteur délégué qui touchent le plus, et cela quelle que soit la carrière du film. C'est parfaitement injustifié, car le producteur, à la différence du metteur en scène et des vedettes, n'engage que bien peu sa réputation… »[3].

1. Annie Girardot, *Vivre d'aimer…*, p. 130.
2. Robert Chazal, *Marcel Carné…*, p. 97.
3. *Ibid.*, p. 103.

Pour *Jenny*, Prévert parti aux Baléares[1], Constant et Carné reprennent « le scénario selon les exigences de la production qui, elle-même, obéissait ou prétendait obéir aux impératifs d'une censure souvent mise en avant par commodité. L'action de *Prison de Velours* se situait en effet dans une maison de rendez-vous maquillée en lingerie. De même que les établissement Pathé avaient refusé le fauteuil d'académicien signé Lévitan, les établissements Gaumont refusèrent la lingerie douteuse... La censure n'y était pour rien, mais Carné laissa faire. C'était son premier film. [...] Une tenancière de bordel, même devenue patronne de boîte de nuit pour faire plaisir au producteur inquiet, est un personnage dont il ne faut pas attendre de grandes nuances surtout si, en plus, elle a pour amant un petit jeune homme qui se laisse engluer dans les louches trafics du gang qui tient ses assises dans ladite boîte. »[2]

Cette première accomodation aux exigences des producteurs va se multiplier dès le film suivant. Cependant, pour acquérir les droits du roman « policier anglais, cocasse et amusant *His first Offense*, de Storer Clouston »[3] il faut reconnaître tout le travail effectué par le producteur Corniglion-Molinier, « plus aviateur que financier qui en possède les droits »[4]. C'est le directeur de production, Charles David, qui imposera en revanche à Carné la présence de Pierre Prévert : entre les deux hommes, les accords seront peu fréquents.

Gregor Rabinovitch aurait bien voulu, lui aussi, cette fois pour *Le Quai des brumes*, que « Carné et Prévert enlevassent de leur sujet tout ce qui était "sale". En particulier, le suicide du peintre fou (Le Vigan) qui déplaisait tellement à Rabinovitch qu'il en interdit le tournage. Carné profita cependant un jour de l'absence du directeur de production pour filmer ce fameux suicide. Mais cette scène restera à jamais inédite. Rabinovitch exigea sa suppression au montage. Difficultés aussi pour la scène au cours de laquelle Gabin cogne à coups de brique sur Michel Simon. On discuta longtemps sur le nombre de coups, de même qu'il fallut tourner de deux façons différentes la scène qui oppose Brasseur à Simon, après que Brasseur a été giflé par Gabin. "Trop violente", disait Rabi. "Pas assez", répondait Carné. Cela finit par un montage des deux qui ne donna satisfaction à personne. »[5] Le film inquiéta

1. Bernard-G. Landry, *Marcel Carné...*, chapitre I.
2. Robert Chazal, *Marcel Carné...*, p. 23.
3. Jean-Marc Loubier, *Louis Jouvet...*, p. 201.
4. *Ibid.*, pp. 201-202.
5. Robert Chazal, *Marcel Carné...*, pp. 29-30.

le producteur[1], qui « faisait partie de ce petit groupe de producteurs qui avaient fui l'Allemagne à l'arrivée d'Hitler au pouvoir »[2] et avait pourtant été choisi par Goebbels pour reprendre le contrat de Gabin. Mais devant l'insistance de ce dernier, « il se mit alors au régime des projections privées pour se faire une opinion. "Merveilleux", disait-on un soir. "Abominable", s'écriait-on le lendemain. À chaque avis différent, Rabinovitch changeait la place et l'importance de son nom au générique, ce qui était la suite normale des conditions de tournage… »[3]. Pour le poste de directeur de production, c'est cette fois Simon Schiffrin, que Carné avait connu associé au producteur Alexandre Kamenka dans *Les Nouveaux Messieurs* de Feyder[4], qui fit des misères au réalisateur.

Et de nouveau, pour *Hôtel du Nord*, il faut repartir de zéro. Ce qui ne facilite pas l'action ni les discussions. Cette fois, c'est pour Annabella « que le directeur de la S.E.D.I.F., le producteur Lucachévitch, cherchait un sujet »[5]. Carné saisit donc la chance qui lui est donnée mais depuis cette époque il ne donnera plus son âge, le producteur ne voulant pas accéder à ses prétentions financières pour cette seule raison.

Les choses évoluent pendant la guerre. À circonstances exceptionnelles, conditions exceptionnelles. André Paulvé, alors inconnu, avait assisté à l'une des projections du *Quai des brumes*[6]. C'est lui qui, devenu propriétaire des studios de la Victorine, produit *Les Visiteurs du soir* et *Les Enfants du Paradis* (avant que Pathé ne reprenne les droits en 1944).

Mais dès 1945, les problèmes reprennent, avec cette fois Salvo d'Angelo et des « difficultés italiennes » sans nombre. Sacha Gordine reprend alors le flambeau et engage Carné pour *La Marie du port* puis pour *Juliette ou la Clef des songes*. Car il croit en cette œuvre poétique. Après avoir produit le *Jéricho* de Henri Calef, *L'Idiot* de Georges Lampin, *Dédée d'Anvers* de Yves Allégret et *La Marie du port*, il a choisi de faire confiance à Carné, ce « petit homme volontaire, tenace, gouailleur – l'œil vif, le geste prompt, un sourire d'ironie ou de malice toujours prêt au coin des lèvres […], l'une des personnalités les plus fortes de cinéma actuel. Il a son univers, dont chacun de ses films nous révèle un aspect, éclaire une apparence,

1. Bernard-G. Landry, *Marcel Carné…*, chapitre I.
2. Marcel Carné, *La vie à belles dents…*, p. 73.
3. Robert Chazal, *Marcel Carné…*, p. 30.
4. Marcel Carné, *La vie à belles dents…*, p. 22.
5. Robert Chazal, *Marcel Carné…*, p. 33.
6. Marcel Carné, *La vie à belles dents…*, p. 84.

univers de poète où il y a de la tendresse et de l'humour, de l'amertume et de la fantaisie, le charme du peuple de Paris, celui des petites rues, le goût de l'ombre et la nostalgie de la lumière… »[1] Bien que l'action se situe dans un village du Midi, Gordine tient alors à mettre un terme à la légende tenace à propos « de ses exigences, de ses goûts dispendieux. En fait, il a surtout le souci de sa liberté d'artiste et celui de la perfection dans l'œuvre qu'il entreprend. Sa minutie tatillonne pour choisir un accessoire, aussi bien qu'un interprète, ses "reconstitutions" fastueuses, ont pour seule raison, celle de mener à son extrême limite le soin dont il entoure le thème qu'il a choisi. Ses exigences sont faites de scrupules. On juge, plus tard, aux résultats, la valeur de son intransigeance. »[2] Mais Gordine reste un financier. Une anecdote est révélatrice et ne manque pas de faire sourire. À Gérard Philipe, qui avait promis de faire d'un chèque qu'il venait de recevoir ce que voulait précisément Gordine, ce dernier lui demanda : « Ce que je veux ? Eh bien, déchirez-le… »[3]

Après les frères Hakim dans *Thérèse Raquin*, c'est Cino del Duca (associé à Robert Dorfmann) qui engagea Carné pour *L'Air de Paris*. Mais un détail de dernière minute faillit faire échouer le projet, comme le raconte le cinéaste : « Tout était en place et le film pratiquement commencé lorsque parut dans un mensuel quatre photos légendées sur les quatre films importants de l'année. Il y en avait une de Gabin et de Lesaffre faite avant même le tournage, ce qui était très flatteur, mais la légende vantait l'audace d'un tel film "qui ne comportait aucune histoire d'amour". Ce fut un beau scandale. L'homme de la presse du cœur, apprenait ainsi qu'il allait risquer de nombreux millions sur un film sans romance. C'était impossible. Il en fallait une. Viot refusa tout net mais le film était trop engagé pour que je puisse reculer. Avec Sigurd, [Carné fit] cette fameuse histoire d'amour. »[4] On retrouve Dorfmann après l'abandon d'une douzaine d'autres producteurs pour *Les Tricheurs*. Carné lui avait auparavant proposé « cinq ou six sujets sans obtenir de décision. De guerre lasse, il lui soumit [*Les Tricheurs*] et Dorfmann fut immédiatement d'accord »[5].

En revanche, le scénario des *Prisonniers* avec Le Breton n'aboutit pas, essentiellement « pour des raisons financières ». Après deux ans

1. Archives Carné, 4 JUL/1.
2. *Ibid.*
3. Marcel Carné, *La vie à belles dents…*, p. 225.
4. Robert Chazal, *Marcel Carné…*, p. 68.
5. *Ibid.*, p. 70.

d'inaction, Clément Duhour et Gilbert Bokanowski engagent alors Carné pour un film dont tout a déjà été réglé : acteurs, scénario, dialogues. Mais n'ayant pas le choix, le cinéaste est forcé d'accepter.

L'année suivante, le producteur Alexandre Mnouchkine refuse le projet des *Baladins* « devant l'importance du devis et réclama autre chose ». Carné et Spaak lui proposent *Les Mains vides*, qui deviendra plus tard *Les Tricheurs*. Mais il abandonne en chemin.

Pour *Terrain vague*, Carné doit cette fois travailler avec le producteur Louis Dolivet, qui avait à son actif « *Monsieur Arkadin* d'Orson Welles, *La Dolce Vita* de Fellini, et achevait *Mon oncle* de Jacques Tati »[1]. Puis, après avoir tenté de réaliser pour Zanuck, il est engagé par Jules Borkon pour *Du Mouron pour les petits oiseaux*. Un producteur qu'il décrit avec « une carrure massive et le visage taillé à coups de serpe [...] avec des moustaches tombant de part et d'autre de la bouche [qui] aurait bien pu camper un autochtone dans une opérette de Mogador ou du Châtelet »[2].

La suite n'est pas de tout repos. Pour *Les Jeunes Loups*, après Lipchutz, c'est finalement Pignères qui produit le film, lui « qui avait distribué la série des *Sissi*, produit celle des *Gendarme* »[3]. Et pour *Les Assassins de l'ordre*, c'est un ancien comédien, Michel Ardan, qui le suit sur cette histoire à la Cayatte ; puis Jacques Quintard dans son projet de *La Merveilleuse Visite* et André Tranché pour le documentaire *La Bible*.

Malgré ces relations difficiles, Lesaffre résumera en quelques lignes dans *Mataf* la qualité des producteurs des premières années, pour mieux critiquer les plus récents, trop frileux. Selon lui, ceux d'avant-guerre « étaient joueurs, ils avaient du talent, ce n'était pas des fonctionnaires. Eux, quand ils s'étaient trompés, le reconnaissaient ; eux ne rejetaient pas la faute sur leurs prédécesseurs ; eux assumaient leurs responsabilités : le dépôt de bilan sanctionnait leurs erreurs ; eux n'étaient pas déplacés avec une promotion. En ce temps-là, le cinéma français rencontrait son public sans abscisses ni ordonnées, sans graphiques ni sondages. »[4]

Mais après avoir passé cette première étape, il reste encore à trouver une bonne histoire. Et pour cette affaire-là, Carné eut également bien du mal à mener à bien ses projets.

1. Marcel Carné, *La vie à belles dents*..., p. 262.
2. *Ibid.*, p. 272.
3. *Ibid.*, p. 291.
4. Roland Lesaffre, *Mataf*..., pp. 277-278.

Les écrivains adaptés

Landry a rappelé que Carné a toujours souhaité adapter « des pièces ou des romans, parce qu'il [était] avide de se nourrir d'une substance que les scénarios originaux lui apport[aient] rarement. Pourtant, il n'y a rien de théâtral dans son œuvre. Il a toujours su fondre des éléments étrangers en un tout riche en possibilités cinématographiques. »[1]

En 1935, l'apprenti-cinéaste souhaite adapter la pièce en un acte de Raymond Girard et Fernand Fleuret, *Fraternité*. L'année suivante, c'est *Prison de velours* de Pierre Rocher qui sert de cadre à *Jenny*. Puis Carné envisage de reprendre *Les Carnets du Capitaine X*, qui finalement deviendront *La Grande Illusion* (avec Renoir). En 1937, il devait adapter *Les Jumeaux de Brighton* (repris ensuite avec Raimu et Michel Simon) ou *Leviathan*. Ce sera le roman policier *The Lunatic at Large or His First Offence* de Storer Clouston qui deviendra *Drôle de Drame*. Un an plus tard, c'est au tour du *Quai des brumes* de Mac Orlan de passer à l'écran, puis au roman d'Eugène Dabit, *Hôtel du Nord*. Pour ces deux films, à chaque fois, le travail des scénaristes consiste à « resserrer l'action dans le temps, et aussi dans l'espace. Cet effort en vue de chasser le pittoresque, qui n'est jamais sans s'exercer au préjudice du contenu réel du film, cette volonté de condenser au maximum l'action dans le temps comme dans l'espace, concourent à resserrer l'action elle-même, jusqu'à n'en plus laisser subsister que l'indispensable, un noyau dur assez semblable au nœud tragique tel que le concevaient les classiques. »[2]

En 1939, fort du succès du *Quai des brumes*, Gabin souhaite adapter *Martin Roumagnac* en 1939, mais c'est finalement *Le Jour se lève*, d'après une idée originale de Jacques Viot, qui est mis en scène. Viennent ensuite deux œuvres originales, *Les Visiteurs du soir* et *Les Enfants du Paradis*, après qu'ont été abandonnés *Le Facteur sonne toujours deux fois* au tout début de la guerre, *Les Évadés de l'an 4000* de Jacques Spitz, *Les Bottes de Sept lieues* de Marcel Aymé, *Nana* de Émile Zola et même *Juliette ou la Clef des songes* de Neveux (qui finalement sera repris dix ans plus tard).

Après-guerre, les projets d'adaptation reprennent à un rythme soutenu : *Mary Poppins*, *L'Ombre* d'après un conte d'Andersen, *Le Masque de la Mort rouge* d'Edgar Poe. Mais il faut encore attendre pour voir une adaptation du *Château* de Kafka, une idée sans doute soufflée par

1. Bernard-G. Landry, *Marcel Carné...*, chapitre 3.
2. *Ibid.*

Jean-Louis Barrault qui a déjà adapté *Le Procès*[1], ou du *Barrage d'Arvillars* qui deviendra ensuite *La meilleure part* devant la caméra d'Yves Allégret.

En 1948, c'est au tour de Simenon d'être porté à l'écran avec *La Marie du port*. Comme pour chaque adaptation du romancier, Jean Quéval souligne le grand « plaisir à entendre une histoire. Un plaisir assez analogue à celui, justement, du cinéma, et que Simenon est seul, peut-être, parmi les romanciers contemporains, à toujours procurer »[2]. Puis l'année suivante, *Juliette ou la Clef des songes* revient sur le devant de la scène mais cette fois « le film est tellement éloigné de la pièce que le mot adaptation prend ici une signification singulièrement forte. En effet, pour qu'un véritable drame se noue, les adaptateurs ont donné un rival à Michel. La perte de mémoire de Juliette était un élément statique, insuffisant à lui seul pour faire progresser l'action. Ce point de départ est au contraire très fort si un autre homme intervient. Mais les adaptateurs sont allés beaucoup plus loin. La dualité de chacun des personnages s'expliquant par le rêve, c'est d'emblée que le spectateur est prévenu par une scène qui met en présence trois hommes dans une cellule. [Michel] dort et l'un de ses compagnons [...] dit combien il l'envie de rêver. Cette précision qui ne figurait pas explicitement à l'origine fut ajoutée pour situer clairement les choses. Et, de fait, c'est ce rêve qui va permettre l'évasion. »[3]

Pour *Thérèse Raquin* d'après Zola (alors que *La Reine Margot* d'Alexandre Dumas vient juste d'être abandonnée), il fallait selon Carné « substituer une certaine intensité de l'action et des personnages à la richesse des éléments purement visuels [...] : "Quand j'ai relu le roman [...] je me suis aperçu que, pour actualiser l'intrigue, il fallait opérer de sérieux remaniements : dans le développement même du récit. Pas une fois, dans l'ouvrage, il n'est question de divorce. Une seule issue pour les amants : tuer le mari. Nous avons dû pour être logiques et tenir compte de l'évolution des mœurs, envisager d'autres solutions. Le crime n'a plus alors nécessairement son caractère de préméditation ; il se produit une série de circonstances ; mais comme dans le livre, brusquement nos deux héros se trouvent devant l'horreur d'un forfait qui les sépare... Ici pourtant encore, il fallait, pour maintenir l'intérêt du spectateur moderne, trouver autre chose que le drame du remords. Nous avons été amenés à imaginer un rebondissement en créant un personnage nouveau, celui du témoin

1. *Ibid.*, chapitre I.
2. Jean Quéval, *Marcel Carné...*, p. 83.
3. Robert Chazal, *Marcel Carné...*, p. 61.

(Roland Lesaffre) qui va tenter de tirer parti de l'affaire en soutirant de l'argent aux coupables. »[1] Ce que Michel Pérez souligne en rappelant que Thérèse et Laurent chez Zola sont « donnés comme des êtres mus par une sensualité longtemps réprimée » tandis que chez Carné « le crime devient parfaitement fortuit »[2].

C'est Marcel Achard, on l'a rappelé, qui signe l'adaptation du scénario de Jacques Emmanuel pour *Le Pays d'où je viens*, alors que Carné souhaitait depuis longtemps adapter un de ses textes, *Les Corsaires*. Cette qualité du travail, Carné la retrouve avec le film suivant : « Pour *Les Tricheurs*, ce fut la même alchimie. Ce que je voulais, c'était une sorte de *Roméo et Juliette* à Saint-Germain-des-Prés. J'avais en effet été frappé par un fait nouveau : alors qu'autrefois les jeunes amoureux voyaient leur passion contrariée par leur famille, leur religion, etc. les jeunes gens de nos jours se créent eux-mêmes leurs propres tabous. Cela faisait de mes personnages des êtres passionnants dans une aventure où l'anecdote était fort mince. »[3]

L'année suivante, Carné demande à Henri-François Rey une adaptation du roman de Hal Ellson Duke, *Tomboy et les enfants tueurs*. Mais une adaptation de *La Dame aux camélias* d'Alexandre Dumas fils était aussi prévue au même moment et restera dans les cartons : « Il s'agit, précise Carné, d'une version où la tuberculose est remplacée par la leucémie, où la cocotte de haut vol devient une starlette (Claudia Cardinale à l'époque), où tout se déroule dans le milieu du cinéma avec des personnages très inspirés de la réalité. Pour la construction, nous avions suivi celle du roman qui est fait entièrement en flash-back. [...] Là aussi, l'atmosphère était essentielle, puisque c'est l'ambiance des milieux de cinéma que je voulais évoquer. »[4]

Vautrin (d'après Balzac) et *Chéri-Bibi* (d'après Gaston Leroux) sont ensuite envisagés à l'adaptation mais seul le *Germinal* de Zola est travaillé entièrement par Charles Spaak en 1961, sans être finalement porté à l'écran.

La première adaptation du livre de Simonin *Du Mouron pour les petits oiseaux* avait été écrite par Georges Franju et par l'auteur lui-même, mais le producteur Borkon avait refusé. « Je me suis vite rendu compte, dit Carné, qu'il était impossible de prendre cette histoire au sérieux et je décidais d'en faire une charge. »[5] Après avoir envisagé « d'axer le scénario

1. *Ibid.*, pp. 64-65.
2. Michel Pérez, *Les films de Carné*..., p. 116.
3. Robert Chazal, *Marcel Carné*..., pp. 98-99.
4. *Ibid.*, pp. 74 et 99.
5. *Ibid.*, p. 75.

sur le personnage [...] de la concierge »[1], il dut se résoudre après l'accident subi par Arletty de changer son fusil d'épaule, ce dont pâtira le scénario.

La Dame aux camélias, devenue *Le temps d'un amour*, revient autour de 1963 puis repart aussi vite. Vient le marathon de *Trois Chambres à Manhattan*. « J'ai mis trois ans à mettre ce projet sur pied. *Trois chambres* est le meilleur roman de Simenon »[2] avoue Carné. Et de préciser : « C'est [...] la première fois que je suis un livre d'aussi près »[3]. Pourtant, « les difficultés qui se présentent au réalisateur [tiennent] à l'art de l'auteur [...] si grand qu'on croit à une densité des faits, là où tout n'est que description prenante d'atmosphère et peinture minutieuse de caractères »[4]. Chazal remarque que « l'adaptation est, en effet, assez fidèle, compte tenu de deux importants additifs au roman : une séquence parisienne qui, au début du film, permet de mieux situer le personnage de François, et le rôle du pilote de ligne déjà cité [...], histoire d'étoffer la part purement française de ce film très américain. »[5]

L'Aurore, livre du chroniqueur judiciaire Jean Laborde, sert de trame aux *Assassins de l'ordre*, Carné s'étant intéressé à cette « histoire vraie d'un homme qui, roué de coups dans un commissariat de Bordeaux, en était mort. Un juge d'instruction tenace avait réussi à obtenir la comparution en cour d'assises des trois meurtriers : deux agents et le commissaire lui-même. Mais le jury [...] avait acquitté les trois coupables. »[6].

Une fois l'histoire choisie, reste à en écrire le scénario. Un problème parfaitement résumé par Gabin : « Pour faire un film, il faut premièrement une bonne histoire, deuxièmement une bonne histoire, troisièmement une bonne histoire »[7]. Vaste programme...

Les scénaristes

Très longtemps le cinéma a été « reconnu comme un travail d'équipe non seulement dans la phase finale des prises de vue mais encore au stade de l'élaboration »[8]. Chazal remarque que « tout en ayant la plupart du

1. Marcel Carné, *La vie à belles dents*..., pp. 273-274.
2. Robert Chazal, *Marcel Carné*..., p. 76.
3. *Ibid.*, p. 80.
4. Marcel Carné, *La vie à belles dents*..., p. 280.
5. Robert Chazal, *Marcel Carné*..., p. 80.
6. Marcel Carné, *La vie à belles dents*..., pp. 296-297.
7. Annie Girardot, *Vivre d'aimer*, Paris, Robert Laffont, 1989, p. 121.
8. Robert Chazal, *Marcel Carné*..., p. 82.

temps choisi ses sujets, Marcel Carné n'est pas l'auteur complet de ses œuvres. S'il sait leur imprimer sa "patte" personnelle si facilement reconnaissable, ce style qui est l'apanage des grands réalisateurs, il a cependant toujours été tributaire de scénaristes dont dépendait, en définitive, une partie du résultat final »[1].

Son premier véritable travail de groupe, Carné l'a réellement effectué lors du tournage des petits films publicitaires en 1930, avec Jean Aurenche. Il se retrouveront, avant qu'Aurenche ne forme ensuite une équipe soudée avec Pierre Bost et Claude Autant-Lara, pour le scénario de *Hôtel du Nord* inspiré d'un fait divers trouvé dans les pages de *France-Soir*, celle d'un jeune couple qui « a voulu se donner la mort dans un hôtel de l'avenue des Gobelins, l'homme a tué la femme, puis il s'est manqué »[2].

Dès son premier film « seul », Carné recherche une collaboration fructueuse et complice. Ce sera avec Jacques Prévert. En 1994, il rappellera dans le catalogue de l'exposition de Montmartre sa rencontre liée à un « mystérieux coup du sort »[3]. « Quelques années auparavant, un de ces dimanches vides et creux de désœuvrement, mes pas me conduisirent presque par hasard dans un théâtre de la périphérie où l'on jouait une pièce surréaliste d'un auteur alors inconnu en dehors du groupe animé par André Breton : Jacques Prévert. La pièce s'appelait *La bataille de Fontenoy*. Rien donc dans le titre n'incitait particulièrement à entrer dans la salle. C'est pourtant ce que je fis, sans me douter, et pour cause, que ce jour marquerait ma vie… Le spectacle fit ma joie et aujourd'hui encore j'ai présente à la mémoire une réplique qui provoqua mon hilarité : "Soldats de Fontenoy, vous n'êtes pas tombés dans l'oreille d'un sourd." Après plusieurs années d'assistanat auprès de Jacques Feyder et de René Clair, l'occasion m'était enfin offerte de réaliser mon premier film. Toutefois une ombre figurait au tableau : le scénario – et quel scénario – m'était imposé, et c'était cela ou rien. Vint le moment où le producteur me demanda le nom de l'auteur auquel j'entendais faire appel pour l'adaptation cinématographique dudit scénario. Comment l'idée me vint de prononcer sans l'ombre d'une hésitation le nom de l'auteur de *La bataille de Fontenoy*, je me le suis toujours demandé, et j'avoue n'avoir jamais trouvé la réponse. Je le répète, Jacques était encore un inconnu, du moins dans le milieu

1. *Ibid.*, p. 83.
2. Michel Pérez, *Les films de Carné…*, p. 48.
3. *Catalogue de l'exposition Marcel Carné cinéaste…*, p. 50.

cinématographique. Du moins le croyais-je. Je m'attendais donc à un refus brutal. Or, quelle ne fut ma stupeur lorsque le producteur me répondit : "Prévert, mais nous ne connaissons que lui ; il vient d'écrire le scénario d'un film pour notre maison !" Je pensais que ce ne devait pas être le même homme... Incrédule, je l'appelai néanmoins au téléphone. Il me proposa de le rencontrer le lendemain au Théâtre Edouard VII où, en compagnie de Jean Renoir, il assistait à une projection du *Crime de Monsieur Lange*, dont il avait écrit les dialogues. Le doute n'était plus permis. Inutile de dire que le lendemain, j'étais fidèle au rendez-vous. Lorsque j'entrai dans la salle, Jacques vint vers moi et tout de suite se montra cordial. Je demandai à Renoir l'autorisation d'assister à la projection du film. Il me répondit par un grognement que je pris pour une acceptation. L'heure qui suivit me procura une joie sans mélange. Au fur et à mesure du déroulement des images, je me félicitais davantage d'avoir songé à Jacques pour l'adaptation de ce qui n'était encore que quelques pages intitulées *Prison de velours* (sic). Mais encore fallait-il que l'auteur d'un texte aussi savoureux, personnel et d'un ton nouveau comme celui du *Crime de Monsieur Lange* acceptât de s'intéresser au sombre mélo que je lui destinais... Lorsque, sous mon regard anxieux, il en prit connaissance, il eut cette phrase qui résumait la situation : "Avec ça on n'est pas foutu !" Je crus à un refus. Mais déjà il ajoutait en me rendant les feuillets : "On va essayer de se démer..." Il acceptait donc sous une forme détournée. Pour moi, c'était le principal. Je réalisai très vite ce qu'il entendait par "se démer..." C'était de faire intervenir dans cette sombre histoire de maison de rendez-vous dont le jeune gigolo tombera amoureux de la fille (!) des personnages hauts en couleur, très "prévertiens", ainsi qu'on le verra par la suite, mais inédits jusqu'alors dans le cinéma français. En procédant de la sorte, il enlevait une large part de la convention dont était empreint le scénario original. C'est ainsi que *Prison de velours* devint *Jenny*, du nom de l'héroïne. L'histoire en elle-même intéressait si peu Jacques qu'il n'avait pas trouvé d'autre titre. L'accueil de la presse montra combien il avait vu juste. Devant ce cocktail de convention et d'originalité – tant en ce qui concernait les lieux et les personnages – elle ne cacha pas son embarras... Quant à moi, j'étais ravi du travail de Jacques. De son côté, il parut satisfait du mien. Il n'y avait donc aucune raison que notre association s'arrêtât là. Nous en eûmes conscience l'un et l'autre... On connaît la suite. »[1]

1. *Ibid.*, p. 50.

Cette histoire de *Jenny* permet donc « de peupler cet univers préfabriqué de boîtes de nuit avec des personnages que l'on retrouvera par la suite, dans une certaine mesure tout au moins »[1]. Après le succès du film, Prévert et Carné prévoient de tourner *L'Île des Enfants perdus*, projet qui finalement sera abandonné. Déjà dans *Jenny*, le personnage de Lucien rappelait qu'il avait vécu à Belle-Île dans ce bagne pour enfants.

Avec *Drôle de Drame*, « Prévert et Carné ont ajouté des personnages bien dans leur manière, non pas grinçants mais risibles, d'une bêtise attendrissante ou odieuse, des personnages "hénaurmes" dont Carné tire les ficelles. [...] L'addition de ses personnages offre un contenu burlesque explosif »[2]. L'évêque anglican « était une proie rêvée pour l'ironie de Prévert qui avait complété l'ambiance pseudo-londonienne à l'aide de quelques Chinois »[3]. Pour *Le Quai des brumes*, c'est le scénario qui pose problème car, selon les dires de Carné, « il connut bien des avatars avant de trouver sa forme presque définitive. Nous avions d'abord imaginé un film à sketches, au cours duquel tous les personnages, réunis au "Lapin à Gill", à Montmartre, racontaient leur histoire avant de se séparer à l'aube... Et c'est alors que l'on montrait qu'ils avaient tous enjolivé leur confession. Mais cela enlevait la vedette à Gabin... »[4]. Dans *Le Jour se lève*, « c'est au dernier moment que la scène qui oppose Gabin et Berry (qui sera tué) a été écrite par Prévert. Carné, autant pour en régler chaque seconde que pour laisser les acteurs entrer dans leur personnage, la fit répéter tout un après-midi et ne la tourna que le lendemain. »[5]

Pendant la guerre, Prévert et Carné s'accordent sur des histoires « du passé », pour éviter toute difficulté avec les autorités allemandes. Et désormais le « fabuliste [...] s'approvisionne chez les fées »[6]. Pour *Les Visiteurs du soir*, le choix de l'époque a été fait par les deux hommes, comme se souviendra Carné : « "Tu as une préférence pour une époque ?" me demanda Jacques. J'hésitai un moment avant de répondre : "Je crois que je serais à l'aise dans le Moyen Âge. Le style flamboyant me plairait assez... Celui, par exemple, des *Très Riches Heures du duc de Berry*. – C'est pas con, dit Jacques. »[7] Et dans *Les Enfants du Paradis*, selon Chazal, « Prévert,

1. Robert Chazal, *Marcel Carné...*, p. 23.
2. *Ibid.*, pp. 25-26.
3. *Ibid.*, p. 26.
4. *Ibid.*, p. 29.
5. *Ibid.*, p. 38.
6. Jean Quéval, *Marcel Carné...*, p. 65
7. Marcel Carné, *La vie à belles dents...*, p. 137.

incontestablement, s'est surpassé. Sans rien abandonner vraiment de sa mythologie personnelle, sans renoncer à ses obsessions familières, il leur donne une *chair*, une réalité charnelle et psychologique, qui leur faisait défaut jusque-là. Aux ectoplasmes phraseurs succèdent des *personnages* substantiels, complexes, débordant de vie, riches de passions aux développements imprévisibles. Aux rencontres lourdes de symboles se substituent de vraies relations humaines avec tout ce fin réseau – qui leur est naturel – d'impulsions et de sentiments qui se heurtent, s'accordent, se prolongent, se multiplient l'un par l'autre. À la fable, à la romance, fait suite une chronique romanesque qui se déploie dans la durée, comme si le scénariste, depuis *Quai des brumes*, avait enfin pris le temps de lire Balzac et Stendhal, et qu'il lui en soit resté quelque chose »[1]. Pour Chazal toujours, « dans la mesure où Carné supervisait le travail de Jacques Prévert et avait, comme auteur de l'ensemble, à connaître de ses dialogues, il est responsable de l'échec (partiellement injuste) des *Portes de la Nuit*. Mais seulement dans cette mesure »[2]. Carné avouera plus tard : « Il y a eu un malentendu à la sortie du film. On a voulu en faire une œuvre beaucoup plus engagée qu'elle n'était. Pourtant, le sujet en était plus fantastique que social. » Ce malentendu est lié aux choix de Jacques Prévert. « Il se trouve qu'en 1946 on était moins disposé à s'extasier d'office sur les amusants à peu près, la poésie à la limite, la satire préfabriquée et l'innocence affectée chères au poète de Saint-Paul les Antiquaires surtout si cela se mêlait à des allusions très directes aux événements trop réels que les spectateurs venaient de traverser durant quatre ans. On peut fort bien retrouver dans *Les Portes de la nuit* les différents personnages des films précédents et, tout compte fait, le couple Montand-Nattier n'est pas tellement moins satisfaisant que le couple Cuny-Déa des *Visiteurs*. »[3] Mais maintenant, Prévert ne supporte plus la réaction de la presse, avouant à Carné : « Tu comprends [...] j'en ai marre de bosser dix mois sur un scénario pour me faire engueuler en dix lignes par un con de critique »[4].

Leur dernière collaboration date de *La Marie du port* bien que *Juliette ou la Clef des songes*, « film sans Prévert [comporte encore] des personnages qui pourraient porter sa signature. En particulier, le légionnaire [...] et le joueur d'accordéon [...], témoin constant des moments importants

1. Robert Chazal, *Marcel Carné...*, p. 47.
2. *Ibid.*, p. 49.
3. *Ibid.*, p. 50.
4. Marcel Carné, *La vie à belles dents...*, p. 198.

de l'aventure de Michel. Il y a le diseur de bonne aventure, le policier aussi… »[1]. On retrouvera aussi cette « nostalgie du style Prévert »[2] dans *Du Mouron pour les petits oiseaux* en 1962. Trois ans plus tard, Carné conclura : « Ceux qui veulent m'être désagréables disent que, sans Prévert, je n'aurais pas fait les films que l'on connaît. D'autres disent la même chose à propos de Prévert. En fait, notre rencontre a été bénéfique, mais il aurait été néfaste pour l'un comme pour l'autre d'éterniser une collaboration qui ne s'éternisait plus. Nous avions évolué chacun de notre côté. Il faut, pour collaborer comme nous l'avons fait, Prévert et moi, une identité de vues et de réactions qui ne peut être un phénomène de très longue durée. Pour moi, en tout cas, j'ai continué à faire des films sans Prévert, notamment *Thérèse Raquin* et *Les Tricheurs*, et ça n'a pas donné de si mauvais résultats. Maintenant, c'est *Trois Chambres à Manhattan*, l'un des sujets qui me tenaient le plus à cœur et que j'ai fait avec Jacques Sigurd. »[3]

Mais au-delà de tout cela, Carné ne comprend pas les critiques dont fut l'objet Prévert, du moins jusqu'en 1950, lui qu'il compare aux plus grands artistes : « Il est étonnant […] de constater que l'immense talent de celui-ci ne fut reconnu que beaucoup plus tard. Tout le temps que dura notre collaboration, il fut discuté, parfois même âprement. Il est vrai que la France est un curieux pays, ou plutôt que les Français sont de curieux gens. Ils haïssent et ne cessent de combattre tout ce qui s'élève très haut au-dessus du commun. Autant ils acceptent une sorte de médiocrité dorée, s'extasiant même sur elle, autant le talent véritable, voire le génie, provoque leurs sarcasmes quand ce n'est pas leur colère. Dans le domaine de la peinture, dans celui de la littérature ou de la musique, les noms des plus grands artistes, bafoués, insultés, ou volontairement méconnus de leur temps ne se comptent plus ; de Van Gogh à Modigliani en peinture ; de Balzac à Zola en littérature ; de Bizet à Stravinski en musique. Bien sûr, les années se chargent de remettre les choses à leur vraie place. »[4]

Pour *Jenny*, œuvre de Jacques Prévert, il ne faut pas oublier que le scénario fut finalement repris par Jacques Constant pour les derniers jours précédant le tournage, afin d'être accepté par Gaumont. Quelques scènes prévoyaient de montrer une devanture de lingerie assez osée. Carné se souvient des conditions dans lesquelles cette ultime mise au

1. Robert Chazal, *Marcel Carné…*, p. 63.
2. *Ibid.*, p. 75.
3. *Ibid.*, p. 99.
4. Marcel Carné, *La vie à belles dents…*, pp. 104-105.

point s'effectua, à cinq jours du tournage : « Constant, mis au courant par téléphone, arriva en sauveur. Lui qui avait eu si souvent l'impression de jouer les comparses entre Prévert et moi tenait sa revanche. Cigare au bec, il exigea pour travailler une chambre au Trianon-Palace à Versailles et du champagne. »[1] Et après trois jours de travail, la boutique de lingerie était devenue une boîte de nuit et la chanson du film « qui commençait ainsi : *Ô vous qui connaissez l'Angleterre / Connaissez-vous la misère ?* et qui s'était heurtée au veto de la censure, [...] était devenue : *Je veux te dire que je t'aime / Te le redire sans cesse.* »[2]

Le scénario du *Grand Jeu* en 1933 et de *Pension Mimosas* en 1934 avait été signé Charles Spaak, tout comme celui de l'année suivante, *La Kermesse héroïque* (revu par Bernard Zimmer, après une brouille entre le scénariste et Feyder). Spaak est « issu de la grande bourgeoisie flamande. [Il] a d'abord été le secrétaire de Jacques Feyder avant d'être le chef de publicité de la société Albatros, qui produira *Les Nouveaux Messieurs* (1929), leur première œuvre commune »[3]. « S'il n'a pas la fantaisie débridée d'un Jacques Prévert ni le goût ravageur pour les bons mots d'un Henri Jeanson, Charles Spaak n'en possède pas moins un talent très sûr de scénariste et de dialoguiste auquel sauront faire appel les plus grands cinéastes français »[4]. Carné et Spaak, sans doute du fait d'une arrivée conjointe dans le monde du cinéma, restèrent très longtemps liés. Ils se retrouvent pour *Thérèse Raquin*, puis en 1957 pour travailler toujours « au Trianon-Palace à Versailles (l'un des hauts lieux de la pensée cinématographique...) [à] une sorte de Roméo et Juliette à Saint-Germain-des-Prés : *Les Mains vides* »[5]. Mais cette fois, alors que *Thérèse* avait connu un succès considérable, « débordé par l'époque » et trop occupé, Spaak ne suit pas Carné au pavillon d'Estrées et abandonne. Il réapparaît trois ans plus tard pour le projet (inachevé) de *Germinal* avec une « préparation de sept mois [...] les trois quarts du découpage [étant] écrits »[6].

Un temps refusé par le producteur pour *Hôtel du Nord*, Henri Jeanson « contre-attaqua en apportant dans la combinaison Jouvet-Arletty, ce à quoi Lucachévitch, malgré sa rancune, ne resta pas insensible. Le sujet

---

1. *Ibid.*, p. 59.
2. *Ibid.*, p. 59.
3. Annie Mallégol, Noël Demaines, *Le Grand Atlas...*, p. 16.
4. *Ibid.*, p. 16.
5. Robert Chazal, *Marcel Carné...*, p. 70.
6. *Ibid.*, p. 74.

d'Aurenche fut retravaillé et à un tel point transformé que le scénario, contre tout attente, apparut finalement comme une sorte de parallèle entre deux couples »[1].

En 1939, tandis que Carné cherche une histoire originale, un voisin de pallier, inconnu à l'époque, Jacques Viot, lui propose un court synopsis, celui du *Jour se lève*. On le retrouve en 1952 pour le projet de *La Reine Margot* où il doit signer le scénario, cette fois seul. Mais il faut attendre *L'Air de Paris* pour son grand retour auprès du cinéaste. « Depuis longtemps j'avais envie de tourner une histoire sur le monde de la boxe, explique Carné, surtout sur le petit monde des jeunes amateurs qui tentent leur chance. Je suis un vieil habitué du Central et je connais bien cette atmosphère... On écrivit donc avec Viot une histoire qui était essentiellement celle d'un boxeur raté qui cherche sa réussite à travers celle d'un jeune qu'il manage »[2].

Ayant aimé *Rififi*, le cinéaste demande ensuite à Auguste Le Breton un scénario : ce sera *Les Prisonniers*. « Le scénario (auquel collabora un moment Georges Arnaud) fut fait et refait, mais le projet n'aboutit jamais »[3].

Avant *Le Pays d'où je viens*, Carné avait déjà voulu adapter un texte d'Achard, *Les Corsaires*. Mais ici le scénario original est de Jacques Emmanuel, qui signe avec Achard et Carné le dialogue. Un texte que nul ne songe à rapprocher des autres films, dits souvent plus « sombres ».

Un scénariste travailla aussi très régulièrement. Équivalent de Prévert, cette fois pour les années 1950-1960, Jacques Sigurd, « reconnu, à juste titre, comme un scénariste résolument "noir" [...] retravaille avec Carné le scénario des *Mains vides*, devenu *Les Tricheurs*. Ainsi dans un premier temps, Bob devait se suicider à son tour, puis dans un second, le scénario "commençait par le mariage de Bob avec Clo (*Avec toi, au moins, je pourrai parler de Mic*) et tout le film se passait en flash-back, pendant la cérémonie »[4]. Mais c'est le choix imposé de Andréa Parisy qui change les données car elle est trop "femme" : « Alors que je cherchais, dit Carné, à montrer comment une fille et un garçon, poussés l'un vers l'autre, écartent tous les tabous de la société pour se créer d'autres obstacles dérisoires mais tout aussi dirimants, le mariage entre Charrier et Parisy aurait encore truqué les cartes de ces *Tricheurs* »[5]. Les personnages se dessinent d'eux-mêmes,

1. *Ibid.*, p. 33.
2. *Ibid.*, p. 68.
3. *Ibid.*, p. 70.
4. *Ibid.*, p. 71.
5. *Ibid.*, pp. 71-72.

naturellement. D'ailleurs Carné affirme même: «Je n'ai pas eu besoin d'inventer les personnages de mon film: ils existent. Alain est connu. Sans domicile fixe, il atterrit chez ses amis avec pour tout bagage quelques disques et une brosse à dents. Mic est maintenant âgée de vingt-deux ans. C'est une grande fille, jolie, qui pourrait faire du cinéma. Je ne l'ai pas engagée parce qu'elle était trop vieille déjà pour le rôle. Il était essentiel que mes interprètes fussent très jeunes. Pour rester sympathiques. D'ailleurs, mes acteurs se sont imposés à moi, pour les trois principaux tout au moins.»[1] Parmi les épisodes inventés, Carné rappelle: «L'une des scènes capitales pour la peinture exacte de cette jeunesse 1958 [est] celle au cours de laquelle deux garçons vont chercher un petit chat apeuré sur un toit: "Comme je ne voulais pas me fier à ma seule expérience, j'ai lancé des enquêteurs bénévoles. C'est ainsi que j'ai appris le coup de l'ascenseur, analogue à l'épreuve des autos dans *La Fureur de Vivre*: deux garçons s'installent debout sur le toit de deux ascenseurs voisins que l'on fait partir au signal. C'est le dernier qui se couche juste avant l'arrivée au dernier étage qui a gagné l'épreuve. Ce n'est pas une plaisanterie. La plus petite erreur d'estimation et c'est la mort!... J'ai préféré l'histoire du chat. Le résultat est le même mais l'exemplarité est moindre: il y a, dans le cas du chat, une cause extérieure et fortuite.»[2]

Deux derniers scénaristes complètent la liste. Pour *Les Jeunes Loups* c'est d'abord Claude Accursi «qui avait connu un célèbre jeune premier à l'écran ayant une mentalité comparable [...] à celle [du] héros»[3] qui apporte sa contribution. Et pour *La Merveilleuse Visite*, Didier Decoin apporte son talent, lui dont Carné souligne «le don de raconter merveilleusement une histoire sans complaisance ou effets outranciers, simplement. Avec sincérité et sensibilité»[4].

Les dialoguistes

Paroles, paroles... Pour comprendre le sens du dialogue chez Carné, il faut citer son propre rapport au texte: «La forme d'un acteur, ou ce que je ressens en le faisant répéter, peut [...] me faire changer une prise de vues. Des détails de décors différents de ceux que j'attendais,

1. *Ibid.*, p. 71.
2. *Ibid.*, p. 72.
3. Marcel Carné, *La vie à belles dents...*, p. 291.
4. *Ibid...*, p. 311.

également. La seule chose que je respecte scrupuleusement, c'est le dialogue. C'est pourquoi je n'accepte pas que les acteurs le modifient en cours de tournage. »[1]

Il y a surtout Jacques Prévert, dont les mots sont autant de chocs pour les acteurs. Michèle Morgan témoigne : « Le style de ces quelques répliques me surprend, cela ne correspond en rien à l'idée que j'avais des dialogues de films. À la première lecture il m'apparaît étonnamment simple : des répliques quotidiennes, écrites avec les mots de tous les jours. Seulement dès que je les prononce, elles se transforment, prennent un sens nouveau. Est-ce la poésie qu'elles contiennent qui les rend, en quelque sorte, plus vraies que nous-mêmes ? Prévert, quelle révélation ! Je ne ferai pas que le lire, je le rencontrerai ; il viendra au Havre assister à quelques prises de vue [...] et je m'apercevrai que la source de sa poésie est si naturelle qu'il parle comme il écrit. Un alchimiste des mots, il transforme en or notre banalité, ses paroles il ne les met pas en cage, elles s'envolent, oiseau, fleurs ou papillons, et assis de guingois sur le bord de la chaise, il les suit rêveusement de son regard mouillé. Au bout de ses doigts jaunis par la nicotine sa cigarette accompagnant ses gestes dessine dans l'air de mystérieux hiéroglyphes... Un poète. »[2] Pour Roland Lesaffre, Prévert se résume en quelques phrases, à quelques traits d'esprit. Le comédien confie à l'auteur de *Paroles* : « – Je suis né dans un ascenseur. – Dans un ascenseur, répéta un jour Prévert, mais sais-tu à quel étage ? J'ai dit : – Non, Jacques. – Sais-tu s'il montait ou s'il descendait ? Ça, c'est très important. »[3]

Mais dans les mains du réalisateur les comédiens conservent une étrange impression. Carné souhaite que chacun se surpasse. Michèle Morgan se souvient de l'agitation qui régnait sur le plateau du *Quai des brumes* : « – Bon, allez chercher Mlle Morgan... – Je suis là. – Allez chercher M. Gabin. – Pas la peine, je suis là ! – Bon, merci, dit distraitement Carné, dont tout l'intérêt se porte sur l'arrière d'une roulotte qu'il dissèque du regard, le sourcil froncé. – Dis, sais-tu ce qui va se passer dans ce coin-là ? me demande Gabin. – Oui. – Toi et moi, c'est contre cette roulotte qu'on va jouer la scène du baiser. Prudente, je me tais. Il insiste, taquin : – Ça ne te dit rien ? Peut-être que tu ne sais pas qu'avec le "môme" Carné il n'est pas question de jouer ça au chiqué, c'est du vrai, on ne peut pas faire semblant. Il m'amuse, des baisers cinéma j'en ai déjà reçu et donné,

1. Robert Chazal, *Marcel Carné...*, p. 100.
2. Michèle Morgan, *Avec ces yeux-là...*, p. 95.
3. Roland Lesaffre, *Mataf...*, p. 17.

et celui-là sera comme les autres. Jean se tourne vers Micheline toujours prête à l'entendre : – Je te parie qu'elle ne sait pas embrasser ! C'est un jeu, je le sais, mais il m'agace. – Et pourquoi ? – T'es trop jeune. Tu manques d'expérience. Ce n'est pas comme Annabella, elle, elle savait ! Que les hommes sont bêtes ! Pas tellement, puisque je m'y laisse tout de même prendre et rageuse je décide intérieurement : "Il verra tout à l'heure !" tout en pensant qu'il se vante et qu'il n'osera pas m'embrasser pour de vrai. Le résultat : je suis énervée comme une gosse un soir de fête du Trône !... La voix de Marcel Carné nous commande : – En place ! Voilà, mes enfants, vous êtes cadrés comme ça, au 75. Michèle, faites bien attention, vos cheveux sont en bordure du cadre. Avec des précisions de ce genre, je ne suis pas près de perdre la tête ! Il m'explique le baiser, mes états d'âme... S'il savait comme au fond de moi j'ai le trac, et si Jean osait, comme ça, devant tout le monde ! – Lumière ! Moteur ! Clap ! On tourne ! – T'as de beaux yeux, tu sais... – Embrassez-moi... Il a osé et j'ai oublié d'être gênée ! Mes souvenirs s'arrêtent là. Carné a dû dire : "Bon", puisque nous n'avons pas recommencé ! »[1]

A priori, les phrases de *Hôtel du Nord* ne sont pas « impossibles à bien dire [car] à côté de [...] difficiles méditations à deux voix, il est des répliques signées Jeanson qui font mouche. Presque toutes celles dites par Jouvet ou Arletty, en particulier le fameux *Atmosphère*. Il est vrai que Jouvet et Arletty semblent être nés pour dire du Jeanson, cette gouaille faubourienne, avec quelque chose en plus, un certain raffinement dans "le populaire" et une richesse dans l'invention qui permettent de mettre les mots les plus secrets à la portée du grand public »[2]. Cela tient au fait que « Jeanson a peaufiné pour Louis et Arletty des dialogues de premier ordre, bâclant les textes d'Annabella et de Jean-Pierre Aumont »[3]. Il est vrai aussi que Carné avait envisagé de confier le rôle de ce dernier à Philippe Holmès, d'une « beauté fracassante »[4] et que les dialogues furent adaptés au caractère plus introverti d'Aumont.

Tandis que les dialogues de *La Reine Margot* auraient dû être signés par Gabriel Arout, pour *La Marie du port*, « on a dit que ce film marquait la rupture définitive de Prévert et Carné. C'est une erreur. Si le nom de Jacques Prévert ne figure pas au générique, si le dialogue est signé Georges

1. Michèle Morgan, *Avec ces yeux-là*..., pp. 108-109.
2. Robert Chazal, *Marcel Carné*..., p. 34.
3. Jean-Marc Loubier, *Louis Jouvet*..., p. 222.
4. Marcel Carné, *La vie à belles dents*..., p. 91.

Ribemont-Dessaignes, c'est le secret de Polichinelle que Prévert a beaucoup travaillé à ces dialogues qui sont d'ailleurs excellents et montrent que Prévert, lui aussi, est capable de prendre un virage. »[1]

La première rencontre avec Jacques Sigurd datait de 1947, lorsque Carné, en compagnie de Salvo d'Angelo, voulut tourner l'adaptation qu'il avait faite du roman de Thyde Monnier sur *Le Barrage d'Arvillars*. Le scénario « reprenait le thème de *Roméo et Juliette* : la fille d'un homme du pays menacé par le barrage tombe amoureuse d'un ouvrier qui travaille sur le chantier »[2]. Mais le sujet fut abandonné par les producteurs. Il revint en 1953 en signant les dialogues de *L'Air de Paris*. Pour *Les Tricheurs*, Spaak, débordé et complètement hors de coup, laissa la place à Jacques Sigurd dès le début de l'année 1958. Et ce dernier offrit à Mic cette phrase, pendant le jeu de la vérité, faisant le portrait d'Alain en une critique de l'existentialisme : « Tu es une petite ordure. [...] Tu ne cherches à épater les autres que pour t'épater toi-même. Parce que la saloperie, la révolte, c'est encore un remède à l'ennui, au vide ». En revanche, d'aucun reprochent dans *Trois Chambres à Manhattan* « très peu d'événements extérieurs, tous les dialogues sont en demi-teinte »[3].

Marcel Achard est l'auteur des dialogues du film *Le Pays d'où je viens*. Bien qu'évoluant dans un paysage idéal coloré, la scène du baiser entre Marinette et Éric dans *Le Pays d'où je viens* fait songer à celle du *Quai des brumes*. Tandis qu'ils se vouvoient juste avant, elle lui confie : « Heureusement que tu ne peux pas voir ma figure, je dois être toute rouge. J'ai pas honte, j'ai même jamais eu moins honte de ma vie. Puisque ça devait arriver, j'aime autant que ce soit le soir de Noël. Ça nous fera un joli anniversaire. »

Un mot aussi de Henri-François Rey, auteur des dialogues de *Terrain vague* avec Marcel Carné. Retrouvant la qualité des dialogues d'avant-guerre, il justifiera dans les colonnes d'*Arts* son travail, regrettant secrètement les premiers temps du cinéma : « Je n'ai aucune envie de parler du dialogue [que] j'ai voulu le plus simple, le plus fonctionnel possible, parce qu'à l'image, il n'y avait pas grand-chose à ajouter. Simplement, il fallait céder à la mode. Le cinéma est parlant. »[4]

1. Robert Chazal, *Marcel Carné...*, p. 57.
2. *Ibid.*, p. 54.
3. *Ibid.*, p. 80.
4. Henri-François Rey, *Arts*, 9 novembre 1960.

Les décorateurs

Pour leur rôle dans la perception de l'ambiance, il convient également de reconnaître la part prise par les décors dans la qualité des œuvres. Cela tient en partie à Carné qui expliquait : « Je ne pense pas que l'on puisse servir efficacement un art sans être curieux des autres, ni y être sensible. Comment un metteur en scène pourrait-il ignorer la décoration ou la musique qui sont parties intégrantes de son film ? [Car] l'atmosphère et les personnages comptent [...] plus que l'intrigue elle-même »[1].

Cette sensibilité lui vient de son père et de ses objets en bois qui le fascineront longtemps. Mais aussi de ses apprentissages. Ainsi, dans le film de René Clair, « l'atmosphère parisienne est recréée en studio grâce à l'immense décor de Lazare Meerson qui reconstruit toute une rue montmartroise »[2]. Rappelons aussi que son premier décorateur, dans les publicités de 1930, est Paul Grimault.

Pour *Jenny*, « les décors étaient encore plus conformistes que le sujet et Carné ne travailla jamais plus avec leur auteur, Jean d'Eaubonne. Mais il y avait cette histoire, confinée au départ dans le contreplaqué, les glaces sans tain et la soie artificielle, de jolies échappées sur des paysages vrais, agréables, comme le canal de l'Ourcq vu à l'aube [...] ou tragiques comme à la fin »[3] du film.

Puis pour neuf films, Alexandre Trauner travaille aux côtés de Carné qu'il a connu sur les plateaux de Feyder. « Venu de Hongrie, Alexandre Trauner en 1929 collabora en tant qu'assistant aux décors des principaux films que tournèrent René Clair et Feyder de 1929 à 1936. En 1937 il commence à créer, lui-même, pour Marcel Carné. *Drôle de Drame* marquait ses débuts. Il devait demeurer le décorateur fidèle de ses principaux films : *Quai des brumes*, *Hôtel du Nord*, *Le Jour se Lève*, *Les Enfants du Paradis*, *Les Portes de la nuit* et *La Marie du port*... Certaines de ses réalisations sont demeurées célèbres, tels la station du métro Barbès, le canal Saint-Martin, le boulevard du Crime, comme le seront désormais le Château de Juliette et l'étonnante forêt du *Pays sans Mémoire*... »[4] Pour *Drôle de Drame* il « sait admirablement suggérer autant que construire

1. Robert Chazal, *Marcel Carné*..., pp. 98 et 102.
2. Philippe d'Hugues, *Almanach*..., p. 182.
3. Robert Chazal, *Marcel Carné*..., p. 24.
4. Archives Carné, 4 JUL/1.

[et évoque] une Angleterre extrêmement fantaisiste »[1]. Il excelle dans *Le Quai des brumes* avec « la construction des décors dits "en fausse perspective" [...], un décor de rue, long de trente mètres donne l'illusion à l'écran d'une voie quatre fois plus longue pour peu qu'on emploie l'optique appropriée, c'est-à-dire obligatoirement un objectif à courte focale. Cela tenait à l'ordonnance et surtout à la proportion des immeubles qui composaient la rue. Si les premiers étaient de grandeur normale, ou sensiblement moindres, les suivants diminuaient progressivement de hauteur et de largeur, finissant par avoir, suivant la longueur de la rue recherchée, deux ou même un mètre de hauteur. Un sol incliné, remontant vers le fond, achevait de créer l'illusion. »[2] Pour Jean Quéval, tout le talent de Trauner permet au spectateur de passer « sans difficulté d'un décor à l'autre, et de l'exotisme de bric-à-brac et de bout du monde, celui de la cabane-bistrot, aux scènes où la réalité même assume une part de symbole »[3]. Pour ce même film, Chazal parle d'une « réussite presque parfaite [...] à cause de l'atmosphère. Ce port, que l'on appelle Le Havre pour lui donner un nom, mais qui trouve sa vie propre, son atmosphère dans une ambiance de brouillard, de clair-obscur [...]. La grisaille, la pluie, les pavés luisants, les aubes lugubres rendent visibles la fatalité et la certitude de l'échec »[4].

Pour *Hôtel du Nord*, si « Carné s'attache, comme toujours, au climat, [...] ce canal de studio est une réussite de Trauner. » C'est pour certains au décorateur « qu'il faut sans doute attribuer la meilleure performance individuelle »[5], en particulier grâce à « cette passerelle jetée au-dessus du canal qui permet techniquement et dramatiquement de prendre le recul nécessaire. Cette passerelle qui est un élément du drame. Presque un personnage, et que l'emploi de décors réels aurait rendu beaucoup plus difficilement utilisable. Un lieu dramatique aussi bien défini est déjà un élément de réussite artistique »[6]. De la même manière, pour *Le Jour se lève* en 1939, l'immeuble de François est entièrement reconstruit à partir d'un bâtiment réel situé rue La Fayette, face au canal Saint-Martin. Il s'agit cette fois d'un décor réalisé sur des données très précises de Carné : « Il était indispensable pour la crédibilité de l'intrigue que le dernier étage de

1. Robert Chazal, *Marcel Carné...*, pp. 25 et 30.
2. Marcel Carné, *La vie à belles dents...*, p. 79.
3. Jean Quéval, *Marcel Carné...*, p. 27.
4. Robert Chazal, *Marcel Carné...*, pp. 30 et 32.
5. Jean Quéval, *Marcel Carné...*, p. 35.
6. Robert Chazal, *Marcel Carné...*, p. 35.

l'immeuble habité par le héros de l'histoire soit inaccessible et que, par conséquent, sa construction domine toutes les maisons des alentours. »[1]

Trauner sera envisagé une nouvelle fois pour *École communale* en 1939 mais le projet, à cause de la guerre, échoue. On le retrouve alors en 1942 dans *Les Visiteurs du soir* mais « comme tous les artistes juifs, interdit de travail depuis 1940 »[2] cela impose d'« engager simultanément un décorateur officiel qui sera Georges Wakhévitch, autre grand nom de la profession. Ils seront donc co-auteurs des importants décors médiévaux du film »[3]. Carné se souviendra : « Trauner s'était réfugié après l'exode, à Tourrettes-sur-Loup, au-dessus de Vence. Quant à Kosma, il vivait dans un petit hôtel discret, enfoui sous la verdure, à la sortie de Cannes. Déclarés incapables, conformément à un décret de Vichy, parce que juifs, d'occuper un poste important dans un film [...] restait la possibilité de les faire engager anonymement. [...] Je risquais, si la manœuvre était découverte, l'interdiction totale de travailler [...] pourtant je n'hésitais pas, tant cela me semblait naurel. »[4] Malgré ces difficultés, la réussite est totale, en particulier pour la scène finale qui « reste le moment du film le plus célèbre. Elle fut tournée non loin de Saint-Paul de Vence, au-dessus de Tourrettes-sur-Loup, dans un domaine planté d'oliviers, le Prieuré de Valette. Cette propriété-auberge était le refuge de toute l'équipe dont les membres avaient pour la plupart un intérêt vital à échapper à la curiosité des occupants »[5]. Puis vient le décor du boulevard du Crime, « long de deux cents mètres [et qui] coûta cinq millions de francs, somme énorme à l'époque [...] ; Trauner était secondé pour les décors par Barsacq et Gabutti »[6]. Cet « immense décor [...] avait été édifié sur l'emplacement où se dressait, un an auparavant, celui du château blanc des *Visiteurs* »[7]. L'illusion est si parfaite que la plupart des admirateurs du film confondent, aujourd'hui encore, la reconstitution et son modèle.

En 1946, un scandale vient cependant entacher les relations entre Trauner et Carné. Pour *Les Portes de la nuit*, ce décor du métro Barbès-Rochechouart est un désir du cinéaste. La station avait été « reconstituée alors qu'il eût été si facile, disaient ceux qui ne savaient pas, de tourner

1. Marcel Carné, *La vie à belles dents*..., p. 106.
2. Philippe d'Hugues, *Almanach*..., p. 273.
3. *Ibid.*, p. 273.
4. Marcel Carné, *La vie à belles dents*..., p. 138.
5. Robert Chazal, *Marcel Carné*..., pp. 42-43.
6. *Ibid.*, p. 45.
7. Marcel Carné, *La vie à belles dents*..., p. 163.

sur place… En réalité, dans la production, tout le monde était d'accord pour monter ce décor, les prises de vue directes étant impossibles faute de recul et aussi de temps pour régler convenablement les éclairages »[1]. Ce décor, Jean Renoir l'avait déjà reconstitué pour *Marquitta* en 1927, mais seulement en « maquettes »[2]. Ici, ce sont surtout les proportions et le coût exorbitant du chantier, dans une France en pleine reconstruction, qui vaudront les sarcasmes de la presse moralisatrice. Aussi *Juliette ou la Clef des songes* marque-t-elle la dernière apparition de Trauner au générique. Avec « cette forêt aussi célèbre que le château des *Visiteurs du Soir* ou le métro des *Portes de la Nuit* [il y avait encore] de quoi faire frémir les chantres de la nature-prise-sur-le-vif, et des infinies ressources de l'inattendu. [Mais] cette forêt était un décor et, parmi les décors, l'un des plus audacieux. Chaque arbre était amovible, suspendu aux passerelles par des câbles qui permettaient de les déplacer selon les scènes, de modifier ainsi l'aspect des lieux et de régler les éclairages les plus subtils et les plus composés. Après avoir été l'objet de critiques acerbes pendant les prises de vues, cette forêt fit à peu près l'unanimité dans la louange quand on put enfin se rendre compte du résultat »[3]. En effet, « doué d'une imagination qui, jointe à son savoir-faire, ne se trouvait jamais en défaut, Trauner résolut un problème en apparence insoluble. Il imagina de composer son décor en mêlant arbres et feuillages véritables à de très gros troncs construits en staff autour d'une armature […]. Il ne restait plus alors qu'à […] faire glisser [l'ensemble], un peu comme au théâtre on déplace ou on soulève les portants. »[4] Cela donne à *Juliette* une certaine parenté avec le décor des *Visiteurs du soir*, notamment « la blancheur de la cour du château de Barbe-Bleue, la lumière provençale, les extérieurs méridionaux »[5].

Trauner laisse sa place à Paul Bertrand pour *Thérèse Raquin*, en partie tourné à Lyon. Carné souhaite retrouver « l'atmosphère repliée sur elle-même de certains quartiers de cette ville, […] Saint-Jean, les quais du bord de Saône, les parties de boules et leur aspect immuable. Paris, [il en était] un peu las [l'ayant trop] souvent montré à l'écran… »[6]. Mais avec *L'Air de Paris* revient le temps des tournages en studio : « Je n'ai pas pu

1. Robert Chazal, *Marcel Carné…*, pp. 51-52.
2. Annie Mallégol, Noël Demaines, *Le Grand Atlas…*, p. 12.
3. Robert Chazal, *Marcel Carné…*, pp. 62-63.
4. Marcel Carné, *La vie à belles dents…*, p. 225.
5. Michel Pérez, *Les films de Carné…*, p. 112.
6. Marcel Carné, *La vie à belles dents…*, p. 233.

tourner à l'intérieur du Central. Nous l'avons reconstitué en studio »[1]. Paris reste l'un des arguments rappelés par la production : « Dans chacun de ses films, Marcel Carné s'est évertué à chanter le charme nostalgique des quartiers populaires de Paris. Avec *Hôtel du Nord*, et *Les Portes de la nuit* il avait évoqué la tristesse un peu morbide de La Chapelle et du Canal Saint-Martin. Avec *Le Jour se lève*, il nous introduisait dans le monde des faubourgs ouvriers de la capitale. Dans son dernier film *L'Air de Paris*, il nous conduira à la découverte de ce quartier pittoresque des Halles que Zola avait dépeint avant lui. »[2]

Nouvelle infidélité pour *Le Pays d'où je viens*. Cette fois le réalisateur fait appel à un des décorateurs fétiches de la compagnie Renaud-Barrault, « Jean-Denis Malclès qui conçut de délicieux décors mais trop "théâtre". Un autre les reprit – Douarinou – qui les ramena à la dimension cinéma mais laissa la poésie en chemin. »[3] Cela explique que « tout l'esprit qu'avait mis Malclès dans ses dessins [...] se changea en réalisme assez plat. »[4]

Changement radical avec *Les Tricheurs* où Paul Bertrand revient aux affaires. « Que ce soient les lieux de rendez-vous des jeunes habitués du quartier (le café Bonaparte – le "Bona" –, le bar de la Pergola au carrefour Mabillon, le "Tabou", qui connaissait alors ses dernières heures de tumulte juvénile avant d'aborder l'ère de glaciation qui le transformerait pour jamais en une sorte de monument historique aux airs désaffectés) ou les rues de leurs déambulations quotidiennes, le décor des *Tricheurs* sonne juste et vrai, quand bien même on lui imprime une stylisation qui ne tarde pas à lui donner le caractère d'un lieu de tragédie »[5]. La filiation avec les décors de *Terrain vague* est tout aussi évidente : les lieux choisis se singularisent non seulement par des intérieurs sombres et angoissants, mais aussi par des extérieurs qui font songer à ceux du néo-réalisme italien. Jusqu'aux derniers plans avec le bâtiment abandonné où Babar se suicide et aux grandes barres de Saint-Ouen.

Alors que pour *Germinal* de 1961 « les maquettes de décors [étaient] terminées », Paris, avec de nouveau ses cages d'escalier, ses chambres de bonne et ses loges de concierge, est de nouveau sublimé par Jacques Saulnier dans *Du Mouron pour les petits oiseaux*.

---

1. Robert Chazal, *Marcel Carné...*, p. 68.
2. *Ibid.*, pp. 69-70.
3. *Ibid.*, p. 69.
4. Marcel Carné, *La vie à belles dents...*, p. 246.
5. Michel Pérez, *Les films de Carné...*, p. 137.

Pour *Trois Chambres à Manhattan,* Carné prévoyait « trois semaines d'extérieurs »[1]. Léon Barsacq, que l'on avait déjà vu à l'œuvre pour *Les Enfants du Paradis*, du fait de ses rapports privilégiés avec Jean-Louis Barrault, se charge des décors et précède le cinéaste à New York, « prenant le maximum d'éléments de couleur locale. Il devait rapporter d'innombrables photos et aussi des objets typiquement américains. »[2] Sa documentation photographique permet de compenser l'éloignement de l'Amérique et de « reconstruire à Billancourt le visage même et l'atmosphère de certains coins de Manhattan »[3]. « Je me demande encore comment nous avons pu nous lancer dans une telle aventure, dit Carné. Nous avions bien repéré le principal à New York mais vous savez combien comptent les petits détails, surtout dans le cinéma que je fais et plus encore dans l'aventure de ces personnages qui se retrouvent dans des endroits différents dont il faut à chaque fois évoquer l'atmosphère… Nous avions des préoccupations qui paraissent incongrues et qui étaient pourtant essentielles. Ainsi, comment habiller les acteurs ? Tout dépendait du temps qu'on allait trouver là-bas et de l'époque à laquelle on tournerait finalement les extérieurs. C'est pour des détails de ce genre que nous avons plusieurs fois frisé la catastrophe. Par bonheur, Barsacq a fait des prodiges et a toujours su repérer l'essentiel. Tenez, ajoute-t-il, les bars. Mes deux personnages vont, entre autres lieux, dans quatre bars différents. Il fallait éviter la monotonie, que l'atmosphère, donc la décoration dans ses moindres détails, fût différente en chaque endroit. Barsacq y a parfaitement réussi, mais ça n'était pas gagné d'avance ! Cent autres exemples. Quand un Américain boit un verre d'eau, et cela lui arrive souvent, c'est un verre d'eau glacée dans un gobelet, enfin vous connaissez, pour l'avoir vu cent fois dans les films américains. Encore faut-il y penser quand on tourne à Paris, en studio… La sonnerie du téléphone n'est pas exactement la même là-bas qu'ici. Un café à terrasse, ça n'existe pratiquement pas… les barmen ont de petits tabliers avec quatre plis dans le bas parce que c'est la partie qui s'use le plus en frottant contre le comptoir. Ce sont des tabliers fonctionnels, comme tout aux U.S.A. »[4] Carné retient « le pittoresque de Manhattan avec ses petites maisons misérables coincées entre les gratte-ciel. L'hôtel où habite François est justement l'une de ces petites bâtisses, la chambre

1. Robert Chazal, *Marcel Carné…*, p. 77.
2. *Ibid.*, p. 78.
3. Marcel Carné, *La vie à belles dents…*, p. 282.
4. Robert Chazal, *Marcel Carné…*, pp. 78-79.

est minable mais la vue est fantastique. Difficulté, par contre, avec cette ville où tout est allumé vingt-quatre heures sur vingt-quatre et où il est donc très difficile de capter ces impressions d'aube naissante que Carné affectionne. »[1]

Rien de commun avec *Les Assassins de l'ordre* où, pour faire des économies de bout-de-chandelle, le producteur Ardan tente de réutiliser tous les décors existant dans les studios parisiens. C'est le cas de la cour d'assises « qui avait servi pour un film américain dont l'action se passait à Paris [et] avait coûté [...] la bagatelle de soixante millions »[2]. Et après avoir fait licencier le décorateur lui-même pour la dernière semaine de tournage, Ardan aurait, d'après Carné, obligé « les machinistes à monter un décor ou plutôt les deux feuilles qui le composaient, laissées dans un coin du plateau par le décorateur avant son départ »[3].

Les costumiers

Concernant les costumes, celui que porte Nelly fait suite à une petite péripétie parisienne. Michèle Morgan raconte : « Un après-midi après la signature du contrat, Denise Tual vient me chercher : – Je t'emmène chez Chanel, on va voir ce que l'on peut trouver pour toi dans sa collection. [...] J'avais remarqué chez Marcel Rochas une robe qui me plaisait, et de retour à la maison, j'en avais fait, de mémoire, un bout de croquis maladroit mais clair. Sachant très bien ce que je voulais je mets mon dessin dans mon sac. Chez Chanel, après le passage de la collection, Denise demande si Mademoiselle pourrait venir voir Michèle Morgan. Mon nom ne cause pas grande émotion ; cependant, vive, suprêmement élégante, Coco fait son entrée. Tandis que Denise lui explique en quelques mots le personnage que je vais interpréter, son œil m'examine, m'évalue, et elle me demande : – Vous avez vu un modèle qui vous convient ? Parfaitement inconsciente du crime de lèse-Chanel que je commets, je lui tends tranquillement mon dessin : – Je crois que j'aimerais quelque chose dans ce genre-là. Reconnut-elle le modèle de Marcel Rochas ? Je ne le saurai jamais, n'ayant pas osé lui en reparler plus tard. Elle le prend, fait une moue de dégoût extraordinaire, me dévisage intensément et s'adressant à Denise Tual [...] laisse tomber, du haut de sa renommée, cette sentence :

1. *Ibid.*, p. 80.
2. Marcel Carné, *La vie à belles dents...*, p. 301.
3. *Ibid.*, p. 301.

– Ce qu'il lui faut, c'est un imperméable et un béret. Quel talent avait Coco Chanel ! »[1] Cette allure d'une modernité provocante, Jean Gabin la résumera : « On avait l'habitude de voir des petites femmes frisées avec des petits bibis, parce que c'était l'époque de ça. Alors, tout d'un coup, voir une jeune fille avec un imperméable et un béret, c'était nouveau. »[2]

C'est ensuite Christian Bérard qui crée les costumes des *Enfants du paradis*, une véritable « seconde peau »[3]. Carné aura longtemps pour lui « une très vive admiration, [...] à la fois pour le peintre et pour le décorateur »[4]. Mais il y a surtout Antoine Mayo, qui débute là une collaboration pour six films. Il illumine la caméra et donne l'illusion de la couleur malgré la pellicule en noir et blanc. Lesaffre se souviendra : « Mayo avait été le costumier du film *Les Enfants du Paradis*. Il avait modifié pour moi l'uniforme du légionnaire, dans *Juliette ou la Clef des songes*. Il avait un appartement rue de Seine. Là, il inventait ses costumes. Il créait avec le tissu une atmosphère qui se fondait dans celle du décorateur. Son travail était si bien fait qu'on ne le voyait pas. Mayo était un véritable artiste. Son talent était immense. »[5]

Les assistants et les techniciens

Pour son premier long métrage, *Jenny*, Carné avait demandé à Roger Hubert d'être son directeur d'images, son chef-opérateur. Ils travailleront souvent ensemble « mais les images [...] sont aussi signées Carné. Elles en annoncent beaucoup d'autres ; aussi belles, aussi chargées de signification et aussi conformes à l'atmosphère Carné. »[6] Cette qualité atteindra son apogée dans *Thérèse Raquin*, Yves Gibeau dans *Arts* considérant même la photographie « exceptionnelle, à l'image [...] de cette sordide histoire : une grisaille constante, malsaine, des aubes tristes, brumeuses, des éclairages de nuit dont Hubert a le secret »[7].

Son assistant sur le plateau de *Jenny* est Pierre Blondy qui le suivra pour quatre autres films. C'est ensuite pour *Drôle de Drame* et *Le Quai des brumes* Schüfftan, merveilleux directeur de la photographie.

1. Michèle Morgan, *Avec ces yeux-là...*, pp. 99-100.
2. Henry-Jean Servat, *Les trois glorieuses...*, p. 66.
3. Edwige Feuillère, *Vertige feuillère*, documentaire, juillet 1993.
4. Marcel Carné, *La vie à belles dents...*, p. 133.
5. Roland Lesaffre, *Mataf...*, p. 167.
6. Robert Chazal, *Marcel Carné...*, p. 24.
7. Yves Gibeau, *Arts*, 12 novembre 1953.

Dans ce film, bien qu'il soit assisté de quatre autres personnes dont Marc Fossard, Henri Alekan et Louis Page, on en vient pourtant à dire « que l'image est signée Schüfftan et Carné »[1]. « Henri Alekan avait déjà collaboré avant la guerre comme caméraman à de nombreux films parmi lesquels deux œuvres de Carné *Quai des brumes* et *Drôle de Drame*. Il devint ensuite chef-opérateur et après plusieurs documentaires il tourne entre autres *La Bataille du Rail*, *La Belle et la Bête*, qui lui valut un prix en Suisse, *Les Maudits*, *Anna Karénine* (à Londres), *Les Amants de Vérone*, *Une si Jolie petite Plage*, *Ma Pomme* et *La Marie du port*. Dans *Juliette ou la Clef des songes* on retrouve son merveilleux style direct, éclatant dans les extérieurs lumineux de Provence par contraste avec les sombres images de la réalité du drame. »[2] Ces chefs-opérateurs, notamment Schüfftan et Alekan, permettaient aux comédiens, c'est aussi ce qu'affirme Edwige Feuillère, de « bien se préparer avant chaque prise de vue »[3]. Par leurs paroles et leurs encouragements, ils donnaient cette confiance nécessaire avant chaque scène. Pour *Le Quai des brumes*, Michèle Morgan s'aperçoit que « sous les ordres de Schüfftan, les groupes de marmites sur les praticables s'allument, les cris familiers se font entendre : “Envoie le 5, le 6, le 10 et le 12 ! Pique le 30 ! Resserre le 8, élargis le 20…” »[4]. On retrouvera Schüfftan dans *Trois Chambres à Manhattan*, en 1965, mais Carné avoue cette fois qu'il « n'avait pas réussi l'atmosphère de New York comme il avait réussi celle du Havre, dans *Le Quai des brumes* »[5]. Tous lui reconnaîssent en revanche cet éclairage qui « donne un éclat du meilleur aloi à un paysage que les *thrillers* ont fini par rendre banal »[6].

Armand Thirard et Louis Née sont les chefs-opérateurs de *Hôtel du Nord*. Dans *Le Jour se lève*, Curt Courant leur succède.

Mais il faut dire un mot de l'assistant réalisateur des *Visiteurs du Soir*, Michelangelo Antonioni. Le futur réalisateur de *L'Avventura* et *Blow-Up* est cantonné « dans son coin » mais écrira plus tard que « regarder travailler Carné qui possède à un point ahurissant le sens plastique de l'image fut pour [lui] un enseignement infiniment précieux. »[7]

1. Robert Chazal, *Marcel Carné…*, p. 30.
2. Archives Carné, 4 JUL/1.
3. Edwige Feuillère, *Vertige feuillère…*
4. Michèle Morgan, *Avec ces yeux-là…*, p. 108.
5. Marcel Carné, *La vie à belles dents…*, p. 283.
6. Michel Pérez, *Les films de Carné…*, p. 150.
7. Marcel Carné, *La vie à belles dents…*, pp. 149-150.

Philippe Agostini, pressenti en 1946 pour être à l'image d'un nouveau *Jour de Sortie* intitulé cette fois *La Lanterne magique*, avait déjà été l'assistant de Schüfftan pour *Le Quai des brumes*, puis l'année suivante de Courant pour *Le Jour se lève*. Il prend la direction de l'image dans *Le Pays d'où je viens* mais, comme l'admet Carné, il « eut bien des malheurs. En extérieurs, où la neige jouait un rôle essentiel, il se servit d'une cellule déréglée. On s'en aperçut trop tard, la neige était partie »[1].

Finalement, les problèmes les plus sérieux avec des assistants apparaissent pour *Trois Chambres à Manhattan*. « Au cours de cette première expérience de tournage aux États-Unis, Marcel Carné eut du mal à imposer ses méthodes de travail à l'équipe américaine (obligatoire) et surtout à l'assistant qui, là-bas, est un personnage fort important »[2].

En fait, dès l'après-guerre il a continué de travailler avec la même génération d'assistants car il considère que « tout compte fait, le plus grave, c'est la foi qui manque. Si l'on compare, par exemple, les assistants d'aujourd'hui à ceux d'hier, à ceux que nous étions autrefois, on y trouve une différence vertigineuse. On ne vit plus *pour* le cinéma mais *par* le cinéma. Et c'est sans doute le cinéma lui-même qui en est responsable »[3]. Sans doute Carné pensait-il à certaines personnes jusqu'à *La Merveilleuse Visite*.

L'assistant ne lui sert pas pour les découpages. Il l'avoue : « Je ne suis pas un adepte du découpage immuable. Le contact avec le plateau, l'équipe, et aussi l'inspiration du moment, amènent souvent des changements. Le coup du découpage technique avec l'indication des numéros n'engage personne. Je me souviens de Feyder quand il me disait, en me tendant son scénario terminé : – Tiens, mets des numéros. Pour le producteur !... Ces fameux numéros sont tout juste des points de repère commodes. C'est ainsi qu'il m'est arrivé dans *Manhattan* de grouper treize numéros du découpage en quatre changements d'appareil, le déplacement de la caméra ayant permis une meilleure liaison et évité des champs et contrechamps »[4]. Le problème est plus évident pour les acteurs, en particulier Michèle Morgan : « Le morcellement des séquences par plan, pour des raisons techniques, ne respecte pas toujours l'ordre chronologique, vous oblige à pleurer, à être en colère, ou à se pâmer, avant d'avoir pu en exprimer la raison. »[5]

1. Robert Chazal, *Marcel Carné...*, p. 69.
2. *Ibid.*, p. 79.
3. *Ibid.*, p. 97.
4. *Ibid.*, p. 100.
5. Michèle Morgan, *Avec ces yeux-là...*, p. 78.

Le travail le plus important ne se passe donc pas à la table de montage, même si celui-ci est effectué avec une minutie extrême. Tout est déjà organisé à l'avance. Sans doute les heures d'apprentissage de Carné aux côtés de Feyder expliquent-elles cette science : « [Pour *Les Nouveaux Messieurs*], nous gagnions la salle de montage jouxtant les usines Renault, à Billancourt. C'est là que durant des après-midis entiers j'appris comment un montage peut donner vie, rythme et mouvement à un film, ou au contraire le desservir. »[1] Aucune place n'est laissée à l'improvisation. Rien de commun avec Louis Malle qui, dans son autobiographie, avoue pour *Ascenseur pour l'échafaud* : « Le montage représente une série de tentatives, d'expériences, pour dégager peu à peu l'essentiel, éliminer les fioritures, les complaisances, les faux pas. En même temps apparaissent des lignes souterraines, des leitmotive, des nuances thématiques qui parfois [...] ont échappé jusque-là parce que enfouis dans la matière confuse du tournage. C'est la part de l'inconscient qui se révèle ainsi à la table de montage »[2].

Pour les images et les lumières, l'évolution, en soixante ans, est des plus incroyables. Dès sa première figuration en 1935, Michèle Morgan remarque : « À l'époque, on vous maquillait encore avec de gros bâtons de fond de teint Leichner et vous démaquillait à la vaseline Panafieu au citron. La lumière était intense car la sensibilité de la pellicule n'avait rien de comparable à celle d'aujourd'hui, elle lui était très inférieure. Mon maquillage, trois millimètres d'épaisseur, me donnait la sensation de porter un masque qui empêchait ma peau de respirer, je craignais qu'il se craquelle à la moindre expression. Et puis dans la glace je ne me reconnais pas : dix ans de plus ! où ai-je été chercher ces yeux cerclés de noir, cette bouche saignante ? »[3]

Chez Carné, comme chez d'autres, le regard occupe une place de choix. Comme le dit si bien Jean-Louis Barrault, avec les cinéastes de sa génération « il y a le corps et il y a les yeux [car] par les trous des orbites se dissimule l'être primordial. Nous habitons un corps comme une maison. Nous fermons les paupières comme on baisse un store. Les rouvrant, on est à la fenêtre »[4]. Alors qu'elle a quinze ans, Michèle Morgan n'a-t-elle pas fait la rencontre d'un homme qui déjà lui a conseillé : « Avec ces yeux-là,

1. Marcel Carné, *La vie à belles dents*..., pp. 23-24.
2. Annie Mallégol, Noël Demaines, *Le Grand Atlas*..., p. 195.
3. Michèle Morgan, *Avec ces yeux-là*..., p. 38.
4. Jean-Louis Barrault, *Souvenirs*..., p. 62.

vous devriez faire du cinéma »[1] ? Pour Annie Girardot, « si on résume la situation, il y a d'abord le metteur en scène, l'opérateur, le cadreur, le mec du son et enfin, après, bien après, l'acteur, qui pense timidement : "Je préférerais la première prise…", mais qui ne dit rien, et pour cause : il n'est pas invité au montage ! Qu'il y ait six ou dix prises, douze ou quinze, ne sera gardée que celle où la mise en scène est impeccable, la lumière divine et le son en béton. Alors, je me méfie. Je dois à chaque fois être à la hauteur, en ébullition. Si je veux sauver mes billes, je ne peux pas me permettre de bafouiller, de jouer un cran en dessous, alors, j'ai l'œil. De toute façon, si tu n'as pas d'"œil", tu ne peux rien faire au cinéma. C'est le regard qui compte, c'est l'âme. Tu es en colère, tu le regardes et, hop, il rentre dans sa coquille ! L'amour ou la joie, tu les lis dans les yeux. »[2]

Un mot encore d'un personnage capital pour la promotion du film : le photographe de plateau. S'il ne faut en retenir qu'un, ce serait Raymond Voinquel, né à Fraize dans les Vosges, et qui travaillera sur les plateaux à partir des *Portes de la nuit* jusqu'à *La Merveilleuse Visite*. C'est grâce à lui que Carné et Lesaffre se sont rencontrés[3], le photographe étant un habitué des cercles sportifs où le jeune marin entretenait sa condition physique. Son œil de photographe fournira aux réalisations du cinéaste des photos de plateau d'une qualité exceptionnelle, avec une profondeur et un contraste jamais égalés. Depuis plusieurs décennies, ses portraits d'acteurs et d'actrices font le bonheur des collectionneurs et des cinéphiles.

Les compositeurs et les musiciens

Malgré son *Nogent* qui demeure son seul film muet, la musique occupe une place prépondérante dans les œuvres de Carné. Quoique composées par des musiciens différents, chacune d'entre elles possède, comme chez Hitchcock, une « marque sonore ».

Dans le livret qu'il rédige pour un disque d'hommage, Philippe Mougeot explique cette particularité propre aux « représentants du réalisme poétique [qui] entendaient promouvoir la musique à la dignité de substance organique de leur œuvre, participant intimement à l'élaboration de séquences entières pour les doter d'un éclairage particulier.

1. Michèle Morgan, *Avec ces yeux-là…*, p. 31.
2. Annie Girardot, *Vivre d'aimer…*, pp. 123-124.
3. Roland Lesaffre, *Mataf…*, pp. 133-135.

Les compositeurs qu'ils s'associèrent [...] avaient eux aussi compris qu'en changeant de fonction, la musique changeait de nature. »[1]

Pour trouver cette couleur tant recherchée, Carné rencontre tout d'abord Kosma. « Après avoir fait ses études musicales au Conservatoire National de Budapest, Joseph Kosma [est venu] en France et fait la connaissance de Jean Renoir avec qui il travaille plusieurs années. Jacques Prévert le présente à Marcel Carné et Kosma, devient son collaborateur musical pour *Jenny*, *Les Enfants du Paradis*, *Les Portes de la nuit*, *La Marie du port*, *Juliette ou la Clef des songes*. »[2] Pour *Jenny*, Kosma est « recruté par concours [...] et tint en outre un petit rôle dans le film »[3]. Utilisé dans *les Visiteurs du soir*, il écrivit pour *les Enfants du Paradis*, « avec Maurice Thiriet et Mouqué, chargé de l'accompagnement des séquences mimées »[4]. Pour cet « hommage du cinéma au théâtre [...], Carné [lui] demanda une partition destinée à accompagner un véritable spectacle de pantomime : Baptiste. [Il] écrivit une musique résolument descriptive, généreusement inventive et mélodique, pathétique et humoristique (pastiche des chansons enfantines, pour l'entrée d'Arlequin et la petite fille à la corde). Élégante, directe, toujours limpide (une simple gamme descendante, mineure, désarticulée, expose éloquemment la détresse du Pierrot tragique), cette partition s'inscrit tout à fait dans ce courant moderne de musique française spirituelle, transparente, allègre et sobre. Illustré par Jacques Ibert ou Marcel Delannoy, Jean-Louis Barrault devait peu après refondre la pantomime pour ses spectacles du Théâtre Marigny. [En revanche], inspiré d'un autre spectacle de Prévert et Kosma, le ballet *Le rendez-vous*, présenté par Roland Petit, *Les portes de la nuit* (1946) fut un échec [...]. La critique n'épargna même pas la musique de Kosma (de caractère plus directement mélodique et d'orchestration plus traditionnelle que celle de Jaubert), parlant de "lancinantes rengaines...". Elle répondait pourtant exactement aux vœux [du] réalisateur [...]. La suite symphonique, si elle déplace l'ordre des interventions musicales dans le film, conserve l'essentiel des thèmes avec tout leur pouvoir d'évocation : atmosphère fuligineuse des banlieues ouvrières (générique) ; "ballade" désenchantée entraînée dans le mouvement perpétuel d'un mécanisme

1. Livret Kosma-Jaubert, *Les Enfants du Paradis et autres musiques de films de Marcel Carné*, orchestre du Capitole de Toulouse, Michel Plasson, EMI Classics, 1993, p. 2.
2. Archives Carné, 4 JUL/1.
3. Robert Chazal, *Marcel Carné...*, p. 24.
4. *Ibid.*, p. 45.

implacable ; motif des *Feuilles mortes*, tel qu'il accompagne la valse des héros dans la séquence du chantier ; romance des *Enfants qui s'aiment*, seule note de lumière, qui, soutenue par des chœurs, sert de final au film – et un moderato dramatique qui se trouve être, en fait, le véritable générique. La chanson des *Feuilles mortes* fit le tour du monde : pourtant Yves Montand (qui ne faisait que la fredonner dans le film) eut du mal à l'imposer dans ses récitals et il renonça assez vite aux *Enfants qui s'aiment* : le public de l'époque était mal préparé à ce type de mélodie. »[1]

S'ajoutant à Kosma, Carné fait appel à deux autres compositeurs pour ses huit premiers films. Dans *Drôle de Drame*, c'est d'abord Maurice Jaubert, dont le style n'est pas sans évoquer « Maurice Ravel, auquel d'ailleurs il vouait un véritable culte »[2] et « qui écrira pour Carné la partition de *Quai des brumes*, *Le Jour se lève*, *Hôtel du Nord* [...]. C'est le même Jaubert qui avait fait la musique de *L'Affaire est dans le sac* [...] et celle, notamment, de *Quatorze juillet*, *Un carnet de bal*, et des films de Vigo... »[3]. Dans *Drôle de Drame*, la musique est souvent qualifiée d'« ironique et facétieuse : chaque fois qu'on monte ou qu'on descend l'escalier chez les Molyneux, une gamme chromatique évoque le suspense ; chaque coup de téléphone à Scotland Yard s'annonce par une sonnerie de cuivres et un roulement de tambours »[4]. Pour *Le Quai des brumes*, Jaubert innove : il assiste au montage dans les studios de Joinville pour minuter les scènes et compose alors méticuleusement une œuvre « belle : grave, prenante, nostalgique et variée »[5]. Il compose « de très brèves séquences, afin de ne pas rompre la dynamique du film. Quatre ou cinq notes seulement, de très courts intervalles lui suffisent pour tisser un halo poétique autour des personnages (thème mélodique de Nelly : andantino n° 6, largo nos 10, 13 & 15). Le thème rythmique des errances de Jean (moderato con moto, moto tranquillo), adapte sur un mode mélancolique, hésitant, une chanson de marin. Le 3e thème (activité portuaire : largo nos 1 & 19), leitmotiv du film, associe un chant de départ vigoureux à un angoissant déferlement de vagues. La couleur orchestrale a été particulièrement soignée dans les rares incidentaux : guitare accompagnant les soliloques de Panama (rubato) ; musique des manèges et timbres des limonaires entièrement

1. Livret Kosma-Jaubert..., pp. 3-4.
2. Marcel Carné, *La vie à belles dents*..., p. 81.
3. Robert Chazal, *Marcel Carné*..., p. 26.
4. Edward Baron Turk, *Marcel Carné*..., p. 82.
5. Marcel Carné, *La vie à belles dents*..., p. 82.

recomposés pour la fête foraine (tempo di java) et surtout les deux courtes mais saisissantes tenues de l'orchestre, frémissant, scintillant de tous ses timbres pour le lever du soleil et du vent sur la mer, l'image paraissant secréter ici sa propre magie sonore (con moto tranquillo). »[1] Une remarque : Jaubert ajoute aussi une musique religieuse d'un chœur d'enfants, qu'un poste de TSF diffuse pendant que Jean exécute Zabel dans la cave. Après *Hôtel du Nord*, une nouvelle création le fait travailler avec Carné : pour « *Le jour se lève* (1939), Jaubert renonce aux thèmes descriptifs pour obtenir une concentration maximum d'atmosphère tragique. Construite entièrement sur le rythme d'un battement de cœur, la partition exclut, sauf pour une séquence, toute intervention mélodique. Quelques motifs ébauchés seulement (dont un *Dies Irae* singulièrement gauchi) construisent un huis-clos sonore (générique final) où le traitement orchestral, les inflexions évoquent Ravel, que Jaubert admirait (*Concerto pour la main gauche*). Le chant désolé du saxophone, des cuivres voilés, diffuse, aux adagios (obsession, évocation) la lumière blême d'un outre-monde où plonge déjà le héros meurtrier. Une arabesque de flûte, un frémissement de cordes annonce un changement d'éclairage : irréels, le sourire mélancolique du *Dies Irae* au rythme de la valse, et la tonalité médiévale du motif grave et pur qui accompagnent la séquence du bonheur. Mis à part les incidentaux du Café Concert (tempo di marcia), c'est de toutes les musiques de film de Jaubert, celle qui offre la plus grande unité : "une vraie symphonie", disait Arletty... » Étonnamment, rappelle Philippe Mougeot, « entre Carné, enfant des Batignolles, ex-assistant de René Clair et de Feyder, et Maurice Jaubert, de bonne bourgeoisie niçoise, venu du barreau à l'orchestre, l'entente était profonde : tous deux étaient partisans d'un art populaire, sans concession au populisme ni à la facilité. Carné ramenait la tragédie aux dimensions du quotidien, de l'humanité moyenne ; et en composant pour le cinéma (trente-huit partitions !), Jaubert manifestait en faveur d'une musique accessible à tous, d'autant plus prégnante qu'elle tirait sa force et son sens de la réalité objective de l'image. »[2] Malgré le projet d'*École communale* qui finalement sera abandonné avant la guerre, ce *Jour se lève* sera dernière composition, puisque Jaubert trouvera la mort le 19 juin 1940 « dans un combat d'arrière-garde »[3].

---

1. Livret Kosma-Jaubert..., pp. 2-3.
2. *Ibid.*, pp. 3-4.
3. Robert Chazal, *Marcel Carné*..., p. 26.

Pour *Les Visiteurs du soir*, Maurice Thiriet le remplace et se révèle d'une grande fidélité aux atmosphères recherchées. Mais il lui faut trouver sa place face à Kosma. « Pour garder ses distances avec un décor en toc et des acteurs habillés de tissus anachroniques [pour lesquels] le metteur en scène a adopté de longs plans généraux [...] une ambiance solennelle [est] soulignée par la musique de Maurice Thiriet pour le symphonique et celle de Joseph Kosma (collaborateur clandestin) pour les mélodies »[1]. C'est notamment le cas des « deux seules chansons que comportait alors le film : *Démons et merveilles* et *Le tendre et dangereux visage de l'amour* »[2] – auxquelles s'ajoute *Tristes enfants perdus* de Thiriet. Mais cette création, pour laquelle les deux hommes se « partagent la paternité [...] n'ira pas sans contestation »[3] après 1945. Carné prend alors parti pour Thiriet tandis que Kosma est soutenu par Prévert, ce qui marque une première séparation entre les deux complices. Malgré tout, Kosma revient aux affaires pour *Les Portes de la nuit*, avec le succès que l'on sait pour *Les Feuilles mortes*. Puis une dernière participation pour *Juliette ou la Clef des songes* lui permet de remporter le prix de la meilleure musique à Cannes. Enfin, dans *Thérèse Raquin*, Maurice Thiriet offrira une partition d'une grande beauté, méconnue et qui pourtant mérite tous les éloges.

Changement de registre pour *L'Air de Paris* : la chanson du film est cette fois signée Francis Lemarque et Bob Castella, tout comme *Toi, qui n'ressembles à personne*, « une autre valse popularisée par Montand »[4]. Puis pour *Les Tricheurs*, Carné écoute de nombreux disques de jazz pour s'imprégner de leur ambiance. Il ne s'agit plus d'une création mais d'un remploi. Pour cette bande originale, des musiques de Dizzy Gillespie, Roy Eldridge, Stan Getz, Coleman Hawkins et Oscar Peterson sont enregistrées par le JATP après deux concerts à la Salle Pleyel. Selon Carné, ces musiques seront, « pour beaucoup dans l'engouement que devait rencontrer [le film] en France et à l'étranger »[5].

Terrain vague est en revanche illustré par Michel Legrand, immédiatement reconnaissable par ses percussions et ses rythmes envoûtants. Dès la montée de l'escalier, avec le générique, l'alternance de musique jazz et d'envolées symphoniques imprègne les images. C'est ensuite au tour de

1. *Ibid.*, p. 42.
2. Marcel Carné, *La vie à belles dents...*, p. 142.
3. Philippe d'Hugues, *Almanach...*, p. 273.
4. Michel Pérez, *Les films de Carné...*, p. 126.
5. Marcel Carné, *La vie à belles dents...*, p. 254.

Georges Garvarentz et Charles Aznavour de mettre en musique *Du Mouron pour les petits oiseaux*, avec une alternance de musique religieuse, de jazz et de musique yé-yé. Pour *La Merveilleuse Visite*, Alan Stivell compose une partition d'une grande exactitude de ton, « tels que la musique du bal et surtout les trois partitions de violon »[1]. Enfin, pour *La Bible*, Carné parviendra à imposer Jean Marie Benjamin pour un « oratorio, joué par cinq cents exécutants, enregistré en Espagne »[2].

Les interprètes

C'est avec Feyder que Carné a compris son « amour du comédien »[3]. Il explique dans *La vie à belles dents* : « Je crois surtout que je tiens de lui [...] sa passion, je dirais presque son vice, de tirer de celui-ci le maximum d'expression et de vie intérieure. »[4] Malgré les problèmes de distribution rencontrés, on peut regrouper les interprètes de Carné en six catégories : les proches, les têtes d'affiche, les comédiens de théâtre, les vedettes de music-hall, les seconds rôles et les découvertes.

Les proches

Dès 1929, pour composer l'une des silhouettes de *Nogent*, la propre tante de Marcel Carné accepte de figurer une « femme très fine »[5].

Également lié à son enfance du square des Batignolles, le jeune Marcel se souvient d'un « rival, un "gosse de riches", très fier de ses patins à roulettes, de ses costumes verts et, plus tard, de sa bicyclette : c'était Pierre Brasseur. Celui-là même à qui il donna son meilleur rôle dans *Les Enfants du Paradis* après lui avoir permis de se révéler définitivement en recevant la gifle la plus célèbre du cinéma français, dans *Quai des brumes* »[6]. André Brunelin, dans la biographie qu'il consacre à Gabin, s'amuse de l'anecdote : « À quoi tient la destinée d'un comédien... Cette double paire de claques marqua un tournant dans la carrière de Pierre Brasseur. Jusqu'alors jeune premier de fantaisie de films médiocres, *Quai des brumes* révéla [...] le

1. *Ibid.*, p. 322.
2. *Ibid.*, p. 341.
3. *Ibid.*, p. 51.
4. *Ibid.*, p. 51.
5. Roland Lesaffre, *Mataf...*, p. 232.
6. Robert Chazal, *Marcel Carné...*, p. 11.

grand comédien qu'il était »[1]. Lorsque Carné lui a proposé le rôle, Brasseur s'est souvenu : « N'étiez-vous pas à l'école de le rue des Batignolles ? Et n'avez-vous jamais joué dans le square derrière l'église ? »[2] On aurait dû revoir les deux amis sur le plateau de *Milord l'Arsouille*, puis sur celui de *la Lanterne magique*, mais les deux projets ne seront finalement jamais réalisés. Brasseur, en tout cas, participa aux côtés d'anciens autres comédiens de Carné au succès de la troupe Renaud-Barrault.

Autre amie très proche, sorte de mère de substitution dans le cinéma, Françoise Rosay. Née « le 19 avril 1891 [...] dans le neuvième arrondissement »[3], sa mère, « connue sous le nom de Sylviac, était une actrice de talent »[4] et elle lui fit par exemple rencontrer, à six ans, l'immense Sarah Bernhardt qui l'incita à jouer la comédie. La jeune Françoise Rosay fit son apprentissage dans de nombreux théâtres parisiens et y joua tous les classiques, Molière en tête. C'est lors d'une représentation, à Lyon, de la pièce de Goethe *Egmont*, qu'elle rencontra celui qui allait devenir son mari : Jacques Feyder[5]. Rappelons que c'est par sa rencontre avec elle que le destin de Carné bascule dès 1928. Devenu assistant de Feyder, le futur réalisateur travaille à ses côtés dans *Les Nouveaux Messieurs*, la retrouve pour *Le Grand Jeu*, *Pension Mimosas* puis, en 1935, pour *La Kermesse héroïque*. La même année, alors que Carné prévoit de tourner un second court métrage, c'est elle qui lui propose de jouer gratuitement pour le lancer dans la profession. Or, pour ce long métrage devenu *Jenny*, Françoise Rosay tient sa promesse : elle sera « l'œil présent de l'invisible superviseur Feyder, [...] une actrice excellente mais une personnalité envahissante »[6].Dans la préface qu'il rédige pour les *Mémoires* de l'actrice, Jean Anouilh témoigne : « Françoise Rosay était une dame ; elle avait certainement une conception aristocratique de la vie, qui est en train de passer de mode, et elle exigeait qu'on lui donne ce qui lui était dû. Ses agacements étaient célèbres et comme elle avait beaucoup d'esprit [...] la réplique aux médiocres et aux prétentieux fusait toujours, très drôle et quelquefois très dure – mais je ne l'ai jamais

1. André Brunelin, *Gabin*, préface de Dominique Gabin, Paris, Éditions Robert Laffont, 1987, p. 244.
2. Marcel Carné, *La vie à belles dents...*, p. 10.
3. Françoise Rosay, *La Traversée d'une vie*, souvenirs recueillis par Colette Mars, préface de Jean Anouilh, Paris, Robert Laffont, 1974, p. 23.
4. *Ibid.*, p. 26.
5. *Ibid.*, pp. 79-80.
6. Robert Chazal, *Marcel Carné...*, p. 23.

prise en flagrant délit de cette méchanceté qui est si facile, dans notre métier, aux grandes vedettes. »[1] Cependant, Feyder n'appréciera pas le rôle tenu par sa femme dans le film. Après la projection, il avoue même à Carné : « On dirait Raimu habillé en femme ! »[2] La leçon est retenue. L'année suivante pour le rôle de Margaret Molyneux, elle se surpasse et compose un personnage truculent. Pour reprendre les mots de Charles Ford, « sa célébrité universelle, elle la devait uniquement à ses activités professionnelles et à son immense talent : aucun scandale publicitaire, aucun éclat sensationnel, aucune aventure sentimentale, aucune attitude tapageuse, enfin, n'ont jamais terni sa réputation de grande dame. Elle tenait pour méprisables ces artifices dont certains usent et abusent pour se maintenir dans les feux de l'actualité. »[3]

Autre amie intime, Arletty, de son vrai nom Léonie Maria Julia Bathiat. Carné l'a connue sur le plateau de *Pension Mimosas* en 1934. Elle jouait alors le rôle de la fille de… Françoise Rosay. Il se souvient de son talent et force le producteur Lucachévitch à l'engager pour *Hôtel du Nord*. Ce sera « sa première composition importante »[4]. Cette collaboration faillit pourtant tourner au drame. Carné avoue : « Un peu lâchement, j'entrepris tout d'abord le tournage de certaines scènes interprétées par Annabella et Jean-Pierre Aumont […]. Il fallait pourtant bien en arriver aux scènes jouées par Arletty et Jouvet. […] On répète une première fois. C'est la catastrophe. La pauvre Arletty mélange texte, mouvements et accessoires. » Paniqué après plusieurs tentatives, Carné décide de mimer lui-même la scène et « cette fois tout est à sa place : texte, mouvements, accessoires. Tout. La répétition terminée, je bondis vers Arletty, la serre dans mes bras et l'embrasse avec sincérité, même si mon effusion se mêle à un certain soulagement. Tel fut le début d'une collaboration affectueuse qui durera près de dix années et que, seul, un accident devait brutalement interrompre. »[5] Un temps envisagée dans *Rue des Vertus*, elle tourne de nouveau dans *Le Jour se lève*. Elle devait également, si le film s'était fait, tenir le rôle principal d'*École communale*. Dans *Les Visiteurs du soir*, elle « a su donner à son personnage diabolique et charmant plus d'ambiguïté encore que n'en avaient espéré

1. Françoise Rosay, *La Traversée d'une vie…*, pp. 7-8.
2. Marcel Carné, *La vie à belles dents…*, p. 60.
3. Françoise Rosay, *La Traversée d'une vie…*, p. 13.
4. *Les Visiteurs du soir*, Paris, Balland, coll. « Bibliothèque des classiques du cinéma », 1974, p. 233.
5. Marcel Carné, *La vie à belles dents…*, pp. 94-95.

les auteurs. »[1] Elle sera l'éternelle Garance des *Enfants du Paradis*, sans doute l'un des plus beaux personnages féminins de toute l'histoire du cinéma français. Elle devait jouer à nouveau en 1946 dans *La Lanterne magique* puis *La Fleur de l'âge*. Après le rôle de Blanche dans *L'Air de Paris*, elle aurait dû retrouver la caméra de Carné pour *Du Mouron pour les petits oiseaux* mais un accident l'en empêcha. Et, jusqu'à la fin de sa vie, elle demeura l'une des plus proches amies du réalisateur.

Autre ami, mais cette fois pendant seulement quelques années, Alfonso Mathis fait de courtes apparitions dans *Les Tricheurs*, *Terrain vague* et *Du Mouron pour les petits oiseaux* ainsi que dans cinq autres films à la même époque sous la direction d'autres metteurs en scène.

Enfin, il y a surtout Roland Lesaffre, rencontré en 1949 sur le plateau de *La Marie du port*, à Joinville. Cet ancien sportif, qui avait connu une enfance difficile au camp de Rochechouart et dans le maquis, pour le groupe « l'As de trèfle »[2], était devenu marin à Siroco (avec le second maître Moncorgé, Jean Gabin) puis sur l'*Émile Bertin*. Si Lesaffre endosse la carrière de comédien, il ne le doit qu'à un concours de circonstances. Il confiera dans son autobiographie *Mataf*: « Raymond Voinquel [...] venait souvent photographier les sportifs à Joinville. Raymond Dot et moi, nous étions ses sujets préférés. Un jour, je le rencontre dans le métro. Je lui dis, en riant : – Tu viens nous photographier ? – Non, je vais sur un plateau. – Un plateau ? – Je vais sur le tournage du film de Marcel Carné, *La Marie du port*. – Ah ! bon. – Il y a Nicole Courcel, Jean Gabin. – Moncorgé ! je m'exclame, mais c'est mon pote, je t'accompagne. Pas très rassuré, Raymond Voinquel me lâche à la porte des Studios de Joinville. Je le laisse aller. Je dis au gardien que j'accompagne le type qui vient d'entrer. L'autre, habitué à ses petits amis, me prit pour l'un d'eux. Après avoir erré de-ci de-là, j'ouvre une porte. Une immense porte à deux battants, surmontée d'une grosse lampe allumée. Je pénètre dans une surface très grande où il y a beaucoup de monde. Je m'approche. Je vois Moncorgé tourner une petite cuiller dans une tasse. Dans un silence religieux, je m'écrie : – Jean, oh ! Jean, c'est moi, Lesaffre. Il ne répond pas. Venant du ciel, j'entends une voix qui crie : – Coupez ! Je continue : – Jean, c'est moi ! La voix venue du ciel gueule : – Qu'est-ce que c'est que cet énergumène ? Foutez-le dehors ! Je lève les yeux et je vois, très haut, sur une curieuse

1. Robert Chazal, *Marcel Carné...*, p. 44.
2. Roland Lesaffre, *Mataf...*, p. 33.

machine, un petit bonhomme hurlant et trépignant. Deux hommes me prient poliment mais fermement de quitter l'endroit. Je continue à me balader dans les lieux. Je découvre une cantine. Je bois un jus de fruit. J'en ai gros sur la patate. Il ne m'a pas dit bonjour, Moncorgé. Il a fait comme s'il ne me connaissait pas, le second maître. Eh bien, il va m'entendre ! On ne fait pas ça à un mataf, à un pote de la marine. Le temps passe. J'écoute les uns et les autres. Je finis par comprendre que ce n'était pas Moncorgé qui était "sur le plateau", comme l'avait dit Voinquel, mais l'acteur Jean Gabin. Je l'avais dérangé quand il bossait. Jean Gabin arrive, accompagné du petit gueulard. J'entends qu'il dit en s'adressant à Gabin : – Tiens ! voilà l'énergumène de tout à l'heure, tu le connais ? – Oui. Je l'ai bien connu quand il était à l'École des Fusiliers Marins, à Siroco. C'est un gars bien. Il boxe merveilleusement. Il court formidablement. Enfin, Gabin vient vers moi : – Bonjour. Alors, mon petit gars, t'as pas vu qu'on tournait ? – Jean, bonjour, Jean. Je suis venu exprès pour te voir. Je suis venu avec le grand monsieur là, celui qui photographie. Gabin a un petit sourire. – Je vais te présenter à... Je lui coupe la parole. – Ah ! celui qui m'a foutu dehors ? Il ne faut pas me faire ça à moi, je dis à Jean, il est un peu dégueulasse, le mec. Il me prend par l'épaule, m'emmène et déclare, narquois : – Je te présente Marcel Carné. Je ne dis rien. Carné me dévisage. Gabin m'annonce qu'il retourne sur le plateau et que l'on se reverra plus tard, si je peux l'attendre. C'est drôle, la vie. Gabin a payé ce jour-là le champagne à tout le monde, c'était son anniversaire. Je me suis trouvé dans l'anniversaire de Gabin, propulsé parmi tous les gens de *La Marie du port*. »[1] Après une première scène pour le film, c'est avec le légionnaire de *Juliette* que Lesaffre fait réellement ses débuts et « crève l'écran »[2], avec cet « œillet sur l'oreille, souvenir évident de Gary Cooper dans le *Morocco* de Sternberg »[3]. Il prend alors des cours avec Maurice Escande, tient quelques rôles pour d'autres réalisateurs mais connaît la consécration avec *Thérèse Raquin*, « une médaille d'or à Bruxelles et une récompense en Allemagne »[4]. À travers ce rôle de Riton, marin devenu maître chanteur, il résume sa propre vie : « Six blessures, un petit peu torturé par l'ennemi ». Le Festival de Venise lui fait un triomphe. « Pour *Thérèse Raquin*, Marcel Carné reçoit le Lion d'Or. Il vient vers moi, avec

1. *Ibid.* pp. 133-135.
2. Bernard-G. Landry, *Marcel Carné*..., chapitre V.
3. Michel Pérez, *Les films de Carné*..., p. 115.
4. Robert Chazal, *Marcel Carné*..., p. 66.

le trophée et me dit : – C'est toi qui le méritais, Roland. C'est moi qui le méritais... [...] C'est moi ! C'est pas vrai ! Cela se passait devant Simone Signoret, devant Raf Vallone, devant toute une foule qui applaudissait, devant des nanas pas possibles avec leur batterie de cuisine. Et moi, j'avais un smoking d'emprunt ; c'est le producteur, Hakim, qui avait acheté celui d'un maître d'hôtel quand il m'avait vu, oh, pas déguenillé, mais habillé d'une manière pas valable pour un Festival. En descendant les marches du Palais, je pense : "Je suis quelqu'un." Je m'approche de Marcel et je lui dis : – C'est sincère ce que tu viens de dire ? – Non, non, dit-il, c'était pour te faire plaisir. Ç'a toujours été comme ça la vie, pour moi, je n'ai jamais été quelqu'un plus de quelques secondes. »[1] Malgré tout, il est pressenti pour recevoir le prix d'interprétation à Venise mais celui-ci lui échappe de justesse. Sa carrière est donc lancée. Comme « le sport [a été sa] première façon de lutter pour la vie »[2], Carné l'engage pour *L'Air de Paris* dans le rôle du jeune champion de boxe. Prix Populiste à la clé, il joue ensuite le frère de Mic dans *Les Tricheurs* puis incarne le vendeur de surplus américains, Big Chief, dans *Terrain vague*. Son personnage de siphonné dans *Du Mouron pour les petits oiseaux* qui « rappelle à la fois Jean-Louis Barrault et Robert Le Vigan »[3] laisse la place en 1965, pour *Trois Chambres à Manhattan*, au « pilote de ligne créé de toutes pièces au cours de l'adaptation »[4]. Mais selon Chazal, pour lui les « prises de vues américaines, contrairement aux prévisions, ne purent excéder neuf jours [car il était] retenu en Corse pour un autre film »[5].

Carné ne peut se résoudre à filmer sans l'avoir à ses côtés. Il sera donc de tous les projets, des *Jeunes loups* à *Mouche*. Roland, c'est le pote, le confident, le soutien dont il a besoin : « Avais-je un ennui, un tracas quelconque, je pouvais compter sur lui ; plus encore que l'ami des beaux jours, il était celui des mauvais »[6]. Même s'il lui reconnaît de multiples défauts, en particulier qu'il a tendance « à galéjer, tel un natif de la Canebière »[7], entre eux est né « ce sentiment parfait qui [...] n'appartient qu'aux hommes. L'amitié pure et totale »[8]. Celui que Cocteau définissait

1. Roland Lesaffre, *Mataf*..., p. 25.
2. *Ibid.*, p. 28.
3. Robert Chazal, *Marcel Carné*..., p. 75.
4. *Ibid.*, p. 77.
5. *Ibid.*, p. 79.
6. Marcel Carné, *La vie à belles dents*..., p. 312.
7. *Ibid.*, p. 243.
8. Jean-Louis Barrault, *Souvenirs*..., p. 54.

comme « un renard, mais un renard du peuple [et il] en naît comme cela tous les trente ans, ils ont le flair »[1], reçut des mains de Paul-Louis Weiller, de l'Institut, « la croix de chevalier de la Légion d'honneur » et Carné, évoquant son action de résistant, parlera pour l'occasion de « geste de révolte, digne d'un Gavroche qui s'ignore »[2]. Didier Decoin, scénariste de *La Merveilleuse Visite* et de *La Bible*, lui érige une statue à travers un texte qui résume une vie consacrée à l'amitié : « Mister Roland et Docteur Lesaffre. Malgré plus de cinquante films et une jolie gerbe de prix d'interprétation, Roland Lesaffre n'existe pas. Sous une seule et même identité cohabitent en réalité deux êtres : Mister Roland et Docteur Lesaffre. Roland, c'est la fureur, la tendresse, l'explosion permanente de l'amitié… Lesaffre, c'est la rigueur, la gravité, la conscience d'un métier qui ne souffre pas d'à-peu-près. Roland s'extériorise sans compter… Lesaffre sait trouver cette voix profonde, comme un chuchotement, qui est celle des cris intérieurs. Roland porte des cravates conçues pour le plus dément des "technicolor"… Lesaffre s'habille de cette sobriété qui donne au cinéma son titre d'art, septième du nom. Roland tapisse son appartement des affiches de ses films… Lesaffre épingle sur les murs de sa loge les répliques les plus importantes de son rôle, afin d'en arriver à penser comme le personnage qu'on lui demande d'être. Roland dit sans hésiter : "J'aime" ou "Je déteste"… Lesaffre murmure à l'oreille du metteur en scène : "Dis-moi exactement ce que tu attends de moi." Roland proclame : "La vie, je connais !"… Lesaffre affirme : "Le cinéma, ça s'apprend tous les jours !" Il suffit que les projecteurs s'allument et que le metteur en scène crie : "moteur !" pour que Roland se fasse tout petit et pour que Lesaffre grandisse. Ne me demandez pas lequel je préfère, de Roland ou de Lesaffre : le premier est nécessaire à mon amitié, le second est indispensable à un générique de qualité. Une fois de plus, c'est Cocteau qui a raison : "L'aigle à deux têtes n'en vole que mieux, car il a le secret de l'équilibre entre la terre et les étoiles." »[3] Devenu le confident et l'ami, Roland Lesaffre sera, à la mort de Carné, son exécuteur testamentaire. Décédé à son tour en février 2009, les deux hommes sont désormais enterrés ensemble au cimetière Saint-Vincent à Paris, au cœur de ce Montmartre où ils avaient vécu tant de souvenirs.

1. Roland Lesaffre, *Mataf…*, p. 184.
2. *Ibid.*, p. 21.
3. *Lettre de Didier Decoin à Roland Lesaffre*, 17 juillet 1974, coll. part.

Les têtes d'affiche

Alors que le réalisateur privilégie au cours de sa « première période » des acteurs au talent déjà reconnu, la tendance s'inverse dès 1946 avec *Les Portes de la nuit*. Annonciatrice de celle de Jacques Becker dans *Antoine et Antoinette*, cette démarche intellectuelle permettait de conférer, comme pour les premiers films néoréalistes italiens, une certaine « vertu d'authenticité »[1].

En 1933, dans *Le Grand Jeu* (où il est de nouveau assistant à la réalisation), Carné a rencontré Charles Vanel, qu'il n'hésitera pas à demander pour *Jenny*, trois ans plus tard. Dans ce premier film, Vanel joue Benoît, un « méchant, rôle auquel il était voué à l'époque, à cause de son poil noir, de son aspect massif et d'une façon de parler quelque peu bourrue »[2]. Albert Préjean « avec sa gentillesse désarmante [incarne] l'amant de Jenny et de sa fille. »[3] Il a connu Carné sur les films de Feyder et Clair et, parmi l'équipe du film, il est le seul à « avoir manifesté une certaine sympathie »[4] à l'égard du jeune réalisateur, lui confiant même : « Crois-moi, j'en ai vu des metteurs en scène, mais des comme toi rarement… Tu vas faire une drôle de carrière ! »[5]

C'est en 1935 que Carné a rencontré Michel Simon sur le tournage de *La Kermesse héroïque* de Feyder. Il pense immédiatement au comédien pour *Drôle de Drame*, pour le double rôle de Molyneux-Chapel et le retrouve l'année suivante pour *Le Quai des brumes*. En 1939, il est pressenti pour jouer dans *Le Facteur sonne toujours deux fois* puis trente ans plus tard pour *Les Assassins de l'ordre* mais, dans l'un comme dans l'autre cas, la proposition n'aboutira pas.

Lorsqu'elle tourne *Hôtel du Nord*, Annabella a connu le succès « dans *Un soir de rafle*, *Le Million*, *Quatorze Juillet*, *La Bandera* »[6]. Mais « à l'annonce du nom d'Annabella, Jeanson – qui la baptise volontiers Anabêta – ne peut s'empêcher d'éclater de rire. "Annabella ! Mais, Marcel elle n'a aucun talent ! – Tout de même, Henri, si on fait le film, c'est grâce à elle ! – Veux-tu que je te dise ? Tu as des scrupules d'un autre âge ! Tu fais un film ou une œuvre de bienfaisance ? Alors… ! […] En réalité, ce que ne dit

1. Annie Mallégol, Noël Demaines, *Le Grand Atlas…*, p. 55.
2. Robert Chazal, *Marcel Carné…*, p. 24.
3. *Ibid.*, pp. 25-26.
4. Marcel Carné, *La vie à belles dents…*, p. 57.
5. *Ibid.*, p. 60.
6. Robert Chazal, *Marcel Carné…*, p. 33.

pas Jeanson à Carné, c'est qu'il a très envie de confier le rôle principal à Odette Joyeux comme dans *Entrée des artistes* qu'il est en train d'écrire »[1].

À ses côtés, Jean-Pierre Aumont, qui a déjà fait sa première apparition dans un film de Carné en 1937 dans le rôle du laitier de *Drôle de Drame*. Mais préféré au dernier moment à Philippe Holmès et Claude Dauphin pour *Hôtel du Nord*, le couple qu'il forme avec Annabella se voit finalement voler la vedette par Arletty et Jouvet, qui demeureront à la postérité. Jeanson était passé par là.

Dans *La Kermesse héroïque* de Feyder, Jules Berry avait déjà été pressenti pour le rôle tenu par Jean Murat. Sur les tablettes de Carné pour *Rue des vertus*, il ne tourne finalement que pour deux films. Dans *Le Jour se lève*, il donne la réplique à Gabin dans le personnage maléfique de Monsieur Valentin. Et pour *Les Visiteurs du soir*, il offre une « incarnation théâtrale et cascadante »[2] d'un « diable prestidigitateur unique. Ses mains qui, déjà, ensorcelaient Jacqueline Laurent dans *Le Jour se lève*, plongent tout un château dans le fantastique. Son autorité, son allure, son mystère sont tels que le personnage confère à cette fable un ton d'authenticité déroutant »[3]. Carné se souvient que, tournant deux autres films en même temps, Berry « arrivait à midi, fourbu, anéanti [et] croyant se soutenir au champagne, il en absorbait facilement une bouteille entière »[4]. Mais le résultat fut au rendez-vous.

Immense vedette internationale, Marlène Dietrich est pressentie en 1946 pour le rôle de Malou dans *Les Portes de la nuit*. Pour avoir rêvé d'un *Martin Roumagnac* avec Gabin, « un échec qui les laissa désemparés »[5], elle sera finalement remplacée au dernier moment : « À l'époque, Marlène Dietrich, précise Carné, était l'interprète désignée du personnage de Malou, rôle écrit pour elle, incarnation même de la femme fatale sans âge et pleine de mystère. Mais, la veille du tournage, Marlène renonça au rôle en entraînant Gabin dans sa fuite : le rôle n'était pas fait pour elle !!! En réalité, elle l'estimait insuffisamment important par rapport à ceux de Gabin et des autres car notre histoire comportait beaucoup de personnages essentiels. »[6]

1. Jean-Marc Loubier, *Louis Jouvet*..., p. 214.
2. Jean Quéval, *Marcel Carné*..., p. 49.
3. Robert Chazal, *Marcel Carné*..., p. 44.
4. Marcel Carné, *La vie à belles dents*..., p. 146.
5. Frédéric Mitterrand, *Destin d'étoiles*, tome II, Paris, P.O.L. – Fixot, 1991, p. 125.
6. Robert Chazal, *Marcel Carné*..., p. 49.

Pour *La Marie du port*, « parmi beaucoup d'autres candidates au rôle de Marie, qui justifiait l'appel à une débutante, Nicole Courcel était recommandée par Jacques Becker qui lui avait donné sa première chance dans [...] *Rendez-vous de juillet*. Loin d'être favorite, elle sut prendre l'avantage »[1]. Carné se rappellera qu'elle « lut le livre – ce qui est beaucoup plus rare qu'on ne croit chez les comédiens. Ensuite, elle eut l'idée de se présenter, pour un essai, habillée comme le voulait le rôle. [...] Elle a eu [...] pour me dire qu'il lui fallait absolument avoir le rôle, le ton, les gestes, le regard que j'imaginais pour Marie. C'était hallucinant. Et je lui ai dit : "Je t'engage, mais tâche de jouer tes scènes comme celle que tu viens de me jouer pour ton compte... Surtout ne change rien." Et, avec un soupir, Carné ajoute : "Elle n'a pas retrouvé tout à fait cette ténacité exacerbée, cette violence à peine contenue, mais ce qu'elle en avait gardé suffit à donner un bon relief à son rôle. »[2] Et en effet, à la sortie du film, Claude Mauriac considère que le cinéaste a voulu sacrifier Gabin « à la petite Nicole Courcel... Ce qu'il a fait autrefois dans *Le Quai des brumes* pour Michèle Morgan, tout semble annoncer qu'il vient de le réussir [avec] une toute jeune fille, jolie [...], et pleine de talent, [...] une figure féminine qui ne ressemble à rien de ce qui l'avait précédée dans la littérature ou dans quelque art que ce fût, et qui se mue en un type dont notre mythologie ne pourra plus se passer. »[3]

Ce succès, Suzanne Cloutier ne le rencontre pas pour *Juliette ou la Clef des songes*. Pourtant, elle parvient parfaitement à donner « l'image de cette jeune fille qui a brisé le destin du héros et qu'il recherche dans son rêve, à travers le pays des gens sans mémoire. *Au Royaume des Cieux* avait déjà révélé le talent de cette jeune Canadienne animée par la passion du théâtre et qui vient en France après avoir appris son métier en Amérique où elle joua partout, en tournée, les héroïnes de Shakespeare. Sa création de Juliette est une consécration et de quel éclat ! Dans sa grande robe blanche, aérienne, immatérielle, elle résume toutes les aspirations, tous les désirs de ceux qui l'entourent... Elle espère elle-même un amour qui se dérobe et qui la rejoindra seulement dans un monde où les vicissitudes de la vie n'ont plus cours... Marcel Carné a longtemps cherché son interprète. Mais on ne saurait désormais concevoir Juliette sous d'autres traits que ceux de Suzanne Cloutier. Par son jeu plein de réserve, d'intelligence, d'une

1. *Ibid.*, p. 56.
2. *Ibid.*, pp. 56-57.
3. Claude Mauriac, *Le Figaro littéraire*, 25 mars 1950.

ingénuité si ferme, d'une finesse si subtile, cette merveilleuse comédienne a mérité les plus grands éloges... »[1] En 1951, Georges Charensol insiste sur « la froideur [mais aussi] une stylisation qu'il serait injuste de reprocher à cette jeune comédienne »[2]. Venant d'interpréter Desdémone pour Orson Welles dans *Othello*, Landry ne comprend pas qu'on l'accuse « de manquer de féminité. C'est qu'habitués à voir sur l'écran les belles bêtes femelles à la bouche offerte et aux tétons frémissants, [les spectateurs] confondent volontiers érotisme et féminité. Or, si Suzanne Cloutier n'est pas Jane Russel ou Silvana Mangano, si son jeu ne frôle pas l'attentat à la pudeur, c'est que Juliette est à peine une femme de chair. C'est une jeune fille qui n'existe qu'autant que Michel la rêve et celui-ci ne lui demande pas de satisfaire ses désirs érotiques, mais de résoudre sa solitude. Nous nous trouvons là en face d'une notion uniquement intellectuelle de la féminité, diamétralement opposée à celle que le cinéma nous propose le plus souvent, mais tout aussi valable. »[3]

Les vedettes italiennes ne sont pourtant pas absentes du rêve carnésien. Il semble même qu'Anna Magnani ait été envisagée dans le rôle de Catherine de Médicis pour une *Reine Margot* restée au stade de l'ébauche. Et puis il y a surtout Raf Vallone, dans *Thérèse Raquin*. « Dans la vie, c'est l'honnêteté jusqu'au scrupule. Au cinéma, sa carrure l'a souvent fait classer parmi les "brutes". Carné lui offre la libération de ses succès antérieurs. Il est Laurent, le brave garçon qui devient criminel par amour. »[4] Des problèmes relationnels naissent cependant sur le plateau entre le réalisateur et l'acteur. « Un jour, se souvient Carné, il refusa tout net de dire une phrase du dialogue. C'était dans la scène du camion. Il devait dire à peu près : "Si c'était à refaire, je le referais." Et, pour des raisons mystérieuses, il ne voulut rien entendre, ou plutôt ne rien dire. Je refusais de changer une réplique sur le plateau. C'est pour moi une règle formelle. Pourtant, j'acceptais de tourner deux versions ; celle de l'auteur et celle de l'acteur. On choisirait la meilleure à la projection, comme cela se fait en cas de litige. Mais ce fut encore non et Vallone partit s'enfermer dans sa loge pendant une demi-heure. Quand il redescendit, il me dit simplement : "J'ai réfléchi. Si un homme comme vous, Carné, qui avez fait tant de grands

1. Archives Carné, 4 JUL/1.
2. Georges Charensol, *Les Nouvelles littéraires*, 29 mai 1951.
3. Bernard-G. Landry, *Marcel Carné...*, chapitre VI.
4. Archives Carné, 4 THE/1-3.

films, veut cette phrase, c'est qu'elle est bonne. Alors, je tourne…" »[1]. Un télégramme adressé par Vallone de Venise, annonçant qu'il acceptait de doubler le film en italien, mit un terme définitif à ce léger différend.

Françoise Arnoul fait son premier et unique film avec Carné dans *Le Pays d'où je viens*, en 1956. « Fille d'un général et d'une mère qui rêvait d'être comédienne, [elle était] devenue, en quelques années, l'une des vedettes les plus populaires tant en France qu'à l'étranger. Elle [était] allée de succès en succès, sans tapage, par son talent et par son charme, et par une aptitude assez rare, à réussir dans tous les genres. On le vit bien, dès ses débuts, alors que *L'Épave* révélait une jeune "vamp" très séduisante et *Nous irons à Paris*, une fantaisiste pleine de gentillesse et d'esprit. Depuis, Françoise Arnoul a refusé de se "spécialiser"… Elle a tourné les rôles les plus divers, apportant à chacun de ses personnages ce qui fit leur succès, c'est-à-dire elle-même, sa façon d'être, son regard, son attrait… *Les Compagnes de la nuit*, *La rage au corps*, *Le fruit défendu*, *Le dortoir des grandes*, *Des gens sans importance*, *French Cancan*… Et la "vamp" se révèle […] dans *Le Pays d'où je viens*, une ingénue au charme tendre, un personnage de conte de fées moderne, qui fera l'enchantement de tous ses admirateurs… »[2]

En 1961, pour une *Dame aux camélias* envisagée, Claudia Cardinale (préférée par Carné) et Jeanne Moreau (appuyée par les frères Hakim) se disputent les suffrages. Quatre ans plus tard, le projet fait son retour. Mais aux journalistes, le cinéaste avoue cette fois : « Je n'ai pas voulu de Jeanne Moreau […] non parce que je n'estime pas son talent. Au contraire, j'espère bien faire un film avec elle un jour et je sais d'avance tout ce qu'elle apporterait, mais le rôle est celui d'une starlette et non d'une star. Claudia Cardinale ne pourrait plus le tourner maintenant »[3]. Jeanne Moreau sera une nouvelle fois sur ses tablettes pour *Trois Chambres à Manhattan*.

Souvent mésestimé, *Du Mouron pour les petits oiseaux* réunit une distribution de grands talents et possède un lien de famille avec les premiers films de Carné. « Paul Meurisse, qui est parfait, […] fait […] penser à Gabin […], Jean Richard [à] Alcover […] et Dany Saval est une autre Arletty, jeune »[4]. Plus étonnant, dans un rôle comique, il faut remarquer l'interprétation de Franco Citti dans le rôle de Renato, lui

1. Robert Chazal, *Marcel Carné…*, p. 65.
2. Archives Carné, 4 CAR/2.
3. Robert Chazal, *Marcel Carné…*, p. 75.
4. *Ibid.*, p. 75.

que l'on avait davantage remarqué dans les sombres *Accatone* et *Mamma Roma* de Pasolini.

Pour son *Trois Chambres à Manhattan*, Carné a immédiatement voulu confier son premier rôle masculin à Maurice Ronet. Mais voyant l'acteur occupé, il décide de le remplacer par Claude Giraud qui a commencé sa carrière dans *Les Tricheurs* et dont il considère qu'« on n'a pas encore su utiliser le vrai tempérament »[1]. Mais des problèmes de calendrier viennent perturber les préparatifs du film. « En définitive, ces délais et contre-ordres de toutes sortes eurent une heureuse conséquence : Maurice Ronet se trouvait libre à nouveau et, à condition que l'on ne prît pas de nouveaux retards (il avait signé pour *Les Centurions* dont le tournage devait commencer en juin 1965) il pouvait reprendre le rôle de François que Claude Giraud dut abandonner, non sans douleur. »[2] Malgré tout, le comédien ne satisfera pas son metteur en scène : « [Il] était le contraire d'un passionné [et] son tempérament dramatique [...] accentue le côté "paumé" du personnage [...] assez loin de l'individu qu'avait campé Simenon »[3].

Face à lui, après les premiers contacts avec Simone Signoret et Jeanne Moreau, c'est Annie Girardot qui a donc été choisie. Mais comme le film a pris du retard, elle a signé entre-temps « au théâtre du Gymnase pour *Après la chute* d'Arthur Miller, mise en scène par Luchino Visconti, et il ne fallait pas compter sur l'intransigeant directeur italien pour reculer les dates prévues pour les répétitions de la pièce, qui allaient retenir la vedette chaque jour aux heures mêmes où elle aurait dû se trouver au studio. Pressé par mille difficultés, sentant que son interprète allait lui échapper, Carné proposa un horaire de travail insolite mais qui pouvait concilier les exigences du cinéma et du théâtre : il tournerait de neuf heures du matin à deux heures de l'après-midi et Visconti répéterait de trois heures à huit heures. Cela s'avéra impraticable. Une autre proposition fut faite : Visconti répéterait de neuf heures du matin à trois heures de l'après-midi, Carné tournant avec Annie de seize heures à minuit. Visconti refusa encore. »[4] Cette ténacité fut tout de même récompensée et l'actrice obtint le prix d'interprétation à Venise. Pour elle, « c'est l'histoire qui permet la rencontre entre l'acteur et le metteur en scène [...]. Un acteur, c'est l'ouïe, l'odorat, le toucher. Il sait ce qu'il doit te dire, quand il le veut, comme il le veut.

1. *Ibid.*, p. 77.
2. *Ibid.*, p. 78.
3. Marcel Carné, *La vie à belles dents...*, p. 283.
4. Robert Chazal, *Marcel Carné...*, p. 77.

D'où la nécessité, bien sûr, d'avoir une motivation très forte, un sujet, un dialogue, un texte. Et ce texte, il lui rentre partout, l'envahit, l'imprègne, prend sa place, se substitue à son regard, à sa pensée. Ce texte, l'acteur doit l'assimiler et quand il devient son langage, sa respiration, eh bien, il le laisse tomber. Mais il le laisse tomber vraiment comme ça ! Boum, qu'il fait par terre. Libre à lui après de jongler avec le dialogue. [...] Un acteur se doit de t'arrêter pour t'aider à réfléchir, t'aider à dénouer pas mal de problèmes. L'acteur, c'est toi, c'est l'autre, c'est chacun d'entre nous. C'est aussi ta réflexion, ton audace, ton courage, ta possibilité de correspondre, ton alphabet morse, ton téléphone sans fil. C'est du cœur à l'œil et l'œil droit au cœur. C'est l'indulgence, le pardon, celui qui te fait supporter une réalité pas très belle ou tenir debout. Un acteur, c'est transparent, glouton, avide de sensations fortes. Ce [qu'il dit] à travers un film ou une pièce de théâtre, tu ne le retrouveras dans aucune gazette, dictionnaire, pas même au flash télévisé. [...] L'acteur, ça t'envoie en l'air, ça te préoccupe, ça t'agace, ça te grattouille, ça te dérange et il a raison de te déranger. »[1] Amoureuse du grand cinéma, elle se souvenait : « Quand j'étais môme, j'emmenais maman presque tous les soirs dans les cinémas du quartier. On mangeait à toute vitesse et, hop, on filait au Palais d'Avron, au Palermo, au Ciné Bagnolet ou au Séverine. Gary Cooper, Errol Flynn, Tyrone Power, Lana Turner ! Et Gérard Philipe dans *La Chartreuse de Parme*, Brasseur et Arletty dans *Les Enfants du Paradis*... Comme il était beau le cinéma en ce temps-là ! »[2]

Les comédiens de théâtre

Carné, en grand amateur de théâtre, apprécie de travailler avec des hommes ou des femmes rompus au difficile exercice du travail sans filet. À ses yeux, « quelles que soient leur notoriété et leur responsabilité, dès qu'ils avaient mis les pieds sur le plateau, ils n'étaient plus que des comédiens obéissants et souples. Ils rentraient, si l'on peut dire, dans le rang avec une simplicité incroyable. »[3]

La série débute par Jean-Louis Barrault, qui a vécu sa prime enfance dans le « quartier élégant de la plaine Monceau [...] entre la place des

1. Annie Girardot, *Vivre d'aimer...*, pp. 130 et 164-165.
2. *Ibid.*, p. 64.
3. Marcel Carné, *La vie à belles dents...*, p. 96.

Ternes […] et le quartier des Batignolles »[1], son père ayant « pris une pharmacie avenue Wagram »[2]. Dans ses Mémoires, Barrault précise : c'est avec « *Tandis que j'agonise* que je fis mon entrée dans la vie théâtrale de Paris. Je connus mieux Roger Blin, Jacques Prévert, le Groupe d'Octobre. Les surréalistes m'adoptèrent. Marc Allégret, ami d'André Gide, me fit faire le mois suivant mon premier film, *Les Beaux Jours*, ce qui me permit de payer quelques dettes. Le long échange entre théâtre et cinéma commençait »[3]. Et de poursuivre : « Grâce à mon premier manifeste, les Surréalistes m'ont tendu la main. Je me livre à leur mouvement et j'épouserai leur Révolte »[4]. Rien d'étonnant donc de le retrouver en 1936 au générique de *Jenny*, tenant le plus prévertien des rôles, Dromadaire. Il confirme : « […] le cinéma me faisait des propositions. Contrairement à ce qu'on a cru, j'ai toujours aimé participer à des films. Je n'y ai rencontré que des gens charmants ; j'y ai connu de vrais amis. L'existence qu'on y a est pleine de fantaisie : hors des horaires de bureau, comme aux Halles. Enfin, j'avais compris qu'en mariant cinéma et théâtre, je pourrais accomplir ma vie »[5]. L'année suivante, dans *Drôle de Drame*, il est William Kramps, « l'homme à la casquette et à bicyclette qui tue les bouchers par amour des moutons »[6], un personnage « qui n'existe pas dans l'œuvre originelle »[7]. Dans ce rôle, il paraît « remonté comme un jouet. Dans ses scènes avec Françoise Rosay (Margaret Molyneux, dont la fausse disparition est le point de départ de ce drame burlesque), il semble caricaturer à l'avance les excès de l'Actors Studio. Chacune de ses apparitions est une démonstration gymnique. »[8] Entré pendant la guerre à la Comédie-Française, il y monte *Le Soulier de satin* de Claudel le 23 novembre 1943. Puis viennent *Les Enfants du Paradis*, un succès qu'en homme de théâtre il exploitera avec une science et un goût très sûrs dès le 24 octobre 1946 avec *Baptiste*, « pantomime complète [qui fut présentée] en alternance jusqu'en avril 1947 »[9], et qui connut une seconde jeunesse à partir de 1960 sur la scène de l'Odéon-Théâtre de France. La pièce et le rôle, avouera le comédien dans ses *Souvenirs pour demain*, entrèrent pour

1. Jean-Louis Barrault, *Souvenirs…*, p. 18.
2. *Ibid.*, p. 18.
3. *Ibid.*, p. 90.
4. *Ibid.*, p. 97.
5. *Ibid.*, pp. 111-112.
6. Robert Chazal, *Marcel Carné…*, p. 24.
7. Michel Pérez, *Les films de Carné…*, p. 24.
8. Robert Chazal, *Marcel Carné…*, pp. 25-26.
9. Jean-Louis Barrault, *Souvenirs…*, p. 182.

toujours « dans sa famille intime »[1]. À l'époque du théâtre Marigny, « pour le rôle d'Arlequin [il] fait passer des auditions [et retient] deux jeunes gens : Maurice Béjart, Marcel Marceau. [Il engage] Marceau, plus mince, plus flexible. S'il s'était agi d'*Hellequin*, [il aurait] retenu Maurice Béjart avec son regard irrésistible du Diable. Plus tard, Béjart devait [lui] confier que ce choix avait décidé de sa carrière. »[2]

Autre grand nom du théâtre, Louis Jouvet a croisé Carné sur le tournage de *La Kermesse héroïque* de Feyder où il a remplacé au dernier moment Michel Simon qui « refus[ait] de travailler pour une misère »[3]. On a souvent répété, à tort, le manque de considération de Jouvet pour le cinéma. En réalité, hormis ses premières impressions de 1932 publiées dans *Pour vous*, il pense que le choix entre les deux moyens d'expression est identique « au choix que ferait un poisson entre un vivier champêtre et l'aquarium climatisé »[4], reconnaissant que l'acteur prend un avantage certain « par une popularité, une facilité, une accession au public, par des possibilités d'exécution et de technique qui lui confèrent, sans élaboration, sans cette longue patience nécessaire au théâtre, une majestueuse personnalité que le comédien de théâtre n'obtient qu'à force de dépersonnalisation quotidienne »[5]. Le « couple explosif à l'écran, [et] de talent »[6] qu'il forme avec Françoise Rosay convainc Carné : l'acteur sera dans *Drôle de Drame* le cousin de Michel Simon, « un évêque anglican [...] qui ne dédaigne pas de porter le kilt »[7]. « Certes, avoir comme partenaire Michel Simon, n'amuse pas vraiment Jouvet, d'autant qu'ils doivent, dans le script, s'affronter à plusieurs reprises. Qu'importe, il en accepte l'augure, se réservant le privilège de "moucher" Simon s'il le faut. »[8]. Et effectivement, l'affrontement a lieu... directement sur le plateau. « Dès les premiers tours de manivelle de *Drôle de Drame* à Joinville, Jouvet et Simon se heurtent. Louis, par malice, annonce froidement : "J'ai refusé le rôle que vous tenez, j'ai préféré celui de l'évêque ! Ce mensonge provoque la grogne de Simon qui se jure bien de coincer un jour ou l'autre son ancien patron. Si Jouvet accroche une réplique, Simon d'une petite voix

1. *Ibid.*, p. 199.
2. *Ibid.*, p. 195.
3. Jean-Marc Loubier, *Louis Jouvet...*, p. 170.
4. *Ibid.*, p. 227.
5. *Ibid.*, p. 227.
6. *Ibid.*, p. 172.
7. Robert Chazal, *Marcel Carné...*, p. 26.
8. Jean-Marc Loubier, *Louis Jouvet...*, p. 202.

suave lance : "Tiens, vous vous êtes trompé... !" Bref, les deux hommes entretiennent [...] une rivalité qui connaît son apogée le jour de la prise de vue de la célèbre scène du repas et de son *Bizarre... Bizarre...* Chacun a juré d'avoir la peau de l'autre. Ils doivent manger un canard et boire du champagne. Alors pourquoi ne pas tenter d'enivrer l'"adversaire" ? »[1] Ayant gardé un mauvais souvenir, Jeanson parvient à le convaincre pour jouer dans *Hôtel du Nord*, son « dix-septième film [...] en moins de six ans. »[2] Pendant ce « tournage euphorique [qui permet d']oublier la menace hitlérienne »[3], Jouvet, « entre les prises de vues, raconte des histoires. Il plaisante sur le Conservatoire »[4]. Vient le moment du grand dialogue avec Arletty. Celle-ci reconnaît : « Là où j'ai trouvé le côté régulier de Jouvet, c'est qu'il n'a pas pris ça pour lui. Il répétait le mot mais il ne l'a pas pris pour lui. Ça, c'est une classe très grande de Jouvet. Jouvet, c'était la grande classe, le grand camarade. »[5] Carné faillit retrouver le comédien dix ans plus tard pour un *Candide* de Voltaire : Jouvet « avait donné son accord de principe [pour Pangloss mais] la mort brutale du producteur Tramichel [mit] un terme à ce projet. »[6]

Alain Cuny a été découvert au théâtre de l'Atelier « où il était Orphée dans l'*Eurydice* d'Anouilh »[7]. Il avait été envisagé dans la première *Juliette ou la Clef des songes* mais tint finalement le rôle de Gilles dans *Les Visiteurs du soir*. L'on peut trouver son personnage « trop lent dans une œuvre déjà lente »[8] mais Quéval le considère « presque émouvant »[9]. Il poursuivra une « carrière de dimension internationale »[10] jusqu'à *Emmanuelle* en 1974.

Dans *Les Enfants du Paradis*, Maria Casarès, une des plus grandes dames du théâtre contemporain, est Nathalie, l'épouse meurtrie de Baptiste, aux côtés de Jean-Louis Barrault avec lequel elle travaillera, cette fois sur les planches, tout au long des années cinquante. Carné rappelle qu'il s'agissait de ses « débuts à l'écran. Elle était prise en effet d'un tremblement convulsif dès que [l'on disait] "moteur" [et] ne se

1. *Ibid.*, p. 202.
2. *Ibid.*, p. 224.
3. *Ibid.*, p. 222.
4. *Ibid.*, p. 222.
5. *Ibid.*, pp. 223-224.
6. *Ibid.*, p. 351.
7. Marcel Carné, *La vie à belles dents...*, pp. 134-135.
8. Robert Chazal, *Marcel Carné...*, pp. 43-44.
9. Jean Quéval, *Marcel Carné...*, p. 49.
10. *Les Visiteurs du soir*, Paris, Balland, coll. « Bibliothèque des classiques du cinéma », 1974, p. 209.

débarrassait [...] pas complètement d'un léger chevrotement dans la voix »[1]. Elle n'en demeure pas moins « touchante et belle, jusque dans son espèce de laideur de femme sacrifiée »[2].

Trois grands comédiens tournent ensuite entre 1946 et 1958.

C'est tout d'abord Jean Vilar, dans *Les Portes de la nuit*, qui prend les traits du vagabond de la destinée. Fondateur du TNP et du festival d'Avignon, il donne la réplique à Montand et Brasseur dans un rôle qui marque les esprits.

Puis Gérard Philipe, qui bien avant *Juliette ou la Clef des songes*, devait tenir le rôle-titre du *Candide*, puis celui d'Orphée dans une adaptation de la pièce de Jean Anouilh, intitulée cette fois *L'Espace d'un matin*. Michèle Morgan, qui fut sa partenaire des *Orgueilleux* et des *Grandes Manœuvres*, parlait d'un « illusionniste. Gérard vous rendait spectateur de lui-même, à l'opposé de Jean Gabin qui vous rendait acteur... La scène terminée on continuait à se sentir cette femme avec laquelle il venait de vivre quelques minutes d'une histoire. Deux talents, deux formes d'art. »[3] Pour son rôle de Michel, Philipe retrouve les accents du « *Diable au Corps* [et de] la *Beauté du Diable* quelques créations de premier ordre [...]. Avec cette simplicité dépouillée, cette émotion sans artifices, il est [...] Michel [...] poursuivant par le chemin parallèle du réel et du rêve, un merveilleux amour. Il rejoint là ce qu'il a fait de mieux, dans tous les domaines, fidèle à la sobriété qui est peut-être sa plus grande force... »[4] Carné juge l'immense comédien « secret ou du moins se livrant peu. Il gardait envers tous une certaine distance, nullement vaniteuse, mais [à rapprocher d'un certain] romantisme [s'accompagnant] de mélancolie et de rêves insatisfaits. [...] Dans son travail, il ne laissait rien au hasard de l'improvisation. Tout était étudié, calculé, annoté. »[5]

Enfin, Laurent Terzieff, alors âgé de vingt-quatre ans, devient Alain dans *Les Tricheurs*. Élève de Michel Vitold, il a été remarqué dans *L'affaire Weidmann* et Carné l'a préféré à Belmondo « parce qu'il avait plus de mystère »[6]. Pourtant, tout au long du tournage, malgré cet air triste et renfermé dont il ne se départira jamais, Terzieff « amuse beaucoup ses camarades

1. Marcel Carné, *La vie à belles dents*..., p. 163.
2. Jean Quéval, *Marcel Carné*..., p. 59.
3. Michèle Morgan, *Avec ces yeux-là*..., p. 337.
4. Archives Carné, 4 JUL/1.
5. Marcel Carné, *La vie à belles dents*..., p. 226.
6. Robert Chazal, *Marcel Carné*..., p. 71.

en leur faisant des imitations comiques »[1]. Sa composition retiendra l'attention mais, quelque peu déçu de l'expérience, sa préférence demeurera le théâtre. Il aurait pourtant dû, si le film avait été tourné, jouer dans le *Germinal* adapté par Charles Spaak et Carné.

Les vedettes de music-hall

Pendant sa jeunesse, le réalisateur a longtemps fréquenté les salles de spectacle à travers Paris. C'est même là qu'il a remarqué pour la première fois un certain Jean Gabin : « [...] aux Folies-Bergères mon attention fut singulièrement attirée par un boy qui, en lui-même, n'avait rien de remarquable. Il figurait – figurer est le mot qui convient – un aide de camp du maréchal de Saxe. »[2] Passé à l'écran, il garde en mémoire ce comédien touche-à-tout. Dans ses premières critiques pour *Cinémagazine*, il parle de Gabin « étonnant de naturel et de vérité dans le rôle d'un mécano sensible et gouailleur »[3]. Il le rencontre pour la première fois dix ans plus tard, grâce à sa femme Doriane, chez Allard, alors qu'il est « en tête du box office »[4]. « Gabin était déjà vedette (*Maria Chapdelaine*, *La Belle Equipe*, *Pépé le Moko*, *Gueule d'amour*) »[5] et « sa popularité [...] immense »[6]. Ensemble, ils tournent tout d'abord *Le Quai des brumes*. Son physique fait craquer toutes les femmes, et Michèle Morgan, sa partenaire sur scène, n'est pas la dernière à succomber à son charme : « Jean Gabin, je ne l'avais jamais rencontré, même pas aperçu. De lui je ne connaissais que le personnage de ses films, celui qu'il offrait à tous : gouailleur, un peu tombeur, avec des tendresses dans la clarté de l'œil, des colères qui lui blanchissaient les lèvres – une par film. De son image se dégageait une force qui plaisait, une élégance plus proche de celle des faubourgs que du Faubourg Saint-Germain. À le voir plus souvent vêtu en trimardeur qu'en prince, j'avais de lui une image toute faite, un stéréotype de ses personnages... Le souvenir que j'ai conservé de cette première rencontre : le choc d'une étonnante blondeur, rien de la pâleur décolorée du Nordique, un blond chaud de blés au soleil. Ses yeux bleus sous des cils drus et

1. *Ciné-Revue*, mars 1958, p. 23.
2. Marcel Carné, *La vie à belles dents...*, p. 16.
3. Pierre Billard, *L'Âge classique du cinéma français. Du cinéma parlant à la Nouvelle Vague*, Paris, Flammarion, 1995, p. 150.
4. Annie Mallégol, Noël Demaines, *Le Grand Atlas...*, p. 36.
5. Robert Chazal, *Marcel Carné...*, p. 31.
6. André Brunelin, *Gabin...*, p. 244.

dorés : un paysage de Beauce ou de Brie. [...] Plus tard, on me le décrira toujours bougon, taciturne. C'est possible. Plus jeune, il était facilement bourru, tout d'une pièce, entier dans ses jugements, ses amitiés. Il est vrai qu'il ne supportait pas les casse-pieds ou les imbéciles, et l'œil goguenard, la parole brève, il les rabrouait sans grand ménagement. Je crois que les journalistes l'agaçaient. Quant aux curieux venus au studio [...], ils l'énervaient particulièrement. »[1] Son personnage de déserteur sera une parfaite réussite. En 1939, après avoir souhaité tourner *Martin Roumagnac*, c'est finalement au générique du *Jour se lève* qu'on le retrouve. Gabin, « avec qui Carné constate "une affinité qui n'est pas niable", [...] est le héros de l'immédiat avant-guerre comme Belmondo est celui des années soixante et la suite. [...] L'un et l'autre sont sympathiques même dans des rôles qui ne devraient pas le permettre. Ils gardent toujours l'initiative des opérations et, quand ils sont victimes, comme l'ouvrier de *Jour se lève* ou le héros de *À bout de souffle*, leur mort est encore une victoire sur la "justice" de la société. »[2] Dans la scène au balcon, alors qu'il prend la foule à partie, Brunelin révèle qu'il est alors « imbibé de whisky [car] cette célèbre colère, il n'a pu la "sortir" que dans cet état »[3]. Gabin sera la même année une nouvelle fois pressenti pour *Le Facteur sonne toujours deux fois* mais les problèmes seront trop nombreux : la production ne souhaite pas de lui aux côtés de Viviane Romance et, surtout, la guerre vient d'être déclarée. Après 1945, il refuse le rôle de Diego dans *Les Portes de la nuit*, bien qu'on lui ait proposé « [...] une remplaçante pour Marlène, Maria Mauban. Il la trouva trop jeune. De toute façon, Gabin voulait surtout se rendre libre pour tourner *Martin Roumagnac* dont il avait les droits et dans lequel Marlène aurait le loisir de faire valoir un talent que *Les Portes* auraient étouffé »[4]. Malgré ce différend qui se termine au tribunal, Gabin retrouve Carné pour *La Marie du port*. Cette fois, l'acteur, qui vient de se marier avec Dominique, ne laisse rien venir « contrarier la bonne humeur et le bonheur »[5] qui le touche. Son rôle de Chatelard semble avoir « pris la mesure du monde [...], il n'est plus le prolétaire, le reclus d'une société mal faite, la victime du destin. Ses tempes grisonnent, et

1. Michèle Morgan, *Avec ces yeux-là...*, pp. 94 et 139.
2. Robert Chazal, *Marcel Carné...*, p. 38.
3. André Brunelin, *Gabin...*, p. 263.
4. Robert Chazal, *Marcel Carné...*, p. 51.
5. André Brunelin, *Gabin...*, p. 376.

il a échangé la casquette pour le chapeau mou. Il a mué. »[1] Pour Robert Chazal, « [...] il est certain que *La Marie du port* a été le point final de cette première carrière de héros. Ce personnage de bourgeois arrivé, d'homme autant à l'abri du besoin que de la passion, nous apparaît d'autant plus décevant qu'il se présente à nous comme l'envers d'un héros qui nous était cher. Si l'on refaisait *Quai des brumes* ou *Le Jour se lève*, le nouveau Gabin-Chatelard serait plus près de Michel Simon le boutiquier et de Jules Berry le saltimbanque que de leur adversaire, et ce n'est pas seulement une question d'âge. »[2] Ce que confirme Michel Pérez qui considère « *La Marie du port* [comme le] grand tournant de la carrière de Gabin [...] à la veille d'être, lui aussi, quinquagénaire et de s'engager dans la voie patriarcale où on lui demandera de dispenser sa sagesse bougonne et d'exercer avec le maximum de conviction son autorité de pacha irrité d'avoir été arraché à la douceur de son sofa »[3]. Son dernier film avec Carné est *L'Air de Paris* pour lequel il recevra la coupe Volpi à Venise[4], avec un jeu tout à fait différent : « Gabin c'est la vérité dépouillée, celle que l'écran impose. Il n'interprète pas son personnage, il le vit. »[5] Son expérience est aussi très utile. Ainsi, lors du tournage, il demande au cinéaste quel objectif doit être employé. Carné lui répond : « "Le dix-huit." Cette courte focale avait pour effet d'agrandir le décor [...] un peu exigu. Il marmonna : "Demain, à la projection, j'aurai les jambes en cerceau." Ce fut le cas ! Tournait-on une scène de footing dans un sous-bois ? [Le réalisateur lui avoue avoir] trouvé un bel endroit entouré de jeunes bouleaux dans la forêt de Marly. "On commence à quelle heure ? demanda-t-il. – Neuf heures. – Ouais. Je vois. On va peindre les bouleaux. Faire de la fumée. Y sera onze plombes !" Le temps d'accentuer les reflets d'argent des bouleaux, de répandre un léger nuage de fumée figurant une écharpe de brume matinale, il était exactement onze heures »[6]. Quelque peu fâchés, les deux hommes devaient se retrouver pour différents projets jamais aboutis, Gabin étant même pressenti pour *La puissance et l'argent* en 1975[7].

Autre immense vedette du music-hall ayant tourné devant la caméra de Carné, Yves Montand. Né en 1921 dans le petit village de

1. Jean Quéval, *Marcel Carné...*, p. 8.
2. Robert Chazal, *Marcel Carné...*, p. 56.
3. Michel Pérez, *Les films de Carné...*, p. 109.
4. David Chanteranne, « Jean Gabin (1904-1976), du mauvais garçon au patriarche », *Le magazine du xxe siècle*, n° 1, décembre-janvier 2003, p. 64.
5. Michèle Morgan, *Avec ces yeux-là...*, p. 101.
6. Marcel Carné, *La vie à belles dents...*, p. 16.
7. André Brunelin, *Gabin...*, p. 601.

Monsumano Alto, il a connu ses premiers succès parisiens à l'A.B.C. Ayant déjà fait la première partie d'Édith Piaf et donné des représentations au théâtre de l'Étoile et à l'Alhambra[1], il a, malgré son très jeune âge, donné la réplique, dans le film du journaliste Marcel Blistène *Étoile sans lumière*, à Marcel Herrand, Jules Berry et... Serge Reggiani. Ce même Reggiani, avec lequel il partage une tradition italienne commune, il le retrouve donc avec un plaisir immense dans *Les Portes de la nuit*. Dans *La France au combat* du 14 mars 1946, il reconnaît devant Michèle Nicolai : « Je ne me suis pas encore rendu compte de ce qui m'est arrivé. Je n'avais jamais rien fait vraiment avant de connaître Édith Piaf qui fut la première à me découvrir. Or, au music-hall, j'obtins un succès que je n'attendais pas. Et puis, brusquement, celui que je considère comme le premier metteur en scène de chez nous me confie un rôle formidable. Je veux essayer d'aller toujours plus loin et plus haut. Mais le cinéma m'inquiète : au music-hall, on paie comptant, à l'écran on est obligé de mettre sa pudeur à nu, de donner quelque chose de soi, que dis-je, de se donner entièrement. Au début, j'ai cafouillé. Impressionné par Gabin, j'ai voulu faire "noir". Marcel Carné m'a dit : "Sois ce que tu es, un grand garçon souriant." Alors, je suis le gars qui aime la vie. Mais la vie me le rend mal... Au cinéma, bien sûr. »[2] Finalement, le résultat ne sera pas celui escompté, ce que regretteront le comédien et le cinéaste. Bien que l'on retrouve Montand pour la chanson du générique de *L'Air de Paris* et pour *L'Homme à la caméra*, celui-ci avouera au moment du succès de *César et Rosalie* « que sa présence dans *Les Portes de la nuit* lui avait fait perdre vingt années de sa carrière »[3]. Il se ravisera bientôt en avouant qu'« avoir Carné comme metteur en scène, Prévert comme dialoguiste et être mauvais comme un cochon, il fallait le faire »[4].

Dans *Juliette ou la Clef des songes* puis *Les Assassins de l'ordre*, Jean-René Caussimon apporte sa belle voix grave pour deux rôles majeurs. Pour le premier, il est « le Personnage [...] un homme autoritaire, avec des gestes de maître, une volonté de chef, les manières brutales de ceux qui prétendent se faire obéir. Il sent qu'il est un "personnage"... mais il fouille vainement tous les livres d'Histoire pour découvrir la sienne. [...] Chansonnier [...] au "Lapin à Gill", Caussimon a fait ses débuts sur

1. Joëlle Monserrat, *Yves Montand*, collection « Livre d'or », Paris, Éditions PAC, 1983, pp. 11-32.
2. *Ibid.*, p. 34.
3. Marcel Carné, *La vie à belles dents...*, p. 191.
4. *Ibid.*, p. 191.

la scène dans la jeune compagnie Grenier-Hussenot. On l'a vu dans *Les Gueux au Paradis*, *Les Gaîtés de l'Escadron*, *Les Bouches Inutiles*, *Maître après Dieu*, *Volpone* [...] »[1] Bien que les critiques insistent sur son « indéfendable composition »[2] et que ce personnage « [...] ce faux Gilles de Rais [aurait été mieux servi] par Pierre Brasseur, par exemple, futur Barbe-Bleue de Christian-Jaque [...], Carné semble avoir voulu, pour ce film, des êtres qui n'aient pas d'épaisseur, comme translucides. »[3]

Autre grand chansonnier, remarqué par Carné à La Rose rouge, « Yves Robert [joue] l'Accordéoniste... Dans le village sans mémoire, il promène la nostalgie des mélodies oubliées... Dans la forêt, il fait danser les couples. Il est le témoin de l'inquiétude de Michel, et il cherche, au gré des airs qui le hantent à retrouver des lambeaux de souvenirs... Silhouette vigoureuse... Visage désabusé, marqué par le Destin, il vit en marge d'un drame qui lui demeure étranger... [...] Comme Caussimon, [il] a débuté avec Grenier-Hussenot. Il créa *L'Invasion*, *Orion le Tueur*, *Liliom*, *Une Femme est Libre*. »[4]

En 1956, pour *Le Pays d'où je viens*, Gilbert Bécaud avait été davantage imposé par les producteurs que choisi par le réalisateur. Pour tous les protagonistes, il ne faisait aucun doute que le succès allait être au rendez-vous : « Il faut espérer que l'enthousiasme des spectateurs de cinéma n'atteindra pas à l'échelle de ceux du Music-Hall ! On sait que le dernier récital de Gilbert Bécaud à l'Olympia de Paris, laissa la salle en piteux état... On peut croire cependant que cette première apparition du célèbre chanteur à l'écran marquera pour beaucoup de "jeunes" un événement ! Vedette de la radio, du cabaret, du disque, Gilbert Bécaud, auteur et compositeur de ses œuvres, a apporté à la chanson moderne un "ton" nouveau. Mais on s'apercevra avec le film de Marcel Carné *Le Pays d'où je viens*, que ce chanteur est aussi un musicien (il a écrit la musique du film, outre celle de ses chansons) et un comédien-né ; un comédien sensible, adroit, qui incarne pour ses débuts, deux personnages à la fois, avec autant d'aisance que d'aplomb ; un comédien qui chante, et non pas un chanteur qui essaie de jouer la comédie. »[5]

Deux dernières vedettes du music-hall prêteront leurs traits aux personnages carnésiens. Tout d'abord Suzanne Gabriello, Madame Communal

1. Archives Carné, 4 JUL/1.
2. Robert Chazal, *Marcel Carné...*, pp. 58-59.
3. *Ibid.*, p. 62.
4. Archives Carné, 4 JUL/1.
5. *Ibid.*, 4 CAR/2.

dans *Du Mouron pour les petits oiseaux*, qui remplaça Arletty et faillit être accompagné par Johnny Hallyday. Puis Jacques Brel dans *Les Assassins de l'ordre*. Carné racontera dans ses Mémoires : « Je ne le connaissais que par une visite que je lui avais faite dans sa loge, après une représentation de *L'Homme de la Mancha*. Nous avions bavardé assez longuement et il m'avait dit que son rêve d'adolescent avait été de tourner un jour avec moi. Il avait ajouté qu'il n'était pas encore trop tard pour le réaliser. Mais il entendait ne jamais tourner un rôle de gangster, et encore moins celui d'un policier »[1]. Ses tête-à-tête avec Carné, au cours de longs dîners arrosés, rappelleront au réalisateur ses « conversations de jadis avec Feyder »[2]. Mais après avoir accepté le rôle, il laissa le réalisateur et Paul Andréota libres de créer le scénario et les dialogues.

Les seconds rôles

Si les films de Carné ont tant marqué les esprits de ses contemporains, c'est aussi pour les caractères offerts par les nombreux seconds rôles. Dans *Jenny*, auprès de la Danielle de « l'épisodique Lisette Lanvin »[3], on remarque René Génin dans le rôle du pêcheur du bistrot, personnage des plus typiques du monde prévertien. Il réapparaîtra ensuite en balayeur pour *Drôle de Drame*, prêtera ses traits au docteur du bateau pour *Le Quai des brumes*, en concierge dans *Le Jour se lève* et en Père la Jeunesse dans *Juliette*. Dans *Jenny*, on se rappelle aussi de la composition de Robert Le Vigan en « Albinos, ce vieux noceur qui n'est à l'aise que la nuit venue, dans les boîtes interlopes »[4]. Inspiré par « le marchand d'armes Sir Basil Zaharoof »[5], il est ce personnage vicieux que Dromadaire décrit ainsi : « On l'appelle l'Albinos parce qu'il ne sort que la nuit, on l'appelle l'Amiral parce qu'il a un yacht [...]. Il ne faut pas le toucher parce qu'il est fragile, il ne faut pas le regarder parce qu'il est laid, il ne faut pas rire parce qu'il est susceptible, il ne faut pas pleurer parce qu'il a horreur des larmes. »[6] L'acteur devient Michel Kraus dans *Le Quai des brumes*, cet artiste maudit qui laissera papiers et vêtements à Jean. Enfin, pour *Les Enfants du Paradis*, après

1. Marcel Carné, *La vie à belles dents...*, p. 297.
2. *Ibid.*, p. 302.
3. Robert Chazal, *Marcel Carné...*, p. 24.
4. *Ibid.*, p. 23.
5. Edward Baron Turk, *Marcel Carné...*, p. 60.
6. Michel Pérez, *Les films de Carné...*, p. 23.

avoir tourné de nombreuses scènes du personnage de Jéricho, il se verra condamner pour sa collaboration active.

Drôle de Drame vaut aussi pour la jeune Nadine Vogel qui incarne Eva et « se détache comme un des rares personnages féminins de l'œuvre de Carné qui offre une impression de pleine authenticité »[1].

Dans *Quai des brumes*, la panoplie des seconds rôles s'étoffe avec Édouard Delmont (Panama) ou Aimos (Quart Vittel) et surtout avec Marcel Pérès qui joue le chauffeur de camion. Ce dernier sera l'un des plus fidèles seconds rôles : il devient ensuite un client du restaurant dans *Hôtel du Nord*, l'ouvrier Paulo dans *Le Jour se lève* avant d'être directeur des Funambules dans *Les Enfants du Paradis*.

Plus étonnant, aux côtés des acteurs « André Brunot, [...] Louvigny, Marcel André, Paulette Dubost »[2], Andrex joue pour la seule fois sous les ordres de Carné dans *Hôtel du Nord*. Il sera envisagé pour un autre projet de Jeanson mais jamais réalisé, *École communale*. Au générique de ce même *Hôtel du Nord*, apparaît Jane Marken qui après avoir campé Louise Lecouvreur, deviendra Madame Hermine dans *Les Enfants du Paradis*, Germaine dans *Les Portes de la nuit* et la patronne du bar dans *La Marie du port*.

Après Gaby Andreu, le rôle de Nelly avait été un temps envisagé avec Jacqueline Laurent et Marie Déa dans la production allemande du *Quai des brumes* mais il fallut attendre 1939 avec *Le Jour se lève* pour voir la première évoluer dans le rôle de Françoise où Quéval considère qu'elle « demeure un prétexte un peu pâle »[3]. Quant à Marie Déa, de son vrai nom Odette Deupès et que Carné décrit comme une « brune et bien en chair [pleine] de charme et de douceur »[4], elle doit à son contrat avec Paulvé le personnage d'Anne dans *les Visiteurs du soir*. Mais comme frappée par « l'espèce de malédiction qui semble s'abattre sur les ingénues de Marcel Carné »[5], elle y apparaît un peu « trop froide dans une histoire quelque peu glacée »[6] et restera finalement longtemps attachée à ce rôle de « dame de Moyen-Âge »[7].

Méconnue du grand public, Gabrielle Fontan joue toujours chez Carné des personnages de vieille dame. Ayant débuté avec le muet, elle

1. Edward Baron Turk, *Marcel Carné...*, p. 86.
2. Marcel Carné, *La vie à belles dents...*, p. 94.
3. Jean Quéval, *Marcel Carné...*, p. 41.
4. Marcel Carné, *La vie à belles dents...*, p. 141.
5. Jean Quéval, *Marcel Carné...*, p. 50.
6. Robert Chazal, *Marcel Carné...*, p. 44.
7. *Les Visiteurs du soir...*, p. 235.

sera tour à tour la vieille voisine du *Jour se lève* puis la femme sans âge des *Portes de la nuit*, épicière dans *Juliette* avant de devenir une commère dans *La Marie du port*, puis la dame à l'église dans *Le Pays d'où je viens* et la logeuse de Mic dans *Les Tricheurs*.

Pierre Renoir, fils du peintre et frère du réalisateur, qui pendant la guerre garda « l'Athénée sans savoir qu'y faire [car] Jouvet était parti en Amérique du Sud »[1], aurait dû signer sa première collaboration avec Carné dans le projet d'*École communale* en 1939. On fit cependant appel à lui en 1945 pour Jéricho dans *Les Enfants du Paradis* : il remplaça au pied levé Le Vigan qui avait fui en Allemagne et « on tourna à nouveau les scènes où il paraissait »[2]. Un mot aussi de Louis Salou, formé dans la troupe des Pitoëff, qui joue le comte dans *Les Enfants du Paradis* et qui devait à nouveau tourner dans le projet de *la Lanterne magique*. Tout comme Fabien Loris, ami de Prévert, qui incarne Avril dans *Les Enfants du Paradis* et devient l'année suivante le chanteur de rue des *Portes de la nuit*.

Pour *Thérèse Raquin*, deux comédiens doivent aussi être cités. Tout d'abord Sylvie, « grande dame du cinéma [qui] est, avec un naturel sans égal, la mère Raquin tyrannique et attentionnée, jalouse et admirable dans son féroce égoïsme maternel, la paralytique dont la seule intensité du regard est l'accusation la plus dure et effrayante. »[3] Et Jacques Duby, magnifique de vérité, qui « a su, d'une manière parfaite, être un Camille odieux et émouvant, souffreteux et rageur, ridicule parfois mais jamais grotesque. »[4]

Dans *L'Air de Paris*, Jean Parédès fait une courte apparition dans un rôle qu'il retrouvera quasiment à l'identique dans *Du Mouron pour les petits oiseaux*, celui d'un aristocrate maniéré. Toujours pour *L'Air de Paris*, Carné raconte que la femme du producteur Dorfmann, « Agnès Delahaye pensa un moment en être l'héroïne mais finalement ce fut Marie Daëms qui fut engagée. Elle jouait *Ciel de lit* avec François Périer et c'est à la Michodière que la décision fut prise, quelques jours avant qu'elle commence à tourner »[5].

Denise Vernac apparaît ensuite à deux reprises, dans *Les Tricheurs* et *Terrain vague*, à chaque fois dans le rôle d'une mère débordée par ses enfants. Dans ce film, Constantin Andrieu fait songer à Laurent Terzieff,

1. Jean-Louis Barrault, *Souvenirs…*, pp. 154-155.
2. Robert Chazal, *Marcel Carné…*, p. 45.
3. Archives Carné, 4 THE/1-3.
4. *Ibid.*, 4 THE/1-3.
5. Robert Chazal, *Marcel Carné…*, p. 68.

mais ne poursuivra pas sa carrière. On voit aussi apparaître dans *Du Mouron pour les petits oiseaux* la jeune Masako, petite « geisha » qui avait été offerte par Lesaffre et Yoko Tani à Carné[1].

Enfin, trois grande dames du cinéma : Geneviève Page dans *Trois Chambres à Manhattan*, que le cinéaste a sans doute remarquée quelques temps auparavant dans « la troisième mise en scène du *Soulier de satin* »[2] ; Catherine Rouvel dans le rôle de Danielle pour *Les Assassins de l'ordre* ; et enfin Mary Marquet, dans celui de la duchesse pour *La Merveilleuse Visite.*

Un mot aussi pour signaler la belle composition de Michael Lonsdale face à Jacques Brel et l'apparition de Tania Busselier, compagne de Roland Lesaffre, dans *Les Assassins de l'ordre* puis *La Merveilleuse Visite.*

Les découvertes

Si Carné sut employer les nombreuses vedettes de son époque, il fut aussi un grand découvreur. Par son flair et sa capacité à déceler des talents, ses films permirent à de nombreux comédiens de lancer leur carrière.

Dès *Jenny*, on peut déjà signaler l'apparition rapide mais remarquée de Marcel Mouloudji en petit chanteur des rues, Prévert et Kosma l'ayant recommandé au réalisateur. Jean-Louis Barrault témoigne : « Joseph Kosma, compositeur tzigane, nous écrivait de merveilleuses chansons sur des poèmes de Prévert. Nous cherchions un enfant. Itkine m'en indique un qui traîne dans un quartier populaire de Paris, il doit avoir dans les huit ans, ne craint que deux espèces d'animaux : les flics et les chiens. Ce petit s'appelait Mouloudji. [...] Il avait une voix ravissante, et quand il chantait avec le sourire *Ah ! comme elle est triste notre enfance*, de Jacques Prévert et Kosma, nous ressentions un petit pincement. »[3]

Puis Jean Marais effectue l'une de ses premières apparitions à l'écran après celles chez Marcel L'Herbier. Il est l'un des ivrognes mondains de *Drôle de Drame*[4]. Dans *Bouillon de culture*, il affirma, soixante ans après les événements, avoir « toujours rêvé de commencer avec Marcel Carné »[5] et confirma les deux projets qui ne furent pas réalisés : *Juliette ou la Clef des songes* – qui selon lui « demandait huit jours d'extérieur et impliquait

1. Roland Lesaffre, *Mataf*..., p. 262.
2. Jean-Louis Barrault, *Souvenirs*..., p. 320.
3. *Ibid.*, pp. 101-102.
4. Marcel Carné, *La vie à belles dents*..., p. 66.
5. Jean Marais, *Bouillon de culture*, France 2, janvier 1997.

une démission de la Comédie Française car on me demandait de répéter au même moment dans *Iphigénie* »[1] – et *Les Évadés de l'an 4000*.

Quasiment inconnue du grand public en 1937, de son vrai nom Simone Roussel, Michèle Morgan admirait depuis longtemps « René Clair, Marc Allégret, Marcel Carné, L'Herbier »[2]. Après le cours Simon, elle a été aperçue dans *Mademoiselle Mozart* puis *Gribouille* aux côtés de Raimu. Mais c'est véritablement *Quai des brumes* qui la consacre vedette. « C'est moi qui ai eu l'idée de l'engager », explique Carné, ce qu'elle confirme dans son livre de souvenirs. La rencontre avec le metteur en scène a eu lieu au Fouquet's à Paris, en présence de Gabin qui se souvenait d'« une môme bien dans un film avec Raimu »[3]. Carné se souviendra : « À titre d'essai je lui avais fait jouer la scène de la fête foraine et elle y avait été sensationnelle… meilleure, sans doute, que, plus tard, lorsqu'on l'a tournée »[4]. Avec cette scène, « Michèle s'y révéla bouleversante. Je ne sais pas si c'est le trac ou l'émotion, elle s'y montra encore supérieure à ce qu'elle devait être par la suite dans le film. »[5] L'instant fut magique aussi pour elle et ce bonheur se poursuivit sur le plateau : « Tout est en place, on a planté un bout de décor, la baraque d'une fête foraine. Le clap ! et l'essai démarre : je vais vers un Gabin nonchalant qui me regarde venir. Tout près de lui je lève les yeux, je suis Nelly perdue, et vulnérable et je lui crie : "Protège-moi !…" Les autres mots suivent, tellement naturels que je pourrais les croire miens. Carné, en blouson de daim, le cheveu sombre et lustré nous regarde. J'oublie sa présence et ne reviens à moi que lorsque claque sec, sans appel, son "Bon, merci !" Désenchantée je m'interroge à haute voix : C'était bien ? Et Gabin, sourire mince et taquin, me répond : – Qu'est-ce que vous en pensez ? – Je ne sais pas. – Vous ne le sentez pas ? – Je sens tant de choses… – Je ne peux pas lui dire que je viens de vivre un rêve. Il se méprendrait. Il se méprend déjà, penché vers moi, il me dit : – Avec ces yeux-là, vous devez voyager beaucoup, en embarquer pas mal ! »[6] Le rôle aura une importance considérable pour elle : « Je trouve à mon troisième personnage un petit air de famille avec la Nathalie de *Gribouille*, la ressemblance qu'entre elles ont les paumées ! Orpheline, je suis recueillie

1. *Ibid.*
2. Michèle Morgan, *Avec ces yeux-là…*, p. 55.
3. *Ibid.*, p. 93.
4. Robert Chazal, *Marcel Carné…*, p. 31.
5. Marcel Carné, *La vie à belles dents…*, p. 70.
6. Michèle Morgan, *Avec ces yeux-là…*, p. 96.

par un oncle, Michel Simon, tyrannique, jaloux, se vengeant en tout de sa médiocrité et de sa laideur. En plus, ce Tartuffe libidineux me désire sournoisement. Comment lui échapper? Convoitée également par une petite frappe sans envergure, Pierre Brasseur, je voudrais fuir. Au cours d'une fête foraine, je rencontre un homme, un vrai : Jean Gabin. L'amour pour moi, c'est aussi l'évasion. Cette Nelly, une étrange fille, perpétuellement à la limite du rêve et de la réalité. Si j'avais eu son destin, il me semble que j'aurais pu réagir comme elle, penser comme elle. À moins que déjà je ne lui prête mes idées. Il va parfois si vite ce merveilleux phénomène d'osmose qui s'accomplit à votre insu et pas toujours sans douleur. Nelly est de celles qui feront partie de ma nouvelle famille, celle de mes doubles. »[1] Le succès est considérable, et lui vaut un cachet de soixante-quinze mille francs : « Plus jamais mon existence ne sera tout à fait pareille à celle des autres. *Quai des brumes*, c'est dans ma vie le point de non-retour : mes films vont programmer mes années, les planifier. »[2] Comme le résumera Henry-Jean Servat, elle conserva désormais « une aura formidable et une allure sensationnelle »[3]. Et de ces deux qualités essentielles, le cinéma sut se servir.

Dans *Hôtel du Nord*, à côté des vedettes que sont Aumont, Annabella, Jouvet et Arletty, apparaissent deux débutants promis à un bel avenir : Bernard Blier, en éclusier mari de Paulette Dubost, et François Périer, « pittoresque en petit jeune homme équivoque »[4] et qui fait partie de la même promotion du cours Simon que Michèle Morgan qui le trouve « drôle, moqueur, brillant »[5].

Dans *Les Visiteurs du soir*, peu nombreux sont ceux qui reconnaissent aujourd'hui la jeune Simone Signoret, née Kaminker, dans la scène du banquet, tenant alors le rôle « d'une des quatre dames »[6]. La chance a voulu qu'elle rencontre au *Flore* « un soir de mars 1941, les intellectuels de Saint-Germain-des-Prés qui se réchauffaient en sirotant de l'ersatz de café [...]. Ils étaient tous là, frileux et studieux, penchés sur leurs manuscrits, heureux d'être ensemble, de se tenir chaud dans cette époque glaciaire. Sartre, qu'elle connaissait déjà, mais aussi les frères Prévert, que son père

1. *Ibid.*, p. 98.
2. *Ibid.*, pp. 111-112.
3. Henry-Jean Servat, *Les trois glorieuses...*, p. 66.
4. Robert Chazal, *Marcel Carné...*, pp. 34-35.
5. Michèle Morgan, *Avec ces yeux-là...*, p. 48.
6. Catherine David, *Simone Signoret...*, p. 56.

avait furtivement croisés chez Damour [...], Marc Allégret et son frère Yves »[1]. Elle qui travaillait pour le journal de Jean Luchaire, cette rencontre la décide à faire du cinéma. Mais après les films de Jean Boyer, pour faire de la figuration dans le film de Carné elle doit abandonner le patronyme paternel, bien trop « marqué » pour pouvoir obtenir une licence de Vichy, et opte définitivement pour le nom de sa mère : Signoret[2]. Le réalisateur la retrouvera dix ans plus tard. Pourtant, à cette époque, après *Dédée d'Anvers, Manèges* et *Casque d'Or*, Simone Signoret a décidé de refuser toutes les nouvelles propositions de films. Et le *Thérèse Raquin* qu'on lui suggère ne l'incite guère à revenir sur sa décision : « Elle envoie même promener les frères Hakim et leurs gros cigares de producteurs. [...] le rôle qu'ils lui proposent est des plus séduisants. [En] fervente lectrice de Zola, [ce] personnage de Thérèse, cette provinciale martyrisée par un petit mari médiocre et dont la passion pour un bel Italien se termine dans le sang, [...] semble avoir été créé pour elle [...]. Mais elle est intraitable. »[3] Et puis elle préfère rester aux côtés d'Yves Montand, qu'elle a épousé depuis décembre 1951. Sa seule activité désormais : le tricot. « Maille après maille, blottie dans sa "roulotte", elle tricote une écharpe pour son mari. Dans *La Nostalgie* [ses Mémoires], elle raconte avec humour la petite scène de ménage qui la fera basculer définitivement. Montand, agacé par la recherche d'un petit bout de papier, se tourne vers elle et se met à l'asticoter : "Tu fais quoi ? Tu es là, tu tricotes... – Je suis là parce que je suis bien, si je n'étais pas là, je serais en train de travailler. – Travailler, c'est vite dit. Pour travailler, il faut qu'on vous demande. [...] – Pour travailler il faut qu'on vous demande ? Je pourrais être en train de tourner *Thérèse* ! – Pour *Thérèse*, ils ne te voulaient pas vraiment, d'ailleurs il paraît que c'est X qui va le faire..." Piquée au vif, elle pose son tricot et se dirige lentement vers le téléphone. Le cœur battant, elle appelle les frères Hakim en tremblant qu'ils n'aient en effet engagé quelqu'un d'autre. Le lendemain, elle signe le contrat de *Thérèse Raquin*. [...] Elle avait voulu croire que *Casque d'Or* serait son dernier film. En acceptant de jouer *Thérèse Raquin*, elle assumait enfin son destin, sa carrière, la vie intense et partagée entre plusieurs mondes. »[4] Les premiers échanges de textes lui parviennent. Mais le 16 janvier 1953, de la Colombe d'Or à Saint-Paul-de-Vence, elle

1. *Ibid.*, pp. 48-51.
2. *Ibid.*, p. 52.
3. *Ibid.*, pp. 106-107.
4. *Ibid.*, p. 108.

écrit à Carné : « [...] Mon Cher Marcel, j'ai reçu le scénario ce matin, je l'ai lu, et je vous mets ce mot afin de résumer mes impressions alors qu'elles sont encore toutes fraîches. Il est indiscutable que les nouvelles scènes Thérèse-Laurent, après le meurtre, rendent à l'histoire sa morale "Zola", et je pense que c'est bien. Je continue à regretter que le chantage ne soit pas provoqué par leur anxiété, plutôt que imposé par le destin, ce qui donne un côté plus "policier" que psychologique à leur désarroi. Mais peut-être que je coupe les cheveux en quatre. C'est une très bonne idée que de finir sur le facteur, sans montrer l'arrivée de la lettre à destination. Après ces quelques hors-d'œuvres, je m'en vais attaquer le morceau de résistance, le dialogue... Je suis très embêtée, parce que je ne le trouve pas très bon, et je ne sais pas s'il faut le dire à Spaak, et lui demander de le retravailler, ou, comme vous le suggériez, il y a quelques semaines, le confier à "rafistoler" à quelqu'un. C'est difficile, et quasiment impossible, dans une lettre, d'expliquer pourquoi ce dialogue ne vit pas. Je voudrais avoir la brochure dans les mains et vous lire les phrases, à haute voix, qu'on fait dire à Thérèse. À part la scène avec la mère, et les répliques neutres, avec les flics, ou les amis de la famille, tout ce qu'elle a à exprimer en matière d'amour, ou de haine passionnelle, est d'une banalité qui m'effraie. Le seul moment où elle s'exprime comme une femme amoureuse, c'est dans le petit bout de scène, charmant, dans la salle à manger, pendant que les autres jouent aux petits chevaux. Elle est pompeuse, quand elle refuse de le suivre, (n° 85, à 89), et un peu idiote quand elle va le retrouver à la guinguette pour la première fois (n° 120, à 125). Elle est grandiloquente dans les scènes de reproches. Tout ce dialogue fourmille d'expressions toute faites, de lieux communs, comme "je vous désire", "il ne supportera pas la vérité", "la camionnette n'a pas fini de vous conduire où ça vous chante"... je cite comme çà, je ne peux pas tout me rappeler pour le moment. Ce ne sont pas des choses très graves, c'est simplement qu'elle ne s'exprime jamais très quotidiennement, et c'est dommage. Avez-vous l'impression que sans provoquer des drames, on pourra de nous-mêmes changer des répliques sur le plateau ? ou alors qu'il vaut mieux mettre les choses au clair dès maintenant ? Vous êtes le seul juge, tout ce que je peux vous dire c'est qu'il y a des tas de choses que je ne pourrai pas dire *bien*, telles qu'elles sont écrites pour l'instant. Enfin, et pour conclure, je suis un peu triste de constater que je continue toujours à me "balader" gracieusement pendant toute la dernière bobine... je ne vois pas d'ailleurs ce qu'on pourrait me donner à "faire" étant donnée la construction (excellente, si, si, si) du film. Je me baladerai donc le mieux possible, de bonne humeur, mais pas dupe une seconde. Voilà, mon Cher Marcel, mes impressions. Ceci dit je crois de tout mon cœur qu'on peut faire un très bon film, je saurai mon texte, et j'aurai les cheveux propres, et je vous promets de ne pas peser plus de 91 kg… Il ne faudrait pas croire que j'ai engagé une secrétaire particulière pour mes travaux épistolaires, ce petit chef-d'œuvre de "tapage", n'est dû qu'à ma seule habileté… et les petites ratures à ma grande vélocité. Je vous embrasse, et Yves aussi. Simone. »[1] Pour lui, après plusieurs mises en place délicates, elle devient donc cette « Thérèse, tout à la fois inquiétante et douce, féline et violente, usée de patience et sauvage. Femme attachée tout entière à sa proie, elle est l'amour au goût de mort. »[2] Avant *Les Diaboliques*, elle casse l'image de la sulfureuse *Casque d'Or* et se fait remarquer comme la plus parfaite des « blondes froides »[3]. Le film aura une grande incidence sur sa carrière : « Dans *France-Soir*, Jean Dutourd parlait de Simone Signoret comme d'un Gabin féminin. Il avait raison. Ils avaient la même pointure, ils étaient de même calibre »[4]. Bien que Carné la contacte à nouveau pour *Trois Chambres à Manhattan*, il ne l'engagera pas et *Thérèse Raquin* restera leur seule grande création commune.

Mais Carné n'arrête pas pour autant de découvrir de jeunes talents. Dans *Les Portes de la nuit*, le jeune Jacques Perrin interprète ainsi l'un des enfants Quinquina, avant de devenir, dans *Les Tricheurs*, le jeune garçon en vespa du dernier plan. Débutant aussi dans *Les Portes de la nuit*, Dany Robin y tient le rôle d'Étiennette, si exigeant, avant de connaître la consécration dans *Le Silence est d'or* de René Clair.

C'est ensuite au tour d'Anouk Aimée d'être proposée par Carné pour le projet (finalement abandonné) de *La Fleur de l'âge*. Le cinéaste l'a remarquée « dans un rôle effacé d'un film d'Henri Calef [et serait] une révélation »[5]. Elle connaîtra finalement le succès avec Prévert dans *Les Amants de Vérone*[6], avant de nouveau d'être envisagée dans *La Marie du port*. Mais cette fois ses autres engagements ne lui permettront pas de se libérer.

Dans *Juliette ou la Clef des songes*, le jeune Pierre Vernier fait ses débuts devant la caméra, dans le rôle anonyme d'un villageois. L'on assiste

1. Archives Carné, 9 CAR/9.
2. *Ibid.*, 4 THE/1-3.
3. Catherine David, *Simone Signoret…*, p. 20.
4. *Ibid.*, p. 110.
5. Marcel Carné, *La vie à belles dents…*, p. 203.
6. Michel Pérez, *Les films de Carné…*, p. 100.

aussi dans *Le Pays d'où je viens*, face à Françoise Arnoul, aux premières scènes de Claude Brasseur qui venait tout juste de faire une apparition dans *Rencontre à Paris* de Georges Lampin. Il joue pour Carné l'épisode de la robe déchirée, fait en deux versions: « Lorsqu'il l'apprit, son père m'envoya une lettre où il me dit sa joie de me voir engager son fils. Plaisir qui ne devait sans doute pas être partagé par ce dernier. »[1] Il est vrai que la ressemblance entre le Lucien du *Quai des brumes* et le Roland du *Pays d'où je viens* étaient des plus troublantes… à la différence que la gifle était cette fois donnée par une femme !

Surtout, en 1958, *Les Tricheurs* révèlent toute une génération de comédiens, Carné se faisant même appeler par la presse « découvreur d'étoiles » : « Il ne s'agit pas, pour le célèbre metteur en scène […] d'un nouveau métier d'astronome, mais bien du don particulier qu'il a de déceler chez des inconnus ou des débutants les signes mystérieux d'un talent encore sous-jacent, en révélant chez eux, en eux, leur vraie nature d'interprètes. *Les Tricheurs* réclamait de jeunes, très jeunes acteurs, pour la vérité des personnages et de l'action située dans les milieux estudiantins de Saint-Germain-des-Prés. Marcel Carné a voulu ainsi montrer de nouveaux visages, en les choisissant parmi des dizaines de jeunes comédiens recrutés dans des cours d'art dramatique, ou cueillis sur les scènes d'avant-garde. […] »[2]

Après de nombreuses auditions, c'est tout d'abord Jacques Charrier qui est choisi dans le rôle de Bob, lui qui vient de jouer dans *La Hobereaute* de Jacques Audiberti et au Théâtre Montparnasse dans une courte scène du *Journal d'Anne Frank*. Le *Film Français* lui décernera, dans son palmarès de 1958, le prix du meilleur interprète masculin. En revanche, lorsque Carné le contactera l'année suivante pour interpréter le rôle principal dans *Les Fauves*, ses prétentions financières refroidiront le cinéaste. Il sera pourtant pressenti pour le rôle d'Armand Duval dans une moderne *Dame aux camélias*, jamais réalisée, en 1961.

Ce rôle de Bob, Alain Delon aurait beaucoup aimé le jouer mais Carné avait du mal à « croire qu'il puisse camper un fils de grands bourgeois du quartier de La Muette »[3]. Aussi, l'année suivante, lorsqu'il se voit proposer le rôle principal des *Fauves*, Delon refusera, prétextant qu'il ne tournait qu'avec de gens de sa génération. Ce qui ne manquera pas de

1. Marcel Carné, *La vie à belles dents…*, p. 247.
2. Archives Carné, 4 TRI/2-1.
3. Marcel Carné, *La vie à belles dents…*, p. 259.

surprendre le cinéaste après les films du comédien avec Marc Allégret dans *Quand la femme s'en mêle*, et avec René Clément, Luchino Visconti et même Julien Duvivier[1].

Avant d'être Mic dans *Les Tricheurs*, Pascale Petit, tout juste vingt ans, a déjà joué une servante dans *Les Sorcières de Salem* et tourné *Une Vie* avec Alexandre Astruc. Comme elle ne sait pas conduire, « Carné l'a donc inscrite à une "Auto-École" où chaque jour, elle va prendre une leçon sur une Dauphine »[2]. Elle sera pour *Cinémonde* la meilleure interprète française et remportera également, comme avant elle Simone Signoret, le prix Suzanne-Bianchetti. Quant à Andréa Parisy, vingt-deux ans, elle a débuté après son passage à la danse sur les planches avec *Cherchez la Femme*, une comédie de Jean Marsan puis avec *Le Grand Couteau*. Pour *Les Tricheurs*, elle a été engagée « à la demande du producteur Robert Dorfmann [...] à la place de Cathia Caro, dont les essais avaient été très concluants »[3].

Pour le rôle de Lou, Carné a aussi fait appel à Jean-Paul Belmondo. Le jeune fils de sculpteur vient de connaître un succès important au théâtre de l'Athénée dans la pièce de Claude Magnier, *Oscar*. Il y a remplacé son ami du conservatoire Claude Rich, renvoyé par le metteur en scène après les premières répétitions. En 1958, sa jeune carrière se résume, pour l'essentiel, au théâtre et le film de Carné, bien qu'il ait déjà tourné pour Norbert Tildian dans *Molière*, pour Henri Aisner dans *les Copains du dimanche*, et pour Maurice Delbez et Marc Allégret dans *À pied, à cheval et en voiture* et *Sois belle et tais-toi*, est donc son premier grand rôle au cinéma. Il y incarne un jeune amuseur public cherchant à tout prix la bagarre. Ces *Tricheurs* lui permettront aussi de faire la rencontre de celle qui deviendra sa femme, Renée Constant, la même qui l'incitera à tourner pour Jean-Luc Godard... avec le succès que l'on sait[4]. Après l'avoir envisagé pour l'énigmatique Alain (finalement dévolu à Terzieff), Carné a donc jugé son « apparence un peu trop "gouape" pour interpréter un philosophe ». L'acteur ne lui en tiendra pas rigueur. Lors d'une émission télévisée[5], il expliquera plus tard : « Avec Terzieff, on s'est trouvé souvent [...] sur des bouts d'essai et où on n'était pas pris. Et donc on s'est

1. Olivier Dazat, *Alain Delon*, collection « Les noms du cinéma », Paris, Seghers, 1988, pp. 148-161.
2. *Ciné-Revue*, mars 1958, p. 22.
3. Robert Chazal, *Marcel Carné...*, p. 71.
4. Philippe Durant, *Belmondo*, Paris, Robert Laffont, 1993, pp. 134-135 et 477-483.
5. Jean-Paul Belmondo, *Bouillon de culture*, France 2, décembre 1998.

trouvé tous les deux en finale et là j'étais très content qu'il soit pris. »[1] Le comédien gardera donc un bon souvenir de cette collaboration: « Carné a toujours été persuadé que je lui en avais voulu de ne pas m'avoir engagé pour le premier rôle [...]. Ce qui est entièrement faux parce qu'à l'époque beaucoup de metteurs en scène ne me prenaient pas et je ne pouvais leur en vouloir à tous. Je suis bien placé pour savoir que l'on ne peut pas en vouloir comme cela aux gens. D'ailleurs, au moment de la préparation des *Tricheurs*, Terzieff et moi nous nous étions dit: "Celui qui gagne le rôle paye un repas à l'autre !" Donc je n'ai eu absolument aucune haine envers Carné. Ce qui s'est passé sur le tournage est très différent. Moi j'étais très chahuteur – d'autant plus que je jouais *Oscar* le soir au théâtre. Et là sur le plateau il y avait toute la rue Saint-Benoît en figuration. Alors c'était formidable : nous faisions les idiots, l'ambiance était très bonne et j'ai énormément ri. De plus Carné qui voulait faire vrai avait donné du vrai whisky, alors tous les mecs de Saint-Germain finissaient ivres et c'est vrai que plus d'une fois Carné s'est fait remballer. Il n'arrivait plus à les tenir et recevait des "Ta gueule, Marcel". C'est pour cela qu'il a pensé que je lui en voulais. »[2] Belmondo sera une nouvelle fois contacté par le cinéaste pour tourner une hypothétique *Route de Salina* mais ce dernier regrettera longtemps son emploi au cinéma: « [...] Ce que je lui reproche, c'est de tourner trop et tout ce qui se présente. Un garçon aussi doué et aussi populaire que Jean-Paul Belmondo ne devrait faire que deux ou trois films par an, et laisser à d'autres leurs chances. D'autres qui seraient moins payés et qui pourraient peu à peu s'imposer à leur tour. La politique de certaines vedettes ressemble trop à une recherche de monopole... »[3]

Dans *Terrain vague*, c'est cette fois la jeune Danièle Gaubert que Carné met en valeur dans le rôle de Dan, « garçon manqué » et chef de bande. Il l'a remarquée dans *Les Régates de San Francisco* sous la direction de Claude Autant-Lara et elle poursuivra sa carrière dans *L'Aiglon* de Boissol l'année suivante.

En 1965, c'est aussi devant sa caméra que le jeune et inconnu Robert de Niro apparaît pour l'un de ses premiers films. Dans *Trois Chambres à Manhattan*, le futur Travis de *Taxi Driver* fait une courte apparition dans une silhouette de client. C'est en faisant « prospecter les trois ou quatre

1. *Ibid.*
2. Philippe Durant, *Belmondo...*, p. 135.
3. Robert Chazal, *Marcel Carné...*, p. 103.

milieux américains de la capitale, tel l'American Center »[1] que Carné l'a repéré et l'a fait tourner dans une courte scène de bar, derrière les personnages principaux.

Deux ans plus tard, le cinéaste rencontre chez des amis Christian Hay, jeune homme « grand, beau, élégant, racé [mais] paresseux, sans feu intérieur et incapable de saisir au bond la chance »[2] qui lui était offerte. « Il arrivait sur le plateau comme absent, l'œil vague et ignorant son texte »[3]. Il devait donner la réplique à Haydée Politoff qui venait de jouer dans *La Collectionneuse* de Rohmer l'année précédente et qui « jugeait d'une suprême inconvenance qu'on ait choisi un débutant pour lui donner la réplique »[4].

Puis en 1974, ce fut cette fois Gilles Kohler, vingt-deux ans, qui devint l'ange pour *La Merveilleuse Visite*. Étudiant en médecine, d'origine alsacienne mais ayant vécu une grande partie en Amérique, cet ancien coverboy chez Catherine Harlé à Milan venait à peine de terminer son service militaire et avait déjà tourné un petit film en Italie. Après le film, on le retrouvera auprès de Claude Jade dans *Le Choix*, pour *Bilitis* de David Hamilton et dans *L'Arme fatale* avec Mel Gibson.

Les influences

Son scénario achevé, son équipe installée, Carné entre alors en scène. Nourri de nombreuses expériences, il faut rappeler qu'il est « né avec le cinéma, il a grandi avec lui comme les jeunes hommes actuels avec l'atome et les cosmonautes. Le cinéma, il se l'est assimilé à hautes doses, en spectateur acharné dès l'âge de quinze ans »[5]. Cinéphile averti, il reconnaît lui-même être « un trop bon spectateur. Même à la quatrième ou cinquième vision d'un film, je suis pris par l'histoire et n'arrive pas à m'intéresser à la façon dont il est fait. Je n'aurais pas été un critique du genre "décortiquant". Pour moi, une œuvre de qualité s'absorbe d'un bloc. C'est un tout, avec ses défauts et ses beautés [...]. Je n'ai pas l'impression que l'on puisse attendre grand-chose de la technique, après l'espèce de perfection – image et son – qu'elle a atteinte »[6].

1. Marcel Carné, *La vie à belles dents...*, p. 282.
2. *Ibid.*, p. 291-293.
3. *Ibid.*, p. 293.
4. *Ibid.*, p. 294.
5. Robert Chazal, *Marcel Carné...*, p. 12.
6. *Ibid.*, p. 102.

Avant sa rencontre avec Françoise Rosay en 1928, Carné est donc « ce jeune spectateur nourri [...] de films soviétiques de la grande époque [et qui] suivait de loin la naissance en Amérique du film sonore et parlant »[1]. Il conservera toute sa vie une admiration pour Charles Chaplin, allant jusqu'à démissionner de la revue corporative *Hebdo Films* que dirigeait André de Reusse à cause des *Lumières de la ville* qu'il avait défendues contre son employeur. *La Roue* de Abel Gance l'a aussi beaucoup marquée. Et lors de ses classes en Allemagne, il a fait une autre découverte : « Cette bourgade rhénane vivait sans le savoir un moment historique dans l'histoire du cinéma. Elle possédait un petit cinéma dont la façade ne payait pas de mine ; mais à l'intérieur, c'était Byzance ! On y projetait, en toute modestie, *Métropolis, M. le Maudit, Le Dernier des Hommes, Faust, L'Ange bleu, L'Opéra de quat'sous*, bref tous les films expressionnistes allemands de la grande époque, dont je n'ai jamais nié l'influence qu'ils ont eue sur le style que j'ai cru bon de donner à mes films. Naturellement, ignorant mon avenir, je ne pouvais l'imaginer. Ce dont je me souviens, en revanche, c'est de l'enthousiasme que chacun de ces films soulevait en moi. Enthousiasme que je n'avais pas ressenti depuis la projection de *La Roue*, d'Abel Gance. »[2] Tous ces premiers films l'ont définitivement marqué : « [...] Je crois aux influences. J'ai subi celle de l'expressionnisme allemand : Murnau, Fritz Lang, en tête. Et les influences existent pour tous. Croyez-vous que De Broca réaliserait le genre de films qu'il réalise s'il n'y avait pas eu René Clair avant lui ? Et je pourrais vous citer dix, vingt exemples. En fait, il y a, chez tous les créateurs, dans n'importe quel art, influence des prédécesseurs ; de ceux, en tout cas, dont le travail crée un climat bénéfique. Pour moi, comme pour Renoir, Feyder et d'autres, il y a eu ce fameux climat de l'"école réaliste française" qui est un phénomène à peu près unique dans l'histoire de notre cinéma. Les écoles ne sont pas des phénomènes obligatoires. Une école ne disparaît pas forcément quand une autre naît »[3].

Les premières leçons

Lorsqu'il est engagé pour *Les Nouveaux Messieurs* en 1928, Carné « n'était pas l'assistant de Feyder, mais de Georges Périnal, le chef-opérateur du film. Il devait d'ailleurs être plusieurs fois aide-opérateur, sans

1. *Ibid.*, p. 14.
2. Marcel Carné, *La vie à belles dents...*, p. 24.
3. Robert Chazal, *Marcel Carné...*, pp. 97-98.

enthousiasme excessif. »[1] C'est grâce à cet apprentissage que le jeune assistant saisit toute l'importance du tournage : « J'avais compris qu'un film se crée sur le plateau, contrairement à ce que pensent certains. Son style véritable lui est conféré au fur et à mesure des prises de vues. »[2] Pour Bernard-G. Landry, « c'est vraiment au contact de Feyder que Carné apprit son métier. Jusque-là il avait bien ses petites idées sur la question, mais il n'était pas encore en mesure de les mettre en pratique avec la rigueur et la perfection qu'il ambitionnait. C'est grâce à Jacques Feyder – beaucoup plus qu'à René Clair – que Carné saura élever une technique parfaite au rang d'un style, efficace et pur à l'égal de celui d'André Gide. »[3]

Davantage qu'avec *Le Grand Jeu* et *Pension Mimosas*, c'est surtout avec *La Kermesse héroïque* qu'il perfectionne son savoir-faire. Responsable du découpage, c'est lui qui prépare les plans techniques et organise les dialogues. Cette « dure collaboration (Carné se rappelle avoir travaillé en certaines occasions vingt-six heures de suite auprès de Feyder) [...] lui a valu [...] une expérience sans commune mesure pour un assistant »[4]. Il s'en souviendra évidemment pour *Les Visiteurs du soir*, reconnaissant : « – Je dois à peu près tout à Feyder [...]. Il m'apprit ce qu'est un film, depuis sa préparation jusqu'à la mise en scène proprement dite et aussi la direction des acteurs... La meilleure école du cinéma, c'est la pratique. »[5]

Après Kruger pour *Cagliostro* et son propre *Nogent*, son métier s'enrichit avec *Sous les Toits de Paris*. « C'était le premier film parlant de René Clair. La première œuvre, aussi, dans laquelle un réalisateur tentait de prendre le contre-pied des nouvelles règles qui, à cause de la difficulté des prises de son, faisaient du cinéma un art à demi impotent. En revoyant le film, on s'amuse des astuces de Clair pour faire éclater le carcan, lesquelles étaient autant de leçons pour Carné »[6]. D'ailleurs, il sera très intéressant, plus tard, pour *Hôtel du Nord*, « de voir que l'ancien assistant de René [anima] lui aussi un bal du 14 juillet »[7] et conserva un certain attachement aux « chansons soudaines »[8]. René Clair avait écrit à son jeune assistant le 7 mai 1931 à *Hebdo-film* : « [...] J'ai bien reçu l'épreuve

1. *Ibid.*, p. 14.
2. Marcel Carné, *La vie à belles dents...*, p. 41.
3. Bernard-G. Landry, *Marcel Carné...*, chapitre 2.
4. Robert Chazal, *Marcel Carné...*, p. 20.
5. *Ibid.*, p. 15.
6. *Ibid.*, p. 17.
7. *Ibid.*, p. 35.
8. Bernard-G. Landry, *Marcel Carné...*, chapitre 2.

du compte-rendu que vous avez consacré au *Million* dans *Ciné magazine*, et j'ai été très heureux des excellentes choses que vous avez écrites sur ce sujet. Je vous envoie tous mes remerciements et l'expression de mon bien cordial souvenir [...]. »[1]

Troisième grande expérience professionnelle : les publicités de 1930, qui lui permettent de maîtriser l'ensemble des paramètres du cinéma, tout du moins de sa partie technique, « depuis le découpage jusqu'au montage et éventuellement la sonorisation »[2]. Ce fut notamment le cas pour les glaces *Securit* où il avait réglé une course automobile et un accident, ce qui lui servira « pour la séquence de poursuite automobile dans *Les Tricheurs*. Notamment pour les angles de prises de vues et le montage. »[3]

La mise en scène

Cet apprentissage a permis à Carné de mieux comprendre « la complexité du métier d'auteur de film. Le romancier devant sa page blanche, le peintre face à sa toile vierge dépendent seulement de leur imagination créatrice. Le réalisateur, lui, son scénario achevé, va devoir choisir une trentaine de collaborateurs, tant artistiques que techniques, appelés à concourir à la qualité de l'œuvre entreprise. Qu'il se trompe sur les capacités de l'un d'eux, artiste ou technicien, fût-il d'une importance secondaire, c'est le ver dans le fruit. Imaginez un chef d'orchestre ayant sous ses ordres un musicien qui ne joue pas régulièrement en mesure, ou dont le violon laisse échapper quelque “couac” intempestif [...]. »[4] Mais à la différence de certains réalisateurs sur un plateau de tournage, Carné n'a aucun mal à diriger tout ce petit monde. « Que ce gamin de Paris, de petite taille pour son âge, avec une bonne bouille toute ronde, ait pu s'imposer aux autres – comme plus tard le metteur en scène toujours de petite taille, au même visage rond, le Môme, comme dit Gabin, montre bien l'autorité dont il savait déjà faire preuve, et annonce le chef d'équipe, l'animateur »[5] ... sans doute un souvenir du chef de bande des Batignolles[6].

1. Archives Carné, 9 CAR/11.
2. Robert Chazal, *Marcel Carné*..., p. 19.
3. *Ibid.*, p. 19.
4. Marcel Carné, *La vie à belles dents*..., pp. 37-38.
5. Robert Chazal, *Marcel Carné*..., pp. 11-12.
6. *Ibid.*, p. 11.

Dès *Jenny*, « la production R.A.C. exige que Jean Stelli, metteur en scène sans éclat mais au métier éprouvé et respectueux des devis, soit directeur artistique. [...] Carné, dont le caractère sait être mauvais, renvoie Stelli à ses chères études, quand celui-ci propose d'assurer la mise en scène générale en lui laissant le seul soin de la direction des acteurs. »[1] Cette scène vaut à Carné une réputation de metteur en scène colérique, dont il ne se départira jamais. Autoritaire ? Il reconnaîtra toujours : « Je faisais marcher mon monde à la baguette. Pourquoi m'obéissait-on ? Je n'en sais rien... »

Tout aussi important, il parvient, comme peu de ses confrères, à insuffler son enthousiasme et son professionnalisme à ses acteurs. Car il ne veut conserver que l'essentiel : « Dans le fond, la manière de raconter importe souvent plus que ce qu'on raconte. Cela s'appelle tout simplement le talent, voire le génie. »[2] Michèle Morgan explique : « Souvent il m'arrive de penser à toutes ces femmes auxquelles j'ai prêté mon visage, mes gestes, ma voix, qui en revanche m'ont obligée, un certain temps, à vivre, à penser comme elles, à subir leur destin. Que vous reste-t-il d'elles, et, lorsqu'on s'identifie à leur personnage alors qu'il semble n'avoir rien de commun avec vous, si ce n'est l'imagination du metteur en scène qui les voit avec votre visage, l'avez-vous accepté parce que dans votre subconscient il y a un petit trait de caractère qui vous rapproche d'elles ? »[3] Et Carné aime mettre ses acteurs dans des positions proches de celles qu'il attend pour le film. Le plus célèbre exemple : *Le Quai des brumes*. Michèle Morgan précise : « Brasseur est un peu ma bête noire. Je redoute ses taquineries, ses excentricités me mettent mal à l'aise et je suis beaucoup trop jeune pour comprendre que ma timidité, mon attitude un peu guindée, drôles à ses yeux, ne peuvent que l'exciter. Malheureusement il devient impossible dès qu'il a bu. Et ce soir c'est le cas. Jamais il n'a été plus brillant, plus agressif aussi. Il commence par me taquiner, puis, virevoltant, il entreprend de mettre en boîte le "monsieur-qui-m'accompagne". Il me semble qu'André doit l'entendre. Le nez dans son assiette il ne bronche pas. Je ne sais s'il est pleutre ou sage de ne pas répondre... à moins qu'il n'ait pas entendu. Je n'ai qu'un seul désir : quitter la salle à manger. En me levant, au passage, je saisis le regard de Jean, ses yeux sont gris de colère. Le lendemain le dénouement !... Dans la scène que nous tournons,

1. *Ibid.*, p. 22.
2. Marcel Carné, *La vie à belles dents...*, p. 41.
3. Michèle Morgan, *Avec ces yeux-là...*, p. 59.

Jean doit envoyer à Pierre Brasseur une gifle. Planté près de la caméra, les mains enfouies au fond de ses poches, il m'accueille d'un : "Bonjour, Michèle !" assez froid. À l'opposé, Brasseur dessaoulé me paraît gêné, il me regarde comme s'il attendait quelque chose de moi, vraiment je n'ai rien à lui dire ! Malgré le départ pour Paris d'André, je ne suis pas spécialement de bonne humeur. La scène est importante. Carné, préoccupé, vétilleux, explique l'action aux deux hommes face à face. Jean, l'œil dur, le front buté, les lèvres serrées, ne répond ni n'acquiesce. Il me paraît énervé par la lenteur des préparatifs. Il est clair qu'il n'a rien oublié de la soirée d'hier, cependant les répétitions se passent normalement. – Bon, allons-y ! commande Carné. Action. Un bref échange de répliques et la main de Gabin part… elle atterrit sur la joue de Brasseur avec une violence inouïe, il chancelle sous le choc, pâlit, serre les poings. – Coupez ! crie Carné. Absolument superbe ! Et la vie du plateau reprend. Le court instant d'une gifle, la réalité a pris la place de la fiction. »[1]

Mais pour chaque tournage, l'atmosphère du film trouvée, il faut aussi être techniquement au point. Et que chaque comédien souhaite apporter sa pierre à l'édifice. Michèle Morgan se souviendra : « Autour de moi un remue-ménage de studio. Insolite, sous cette lumière, le matériel que les machinistes sortent des camions ! Marcel Carné vient, va, à la recherche de son angle, il saute du sommet d'une dune dans le creux d'une autre. À le voir bondir semblable à une puce des sables, je souris, prête à rire. »[2] Et de poursuivre : « – Voilà, m'explique Carné, vous arrivez par là, à pas pressés. Et, soudain, vous le voyez… Minutieusement, il m'expose la scène [elle sera coupée au montage], détermine mon point de départ et l'endroit précis de mon arrêt, les fait marquer par un branchage enfoncé dans le sable. – Maintenant on répète. C'est à vous. Docile je pars de l'une de mes marques et m'arrête à l'autre. L'œil vissé à l'œilleton de la caméra, Carné me crie : – Pour les places c'est bon. On va pouvoir y aller ! Et ce perfectionniste me redit tout ce qu'il m'a déjà longuement expliqué : – Michèle, une dernière recommandation, quand vous stoppez à votre marque, votre regard doit se fixer sur l'oreille gauche de Schüfftan (le chef opérateur). Exaltant, c'est à une oreille que je dois dédier tout mon amour ! Je gagne mon point de départ, me concentre, oublier cette oreille, être au-delà. – Moteur. On tourne. Partez ! me crie Carné. Je relève la tête

1. *Ibid.*, pp. 106-107.
2. *Ibid.*, p. 99.

le regard au loin, j'avance, je m'arrête à la marque, mes yeux cherchent l'oreille de Schüfftan et rencontrent le regard de Gabin... – Coupez ! C'est très bon, commente Carné. Goguenard, Jean me dit : – Avec mes yeux c'est tout de même plus facile qu'avec une oreille ! »[1]

Cette qualité de la mise en scène se répète pour chaque film. Dans *Hôtel du Nord*, « une œuvre de Carné sans Prévert [...] il y paraît des personnages que l'on qualifierait volontiers de prévertiens. La preuve est ainsi faite que l'ambiance, le ton des œuvres de Carné sont donnés avant tout par le metteur en scène lui-même »[2]. Pour *Le Jour se lève*, Quéval révèle que le réalisateur fut attentif aux moindres détails et que chacun était « mis en place avec toute la rigueur et tout le soin convenables [notamment lorsque] Jean Gabin part de la fenêtre, et la caméra l'accompagne en ce périple : Marcel Carné a fait répéter ce jeu de scène pendant cinq heures »[3]. En revanche, dans *les Visiteurs du soir*, quoique « directeur d'acteurs exceptionnels [il] a été moins bien servi par une interprétation de circonstance plutôt que de choix rigoureux, pour certains tout au moins »[4]. Mais pour le chef-d'œuvre des *Enfants du Paradis*, le travail de mise en scène est fascinant. Quéval parle d'une « direction [...] des comédiens [qui,] quelque grand talent et quelque fascinante présence qu'on doive saluer en plusieurs d'entre eux, force l'admiration »[5]. Carné parvient à émouvoir « par l'utilisation systématique des plans frontaux [...] au cours de la scène de la première pantomime [...], comme un retour volontaire à la simplicité des premiers âges du cinéma qui a non seulement pour effet de nous donner l'impression déraisonnable d'assister réellement à un spectacle du boulevard du Crime, mais encore celui de nous faire participer à l'émotion d'un véritable hommage rendu aux arts du spectacle scénique »[6].

Chazal, malgré les imperfections soulignées, reconnaît dans *Les Portes de la nuit*, une « mise en scène [...] aussi parfaite ici qu'ailleurs. L'œuvre est d'une constante beauté formelle »[7]. Pourtant, pour *Thérèse Raquin*, des problèmes sont apparus avec ses comédiens, on l'a vu en particulier avec Raf Vallone. Les temps changent mais le réalisateur refuse de changer

1. *Ibid.*, pp. 100-101.
2. Robert Chazal, *Marcel Carné...*, p. 34.
3. Jean Quéval, *Marcel Carné...*, p. 41.
4. Robert Chazal, *Marcel Carné...*, p. 43.
5. Jean Quéval, *Marcel Carné...*, p. 8.
6. Michel Pérez, *Les films de Carné...*, p. 82.
7. Robert Chazal, *Marcel Carné...*, p. 49.

Jacques Prévert et Marcel Carné. © AKG-images / Denise Bellon.

Jean (Jean Gabin) et Nelly (Michèle Morgan) dans *Le Quai des brumes.*

Monsieur Edmond (Louis Jouvet) et Madame Raymonde (Arletty) dans *Hôtel du Nord.*

Valentin (Jules Berry), François (Jean Gabin) et Clara (Arletty) dans *Le Jour se lève.*

Anne (Marie Déa), Renaud (Marcel Herrand) et Dominique (Arletty) dans *Les Visiteurs du soir.* © Rue des Archives / RDA.

Frédérick Lemaître (Pierre Brasseur), Garance (Arletty) et Baptiste Deburau (Jean-Louis Barrault) dans *Les Enfants du Paradis.* © Roger Forster / Rue des Archives.

Juliette (Suzanne Cloutier) et Michel (Gérard Philipe) dans *Juliette ou la Clef des songes.*

Laurent (Raf Vallone), Riton (Roland Lesaffre) et Thérèse Raquin (Simone Signoret) dans *Thérèse Raquin.* © Limot / Rue des Archives.

Victor Le Garrec (Jean Gabin), André Ménard (Roland Lesaffre) et Blanche Le Garrec (Arletty) dans *L'Air de Paris.* © Limot / Rue des Archives.

Alain (Laurent Terzieff), Bob (Jacques Charrier) et Mic (Pascale Petit) dans *Les Tricheurs.*
© Limot / Rue des Archives.

François Combe (Maurice Ronet) et Kay Larsi (Annie Girardot) dans *Trois Chambres à Manhattan.* © Limot / Rue des Archives.

Marcel Carné sur un plateau de tournage, vers 1965.

un seul élément à ce qu'il a imaginé : « Carné ne veut pas commenter ce qui s'est passé ce jour-là sur le plateau, pas plus qu'il ne désire beaucoup s'étendre sur le comportement des acteurs en général. Il sait les diriger mieux que la plupart des metteurs en scène. Il sait ce qu'il veut et il sait l'obtenir. Mais leurs états d'âme en dehors de leur rôle, il en a pris son parti depuis longtemps. Il n'en tient compte que dans la mesure où ils peuvent influencer le travail sur le plateau »[1]. Carné précise même : c'est « le seul film pour lequel j'ai fait des répétitions à l'italienne… et dans le bureau du producteur […]. Ça s'est révélé très efficace »[2]. Malgré cela, tout au long du tournage, et sans doute en raison de la présence du jeune Lesaffre, « l'atmosphère, sur le plateau, changeait. Elle devenait lourde, exaspérante. Carné percevait tout. Il était comme un dompteur. Avec doigté et fermeté, il dirigeait ses acteurs. Simone Signoret, Raf Vallone, Jacques Duby faisaient front contre le petit nouveau. C'était de grands fauves qui se battaient pour leur proie : la toile, c'était à celui qui aurait le plus de présence pour capter l'attention du public. Pendant dix semaines, le combat a été féroce. »[3] Finalement, le résultat est là. Et « il faut dépasser, dans ce film, tout le début pour retrouver enfin l'art du metteur en scène dans l'intensité dramatique qui marque la plupart des séquences qui suivent »[4].

Tandis que les tournages de *L'Air de Paris* et du *Pays d'où je viens* se déroulent sans difficultés, de nouveaux problèmes apparaissent pour *Les Tricheurs*. Carné s'imagine encore seul maître à bord mais certains jeunes comédiens volent dans les loges, d'autres profitent des instants libres pour aller partager un moment d'intimité dans un coin du studio. Pour rétablir la discipline, le réalisateur prend alors Lesaffre comme souffre-douleur, afin de donner l'exemple : « Tous les acteurs sont là : Laurent Terzieff, Jacques Charrier, Jean-Paul Belmondo, Pascale Petit, Dany Saval. On répète. J'amorce la première scène. Hurlements de Marcel Carné. – Roland, tu n'es pas dans tes marques ! Mais, Marcel... Il n'y a pas de Marcel... Mais, monsieur Carné... Il n'y a pas de monsieur Carné. Plus à gauche, dans les marques. Je m'exécute. On répète. Marcel Carné décide de tourner. Au milieu de la scène retentit le fatidique : – Coupez ! Mais, Bon Dieu ! c'est mauvais ! Qu'est-ce que c'est que cet acteur ? Et le ton ?

1. *Ibid.*, p. 66.
2. Robert Chazal, *Marcel Carné…*, p. 66.
3. Roland Lesaffre, *Mataf…*, p. 159.
4. Robert Chazal, *Marcel Carné…*, p. 67.

Le ton n'y est pas ! Trépignements de Marcel Carné qui ajoute : – Quand on "boule" son texte, il faut retourner chez Madame Dussane. Vous vous appliquez. Vous ne jouez pas. Il n'y a pas de vie dans tout ça. Les autres étaient pétrifiés. J'étais effondré. Jacques Sigurd était là. Robert Dorfmann aussi. Enfin, ce calvaire se termine. Le producteur me prend par le bras, m'éloigne du plateau et me dit : – Merci, Roland. – Ah ! ça, alors, dis-je sur le point de chialer, vous avez vu comment j'ai été traité, engueulé comme du poisson pourri devant tous ces jeunes ? – Tout ça, c'était du vent, me dit Robert Dorfmann, c'était pour leur donner une leçon. Et, en bon producteur, il ajoute : – Il n'y avait pas de pellicule. Pas de pellicule ? je rugis. Non, pas de pellicule, répète Dorfmann en souriant. Marcel arrive et me dit à son tour : – Merci, Roland ! – Mon cochon, tu aurais pu me le dire. De quoi j'ai eu l'air devant cette jeunesse ? – Tu n'en as rien à foutre, ils ont eu peur. Ils savent ce qui les attend. C'était une bonne leçon de cinéma. – Ah ! t'es gonflé, Marcel ! – Après ça, ils fileront droit. Ils ne respectent rien a priori. Leur respect, il faut le gagner. »[1] Et en effet, à chaque fois qu'il faudra travailler, ils seront désormais tous disponibles et passionnés par leur rôle. Finalement, « le jeu de la vérité, la course automobile et bien d'autres séquences permettent de situer exactement ceux que Carné a voulu peindre, grâce à une observation sûre dont il a [...] livré le secret, et aussi à une maîtrise de mise en scène et une science du récit assez rares, qui confirment ce que l'on savait déjà du réalisateur et de la pleine possession de son métier »[2].

Cela ne peut toutefois masquer les grosses difficultés techniques rencontrées par la plupart de ses comédiens pour « dire » leur texte. Profitant du tournage des *Tricheurs*, Carné fait publier dans les colonnes de *Cinémonde* un article qui montre sa nostalgie du « sens des mots »[3] de l'ancienne génération et appelle à une prise de conscience du métier : « Que n'avons-nous une vraie école de cinéma ! Dans le film particulièrement difficile que je réalise, je n'ai pas le "soutien" d'une ou deux vedettes. On sait que j'ai engagé pour ainsi dire exclusivement des jeunes comédiens. C'est dire que le problème n'est pas pour moi de faire tourner un ou deux débutants au milieu de comédiens chevronnés. Tous les héros de mon film sont des jeunes, des débutants. Peut-être puis-je croire, après quelques semaines de travail, que je ne me suis pas trompé sur le choix

1. Roland Lesaffre, *Mataf*..., pp. 280-281.
2. Robert Chazal, *Marcel Carné*..., p. 73.
3. Roland Lesaffre, *Mataf*..., p. 26.

de mes interprètes. Je m'estimerais récompensé de mes efforts si parmi ces débutants il y avait – comme je l'espère – trois ou quatre vedettes de demain. Ne serait-ce que de ce point de vue mon travail est passionnant. Je regrette toutefois qu'il n'existe pas en France une véritable école de cinéma. Je veux parler d'une école où l'on enseignerait aux apprentis comédiens l'automatisme du geste, l'habitude des "marques", du placement, l'habitude de dire un même texte à plusieurs reprises, de façon identique, en accomplissant les mêmes gestes, aux mêmes endroits. Faute d'avoir appris ce métier mes jeunes interprètes se trouvent en face de complications qui parfois les déconcertent et peut-être leur font perdre une certaine maîtrise du texte. C'est à moi de veiller à effacer ce handicap, à les mettre à l'aise malgré tout, à les aider à surmonter ces embûches de chaque minute. C'est ce qui rend, peut-être, ma tâche plus ardue, mais plus passionnante également. [...] »[1]

Pour *Terrain vague*, il reconnaîtra : « J'ai sans doute été moins heureux dans le choix de mes interprètes que pour *Les Tricheurs* »[2]. En revanche, dans *Trois Chambres à Manhattan*, « il eut d'heureuses surprises notamment avec les figurants américains, qui sont de véritables artistes et jouent vraiment leur rôle avec conscience, talent et initiative »[3]. Le tournage, on le sait, avait connu de nombreuses péripéties, dues en partie aux prises effectuées en alternance entre New York et Boulogne. Mais cela ne désorienta pas Annie Girardot : « Le cinéma, c'est un puzzle [...]. Au théâtre, tu as une préparation, tu as un milieu et une fin. Au cinéma, tu commences une fois par le milieu et une fois par la fin. Tu marches en crabe, dans le désordre, et c'est normal. Si tu dois tourner une scène dans une église, tu enchaînes toutes les scènes qui se déroulent dans l'église. Tu ne vas pas faire la navette de l'église à Tombouctou, sous prétexte de respecter la chronologie. »[4]

En revanche, la mise en scène ne fut pas des plus aisées pour ses derniers films, en particulier *La Merveilleuse Visite* qui ne bénéficia pas du confort que procure le travail en studio.

1. *Cinémonde*, 22 août 1958, n° 1241, p. 34.
2. Robert Chazal, *Marcel Carné...*, p. 74.
3. *Ibid.*, p. 79.
4. Annie Girardot, *Vivre d'aimer...*, p. 122.

La technique

On l'a peu dit, mais Carné fut évidemment un technicien hors pair. Avant d'être engagé par Feyder, il avait suivi les cours bihebdomadaires de l'école des Arts et Métiers : « Chaque dimanche matin, on se rendait en groupe au bois de Vincennes et là, chaque élève enregistrait une dizaine de mètres de pellicule, grâce à l'unique caméra de l'établissement ! Il faut dire que les caméras d'alors ressemblaient davantage à celles des frères Lumière qu'aux appareils ultra-perfectionnés que nous connaissons et leur maniement s'effectuait uniquement à la main. C'est pourquoi nous apprenions, à tour de rôle, à tourner la manivelle sur un rythme constant, de dix-huit images par seconde ; ou encore à évaluer exactement l'ouverture du diaphragme et à régler la mise au point. Pourtant [...], en dehors de certains travaux élémentaires, je n'ai jamais cru aux écoles pour les métiers d'art. Créer une atmosphère, jouer avec un contre-jour, éclairer superbement un visage de femme ou buriner celui d'un homme, cela ne s'apprend pas. On a le don ou on ne l'a pas. »[1]

Avec son *Nogent*, il a touché à tous les métiers et s'est acquitté du tournage, de la mise en scène jusqu'au montage, effectué dans sa chambre avec les moyens du bord (il a même manqué de mettre le feu à cause d'un problème avec un moteur de projecteur). Puis les leçons de Feyder lui permettent de se démarquer d'une certaine rigidité : « Sa façon de travailler était [...] assez singulière. Non seulement il ne regardait jamais son scénario en cours de tournage, mais il ne se souciait nullement de l'ordre des plans, de leurs rapports. Sa caméra, sauf exception rarissime, était toujours fixe : peu de panoramiques, et encore moins de travellings. Bref, il voulait ignorer ce qu'on appelle à tort la technique et qui, en réalité, est le *style*. »[2] Pourtant, en élève consciencieux, Carné gardera « cette horreur des mouvement d'appareils gratuits. Même un panoramique descriptif, un travelling qui nous fait passer d'un endroit à un autre doivent trouver leur justification. C'est pourquoi il se servira d'un personnage ou d'un objet qui, en se déplaçant, entraînera l'appareil avec lui et lui permettra d'accomplir le mouvement désiré. [Ce qui explique que] les films de Carné suivent généralement un rythme lent et uniforme. »[3]

1. Marcel Carné, *La vie à belles dents*..., pp. 13-14.
2. *Ibid.*, p. 48.
3. Bernard-G. Landry, *Marcel Carné*..., chapitre 5.

Mais les exceptions à ces généralités sont légion. Ainsi les plans proposés dans *Drôle de Drame* sont-ils aussi loufoques que les dialogues ou les situations des personnages. La liste est longue : plans serrés, caméras penchées et coupes étranges, sans parler des objets (vélo, serre, plantes) qui ne cessent de perturber l'œil du spectateur.

L'année suivante, pour préparer ses longs plans du port du Havre du *Quai des brumes* et jouer avec le brouillard qui offre aux images une suie continuelle, Carné utilise pour la première fois « un appareil photographique de première qualité [...] à la recherche d'extérieurs collant à l'action »[1], en une sorte de story-board photo. Car il faut se souvenir que le matériel est alors très lourd. Michèle Morgan explique : « À cette époque le cinéma était un art que dominait souvent la technique ; elle y avait une place importante dont nous étions tributaires. Tourner en décors réels était rare parce que difficile à éclairer, on préférait reconstituer des rues entières, ce qui donnait des images particulières, auxquelles un metteur en scène pouvait mieux imprimer sa marque [...]. L'éclairage n'était pas seul en cause, les appareils étaient lourds, peu maniables dans leurs mouvements. Nous étions loin de la caméra sur l'épaule d'un François Reichenbach ou d'un Claude Lelouch. Ils obligeaient à déployer un matériel de rails, de chariots, de câbles, important et encombrant »[2]. Et grande innovation, pour la première fois le système des transparents et de la brume que John Ford avait essayés dans *Le Mouchard* seront cette fois une pleine réussite.

Malgré les difficultés inhérentes au matériel employé, Carné parvient à dompter l'appareil. L'un de ses plus beaux travellings est celui de la prison de *Hôtel du Nord* lorsque Pierre, pour retrouver Renée qui vient lui rendre visite, traverse le long couloir qui lui fait croiser d'autres couples anonymes. Le cinéaste emploie aussi de longs plans pour dévoiler le décor de l'écluse, aux deux extrémités de son long métrage. Jean Fayard, dans *Candide*, parle d'une sorte de « paysagiste à la Utrillo, capable de tirer de la poésie des horizons urbains les plus sordides »[3].

La qualité technique du réalisateur devient plus complexe encore dans *Le Jour se lève* car « il fallait pouvoir découvrir de la fenêtre cette place de la banlieue d'Amiens, cette place que l'on va connaître dès la première image grâce à un attelage, vu d'en haut et que l'appareil suit... C'est alors

1. Marcel Carné, *La vie à belles dents...*, p. 73.
2. Michèle Morgan, *Avec ces yeux-là...*, p. 123.
3. Michel Pérez, *Les films de Carné...*, p. 55.

que surgit cet immeuble isolé, la maison du drame, avec la perspective des escaliers, cet aveugle qui monte les marches et cette détonation. Le meurtre auquel on nous fait assister, c'est tout le film qui l'expliquera par des retours en arrière qui s'enchaînent avec une subtilité et une évidence exemplaires. [...] *Le Jour se lève* est le type même de l'œuvre d'art où rien n'est laissé au hasard. Le déroulement du drame lui-même et aussi le choix des accessoires sont parfaitement concertés »[1].

Bernard-G. Landry parle d'une « caméra assez peu mobile – mais les plans très nombreux – et chaque mouvement d'appareil commandé par une nécessité descriptive ou explicative. Ainsi, dans *Les Visiteurs du soir*, le film s'ouvre par des plans fixes, alternant avec deux travellings descriptifs. Le premier découvre le château, l'autre la salle du banquet. Puis viennent deux travellings avant, très lents, presque imperceptibles, d'abord sur le visage d'Anne, puis sur celui de Gilles. Les deux personnages donnent ainsi l'impression de venir à nous, mus par une force inconsciente, comme pour un aveu, celui de la naissance éclatante de leur amour. La séquence se termine par l'étonnant panoramique circulaire qui enferme dans leur destinée Anne, Gilles et Renaud. Nous savons tout sur ces trois personnages, nous pouvons entrevoir leur sort et cela sans une explication verbale, presque sans aucun jeu de scène ou de physionomie. Rarement style fut plus efficace. »[2] En fait, « la permanence du style Carné (qui a gardé son décorateur Trauner, camouflé par la présence de Wakhévitch, et son opérateur Roger Hubert) s'affirme surtout par le soin et le sens artistique extraordinaires dont fait preuve le metteur en scène. Le choix de ses décors naturels ou fabriqués, de ses cadrages, de ses mouvements d'appareil, de ses images en témoigne »[3].

Dans *Les Enfants du Paradis*, Carné cherche davantage encore, à l'instar de Prévert dans les dialogues, à retrouver le sens « du dépouillement, du recours à une plus grande netteté, à une plus grande confiance [...], à la fois en sa propre maîtrise et en la manière qu'il lui faut dominer, ordonner. Toujours est-il qu'il fait beaucoup moins appel aux artifices qui encombraient ses films précédents, tant dans les images avec leurs effets de lumière artistiquement fignolés, que dans les décors et l'interprétation. Et puis il y a ce souffle, cette ampleur de la mise en scène [...] tout cela sans que le réalisateur ne s'écarte jamais de la rigueur, de l'ordre, qui lui

1. Robert Chazal, *Marcel Carné...*, p. 37.
2. Bernard-G. Landry, *Marcel Carné...*, chapitre 2.
3. Robert Chazal, *Marcel Carné...*, p. 43.

sont propres, et qui sont ici dans leur meilleur emploi »[1]. Ce que Landry résume par le « panoramique de 180° [qui] part de Baptiste et Garance enlacés puis, avant de découvrir le sourire satisfait et cruel de Lacenaire, nous laisse quelques instants dans l'angoisse noire du mur. »[2]

Malgré l'échec, *Les Portes de la nuit* propose aussi à travers « quelques-unes de ses séquences, certains détails de plans [qui] auraient leur place dans une anthologie ; le métro ; les amoureux près des grilles de Barbès-Rochechouart ; Carette, ses gosses et son escalier ; quelques échanges de répliques de Saturnin Fabre et Serge Reggiani ; encore la mort de Reggiani. Et beaucoup d'autres scènes désormais classiques qui placent ce film imparfait parmi les œuvres importantes de notre cinéma de l'immédiat après-guerre »[3]. Ce que confirme Michel Pérez qui juge que « Carné s'y montre plus virtuose que partout ailleurs, mais virtuose utile et nécessaire. Dès l'ouverture, la sortie du métro Barbès à la nuit tombante, on comprend que la dimension mythique voulue par le cinéaste ne pouvait s'obtenir qu'à l'aide des moyens du studio. »[4]

De la même manière, on a souvent « dit et répété que *La Marie du port* était une œuvre mineure. Comme Carné l'a reconnu lui-même, on aurait mauvaise grâce à prétendre le contraire. Mais ce film secondaire [...] est aussi une œuvre exemplaire. Voulant le réaliser dans des délais très brefs, avec le minimum de risques financiers et le maximum de perfection technique, Carné le prépara avec une minutie extrême. Il lui était indispensable de démontrer qu'il pouvait s'en tenir au devis et, ceci allant avec cela, à la durée prévue »[5]. Cette minutie technique employée par le réalisateur est bien résumée dans l'image finale où l'on voit « cette main de femme qui se referme comme une serre sur le trousseau de clés, emblème de la puissance et de la possession »[6].

Finalement, chez Carné, seul le sujet impose donc les mouvements de caméra. Quéval remarque qu'il y en a davantage dans *Juliette* « que dans n'importe quelle autre œuvre de ce réalisateur parce que le sujet l'exige : mais le spectateur ne s'en aperçoit pas, puisqu'en tout cas le style narratif est commandé par l'action, est l'action même »[7].

1. *Ibid.*, p. 47.
2. Bernard-G. Landry, *Marcel Carné...*, chapitre 2.
3. Robert Chazal, *Marcel Carné...*, p. 52.
4. Michel Pérez, *Les films de Carné...*, p. 99.
5. Robert Chazal, *Marcel Carné...*, p. 55.
6. *Ibid.*, p. 55.
7. Jean Quéval, *Marcel Carné...*, p. 76.

À l'exemple de *La Marie du port*, « *Thérèse Raquin*, qui sera tourné en quarante-huit jours, est un modèle de préparation minutieuse [...] »[1]. Pour Michel Pérez, le style de Carné atteint ici « son plus haut point de perfection »[2]. Un seul exemple : le long plan d'apparition des chaussures de Laurent dans la porte entrouverte, avant la scène du baiser. De manière plus générale, « on y retrouve cet univers photographique [...] cette atmosphère qu'il sait créer avec une économie de moyens remarquable, ne faisant bouger sa caméra que pour des mouvements essentiels et permettant aux acteurs de s'exprimer au maximum. Le chassé-croisé dans l'appartement au début de l'intrigue entre les deux amants est un exemple de construction habile qui pourrait – cette fois encore – servir de modèle aux futurs cinéastes. Il y a là l'essentiel et seulement l'essentiel. »[3] Tout se fige avec science et selon un ordre bien respecté. Ainsi « le cadre commande à l'image, rien de ce qu'on y insère ne doit contrarier l'austérité glaçante de ses lignes. Lignes austères, celles des silhouettes (Signoret, gilet gris sur les épaules, posé sur une robe noire, chapeaux stricts, imperméable ; silhouette de deuil, comme pétrifiée), celles de la toile de fond qu'offre la boutique de drapier, avec ses pièces de tissu impeccablement rangées, ses tiroirs minutieux »[4]. À sa manière, avec son style propre, sorte de muet dont les dialogues pourraient presque gêner l'implacable logique, *Thérèse Raquin* est le « dernier grand film expressionniste du cinéma français [et] marque indéniablement la fin d'une époque mythologique. Ses images sont de celles qui ne quittent plus les mémoires. Celle de Signoret et de son deuil, de Raf Vallone dans son blouson de cuir, de Lesaffre endormi dans son compartiment de chemin de fer, de Sylvie dont le regard éternellement fixe reflète soudain les flammes de la cheminée, de Jacques Duby s'abandonnant aux bras de celui qui sera son assassin et lui offrant une amitié d'ivrogne. Tandis que de prodigieux objets de tragédie continuent de nous hanter : la manivelle dont Signoret se sert pour baisser le rideau de fer de sa boutique, le téléphone qu'elle décroche sans répondre et qu'elle pose sur le comptoir avant de s'éloigner, laissant la voix lointaine de Raf Vallone poser ses questions inquiètes dans la grande pièce vide. »[5].

1. Robert Chazal, *Marcel Carné...*, p. 66.
2. Michel Pérez, *Les films de Carné...*, p. 7.
3. Robert Chazal, *Marcel Carné...*, p. 66.
4. Michel Pérez, *Les films de Carné...*, pp. 124-125.
5. *Ibid.*, p. 125.

Technicien des temps anciens, ses « trucs » employés pour *Les Enfants du Paradis* réapparaissent dans *L'Air de Paris* : le Central, où avait lieu le combat de boxe, est complètement monté en studio, « en réduction, bien sûr, mais dans les rapports exacts, [Carné ayant] truqué avec des objectifs qui augmentaient le recul »[1]. Dans *Les Tricheurs*, les scènes de groupe ne cherchent finalement qu'à conduire au terrible face-à-face des amants Mic et Bob, sous les yeux d'Alain sans que les autres apparaissent. Les gros plans sont les seuls du film… avant la scène de danse. Et alors que dans le premier montage du film Roger tentait de dédouaner les jeunes de leurs erreurs, en prenant sur lui l'accident de la voiture, le cinéaste coupa la scène pour ne garder que la phrase de Roger : « Bob, ne pense plus jamais que t'es le seul responsable, c'est elle aussi : lâchée dans un monde qui se débine. »

Deux films encore. Pour *Terrain vague*, Carné prétendait : « Il reste des scènes que je suis fier d'avoir tournées »[2]. On peut, sans trahir ses pensées, mettre en exergue la première poursuite caméra dans la cage d'escalier qui accompagne le générique de début, la grande roue et la bagarre dans la fête foraine, jusqu'à la dernière montée de l'escalier lorsque Babar découvre les graffitis sur les murs et la mort de son petit chien. À raison, Michel Pérez considère que le film est « d'une solidité de structures sans failles et qui ne fait pas mentir la réputation de parfait technicien (technicien de la composition de l'image, technicien du récit) qui a toujours été celle de son auteur »[3].

Enfin, dans *Trois Chambres à Manhattan*, Carné se souvenait : « Nous avons presque constamment travaillé à la grue […]. Ce film a beau être très souvent en gros plan, il a tout de même fallu montrer où se trouvaient nos personnages »[4]. Pour répondre aux critiques d'homme du passé, étiquette qu'on lui collait fréquemment, il avait accepté de tourner ce film « entièrement à New York »[5], ce qu'il ne pourra finalement pas faire. À ce titre, *Les Assassins de l'ordre* et *La Merveilleuse Visite* ne font pas exception.

1. Robert Chazal, *Marcel Carné…*, p. 68.
2. *Ibid.*, p. 74.
3. Michel Pérez, *Les films de Carné…*, p. 142.
4. Robert Chazal, *Marcel Carné…*, p. 80.
5. Marcel Carné, *La vie à belles dents…*, p. 281.

La couleur

Alors Carné, homme du passé ? Si, comme on vient de le montrer, l'analyse prouve le contraire, l'utilisation du noir et blanc lui ferme toutefois une large part du nouveau public.

Le cinéaste a pourtant souvent souhaité, avant 1956, tourner en technicolor, par exemple pour la partie « fiction » de *La Lanterne magique* et pour *Le Masque de la Mort rouge* d'après Edgar Poe dix ans plus tôt[1]. Mais pour son premier film en couleurs, *Le Pays d'où je viens*, « une étape dans la carrière de ce grand cinéaste »[2], il regrettera : « Il s'agissait d'un film poétique où la couleur, je l'espérais du moins, jouerait un rôle important [mais] je n'eus pas assez de moyens »[3]. L'année suivante, *Les Baladins*, qui devaient se tourner à la cour des Valois, auraient « permis de montrer la Cour en noir, rouge et or, élégante mais sévère, alors que les baladins auraient été habillés de teintes voyantes et joyeuses »[4].

Reste alors la colorisation. Pour Marcel Carné, il s'agit d'un progrès technique et esthétique évident. Certains films pourraient en tirer un grand parti : « Feyder, on le sait, s'était fortement inspiré des peintres flamands et hollandais des XVIe et XVIIe siècles pour reconstituer l'atmosphère de l'époque dans *La Kermesse héroïque*. À peine quittait-on un Brueghel ou un Memling qu'on tombait sur un Frans Hals, bientôt abandonné pour un Jordaens. C'était un véritable enchantement, une sorte de musée vivant que rendait malheureusement assez mal le noir et blanc. Si j'ai un jour regretté qu'un film ne soit pas en couleurs, c'est bien celui-là ! (Avec toutefois une autre exception : *Les Visiteurs du soir*). »[5]

La colorisation de ses films, il l'envisage dès 1946 pour une nouvelle sortie du *Quai des brumes* « avec une dominante de gris et de bruns et quelques taches de couleurs violentes, un peu dans le style des maquettes de Trauner (et dont se souviendra peut-être plus tard Antonioni pour *Le Désert rouge*, [...] qui fut l'assistant de Carné pour *Les Visiteurs du soir*) »[6].

Dans le catalogue de l'exposition qui lui est consacrée en 1994, il fait un point sur la question dans un article intitulé "Marcel Carné et la colorisation" : « Voici les raisons, qui me semblent impérieuses, de colorer

---

1. Bernard-G. Landry, *Marcel Carné...*, chapitre 1.
2. Archives Carné, 4 CAR/2.
3. Robert Chazal, *Marcel Carné...*, p. 69.
4. *Ibid.*, p. 70.
5. Marcel Carné, *La vie à belles dents...*, p. 50.
6. Robert Chazal, *Marcel Carné...*, p. 48.

Les Enfants du Paradis afin de préserver le film de sa disparition à une plus ou moins brève échéance. Même si on ne peut que le déplorer, il convient de regarder la vérité en face : le film en noir et blanc est inéluctablement appelé à disparaître définitivement, à plus ou moins long terme. C'est une question de durée. Il suffit pour s'en convaincre de contempler la clientèle qui, aujourd'hui, compose les files d'attente devant les salles de cinéma : elle est composée quasi exclusivement de jeunes de treize à vingt-cinq ans. C'est dire qu'elle est née avec un cinéma aux couleurs rayonnantes. C'est dire également qu'elle ne connaît du cinéma noir et blanc – et encore si elle le connaît – que quelques balbutiements épars. Qu'on ne s'étonne pas, après cela, qu'en totalité elle le dédaigne et le fuit, le trouvant gris, morne et pour tout dire "dépassé". La télévision ne l'ignore pas qui ne passe les films noir et blanc qu'à des heures de faible écoute (vers 23 h) ; parfois même au milieu de la nuit comme ce fut le cas ces jours-ci pour *Le Million* de René Clair. Devant cette situation devenue catastrophique, voyant que le capital qu'ils croyaient posséder s'amenuisait de jour en jour, les possesseurs desdits films cherchèrent la parade... Déjà, dès la naissance du cinéma muet, à la fin du siècle dernier, des chercheurs avaient vainement tenté de doter celui-ci de la couleur, Méliès montrant lui-même l'exemple. Durant près d'un siècle, malgré les efforts déployés, ("pochoirs" ou autres), ce ne furent que des échecs lamentables : couleurs fades, artificielles et surtout "bavant" les unes sur les autres. La découverte de l'ordinateur allait tout changer et remplacer la chimie par les mathématiques... Les premiers essais se montrèrent très vite concluants : les couleurs étaient nettes, franches, reconstruisant parfaitement la réalité et surtout ne "bavant" plus les unes sur les autres. C'était à s'y tromper. Avec le sens pratique qu'il faut leur reconnaître, les Américains se penchèrent sur le procédé, qui d'ailleurs était né chez eux, à Los Angeles, et aujourd'hui, c'est par dizaines qu'ils utilisent le procédé, permettant ainsi à des films, au passé déjà lointain, d'acquérir une seconde jeunesse et de connaître une nouvelle et fructueuse carrière... La France va suivre le mouvement un peu frileusement avec un certain retard. En effet, c'est seulement au cours de l'an passé qu'un producteur a tenté un premier essai avec un film moyen. Puis, le résultat s'avérant excellent, il a poursuivi l'expérience avec un second film. Passés tous deux sur la première chaîne de télévision, exceptionnellement à une heure de grande écoute (20 h 30), ils ont rencontré une très large audience. Ce que voyant, le producteur de ces derniers a décidé d'en colorier un troisième, auquel je me trouve mêlé puisqu'il s'agit des *Tricheurs*, que j'ai tourné il y a trente ans. J'ai eu connaissance, il y a quelques semaines, des premiers essais en provenance du laboratoire de Los Angeles où ils sont en fabrication. Force m'est de constater qu'ils sont confondants, à croire qu'ils étaient en couleur à leur origine... À peine quelques retouches à apporter ici ou là, telle scène à assombrir légèrement ou telle autre à éclaircir à la façon dont on "étalonnait" jadis les films en noir et blanc. Par ailleurs, l'élan est donné. D'autres producteurs vont suivre l'exemple du premier. C'est ainsi qu'un distributeur de vidéo-cassettes annonce le coloriage de 140 cassettes, tant américaines que françaises... Enfin, on le sait, j'ai été moi-même contacté par Pathé pour la colorisation des *Enfants du Paradis*. Après moult conversations et garanties diverses, j'ai donné mon accord personnel à trois conditions acceptées par un projet de contrat : – la colorisation sera effectuée sous ma supervisation et un sous-titre préliminaire engagera ma responsabilité personnelle ; – des essais me seront naturellement soumis que je pourrai rectifier à ma guise sans entrave d'aucune sorte ; – enfin, la copie définitive ne pourra être exploitée sans mon accord formel. Enfin, si je le juge nécessaire, Pathé est d'accord pour que j'effectue un séjour à Los Angeles afin de collaborer personnellement avec les techniciens qui effectuent la colorisation. Je n'aurai garde d'oublier que toutes les opérations seront effectuées sans exception sur une seule copie du négatif et non sur ce dernier, lequel n'aura à souffrir d'aucune manipulation. De même, je m'engage à n'apporter aucun changement, coupure ou autres, à la version d'origine. Le film en noir et blanc pouvant continuer à être projeté tel quel. Mais, il n'est qu'à voir que dès à présent, il fait déjà figure de parent pauvre sur les écrans de télévision, passant à des heures de semi-écoute et qu'il a pratiquement disparu, à de rarissimes exceptions, des salles publiques et des cinémathèques. Seul, je le crois fermement, la colorisation peut lui conférer une seconde jeunesse et un nouvel essor et faire que la télévision le considère enfin avec l'estime qui lui revient. »[1]

Les projets avortés

Cette option de la couleur désormais approuvée, les regrets de certains films inachevés n'en sont donc que plus forts.

Comment expliquer autrement qu'en soixante ans de carrière vingt-deux films aient finalement pu voir le jour ? À la différence de beaucoup

1. *Catalogue de l'exposition Marcel Carné cinéaste...*, p. 48.

de ses confrères réalisateurs, Carné n'avait pas pour devise : « Mal mais vite. Elle est excellente pour qui veut vivre sans perdre son temps, pour qui a conscience de [sa] condition éphémère et dont la modestie est profonde »[1]. Elle ne put jamais être la sienne. Il n'accepta pas davantage, à la différence d'un Cocteau qui sait qu'« à Paris on n'expose pas, on s'expose »[2], de se montrer à toutes les soirées chic, de subir les sempiternels cocktails qui n'en finissent jamais.

Robert Chazal rapporte notamment ses propos : « Mes plus beaux films sont peut-être ceux que j'ai préparés sans pouvoir les tourner. Cette déclaration de Marcel Carné est indispensable à retenir pour situer le metteur en scène par rapport à son œuvre propre et à celle des autres. Dire que Carné est un grand cinéaste en fonction des films qu'il a réalisés, mais aussi de ceux qu'il aurait dû tourner, n'est pas un artifice de langage ni la formulation d'un paradoxe. S'il avait, comme prévu, évoqué, en 1937, le problème de l'enfance délinquante dans *L'Île des Enfants perdus* ; s'il avait, en 1941, fait le premier film français valable de science-fiction avec *Les Évadés de l'An 4000* ; s'il s'était essayé sérieusement à la couleur, en 1945, en s'inspirant du *Masque de la mort rouge* d'Edgar Poe, son œuvre personnelle et tout le cinéma français en auraient sans doute été changés. »[3]

Ce cinéaste confirmera que, sans les difficultés rencontrées, il aurait pu réaliser « au moins deux fois plus [de films]. Et parmi ceux que je n'ai pas réalisés, il y en a quatre ou cinq qui auraient été d'une extrême importance. J'ai d'autres projets. Je ferai, j'espère, encore des films selon mon cœur, mais certains ne peuvent plus être repris et je pense que c'est grave. (Il n'y a pas de génie méconnu, mais il y a sûrement des œuvres, des grandes œuvres avortées. Et peut-être ce qui aurait pu être un chef-d'œuvre est resté à jamais enfoui dans les tiroirs...) En ce qui me concerne, en tout cas, je trouve déplorable que *La Fleur de l'Âge* ou *Les Évadés de l'An 4000* n'ait pu voir le jour... »[4].

Ces regrets resteront éternels. Et ce ne sont pas les successives parutions de son livre *La vie à belles dents*, ni surtout l'abandon de *Mouche* qui auront évité ce sentiment d'inachevé.

---

1. Jean-Louis Barrault, *Souvenirs*..., p. 178.
2. *Ibid.*, p. 206.
3. Robert Chazal, *Marcel Carné*..., p. 9.
4. *Ibid.*, pp. 100-101.

La clé des œuvres

L'analyse transversale des films de Carné permet de comprendre l'attachement à rendre « une ambiance », à découvrir la vérité cachée derrière les sentiments. Pour planter le décor de ses œuvres, tout commence par les lieux qu'il s'est choisis.

Situations et lieux

Paris est évidemment au cœur du système carnésien. Si « Marcel Carné n'est pas le seul metteur en scène né à Paris, [...] il est le plus authentique enfant de la capitale, de ses faubourgs, de ses trottoirs, de ses music-halls (qu'il fréquentait aussi assidûment que les cinémas et dont c'était la grande époque) et l'on retrouve cette influence de Paris tout au long de son œuvre »[1]. Si tout a débuté au square des Batignolles, quartier où il est né, c'est en allant applaudir Mistinguett au Casino de Paris, en 1926, que le canal Saint-Martin fait son admiration. Carné lui-même révèle cette passion : « Le décor devait me fasciner longtemps, à un point tel que cinq, je dis bien cinq de mes films – de *Jenny* aux *Portes de la nuit*, en passant par *Hôtel du Nord* –, évoqueront plus tard ce coin de Paris. »[2]

En 1928, avec Feyder, il dîne alors souvent au restaurant Chez Francis, place de l'Alma[3] et finit par trouver un appartement, en 1935, avenue Rachel. En 1936, son quartier général est installé Aux Trois Épis ou Chez Grafft, à quelques pas. Et à partir de 1939, il se fixe rue Caulaincourt. Nostalgique, il trouve en « ce coin de Montmartre [comme] une sorte de petit village où tout le monde se retrouvait chaque jour. Marcel Aymé passait des heures silencieuses au bistrot Le Rêve. Le Vigan discutait interminablement à la Brasserie Junot avec le peintre Gen Paul et Gabriello promenait sa rondeur dans tous les cafés, sans ordre de préférence. »[4] À partir de la fin des années soixante, il quitte « la Butte pour l'avenue

1. *Robert Chazal, Marcel Carné*..., p. 13.
2. Marcel Carné, *La vie à belles dents*..., p. 14.
3. *Ibid.*, p. 24.
4. *Ibid.*, p. 296.

Montaigne, puis pour Neuilly »[1]. Et finalement il s'installera à Saint-Germain-des-Prés pour les dernières années de sa vie.

Paris demeure donc, bien évidemment, omniprésent dans son œuvre. À travers les films, c'est à une vaste visite de la capitale que le spectateur est convié. Du départ de la gare d'Austerlitz pour *Nogent, Eldorado du dimanche* où l'on comprend que « la grande ville est un stérile monde déchu »[2], on emprunte ensuite dans *Jenny* les quais de l'Ourcq, la rue Spontini, puis la gare du Nord. Le canal Saint-Martin déjà aperçu sert de cadre à *Hôtel du Nord*, la place d'Amiens au *Jour se lève* et le boulevard du Crime aux *Enfants du paradis*. On retrouve le canal mais aussi le métro et la gare de triage dans *Les Portes de la nuit*. Puis Montmartre apparaît dans *Juliette ou la Clef des songes* et à travers la fenêtre du marin dans *Thérèse Raquin*. La gare de Lyon, Grenelle, les Halles, la salle Wagram et le quai d'Orléans de *L'Air de Paris* offrent la plus belle série de vues parisiennes : « Paris l'a toujours bien inspiré et surtout le Paris le plus "populaire". Ici l'on revoit ses rues, ses ouvriers. Et puis le Central. »[3] Les scènes principales des *Tricheurs* s'installent dans le quartier latin (et les Champs-Élysées) que le réalisateur reconnaît « avoir fréquenté pendant plus de vingt ans avec Prévert »[4]. Sortie provisoire à Saint-Ouen (*Terrain vague*), retour dans le quartier populaire (*Du Mouron pour les petits oiseaux*) où « on sent un retour de Carné vers le petit peuple de Paris »[5] avant un crochet par l'Opéra et les quartiers huppés (*Trois Chambres à Manhattan*) et une fin de parcours par Saint-Germain-des-Prés (*Les Jeunes Loups*).

Mais les autres régions ne sont pas oubliées, en particulier le grand quart nord-ouest avec Le Havre (*Le Quai des brumes*), Cherbourg et Port-en-Bessin (*La Marie du port*), la côte normande (*Les Jeunes Loups*) et la Bretagne (*La Merveilleuse Visite*). Après une courte étape par Tours (Terrain vague), puis Lyon (*Thérèse Raquin*), c'est en Provence que s'achèvent souvent les rêves des héros de Carné (*Hôtel du Nord, Les Visiteurs du soir, Juliette ou la Clef des songes, L'Air de Paris, Du Mouron pour les petits oiseaux, Les Jeunes Loups*). Seules exceptions hors des frontières, le Londres de *Jenny* et de *Drôle de Drame*, le New York de *Trois Chambres à Manhattan*, et bien entendu la Sicile de *La Bible*.

1. Robert Chazal, *Marcel Carné*…, p. 11.
2. Edward Baron Turk, *Marcel Carné*…, p. 25.
3. Robert Chazal, *Marcel Carné*…, p. 68.
4. *Ibid.*, p. 71.
5. *Ibid.*, p. 75.

À la lecture de cette liste, on se demande pourquoi Prévert et Carné ont donc choisi de s'éloigner de Paris pour *Le Quai des brumes*. En fait, le réalisateur expliquera : « Reconstituer le Montmartre 1900 évoqué dans le livre de Mac Orlan nous parut dangereux [...]. D'autant plus que le film devait être tourné à Berlin... Alors, peut-être à cause du titre, Prévert et moi, nous avons pensé à un port. »[1] Ce port, après avoir hésité avec Brest[2], ce sera Le Havre que Duvivier avait déjà choisi comme cadre à son *Paquebot Tenacity* cinq ans auparavant, « un lieu auquel doit beaucoup le "réalisme poétique" »[3].

Du moins, à chaque fois, l'histoire se noue dans un « décor central [avec] un caractère obsessionnel [afin que] les objets y prissent un sens de symbole »[4] : c'est fréquemment une maison (celle de Molyneux de *Drôle de Drame*), souvent autonome du reste des habitations (l'immeuble de François du *Jour se lève*), voire carrément isolée (la cabane de Panama dans *Le Quai des brumes*). Et la plupart du temps, ce sont des espaces froids et sans lien avec l'extérieur, telle la maison Raquin (*Thérèse Raquin*), l'immeuble du *Mouron pour les petits oiseaux* et surtout les grands ensembles de *Terrain vague* qui constituent des « images de soleil et de béton, de désert aux portes des villes [...] inédites à l'époque [...] où le fantastique, une fois encore, surgit tout naturellement de la beauté abrupte et mystérieuse de ce qu'il est convenu de juger sans beauté ni mystère »[5].

À chaque fois, extrêmement exigeant, le cinéaste tient à son travail en intérieur. Michèle Morgan révèle pour *Le Quai des brumes* : « Depuis près de deux mois, nous tournons les intérieurs [...] aux studios de Saint-Maurice. Ce matin, arrivée en avance, je regarde Marcel Carné évoluer dans "son" décor, celui de la fête foraine. Il l'examine, l'évalue il le veut à ses mesures ; alors il tempête, fait déplacer une feuille [nom donné aux panneaux dont l'assemblage forme un décor], un accessoire, rehausser les couleurs d'une affiche. À sa voix, le décor se transforme, se prépare à devenir cette image unique dont on dira : "C'est du Carné !" »[6] Car cette ambiance de Joinville, de Boulogne, d'Épinay, de la Victorine, jamais le réalisateur ne pourra s'en passer. À l'époque il n'y a rien de confortable

1. *Ibid.*, p. 29.
2. Marcel Carné, *La vie à belles dents...*, p. 73.
3. Annie Mallégol, Noël Demaines, *Le Grand Atlas...*, p. 32.
4. Jean Quéval, *Marcel Carné...*, p. 40.
5. Michel Pérez, *Les films de Carné...*, p. 145.
6. Michèle Morgan, *Avec ces yeux-là...*, pp. 107-108.

à se rendre dans des salles où le contexte « est gris et poussiéreux. Il y a tout un va-et-vient dans les couloirs, une agitation de métro vers l'entrée des plateaux »[1]. Surtout, l'odeur qu'on y trouve « est un composé de peinture fraîche, de copeaux, de sciure de bois, de colle, de fards, de poussière, et de toiles peintes surchauffées par l'électricité, avec un relent de caoutchouc "cramé" »[2]. Mais quand on a pris une habitude, difficile de s'en passer.

Comme Bernard-G. Landry, on peut également noter que, une fois le cadre installé, le cinéaste « obéit toujours à la bonne vieille règle des trois unités. [...] On ne trouve jamais dans l'œuvre de Carné, pas plus que dans celle de Racine, des situations à longs développements, ni à lentes évolutions psychologiques. S'il fallait assimiler les films de Carné à un genre littéraire, on pourrait dire qu'ils sont plus proches de la nouvelle que du roman, de la tragédie classique que du drame romantique. C'est ce qui explique que leur durée dramatique soit réduite au strict minimum, jusqu'à ne plus contenir qu'un seul jour dans *Le Jour se lève*, ou une seule nuit dans *Les Portes de la nuit*. »[3]

Les voyages

Dans la plupart des histoires proposées, « on pressent chez les hommes et chez les femmes comme un perpétuel besoin d'évasion – vrais voyageurs, selon Baudelaire, qui ne voyagent que pour partir – symbole de cette nécessité où ils se trouvent d'échapper à leur condition. »[4] Pourtant cette ouverture vers l'extérieur s'avère souvent vaine, du boulevard du Crime des *Enfants du paradis* à la station Barbès des *Portes de la nuit*. Quant au plaisir, il se résume aux salles de spectacle, souvent lieux de rencontres tels les cabarets de *Jenny* ou du *Jour se lève*, le théâtre des *Enfants du Paradis*, la salle de boxe de *L'Air de Paris* sans oublier le café Bonaparte des *Tricheurs* et les soirées mondaines des *Jeunes Loups*.

Les lieux de travail offrent alors une plus large variété. Sans connaître avec exactitude celui des anonymes de *Nogent*, on passe après le cabaret de *Jenny* et le théâtre des *Enfants du Paradis*, à l'hôtel (*Hôtel du Nord*), au café-restaurant (*La Marie du port*) en passant par la salle de banquet des

1. *Ibid.*, p. 36.
2. *Ibid.*, p. 38.
3. Bernard-G. Landry, *Marcel Carné...*, chapitre 3.
4. *Ibid.*

Visiteurs du soir et le Grand Relais puis l'Auberge des Adrets (*Les Enfants du Paradis*) jusqu'à la brasserie du *Pays d'où je viens*. Les magasins sont fréquents (*Le Quai des brumes, Juliette ou la Clef des songes, Thérèse Raquin, L'Air de Paris, Le Pays d'où je viens*), tout comme les entrepôts (*Les Portes de la nuit, Terrain vague, L'Air de Paris*) sans oublier la boucherie dans *Du Mouron pour les petits oiseaux*. Une seule usine, celle du *Jour se lève*, puis le palais de justice des *Assassins de l'ordre* et le rectorat de *La Merveilleuse Visite* complètent l'inventaire.

Les hôtels servent alors fréquemment de refuge aux amants, à la fois dans *Drôle de Drame, Le Quai des brumes, Hôtel du Nord, Du Mouron pour les petits oiseaux* ou *Trois Chambres à Manhattan*. En revanche, les chambres des principaux personnages révèlent leurs difficultés sociales. C'est le cas de celle de François dans *Le Jour se lève*, des Lécuyer dans *Les Portes de la nuit*, la petite chambre de *La Marie du port* sans oublier celle de l'hôtel des étrangers (*L'Air de Paris*), la chambre de Mic (*Les Tricheurs*) ou l'arrière-boutique de Big Chief dans *Terrain vague*.

Et lorsque le drame se noue, l'hôpital est un passage obligé. C'est Lariboisière pour *Jenny* et *Hôtel du Nord*, l'Hôtel-Dieu dans *L'Air de Paris* et sans doute celui de Melun pour *Les Tricheurs*, sans oublier le poste de secours aux noyés (*Hôtel du Nord* et *Les Portes de la nuit*). Car les médecins et les pharmaciens soutiennent fréquemment les personnages principaux (*La Marie du port, Thérèse Raquin, L'Air de Paris, Le Pays d'où je viens, La Merveilleuse Visite*), en particulier lorsque des enfants tombent malade (Jojo dans *Du Mouron pour les petits oiseaux* et la fille de Kay dans *Trois Chambres à Manhattan*). Leur message se veut toujours rassurant. Le réalisateur souhaite sans doute conjurer la mort de sa mère à l'hôpital Beaujon.[1]

Que faut-il alors pour s'évader d'un quotidien oppressant ? Hormis les chevaux des *Visiteurs du Soir* – ceux de la Garde républicaine stationnée à Vichy[2] –, cette évasion passe par tous les moyens de transport possible, de la calèche (*Drôle de Drame, Les Enfants du Paradis* puis *Juliette ou la Clef des songes*), au vélo (*Drôle de Drame, Le Jour se lève*), en passant par la moto (*Thérèse Raquin*), le train (dès *Nogent*, puis *Les Portes de la nuit, Thérèse Raquin, L'Air de Paris*), mais aussi la camionnette (*Le Quai des brumes, Hôtel du Nord, Thérèse Raquin, L'Air de Paris*) sans oublier bien sûr la voiture (*Jenny, Le Quai des brumes, Les Portes de la nuit, L'Air de Paris*).

1. Myriam Provence, « Marcel Carné… », p. 38.
2. Marcel Carné, *La vie à belles dents…*, p. 141.

Plus originaux, les canots de *Nogent* puis les péniches de *Jenny, Hôtel du Nord* et *Les Portes de la nuit* se transforment en paquebot dans *Le Quai des brumes* et d'*Hôtel du Nord* puis en bateaux de pêche dans *La Marie du port*. Avant que les avions de *Trois Chambres à Manhattan* ne viennent dépasser cet horizon restreint.

Une première solution paraît s'offrir avec les cours d'eau, du canal de l'Ourcq (*Jenny* et *Les Portes de la nuit*), au canal Saint-Martin (*Hôtel du Nord*), en passant par le Rhône (*Thérèse Raquin*) ou la Seine (*L'Air de Paris, Les Tricheurs*) voire le lac de Central Park (*Trois Chambres à Manhattan*). Mais il est possible de trouver un avenir par la Marne (*Nogent*), le Rhône (*Thérèse Raquin*) ou la Tamise (*Jenny* et *Drôle de Drame*). Et c'est ensuite par la mer que l'on peut s'échapper : la Manche et l'Atlantique (*Le Quai des brumes, La Marie du port, La Merveilleuse Visite*) ou la Méditerranée (*Les Assassins de l'ordre*).

Car les personnages les plus isolés cherchent toujours à fuir ou à partir le plus loin possible. La mer, une île et le Sud reviennent alors comme un leitmotiv. Dans *Jenny*, c'est en Angleterre que les deux personnages principaux rêvent de s'échapper. Dans *Le Quai des brumes*, le bateau doit emmener Jean au Venezuela. Leurs premiers projets, Edmond et Raymonde dans *Hôtel du Nord* puis François et Françoise au début du *Jour se lève* le font pour la Côte d'Azur, avant qu'Edmond ne propose à Renée de partir pour Port-Saïd et que François, pris au piège, ne se rêve un ailleurs en partant sur un bateau à Boulogne (ses seules évasions se trouvaient dans ses activités sportives, le football, la boxe et le vélo). Pour *Les Visiteurs du soir*, en particulier Anne et Gilles, la seule possibilité de briser les chaînes du malheur, c'est de s'échapper par l'esprit et de retrouver le jardin du bonheur. Car les amants tentent de mettre fin à une emprise : celle du mari dans *Thérèse Raquin*, d'une obligation sociale pour Corinne et André dans *L'Air de Paris*, par la vitesse et la voiture pour *Les Tricheurs*. Ce sera aussi le cas dans *Terrain vague*, avec pour destination Tours.

L'amour

Les amours chez Carné seraient-elles à chaque fois malheureuses ? Pour Turk, « dans presque tous les films […] l'amour est une expérience éphémère vouée à la douleur et à la perte »[1]. En revanche le cinéaste

1. Edward Baron Turk, *Marcel Carné…*, p. 15.

réfute cette thèse : « Je ne suis pas d'accord. Il y a toujours un moment de bonheur pour mes personnages. Un moment, c'est déjà beaucoup ! »[1]

Entre Lucien et Danielle, dans *Jenny*, le drame couve pourtant dès la première rencontre et ils « goûtent ensemble quelques instants de bonheur fugitif »[2]. Le laitier et la douce Eva répondent au jeu de séduction destructeur et dangereux composé par Jean-Louis Barrault et Françoise Rosay dans *Drôle de Drame*. Puis les personnages du *Quai des brumes* semblent « coupés de leurs racines et tentent d'échapper à leur passé en s'enfermant dans un amour hors de toute mesure »[3]. Mais dès leur bonheur connu, Nelly « respire » et se sent « vivante ». Il s'agit là des « mots clés du vocabulaire prévertien. Il suffit d'aimer pour être vivant, de vivre pour être vrai, ceux qui sont faux ne vivent pas et ceux qui ne vivent pas n'aiment pas. »[4] Grâce à l'amour elle « n'aura plus jamais peur », ce que l'on retrouve ensuite dans *Hôtel du Nord* où Pierre et Renée sont « entraînés dans une de ces courses au bonheur dont seule la mort semble rendre l'approche possible. Étendus sur le lit dans leur miteuse chambre d'hôtel, les deux jeunes gens méditent leur suicide »[5]. Pour Renée, ils n'ont « que leur amour » mais Pierre semble surtout regretter la « liberté », la jeune femme devenant par sa lâcheté un cœur à prendre. Arletty et Louis Jouvet sont aussi « voués au malheur »[6], jusqu'au face-à-face d'« Atmosphère, atmosphère » qui débute dans la chambre et se termine sur l'écluse.

Après *Le Jour se lève* où Françoise lance à François : « On dit que les gens qui s'aiment sont plus vivants que les autres », dans *Les Visiteurs du soir* Anne confie à Gilles ses doutes : « Alors l'amour c'est comme la mort, alors on n'existe plus, tout est fini. » Pour Renaud, face à Dominique, « le calme, le bonheur, ça ne compte plus pour moi depuis que je vous connais. » En fait, « il s'agit de nous persuader que ce qu'il y a encore de plus fantastique, c'est l'amour. Que l'amour a tous les pouvoirs, celui de vous déplacer dans le temps et dans l'espace, celui de briser les chaînes et d'abattre les murs des prisons, de vous donner le don d'être là et ailleurs, de prêter serment au diable et de se tirer de ce mauvais pas en lui avouant qu'on a menti »[7]. Et cette transcription de « la puissance miraculeuse et

1. Robert Chazal, *Marcel Carné*…, p. 28.
2. *Ibid.*
3. Robert Chazal, *Marcel Carné*…, p. 32.
4. Michel Pérez, *Les films de Carné*…, p. 22.
5. Robert Chazal, *Marcel Carné*…, p. 33.
6. *Ibid.*
7. Michel Pérez, *Les films de Carné*…, p. 70.

rédemptrice de l'amour [est un] thème que l'on retrouve, par exemple, dans *Tristan et Iseut* »[1].

Bien sûr, dans *Les Enfants du Paradis*, les mots savent séduire, tel Frédérick Lemaître qui lance à Garance : « Paris est tout petit pour ceux qui s'aiment comme nous d'un si grand amour »[2]. Mais le grand amour, le seul, Garance ne le connaîtra finalement qu'avec Baptiste… qui ne parle pas ! Face à cette passion, Nathalie lui oppose un amour raisonnable, une certitude calme et assurée. L'unique solution : l'éloignement et la richesse du comte de Montray. Car au comte qui lui demande de l'aimer, Garance répond : « Vous êtes extraordinaire, Édouard. Non seulement vous êtes riche, mais encore vous voulez qu'on vous aime comme si vous étiez pauvre. Et les pauvres, alors ? Soyez un peu raisonnable, mon ami. On ne peut tout de même pas tout leur prendre, aux pauvres ? » Finalement, Garance aura provoqué chez quatre hommes différents des sentiments extrêmes : l'amour pur chez Baptiste, la passion puis la jalousie de Frédérick, le désir de possession du comte de Montray et le vice chez Lacenaire.

À partir des *Portes de la nuit*, « la ligne générale [de l'] amour possible uniquement dans la mort est une manière de leitmotiv, un éternel retour »[3]. Et Carné reconnaît que *Juliette ou la Clef des songes* est « atroce parce qu'il n'y a pas vraiment d'histoire d'amour »[4]. En revanche, dans *Thérèse Raquin*, l'héroïne recherche ce bonheur. À Laurent, elle confie : « Tu veux tout, comme ceux qui ont toujours été heureux. Moi aussi un jour je voudrai tout ça. » Et pour répondre au regard accusateur de sa belle-mère, figée par le drame, comme pour justifier son attitude, elle crie : « Je suis jeune, je suis vivante. »

Sans nier les roucoulades énamourées de Corinne et André, celles bien plus doucereuses dans *Le Pays d'où je viens*, l'amour semble redevenir à partir des *Tricheurs* une « aberration romantique qui n'est que l'instrument de l'asservissement de l'individu aux contraintes sociale »[5]. À cette époque de l'existentialisme, s'aimer est « comme une sorte de tare ou […] de maladie infantile […] aussi garçons et filles s'efforçaient-ils de ne pas tomber amoureux, et si par malheur […] cela leur arrivait ils se faisaient

1. *Les Visiteurs du soir…*, p. 209.
2. Michel Pérez, *Les films de Carné…*, p. 76.
3. Robert Chazal, *Marcel Carné…*, p. 34.
4. *Ibid.*, p. 59.
5. Michel Pérez, *Les films de Carné…*, p. 139.

violence pour arracher d'eux un sentiment qu'ils laissaient avec dérision aux "croulants". C'était, si l'on veut, une forme de snobisme, stupide comme tout snobisme, mais celui-ci était grave, car il pouvait créer des catastrophes. »[1] Pour la première fois, la sexualité s'invite dans les conversations de manière assumée, « une sexualité libérée de toute contrainte affective, et l'exigence avec laquelle ils la revendiquent et l'imposent à leur groupe est d'autant plus impitoyable que cette liberté sexuelle est encore plus un instrument de révolte qu'un instrument de plaisir »[2].

Changement de registre radical dans *Terrain vague*. « L'amour, qui était dans les films de l'époque Carné-Prévert plus vulnérable et plus menacé que toute autre valeur dans un monde irrémédiablement voué au mal [...] devient ici le seul espoir de salut, la violence métaphysique des films du passé étant désormais une force brutalement matérielle qui n'épargne personne »[3].

Car « chez Carné la violence est latente peut-être, mais rentrée, contenue. Ses personnages ont atteint un stade plus élevé dans l'évolution intellectuelle. Ils raisonnent leur condition et tentent de gouverner leurs réactions. Il leur faut une exaspération extrême pour les faire renoncer à leur refoulement, les "faire sortir de leurs gonds". C'est alors un brusque jaillissement, une crise paroxysmique, généralement très courte et toujours inspirée par le désespoir. En dehors de ces brefs accès de violence (on en compte un seul dans *Le Quai des brumes* : le meurtre à coups de brique dans la cave ; et deux dans *Le Jour se lève* : le meurtre de M. Valentin, la harangue de François à ses compagnons) le héros est, en somme, assez doux »[4].

Dans tous ses films, en revanche, « quand un homme et une femme vont faire l'amour – ce que la pudeur comme la censure, interdisent de montrer – l'appareil panoramique sur une fenêtre qui se trouve toujours ouverte, symbole de cette libération que l'amour apportera peut-être, espoir déçu renvoyant les personnages à leur solitude qu'ils avaient espérée, un moment, vaincue. »[5] Ce sera notamment le cas dans *Trois Chambres à Manhattan* et même plus poétiquement dans *La Merveilleuse Visite*.

1. Marcel Carné, *La vie à belles dents*..., p. 250.
2. Michel Pérez, *Les films de Carné*..., p. 139.
3. *Ibid.*, p. 145.
4. Bernard-G. Landry, *Marcel Carné*..., chapitre 2
5. *Ibid.*, chapitre 4

L'amitié

L'amour n'étant donc qu'une illusion, le réalisateur choisit de traduire à l'écran de fortes histoires d'amitié. Dès son plus jeune âge, tandis qu'il venait applaudir Mistinguett ou d'autres jeunes femmes aux Folies-Bergères, il avouait n'avoir « eu d'yeux que pour cette énorme machinerie, ces décors somptueux, ces costumes étincelants, tout ce luxe pour certains de pacotille, mais dont la révélation ne pouvait pas ne pas éblouir un garçon de quinze ans »[1]. Dans *La vie à belles dents*, il concède : « [...] On parle mal de l'amitié. Contrairement à l'amour, c'est un sentiment pudique, qu'on cache souvent au plus profond de soi et qui ne peut s'exprimer qu'en actes. On chante, on magnifie l'amour ; l'amitié jamais, ou rarement. On peut conjuguer le verbe aimer à tous les temps. Pour l'amitié, il n'existe pas de verbe, et sans doute est-ce mieux ainsi. »[2]

Ces amitiés apparaissent déjà dans *Nogent* « où le cinéaste amateur s'intéresse beaucoup plus aux hommes qu'aux femmes »[3]. Dans *Jenny*, le premier ami du héros, un certain Xavier, est un personnage étrange, difficile à définir, sorte d'androgyne qui se plaît à avoir des coups de cœur mais sait aussi jouer en solo. Sans oublier le gardien de prison de *Drôle de Drame* qui « sait reconnaître un joli garçon quand il en voit un »[4]. Dans *Le Quai des brumes*, Lucien est toujours suivi d'un ami fidèle dont la duplicité paraît étrange, en témoignent ses relations étranges avec Zabel. Le rôle que tient François Périer, qui n'attend pas d'amies mais un « camarade », répond à tous les critères du jeune garçon aux belles « manières » : Renée décide de les laisser seuls pour ne pas « gâcher leur soirée ». C'est du moins une amitié qui paraît plus forte que celle qui lie Prosper (Blier) et Kenel (Andrex), car elle n'empêche pas ce dernier de coucher avec Ginette (Paulette Dubost) !

Arletty, qui sera pour le réalisateur « une amie fidèle et sûre »[5], devient dans *Les Visiteurs du soir* Dominique, ce personnage androgyne qui parvient à plaire à Renaud puis au baron Hugues habillée en garçon avant de révéler sa féminité. Dans *Les Enfants du Paradis,* ce rôle est dévolu au terrifiant Avril, auteur des basses œuvres, « au cheveu blond et à la

1. Marcel Carné, *La vie à belles dents...*, p. 14.
2. *Ibid.*, p. 313.
3. Edward Baron Turk, *Marcel Carné...*, p. 62.
4. Michel Pérez, *Les films de Carné...*, p. 28.
5. Marcel Carné, *La vie à belles dents...*, p. 95.

nature visiblement flasque qu'on devine prêt à toutes les complaisances sensuelles »[1] mais qui, ayant trop d'émotion pour assassiner Frédérick Lemaître, avoue ne boire… que du chocolat.

Dans *Les Tricheurs*, Alain dit aussi à Bob devant un couple de garçons : « T'es contre ? Moi j'ai passé les préjugés ». Même la prostitution est représentée « sous sa forme masculine »[2]. Et sans faire oublier les grandes déclarations d'amitiés sociales et adolescentes, *Terrain vague* y fait de nouveau une courte allusion dans le face-à-face entre Marcel et Hans.

Mais la plus forte de ces amitiés est celle qui lie Carné à Roland Lesaffre et qui longtemps sera traduite à l'écran. En 1994, pour l'exposition rétrospective « Marcel Carné, cinéaste », un vibrant témoignage d'amitié s'exprime: « À toi Marcel. Au nom d'il y a longtemps. Longtemps – *La Marie du port* (1949) – le Hasard, le Destin nous liaient d'Amitié, une Amitié qui n'a jamais été à sens unique. […] L'amitié ne meurt jamais. Nous avons traversé nombreuses tempêtes de tous ordres mais nous sommes toujours arrivés à bon port. Et toi, Marcel, prêt à la lutte pour nous donner un autre chef- d'œuvre. Grâce à toi, j'ai compris le sens du mot "vivre" : le Beau, le Bon, l'Émerveillement, la Nature, l'Homme et l'Infini. Marcel, je te tire bien bas ma gapette de saltimbanque pour les images que tu laisseras pour l'Eternité dans le cœur des humains. Comme de toujours, ton fidèle saltimbanque. Roland Lesaffre. »[3] Cette grande histoire d'amitié, cette « amitié d'amour, [cette] homosensualité qui ne s'est jamais transformée en homosexualité »[4] comme la qualifie Lesaffre, est directement présentée au spectateur dans *L'Air de Paris*. « La pudeur masculine est un sentiment délicat et difficile à traduire sur l'écran. […] Marcel Carné a su évoquer cet état d'âme, avec beaucoup de sensibilité et de tact en ayant recours à un modeste accessoire : une robe de chambre. Cette robe de chambre que Jean Gabin offre à Roland Lesaffre pour son premier combat de boxe est le symbole d'une amitié qu'aucun des deux personnages n'osait s'avouer vraiment. »[5] On retrouve cette ambivalence dans les dialogues, notamment lorsque Blanche dit à la jeune fille des épiciers italiens, qui s'amourache d'André : « – Femme de boxeur, c'est pas une vie, c'est un apostolat. Tu veux que je te raconte ma nuit de noces ? Oh, rougis pas, je l'ai passée à lui

1. Michel Pérez, *Les films de Carné…*, p. 79.
2. *Ibid.*, p. 141.
3. *Catalogue de l'exposition Marcel Carné cinéaste…*, p. 55.
4. Roland Lesaffre, *Mataf…*, pp. 159 et 180.
5. Robert Chazal, *Marcel Carné…*, pp. 69-70.

mettre des compresses sur l'œil, parce que pour la bagatelle… tintin ! C'est comme les sauces et les sorties, défendu *because* entraînement. – À présent, il ne boxe plus ? – Non, monsieur cherche de jeunes espoirs. Mais quand ça devient aussi sérieux que ça, je crois que préfèrerais encore qu'il ait une poule ! » Ce que semble confirmer Victor lorsqu'il déclare à sa femme : « Écoute Blanche, je t'aime beaucoup. Et comme fille t'es pas mal. Mais j'ai un reproche à te faire et il est de taille : tu seras jamais un grand boxeur ! » Cela vaudra à Gabin quelques mauvaises rumeurs[1]. Mais justifiées pour Pérez car « il fallait qu'on soit fichtrement innocent, en 1954, ou hypocrite, pour qu'on ait si scrupuleusement évité tout commentaire quant à la nature véritable de l'intérêt porté par l'entraîneur de *l'Air de Paris* à son poulain. [Cela] devient tout à fait fascinant si l'on admet […] que son scénario ait été construit tout entier dans le but d'exprimer indirectement, par le biais des personnages secondaires et des circonstances adventices, les complexités d'une relation masculine que les interdits de l'époque empêchaient précisément d'exprimer »[2]. N'oublions pas non plus la relation entre Corinne et Chantal : « Je vois » affirme André, qui croit à un arrangement, avant de s'entendre répondre : « Mais non, vous ne voyez pas, c'est beaucoup plus compliqué que vous ne croyez ». Survient, comme une apothéose, la colère de Blanche devant Victor avant le combat d'André : « – T'es complètement embobiné. Et c'est pour ça que je voudrais qu'il perde. Qu'on lui écrabouille sa petite gueule. Que tu comprennes et que ça te dessoûle. – Mais tu deviens hystérique, ou quoi ? Mais ma parole t'es jalouse. – Et pourquoi pas ? » Suivi, après le combat de boxe, de la pique : « – Tu l'as trouvé ton oiseau rare ! Mais les oiseaux ils ont des ailes. Faudra t'y faire… T'es manager ou t'es couveuse ? T'es trop sentimental, Victor… – Ça vous emmerde, les femmes, ça, hein, l'amitié… – Oui, quand ça rend les hommes imbéciles… – Oh, je te mettrais des coups de pompe dans la lune toi ! – Et l'amitié c'est comme l'amour : bien souvent à sens unique. »

Le culte du Beau

La nudité, recherche ultime de la beauté, s'avère alors un expédient captivant chez Carné. C'est le cas, dans *Drôle de Drame*, pour William Kramps, qui ne craint pas d'être nu devant Françoise Rosay et qui se

1. Roland Lesaffre, *Mataf*…, p. 202.
2. Michel Pérez, *Les films de Carné*…, pp. 130-134.

jette dans la mare de la maison Molyneux. Jean-Louis Barrault rappellera trente-cinq ans plus tard : « J'ai passé deux jours dans cette piscine d'eau croupie car Carné avait le sens du réalisme, il y avait mis des grenouilles et des nénuphars. Comme l'eau était trop froide on l'avait fait tiédir, les nénuphars pourrissaient et les grenouilles crevaient »[1]. Avec *Le Quai des brumes*, la beauté des deux personnages principaux, Jean et Nelly, fait leur malheur et provoque la jalousie des « affreux ». Parallèlement, Zabel trouve la musique classique d'une grande beauté mais ne supporte pas l'amour : « Est-ce qu'il y a quelqu'un qui m'aime, moi ? » Et que penser du suicide du peintre que le réalisateur imagine en une scène d'anthologie : « Je m'avisai soudain qu'un des assistants-opérateurs avait à s'y méprendre la silhouette de Le Vigan. [...] On me crut devenu fou. Et, plus particulièrement, l'assistant-opérateur auquel j'exposais mon projet. Il renâclait à l'idée de se mettre nu. D'une part, à cause de la température hivernale, mais surtout par crainte de se montrer en tenue d'Adam devant les autres, qui déjà commençaient à ironiser. J'obtins finalement gain de cause auprès de mon interlocuteur, après l'avoir assuré qu'on ne le verrait que de dos ! Il se déshabilla derrière une barque échouée sur le rivage et revint, nu comme un ver, tenant en main son petit caleçon recroquevillé devant son sexe. Ce n'est que lorsqu'il fut face à la mer qu'il consentit à se débarrasser du minuscule bout d'étoffe qu'il jeta sur la grève. Jamais je crois, je ne fus plus heureux que ce jour-là de crier "Moteur" ! »[2]

La beauté peut en revanche s'avérer synonyme de vérité. C'est le cas de Clara, qui est parvenue à s'extraire de la mainmise du dresseur de chiens dans *Le Jour se lève*, mais aussi de Garance dans *Les Enfants du Paradis*. Baptiste lui avoue : « Vous êtes beaucoup trop belle pour qu'on vous aime vraiment. La beauté est une exception, une insulte au monde qui est laid. Rarement les hommes aiment la beauté, ils la pourchassent simplement pour ne plus en entendre parler, pour l'effacer, pour l'oublier »[3].

De la même manière, *Juliette ou la Clef des songes* « dépasse en beauté formelle tout ce que Carné a fait, avantet après [...]. On a utilisé, parfois péjorativement, l'expression "album d'images". On a même parlé d'un certain maniérisme. On a, somme toute, écrit et dit beaucoup de sottises,

1. *Drôle de Drame*, Paris, Balland, coll. « Bibliothèque des classiques du cinéma », 1974, p. 9.
2. Marcel Carné, *La vie à belles dents...*, p. 78.
3. Michel Pérez, *Les films de Carné...*, p. 70.

en 1951, à la sortie de *Juliette*. Mais projeté maintenant, ce film recevrait probablement un accueil tout différent d'un public plus averti, plus sensible à la forme, moins irrité par les lenteurs du rythme »[1].

Beauté ultime, la pudeur, elle aussi très présente, notamment dans *Trois Chambres à Manhattan*. Il s'agit ici d'une « belle histoire d'amour [...] entre un homme et une femme meurtris. On est loin, par exemple, de la fougue, de la violence contenues du couple Gabin-Morgan dans *Quai des brumes*, loin encore de l'amour délirant de Barrault pour Arletty dans *Les Enfants du Paradis*. En outre, et à cause de ce qui précède, le couple de *Trois Chambres* n'est jamais sensuel. Dans le contexte actuel d'un cinéma décidé à montrer, à exhiber le plus qu'il peut, ces amants qui vont de chambre en chambre ont des pudeurs insensées. Ou, plutôt, le metteur en scène a de la pudeur pour eux. Il ne montre jamais ce qu'il peut suggérer. Nous sommes loin, évidemment, de Jean Seberg et de Jean-Paul Belmondo s'agitant sous les draps de *À bout de souffle* »[2].

La solitude

Tous ces stratagèmes ne seraient-ils convoqués que pour mieux échapper à la solitude ? Si l'on suit Landry, « la solitude [...] est le mot-clef quand il s'agit de Carné. Sans doute Prévert a-t-il le sentiment de sa solitude. Il transparaît dans plus d'un poème. Mais il est trop solidaire des hommes qui souffrent et de ceux qui se révoltent, pour se sentir vraiment seul. En mettant les choses au pire, il pourrait s'appuyer sur sa haine sans cruauté – et la haine est un sentiment réconfortant de chaleur humaine. Dans tous les cas, il lui resterait encore l'amitié sans bornes que lui voue son frère ; l'amour sans limites qu'il éprouve pour sa fille. Toujours, il tentera de briser sa solitude ; il cherchera à établir l'impossible contact. Carné est indiscutablement solitaire. Il semble avoir renoncé à établir tout contact humain. Sa timidité lui rend plus difficile qu'à d'autres les avances qu'il faut faire à l'amitié ; et la moindre fausse note le fait se rétracter, se retrancher derrière une mauvaise humeur dirigée autant contre lui-même, que contre le maladroit. »[3]

Par les premières images de *Nogent, Eldorado du dimanche*, le spectateur fait en effet « connaissance avec des figures solitaires (le soldat étendu sur l'herbe, l'accordéoniste, la fille au bouquet de fleurs) qui sont les

1. Robert Chazal, *Marcel Carné*..., p. 60.
2. *Ibid.*, p. 81.
3. Bernard-G. Landry, *Marcel Carné*..., chapitre 5.

jeunes ancêtres de celles qui vont peupler les futurs films »[1]. Dans *Jenny*, un autre personnage, interprété par Roger Blin, incarne la solitude : c'est le patient de l'hôpital Lariboisière que visite Jenny, pour échapper à sa fille Danielle qui vient revoir Lucien : « Je suis seul, tout seul, personne ne me rend visite ». Une solitude dont va ensuite souffrir Jenny elle-même « marchant sur le pont de chemin de fer de la gare du Nord, brusquement vieillie, enveloppée tout à coup de la fumée d'une locomotive »[2].

Dans *Le Jour se lève*, François goûte seulement à la solitude lorsqu'il a tué Jules Berry. Pour le cinéaste, « une histoire originale ne vaudra rien si les personnages sont conventionnels. Vous savez quelle transposition nous avons fait subir, Prévert et moi, à *Quai des brumes* pour, justement, obtenir cette atmosphère et ces personnages hors série. Pour *Les Enfants du Paradis*, ce sont le personnage de Deburau et l'atmosphère du boulevard du Crime qui avaient, en premier lieu, retenu notre attention »[3]. Et si Jéricho se plaint de sa solitude, qui l'oblige à s'occuper du sort des autres, il ne la recherche pas. En revanche, cette solitude envahit en profondeur l'œuvre dès le départ de Prévert. Dans *Thérèse Raquin*, ce sont ainsi trois solitudes qui s'affrontent : celles de Thérèse, de Laurent et du marin. Puis dans *Terrain vague*, Carné est « le premier à avoir montré le danger des Grands Ensembles »[4].

Mais le meilleur exemple de cette solitude carnésienne est exprimée dans *Trois Chambres à Manhattan* car il s'agit véritablement de « la rencontre de deux êtres meurtris par la vie, au bord de la déchéance et qui unissent leur détresse pour tenter de construire un bonheur. Ils n'y parviendront pas sans peine et leur histoire est pleine de méfiance, de malentendus, de défaillances et d'événements dramatiques. »[5] Le personnage du pilote, interprété par Lesaffre, n'affirme-t-il pas, résigné : « La vie, c'est du propre, la vie. Moi j'm'en fous de la vie. J'en ai marre de la vie. On est toujours seul, tout seul dans la vie » ? En revanche, « la conclusion est optimiste, ce qui, dans l'œuvre de Carné, est une surprise »[6]. Et cela se reproduira dans *Les Assassins de l'ordre* puis, d'une manière plus spirituelle, par l'envol de l'ange de *La Merveilleuse Visite*.

1. Michel Pérez, *Les films de Carné*..., p. 17.
2. *Ibid.*, p. 21.
3. Robert Chazal, *Marcel Carné*..., p. 98.
4. *Ibid.*, p. 74.
5. *Ibid.*, p. 80.
6. Robert Chazal, *Marcel Carné*..., p. 80.

La foule

C'est à travers la foule que les amours ou les amitiés, souvent, se nouent et se dénouent. Dans *Jenny*, Danielle quitte son amant anglais au milieu des badauds admirant les musiciens et les bonimenteurs. Puis la foule de *Drôle de Drame*, qui annonce le « péril fasciste »[1], ne reconnaît pas Margaret Molyneux voulant rentrer chez elle et la repousse. C'est la fête du *Quai des brumes* qui va mettre aux prises Lucien et Jean, pour le malheur futur de Nelly. *Hôtel du Nord* se termine par le bal du 14 juillet où les pétards lancés par les enfants couvrent le coup de feu qui tue Edmond. C'est aussi la foule anonyme qui attend le dénouement de François, isolé dans sa chambre avant son suicide dans *Le Jour se lève* et qui déforme les rares informations qui lui parviennent de la police (ce que l'on retrouvera dans *Les Enfants du Paradis*). Mais lorsque François les prend à partie pour leur demander de l'oublier, ils le défendent et lui demandent de se rendre.

Le grand banquet des *Visiteurs du soir* cristallise les haines entre les personnages principaux, les plus curieux venant adoucir la souffrance d'Anne et Gilles en prison. C'est cette même foule, celle du boulevard du Temple, dans *Les Enfants du Paradis*, qui sépare on s'en souvient les amants dans un carnaval endiablé. Pour cette scène, Carné a employé « deux mille figurants [...] et plus particulièrement pour le plan final »[2]. *Les Portes de la nuit* se jouent en particulier à proximité de la station aérienne de Barbès-Rochechouart, au milieu de la foule des anonymes partant pour leurs activités. Puis les villageois en procession de *La Marie du port* refusent que les événements leur échappent, ce qui fait songer à ceux de *La Merveilleuse Visite*. Mais l'importance de la foule qui se presse dans le village de *Juliette ou la Clef des songes* ignore tout, allant même jusqu'à affronter Barbe-Bleue pour aider Michel. Devant les robes tachées de sang, tandis que chacun s'apprête à demander des comptes au responsable, le mariage annoncé met fin à toutes les tentatives. Cette même foule, toujours étrange et aux réactions imprévisibles, on la retrouve aux Halles dans *L'Air de Paris* assistant aux matchs de boxe. Beaucoup plus tranquille pour *Le Pays d'où je viens*, elle est dansante et envoûtante dans *Les Tricheurs* : c'est finalement elle qui provoque la course-poursuite dans la nuit, au rythme des percussions jazz. Le retour

1. Edward Baron Turk, *Marcel Carné...*, p. 91.
2. Marcel Carné, *La vie à belles dents...*, p. 167.

de la fête, dans *Terrain vague*, fait peut-être songer au *Quai des brumes* mais cette fois la caméra suit principalement les bandes et non plus un jeune homme solitaire. Comme oubliée dans *Trois Chambres à Manhattan*, elle réapparait à travers les étudiants manifestant dans *Les Assassins de l'ordre*, dont « le nombre des figurants [avait été] multiplié par quatre ou cinq [par des] des cortèges parcourant plusieurs rues autour du palais de justice »[1].

Le désespoir

Dans l'étude qu'il consacre à Carné, Jean Quéval prétend que le réalisateur était le seul à avoir su « montrer, non point du tout la vie quotidienne disséquée des naturalistes, mais des situations qui font apparaître l'impossibilité du bonheur des humbles dans un monde qui a perdu la grâce sociale »[2]. L'origine est sans doute à trouver chez Feyder, dans « le pessimisme de son maître [et] au choix des personnages »[3] du *Grand Jeu*.

Ainsi, dans *Jenny*, un dialogue résume toute la part que prend Carné pour raconter sa propre histoire : « – Vous avez des parents ? – J'ai une mère, c'est tout. – C'est déjà quelque chose. Le jour où je suis né, la mienne est morte, moi. On s'est croisés, on a pas eu le temps de faire connaissance. » De la même manière, « ces légionnaires qui rêvent de Paris, les yeux fixés sur la ligne noire de leur cafard ou sur le corsage des filles, auront plus tard un frère dans *Quai des brumes*, mais infiniment plus sobre et plus sensible »[4].

Pourtant, le réalisateur s'en défend : « Je ne suis pas un pessimiste, dit Carné. Je ne suis pas un maniaque du film noir. Mais les films que l'on tourne sont toujours un peu le reflet du moment. L'immédiat avant-guerre n'était pas spécialement une époque optimiste. Un monde allait s'écrouler. Et l'on en avait vaguement conscience… »[5]. Pourtant, Turk ne craint pas d'affirmer que « par maints côtés, la sensibilité de Carné est l'héritière de Baudelaire, alors que Prévert trouve son inspiration chez Villon et Rimbaud »[6]. Et en effet « chaque héros du *Quai des brumes* vit

1. *Ibid.*, p. 299.
2. Jean Quéval, *Marcel Carné…*, p. 17.
3. Robert Chazal, *Marcel Carné…*, p. 20.
4. *Ibid.*
5. Robert Chazal, *Marcel Carné…*, p. 28.
6. Edward Baron Turk, *Marcel Carné…*, p. 103.

dans son triste univers. Quand il tente d'en sortir, c'est le drame. Tous ces désespoirs qui se rencontrent ne peuvent engendrer que des catastrophes, jusqu'au drame final, le héros abattu sur le pavé gras du port au moment où il s'apprête à embarquer vers l'impossible pays du bonheur »[1].

Le suicide serait-il la seule solution ? Celui qui ouvre *Hôtel du Nord* est pourtant sans espoir. À Pierre qui lui demande : « – Tu serais prête à tout quitter ? », Renée répond « – Je n'ai rien à quitter. » Cette mort qu'ils choisissent ne peut être réellement un « voyage de noces » et, comme chez *Jenny*, le passage par l'hôpital lui permettra de reprendre « goût à la vie ».

Dans *Les Portes de la nuit*, Malou (Nathalie Nattier) précise à sa manière : « Je me disais : il ne faut pas désespérer. Et j'ai pensé à mon enfance. Au temps où je rêvais que je serais heureuse un jour. Et j'ai chanté cette chanson. »[2] On retrouve, différemment exprimée, cette situation dans *Juliette ou la Clef des songes*, ce que Carné reconnaît : « *Juliette* est mon film le plus cruel parce qu'il est sans espoir »[3]. Il « plane une sorte de grand bonheur triste sur la forêt [...], elle a la qualité déroutante de ces rêves où l'on est convaincu d'avoir atteint la félicité de toute une vie »[4].

Dans *Les Tricheurs*, si l'on suit Jacques Meillant, le personnage de Mic reste l'héroïne carnésienne « la plus traditionnelle : la femme incapable de faire le bonheur de l'homme, celle par laquelle le malheur arrive, l'instrument du désespoir et de la damnation »[5]. Ce désespoir suinte pourtant chez les adolescents de *Terrain vague* et ne leur offre aucun avenir. Quant à *Trois Chambres à Manhattan*, le film peut être résumé « pour sa première partie [en] un long duo entre des êtres cruellement marqués par la vie. Qu'ils se trouvent dans la rue, dans un bar, dans une chambre, ils restent des êtres désespérés sur qui l'on se penche avec tendresse et compréhension ou, au contraire, avec un certain agacement, selon que l'on a vécu et souffert soi-même ou que l'on est encore très jeune »[6].

---

1. Robert Chazal, *Marcel Carné...*, pp. 28-29.
2. Archives Carné, 4 POR/1.
3. Robert Chazal, *Marcel Carné...*, p. 59.
4. Michel Pérez, *Les films de Carné...*, p. 115.
5. *Radio-Cinéma-Télévision*, 26 octobre 1958, p. 43.
6. Robert Chazal, *Marcel Carné...*, p. 81.

Héros ou anti-héros

Alors le héros apparaît. Une première tentative, timide dans *Jenny*, se confirme avec Jean dans *Le Quai des brumes*, un soldat déserteur venu du Tonkin avec du brouillard dans la tête, un « griveton » dont la « forte tête » s'interdit de croire à l'amour mais qui, malgré tout, est « le héros [dont] la vertu de l'amour [permet de retrouver] le fugace état d'innocence »[1]. A contrario pour *Hôtel du Nord*, Pierre, dont le personnage se définit comme un « lâche », « moche », se constitue prisonnier pour mieux renoncer à son amour, la jeune Renée. Puis le François du *Jour se lève* semble refuser ce statut : « Il n'y a plus de François… il n'y a plus rien… plus personne… nulle part… »

La série des anti-héros, après la courte parenthèse étrange de Gilles et Anne dans *Les Visiteurs du soir* et de Garance et Baptiste dans *Les Enfants du Paradis*, se retrouve dès *Les Portes de la nuit*, le personnage de Diego ne cessant de louvoyer entre deux états. Sans parler de Chatelard dont l'attirance pour la jeune sœur de sa compagne le range dans la catégorie des « mauvais » garçons ayant vieilli. Alors Michel, cœur pur, peut-il prétendre à ce statut ? En réalité face à « tous ces gens qui n'ont pas de mémoire, donc pas de passé, sont des êtres vides […] Michel [est un] héros [qui] ne peut rien attendre. »[2] Peu d'héroïsme aussi dans le Laurent de *Thérèse Raquin*, pas davantage dans le personnage d'André de *L'Air de Paris*, ni surtout dans le double Éric-Julien du *Pays d'où je viens*. Mince espoir avec Bob dans *Les Tricheurs* : mais celui-ci n'accepte pas son rôle et provoque la mort de Mic. Seule, peut-être, face à des jeunes qui tentent de s'inventer un avenir et se trouver une place au milieu des adultes qui ont connu la guerre, la Dan de *Terrain vague* paraît émerger. Sans oublier non plus la figure de Don Quichotte du juge Level lequel, sans s'avouer battu, ne peut que constater une certaine victoire de la police dans *Les Assassins de l'ordre*.

L'ironie

L'ironie est aussi un subterfuge efficace. Répondant au marquis, dans *Jenny*, qui dit à Benoît et Dromadaire « les amis c'est rare, je suis sceptique », l'absurde apparaît dans *Drôle de Drame* comme une échappatoire :

1. Jean Quéval, *Marcel Carné…*, p. 27.
2. Robert Chazal, *Marcel Carné…*, p. 59.

« Tout ce qu'elle aimait, c'était dépenser, recevoir, paraître. Alors je l'ai fait disparaître. »[1] Ce que Jean-Louis Barrault résumera par de la « poésie burlesque [qui lui] semble donner toute sa valeur moderne et future »[2].

Pour forcer le hasard et rompre la malédiction, le déserteur du *Quai des brumes* se moque de l'amour de Nelly, qui parle « comme un scaphandrier » de la mer ou « comme une enfant » lorsqu'elle lui déclare sa flamme.

Dans *Hôtel du Nord*, la première réplique donne le ton du film : « À une communion, on ne peut pas manger des religieuses, ce serait pas convenable. » Sans parler de Raymonde dont le métier de « femme publique » lui interdit de devenir « maîtresse de photographe ». Arrêtée également par la police, la Garance des *Enfants du Paradis* parle de Monsieur Ingres pour laquelle elle a posé et qui, comme le commissaire, avait pour passion… le violon.

La mocheté de la vie peut aisément disparaître. Georges avoue dans *Les Portes de la nuit* : « L'argent, c'est le nerf de la guerre… Et si je gagne de l'argent,… moi aussi, je gagne la guerre… À ma manière »[3]. Se promenant triste devant l'Hôtel-Dieu après la mort de son copain Roger, André confie à Victor dans *L'Air de Paris* : « Il y a tout ce qui faut pour être heureux : le bon Dieu, les flics, l'hosto, ah, c'est bien organisé et ceux pour qui ça suffit pas, il y a toujours la Seine ».

Mais sans doute, à l'exception de *Drôle de Drame*, qui « se situe comme l'exception [et de] *Du Mouron pour les petits oiseaux* […] un film comique par force et non par goût, Carné n'a certainement pas la veine comique et il fallait sans doute sa volonté de réagir contre le mélo qu'était *Jenny* pour l'amener à cette aventure marginale »[4].

L'enfant et la jeunesse

En effet, dès son premier film, les messieurs âgés (tel l'Albinos) sont attirés par la jeunesse. L'enfance paraît déjà condamnée (*L'Île des enfants perdus* puis *La Fleur de l'âge*). Ne fait-on pas peur aux enfants dans *Drôle de Drame* avec les secrets des adultes, quand ce ne sont pas leurs horreurs : « Le Molyneux va venir et vous prendra »[5]. Et puis, dernier plan du film,

1. Michel Pérez, *Les films de Carné*…, p. 24.
2. *Drôle de Drame*…, p. 9.
3. Archives Carné, 4 POR/1.
4. Robert Chazal, *Marcel Carné*…, pp. 26-27.
5. Michel Pérez, *Les films de Carné*…, p. 30.

un enfant « tout juste en âge de marcher [semble prouver que] la jeunesse incarne la promesse de guérir le monde de sa folie »[1]. Mais très vite, dans *Le Quai des brumes*, les dix-sept ans de Nelly paraissent une offense à la vieillesse de son tuteur Zabel. « Proche de la mythologie féminine chère aux surréalistes, Nelly est un mystère simple et lumineux, un ange dont la pureté s'exalte d'avoir connu les laideurs de la vie, de ne plus être vierge et de côtoyer la hideur d'un monstre. »[2].

La pureté de l'enfant reprend le dessus dans *Hôtel du Nord* : « Ce n'est pas un étranger, c'est un orphelin » dit-on à propos du jeune Manolo, adopté après la mort de ses parents espagnols. Ce même enfant qui retrouve l'arme du crime et doit la rendre à Edmond dans *Hôtel du Nord* pour que le drame s'achève.

Dans *Le Jour se lève*, Monsieur Valentin prétend : « Vous croyez que les enfants de l'assistance n'ont pas de parents », en référence à Françoise dont on imagine qu'il a surtout profité de l'innocence. Pour Gilles, délivré de son sort dans *Les Visiteurs du soir*, et découvrant Anne aux côtés de celui qu'il suppose être son mari (en réalité le diable), il lance : « Le monde est mal fait, la jeunesse devrait vivre avec la jeunesse ». Dans *Les Enfants du Paradis*, Lacenaire avoue à Garance que ce sont les humiliations de sa jeunesse qui lui ont fait détester le monde et, à son tour, Garance est attendrie par Baptiste qui parle d'amour « comme un enfant ».

Puis le personnage de Cri-Cri Lécuyer dans *Les Portes de la nuit* se repose dans les bras de Diego et Nathalie avoue devant cette nouvelle « Vierge à l'enfant » : « Que c'est beau un enfant qui dort », révélant son enfance douloureuse.

La Fleur de l'âge aurait dû présenter un jeune couple « sensible et émouvant, tout à l'émerveillement de leur premier amour »[3]. Ce que *Juliette ou la Clef des songes* poursuit avec l'innocence de la première petite fille que croise Michel sur son chemin. Dans *Thérèse Raquin*, le drame provient d'un enfant jouant avec son ballon que le conducteur du camion cherche à éviter, écrasant le marin sur son chemin. Pour *Le Pays d'où je viens*, tandis que le public songe avoir « perdu » le vrai Carné, il n'est finalement pas si loin. Ainsi, lorsque le petit garçon répond à sa sœur Marinette : « Ce n'est pas un garçon c'est un courant d'air », on songe à Blanche dans *L'Air de Paris*. Sans oublier le « Dommage, dommage, comme

1. Edward Baron Turk, *Marcel Carné*..., p. 91.
2. Michel Pérez, *Les films de Carné*..., p. 42.
3. Marcel Carné, *La vie à belles dents*..., p. 203.

c'est dommage » des deux hommes de confiance. Enfin, l'histoire des deux jeunes enfants qui n'auront pas de cadeaux du Père Noël donne l'impression d'une certaine « atmosphère dickensienne »[1] qui « se manifeste dans la façon d'organiser les lumières de la nuit d'hiver »[2].

Les Tricheurs marquent ensuite un tournant. Il s'agit à n'en pas douter du premier film de Carné sur les « jeunes adultes », bien qu'ils apparaissent déjà d'une certaine manière dans *Jenny*, *Hôtel du Nord*, *Les Enfants du Paradis*, *Les Portes de la nuit*, *la Marie du port*, *le Pays d'où je viens* et, dans une moindre part, dans *L'Air de Paris* où l'on apprend qu'André a combattu à Saïgon et Hanoï lorsqu'il était plus jeune. Avec *Les Tricheurs*, Carné reporte la « responsabilité de la tricherie de ces jeunes [...] sur les adultes qui les ont précédés »[3]. D'où la question du chirurgien à Roger, le frère de Mic : « – Mais qu'est-ce qu'ils ont ces gosses, bon Dieu, ah qu'est-ce qu'ils ont ? – Cinquante ans de pagaille derrière eux, sans doute autant devant. Pour des jeunes c'est lourd. – Littérature ! J'ai un fils moi qui a fait ses études [...]. – Il est fort et les autres sont faibles. [...] – Refus de la vie, refus de s'intégrer à la communauté, refus de suivre l'exemple des aînés. – Ce qu'elle leur apporte la communauté ! Quant à l'exemple qu'on leur a donné... – Vous êtes d'extrême gauche ? [...] – Non, mais je réalise aujourd'hui que j'ai peut-être jugé un peu vite. » Ainsi, « ce qui reste donc de ces *Tricheurs*, c'est une description vivante et fidèle de cette "certaine jeunesse" dont Carné fut, en définitive, le meilleur peintre de l'extérieur. Il aime à rappeler qu'à la sortie de la présentation le 10 octobre 1958 au Marignan, quelques centaines de jeunes spectateurs l'avaient porté en triomphe. C'était pour la plupart ceux qui avaient figuré dans le film mais leur manifestation n'était pas de commande. Ils avaient voulu montrer leur enthousiasme pour la façon dont Carné avait su les dépeindre. De fait, hors la surprise-party réussie, mais que Carné savait dépassée au moment où il l'a tournée, ce film est une peinture intéressante de cette jeunesse "qui se fout de tout, qui est persuadée que le chaos atomique est pour après-demain et qui s'empresse de profiter de peur d'être obligée d'avoir des regrets" »[4]. On peut aussi « à cet égard, opposer *Les Tricheurs* à *La Fureur de vivre* ou aux *Cousins* qui n'avaient pas l'ambition d'être des documents sur la jeunesse de l'époque mais des œuvres d'imagination

1. Michel Pérez, *Les films de Carné...*, p. 134.
2. *Ibid.*, p. 135.
3. Robert Chazal, *Marcel Carné...*, p. 72.
4. *Ibid.*, pp. 72-73.

inspirées par le comportement des jeunes et transportées dans un monde poétique »[1].

Plus provocante est l'image donnée dans le film suivant, qui vaudra à son auteur un reproche d'André Malraux. Le ministre « monta un jour à la tribune de la Chambre pour dire en substance qu'une certaine liberté devait être laissée au cinéma, mais qu'une chose était sacrée : la jeunesse. Il parut alors opportun d'édulcorer *Terrain vague*, au point de lui enlever presque toute sa virulence »[2]. Ce qui explique que Carné ait abandonné son idée première de « réaliser un film où, volontairement, les nerfs des spectateurs auraient été mis à rude épreuve devant la cruauté des adolescents [et] qu'une fille, désireuse d'entrer dans une bande, devait accepter de se laisser brûler la pointe des seins avec le bout allumé d'une cigarette »[3]. En revanche, on retrouvera ce personnage d'adolescent révolté dans *Les Assassins de l'ordre* à travers le personnage de François, le fils du juge. Mais issu d'une famille aisée, quelque peu introverti, il n'a pas la puissance requise. La force de conviction n'était plus au rendez-vous.

L'animal

Autre allié de poids des amants : les animaux. Carné lui-même eut longtemps un chien, en particulier celui que lui avait offert Françoise Rosay et qu'il avait baptisé « Monsieur » comme dans *Terrain vague*. Déjà, dans *Jenny*, lorsque Xavier part à Chartres pour laisser les jeunes amants tranquilles, c'est avec un chien à ses côtés. Canada, la chienne fantôme de *Drôle de Drame*, offre l'un des principaux ressorts comiques qu'alimente la folie de la tante Mac Phaerson. C'est aussi le petit chien du *Quai des brumes*, ce fameux Kiki qui faillit être adopté par Carné et qui avait tant époustouflé par sa prestation (il avait admirablement suivi Gabin durant tout le film). Dans *Hôtel du Nord*, Edmond martyrise les souris, fait mourir les chiens qui souffrent et se voit confier la lourde tâche d'abattre les poules dont a besoin la cuisinière. De la même manière, Valentin violente ses chiens en leur brûlant la peau pour les dresser, avant leur numéro de démonstration.

Pour *Les Visiteurs du soir*, le bestiaire est plus divers encore. Des chevaux côtoient un faucon – un oiseau que Carné a dû se résoudre à acquérir… empaillé, le « seul exemplaire […] mité […] trouvé dans la

1. *Ibid.*, p. 73.
2. *Ibid.*, p. 74.
3. Marcel Carné, *La vie à belles dents…*, p. 262.

boutique d'un naturaliste »[1]. Puis l'oiseau de Fil de Soie dans *Les Enfants du Paradis* paraît le seul à découvrir la vérité devant les passants qui défilent. Tout comme les dogues allemands qui aboient devant la jeune héroïne de *Juliette ou la Clef des songes* si terrifiants de prime abord mais qui finissent par s'assagir face à l'innocence de la jeune femme.

Plus étrange mais non moins révélateur est l'écureuil enfermé dans la cage de l'oncle Ludovic du *Pays d'où je viens*. Image même de la prison dorée dans laquelle vivait Éric, il symbolise aussi le manque de courage dans lequel s'est laissé enfermer Julien avant de déclarer sa flamme à Marinette. Après le chien de *Terrain vague*, il ne faut pas oublier les oiseaux du *Mouron* au cœur de l'histoire et qui retrouvent leur liberté, ni la colombe de *La Merveilleuse Visite*.

Le travail

Cette liberté, certains personnages semblent la trouver dans le travail. C'est le cas de Kenel dans *Hôtel du Nord* mais il a « reçu l'ordre de débrayer et […] il fait grève »[2]. L'oncle dans *La Marie du port* répond à qui veut l'entendre que « le travail » est une valeur essentielle, la seule d'ailleurs. André sait que son activité sur les voies ferrées peut le tuer, et que la boxe est la seule solution pour se rêver un autre avenir. En revanche, dès *Les Tricheurs*, le personnage (finalement récurrent) interprété par Roland Lesaffre, successivement grand frère ou protecteur (*Terrain vague*), donne la caution morale du « travailleur », ou du moins du jeune homme ayant connu la guerre face à des jeunes souvent désœuvrés.

Les fleurs

Pour adoucir le quotidien, il y a donc la nature. Après la jeune femme aux fleurs de *Nogent, Eldorado du dimanche* et les quelques fleurs de *Jenny*, les mimosas de Molyneux reviennent dans toutes les conversations et c'est pour s'en occuper qu'il revient chez lui. Ce sont à ces mêmes mimosas que rêve Raymonde dans *Hôtel du Nord* tandis que Françoise, dans la serre, déclare sa flamme à François et semble sortir de l'influence néfaste du dresseur d'animaux. Ne portait-elle pas, lors de sa première rencontre avec François, un bouquet de fleurs ?

1. *Ibid.*, p. 141.
2. Michel Pérez, *Les films de Carné…*, p. 51.

Le jardin fleuri des *Visiteurs du soir* est le théâtre des amours figées mais aussi de la première rencontre de Gilles et Anne, puis de Renaud et Dominique. C'est aussi par les fleurs du comte de Montray que Baptiste comprend qu'il perd Garance – le nom d'une fleur –, laquelle a choisi la sécurité. En n'avouant pas ses sentiments, elle renonce à cet amour qui s'offre à elle.

Puis la lavande sert aux jeunes adolescents de *La Marie du port* à s'imaginer un ailleurs, et chez les villageois de *Juliette* le prénom de l'héroïne évoque celui... d'une rose. Dans *L'Air de Paris*, c'est par les fleurs de la Riviera que débute la conversation entre Victor et sa femme : « C'est, beau, c'est plein de fleurs [...] on nage dans les mimosas ». Et c'est aussi par un edelweiss que toute la mécanique du *Pays d'où je viens*, s'instaure, mettant aux prises les sosies qui font leur cour à Marinette... avant de tomber dans les bras de la fatale pharmacienne Adrienne. Dernier avatar : les champs de bruyère de *La Merveilleuse Visite*, hommage ultime à une Bretagne idéalisée.

Les hasards de l'existence

Car dans sa vie, Marcel Carné a connu les hasards de l'existence. Transposant son expérience, dans *Jenny*, il résume la vie à « des départs, des arrivées, des arrivées et des départs ». Jean, le déserteur du *Quai des brumes*, et Panama se lancent : « – Les gens arrivent, il s'en vont. – Ah ça mon vieux on est de passage. » François et Françoise, dans *Le Jour se lève*, sont de la même famille car n'ayant pas de parents, ils viennent de l'assistance. Dans *Les Portes de la nuit*, Guy (Serge Reggiani) s'interroge : « Est-ce ma faute ? Est-ce que j'ai demandé à vivre ? J'ai pas fait la queue pour avoir un permis ! J'suis pas responsable. J'suis né comme ça, pour rien, pour rien. »[1]

Il faut aussi remarquer dans *Thérèse Raquin* que la mort de Camille est « presque l'effet du hasard : une dispute violente éclate entre Camille et Laurent dans un wagon de chemin de fer dont une portière s'ouvre »[2]. Et dans *L'Air de Paris*, afin de pouvoir suivre son entraînement de boxeur, le jeune héros devient livreur chez un épicier, comme avant lui l'avait été Carné dans la vraie vie, lequel avouera dans *La vie à belles dents* : « Je

1. Archives Carné, 4 POR/1.
2. Michel Pérez, *Les films de Carné...*, p. 116.

crois bien que je n'ai jamais autant travaillé de ma vie. Quatre jours par semaine, je passais chez les clients prendre les commandes, et les deux autres jours, aidé d'un camionneur, je livrais celles-ci. La plupart du temps, il fallait monter des escaliers de service obscurs et puants, aux murs écaillés, ornés de graffiti obscènes. »[1] La frontière entre fiction et réalité paraît ténue.

Le Destin

Dans ses Souvenirs, Carné emploie aussi fréquemment le terme de « destin »[2] pour expliquer ses choix, notamment pendant les années d'avant-guerre. Tandis que dans *Nogent, Eldorado du dimanche* les premières silhouettes filmées par le cinéaste en formation « paraissent toutes, isolées, désignées qu'elles sont par le cinéaste, attendre que le destin les marque d'un signe, ou que Prévert n'arrive pour qu'elles deviennent l'incarnation même de ce destin »[3], à partir de *Jenny* le rôle dévolu à l'Albinos, vieux personnage falot, permet aux personnages de Danielle et Lucien de se rencontrer. « En dehors de toute morale, [les personnages] obéissent à une sorte de prédestination qui est bien la caractéristique de Carné et, aussi, de Prévert. Dès le début de *Quai des brumes*, on sent que Gabin et Morgan vont connaître un amour sans lendemain. Et c'est peut-être cette fatalité qui a donné toute sa puissance à ce couple »[4]. Ce que Raoul d'Ast dans *La Liberté* souligne le 31 mai 1938 : « La fatalité, l'Ananké antique déesse aveugle qui frappe, n'importe comment et n'importe où, des êtres dont on ne sait plus ce qu'ils sont. Ni bons ni mauvais, champ clos dans lequel des sentiments opposés se livrent un combat inégal, ils paient la rançon d'un destin qu'ils n'ont pas choisi »[5].

Changement de tonalité dans *Hôtel du Nord*. Tandis qu'Edmond est redevenu Robert pour les beaux yeux de Renée, il décide de tout quitter, de travailler enfin et de partir avec elle à Port-Saïd. Mais après lui avoir dit qu'il l'aime, elle le laisse seul sur le pont du bateau après avoir revu la broche offerte par Pierre. C'est à partir de ce simple objet que tout va changer : Edmond se jettera lui-même dans la gueule du loup et trouvera la mort.

1. Marcel Carné, *La vie à belles dents*..., p. 18.
2. *Ibid.*, p. 70.
3. Michel Pérez, *Les films de Carné*..., p. 17.
4. Robert Chazal, *Marcel Carné*..., p. 31.
5. Michel Pérez, *Les films de Carné*..., p. 45.

Dans *Le Jour se lève*, le destin s'invite dans le personnage de l'aveugle qui découvre le corps de Valentin, qu'il a déjà croisé dans le café. L'émotion passée, il demande qu'on lui explique les événements, arrivé sur la place au bas de l'immeuble. Pour lui, François semble devoir s'expliquer sur sa vie et sur le drame qui s'est joué dans sa chambre.

Cette position du destin, « Carné [...], même s'il s'en défend, [lui] a toujours donné un rôle [et le projet du] *Facteur* est le type du drame où les héros ne peuvent échapper à la fatalité »[1]. On retrouve une incarnation dans *Les Enfants du Paradis* sous les traits de Jericho « qui surgit partout où on ne l'attend pas précédé de son petit appel de trompette [et] se mêle de faire le bonheur de Nathalie, amoureuse sans espoir de Baptiste, qui lit l'avenir dans les cartes, qui déambule en proposant la clé des songes aux chalands et qui sert [...] d'indicateur à la police »[2]. C'est lui qui annonce à Nathalie que Garance est revenue, relançant le drame qui s'était arrêté. Puis à la fin de l'histoire, c'est encore lui qui retient Baptiste et l'empêche de poursuivre Garance.

Pour le film qui devait réunir à l'origine Gabin et Marlène Dietrich, « l'on chercha tout de suite un titre moins banal que celui du ballet [original]. *Rendez-vous avec le Destin* (on reconnaît bien là Carné) fut abandonné pour *Le Destin se promène la nuit*, qu'on ne garda heureusement pas. *Les Grilles de la Nuit* prévalurent un moment, mais on s'arrêta enfin aux *Portes de la Nuit* »[3]. Mais le personnage du destin s'incarne tout de même dans le clochard joué par Jean Vilar, qui retrouve ce rôle clé si énigmatique lorsqu'il dit : « Le monde est comme il est. Ne comptez pas sur moi pour vous donner la clef. Je ne suis pas concierge. Je ne suis pas geôlier. Je suis le Destin. Je vais. Je viens. C'est tout. »[4] Tandis qu'il annonce une fin de nuit heureuse à Diego, celui-ci retrouve les accents de Jean dans *Le Jour se lève* qui intimait l'ordre à Valentin de se taire. Mais ici pas de coup de feu : le temps du drame n'est pas encore arrivé.

Selon Michel Pérez, *La Marie du port* est « l'antithèse des *Portes de la nuit* [...], image constamment lumineuse, décor "sain", parfaitement nettoyé des miasmes nocturnes, atmosphère d'énergie sans sévérité, en dépit de l'âpreté des caractères et de la description sans indulgence des mœurs. Quand, dans le précédent film, des êtres frileux marchaient d'un

1. Robert Chazal, *Marcel Carné...*, p. 39.
2. Michel Pérez, *Les films de Carné...*, p. 78.
3. Robert Chazal, *Marcel Carné...*, p. 49.
4. Archives Carné, 4 POR/1.

pas de somnambule vers leur destin, des gens entreprenants s'activent désormais au grand jour, bien décidés à prendre leur sort en main et à ne plus le lâcher. »[1]

Bien différent est le traitement de *Thérèse Raquin* où « ce n'est pas le remords qui frappe le couple meurtrier de sa malédiction, [...] c'est la machine sociale qui se charge d'éliminer toute cause de perturbation, machine d'une parfaite efficacité dont le fonctionnement reste irréprochable alors même que les éléments perturbateurs semblent avoir échappé à sa vigilance »[2]. En revanche, l'incarnation du destin dans le personnage du marin offre une nouvelle force en devenant maître chanteur. À la différence des amants qui tentent d'échapper à l'emprise du mari, il prend prétexte de son parcours à travers le monde pour justifier son attitude : « J'ai fait de grands voyages sur un bateau, de petits voyages en chemin de fer »[3]. Ajoutant : « On en voit des choses quand on voyage. [...] Quand on a voyagé ensemble, c'est intéressant de confronter ses impressions, non ? » Avec l'arrivée du marin, « le ton naturaliste du début change alors. Ce personnage, pour nous, c'est le Destin qui, de nouveau, réunit les amants et, finalement, les perd à jamais... »[4]. Ce que confirment les programmes de presse : « Roland Lesaffre, un destin. Ici, le Destin. Son premier grand rôle... une réussite. Son personnage est capital dans l'action, c'est celui que Zola ne connaissait pas, celui que Carné définit ainsi : "Un fantôme vivant préférable au fantôme mort." Un critique a pu dire de lui : "C'est un mélange heureux de Brasseur et de Reggiani." »[5]

Reprenant l'exemple *d'Hôtel du Nord*, le destin s'invite aussi parfois dans un objet : « On sait que dans chacun de ses films, Marcel Carné a fait personnifier le "Destin" par un être assez étrange auquel Le Vigan, Aimos, Jean Vilar et Roland Lesaffre, entre autres ont prêté leurs traits. Dans son dernier film *L'Air de Paris*, Marcel Carné renonçant à ses habitudes, fait jouer ce rôle capital... à un minuscule objet qui n'est autre qu'un poing fermé en or massif. »[6]

Puis reprenant le personnage que son père avait auparavant joué dans *Quai des brumes*, Claude Brasseur offre avec *Le Pays d'où je viens*, pour

1. Michel Pérez, *Les films de Carné*..., p. 104.
2. *Ibid.*, p. 120.
3. Michel Pérez, *Les films de Carné*..., p. 121.
4. Robert Chazal, *Marcel Carné*..., p. 65.
5. Archives Carné, 4 THE/1-3.
6. Robert Chazal, *Marcel Carné*..., pp. 69-70.

le rôle de Roland, une nouvelle preuve d'un jeune voyou qui provoque la rencontre de Julien avec Marinette. Mais le véritable destin, c'est bien entendu Éric, ce double, ce sosie qui favorise le rapprochement des amants mais se joue d'eux en profitant de la situation… avant de s'effacer.

Nombreux sont également ceux qui, comme Luc Mouillet, voient dans *Les Tricheurs* en Alain comme « un personnage impossible de mauvais génie philosopheur, nouvelle incarnation du Destin autrefois personnifié par Le Vigan, Vilar et Lesaffre »[1]. Ce que Jean de Baroncelli souligne dans les pages du *Monde* dès la sortie du film : « Le destin ici prend le visage d'une sorte d'anarchiste (remarquablement joué par Laurent Terzieff)… c'est à sa présence que le film doit cet accent tragique qui, par moments, fait sa grandeur »[2].

Sans vouloir chercher ce destin jusqu'à la fin de la filmographie carnésienne, on peut aussi accepter l'analyse de Landry qui explique cette fascination pour le rôle de la destinée par la fidélité « à la forme de la tragédie ». Elle « naît d'un doute ou, du moins, d'une remise en question de l'homme, par une sorte d'anti-humanisme désespéré, lui-même venant d'une inadéquation irrémédiable entre l'artiste et le milieu où il est forcé de vivre. Il était inévitable que la prise de conscience du malaise qui empoigne l'homme en face de son existence, se traduise tout d'abord par une fatalité matérialisée symboliquement par la figure du Destin. Le Destin est toujours présent dans la tragédie antique. Il remonte le mécanisme de la machine infernale, la pousse un peu du doigt pour qu'elle se mette en route, puis il n'a plus qu'à attendre ses victimes à la sortie, après avoir joui quelque temps de leurs vains soubresauts. Pour mettre en marche, il lui suffit de se manifester un instant par un oracle sibyllin et inquiétant, qui contraint les personnages à l'action en les arrachant à leur confort intérieur : il leur lit, dès le début, la dernière page du roman policier auquel ils sont mêlés. Et plus ils prendront de précautions, ces personnages voués à l'échec, plus ils se débattront dans leur imprévisible toile d'araignée, plus tôt ils seront vaincus. Toutes les fables antiques, pleines de violence, de sang et de meurtres sont dominées par le Destin qui tient tous les fils. Il appartient à lui seul de les rompre ; les hommes, eux, n'y coupent pas. »[3]

---

1. *Radio-Cinéma-Télévision*, 26 octobre 1958, p. 42.
2. Jean de Baroncelli, *Le Monde*, 14 octobre 1958.
3. Bernard-G. Landry, *Marcel Carné…*, chapitre 4.

Ange ou démon ?

Alors manichéisme ou simple vue de l'esprit ? « Les ressorts qui font agir ses personnages ne sont pas le bien et le mal »[1], ce serait plutôt le rêve où tout est idéal. Le diable, pourtant, parvient à s'incarner à la fois dans le personnage de Lucien que joue Brasseur dans *Quai des brumes* et dans celui de Zabel qui est fasciné par le sang : « Je ne sais pas si vous avez remarqué comme les médecins, et particulièrement les chirurgiens, ont les mains blanches et soignées. Cependant, elles pataugent dans le sang toute la journée, leurs jolies mains ! » On le retrouve évidemment à travers Monsieur Valentin pour *Le Jour se lève*, qui est pour Carné « vraiment le diable avant la lettre »[2]. Dans ce film, le personnage avance : « Eh ! oui… j'écoute aux portes… je n'ai pas de préjugés, moi… Ça vous choque… C'est inouï… Ce sont les gens qui ont l'air le plus franc qui ont précisément horreur qu'on écoute aux portes… C'est donc qu'ils ont quelque chose à cacher… » Lui-même emploie la rouerie, le mensonge, en faisant croire qu'il est le père de Françoise pour mieux duper François. Son seul plaisir : son pouvoir de fascination. « C'est beau d'être aimé, hein ? Moi, on ne m'aime pas, mais je plais… Plaire, tout est là, tu sais »[3]. Et c'est lui qui offre finalement le pistolet à François, prétendant avoir voulu le voir pour venir le tuer.

Toujours interprété par Jules Berry, vient alors la grande incarnation des *Visiteurs du soir*. Le diable se présente comme le malheur absolu : « Personne ne peut m'échapper […] vous ne connaissez pas mon pouvoir. Moi qui peux tenir le monde dans ces deux mains. Mais oui, les orages, la pluie, la grêle, le vent, les naufrages, c'est moi. Les maladies, la guerre avec ses beaux plaisirs, la peste, la famine, la misère, le meurtre, la haine, la jalousie c'est moi, toujours moi. Et la mort, ah, ah, c'est encore moi. » En revanche, ses tentatives sont vaines contre Anne : « Puisque personne ne m'aime, je suis bien obligé de passer le temps d'une façon ou d'une autre. Et pourtant, si vous saviez ce que je suis sensible, dans le fond. La moindre des choses me touche. Quand un nouveau bonheur arrive dans le monde, quand un nouvel amour brille, mais vous ne vous imaginez pas ce que je souffre. J'en pleurerais si j'avais des larmes. » Anne prétend toutefois que s'il est véritablement le démon, le malin, il est « trop malin,

1. Robert Chazal, *Marcel Carné…*, p. 31.
2. Marcel Carné, *La vie à belles dents…*, p. 108.
3. Michel Pérez, *Les films de Carné…*, p. 65.

mais heureusement il doit y avoir des choses qui vous échappent». Et c'est par cette seule voie que l'amour peut triompher. Alors Anne passe un pacte avec le diable et libère Gilles de son sort... jusqu'à ce que l'amour l'emporte une nouvelle fois: en mentant au diable, elle se joue de lui. Malgré le sort final qui leur est fait, la statue des amants continue de faire résonner les battements de leurs cœurs...

Pour *Juliette ou la Clef des songes* par exemple, « on a aussi estimé que cette œuvre purement onirique ne pouvait pas plaire au public français réfractaire à tout ce qui est rêve... »[1]. Mais « ce qui rend le film moins atroce que son auteur ne le dit, c'est justement qu'il s'agit d'un rêve »[2]. Cependant, on peut considérer que « le personnage de Barbe-Bleue [...] a des accents sataniques qui rappellent de très près Jules Berry [...] car la naissance d'un amour nouveau lui est une insulte intolérable et il estime de son devoir le plus urgent de le tuer dans l'œuf »[3].

Le diable est partout. Il fait donc de nouveau son apparition dans *Les Tricheurs* sous une forme nouvelle : « Notre monde ne croit plus au diable. Et cependant, Satan rôde encore, en blouson de cuir noir, de la Muette à Saint-Germain-des-Prés. Au diable séduisant qui hante toujours Marcel Carné, sont offerts en pâture Bob, fils naturel de la bourgeoisie et de la liberté, et Mic, fille bâtarde du petit commerce et des fausses études. Bob et Mic s'aiment, mais ils "trichent", car la loi du monde-sans-loi leur interdit d'y croire, jusqu'à ce que la mort, rite suprême de l'amour, dresse devant Satan sa borne indiscutable. En deçà de ce vieux thème, déjà utilisé sous sa forme médiévale pour l'enchantement des *Visiteurs du Soir*, Marcel Carné suggère, dans Paris quotidien, une morale pour les pères trop affairés et les mères trop rajeunies. Il ne s'adresse pas aux jeunes gens qui traversent son film comme un essaim, mi-étourneaux, mi-éperviers. Ces enfants, extasiés dans le velours électrique de leurs sens, n'entendent aucun appel. C'est à leurs parents, trop lâches ou trop borgnes pour les regarder en face et en biais, qu'il s'adresse. Que, sur mille spectateurs, un seul père, une seule mère découvre soudain que son fils échange son âme contre une "Jaguar" ou que sa fille étrangle son cœur pour ne plus l'entendre battre, alors *Les Tricheurs* auront été mieux qu'un vain et brillant tableau des J3 obstinés. »[4] Ce démon, qu'incarne cette fois en partie Laurent Terzieff, est

1. Robert Chazal, *Marcel Carné...*, p. 59.
2. *Ibid.*
3. Michel Pérez, *Les films de Carné...*, p. 113.
4. Archives Carné, 4 TRI/1.

finalement le plus bel exemple d'une jeunesse désenchantée : « [...] Marcel Carné peint une certaine jeunesse, agitée, désordonnée, avide de plaisirs, de rythmes obsédants, qui veut l'argent sans travail, le luxe sans effort. Et le vieux thème du Diable a été adapté à la vie du Paris quotidien : dans l'ambiance explosive de Saint-Germain-des-Prés les adolescents découvrent la tentation et succombent aux plus funestes mirages. L'histoire de quelques jeunes gens et jeunes filles égarés, tricheurs devant le travail, tricheurs devant l'amour est aussi la condamnation de certains parents légers et indulgents, et par conséquent responsables des fautes de leurs enfants. Film courageux, film cinglant, film cruel et pourtant éclairé d'un espoir final : *Les Tricheurs* est la peinture la plus aiguë d'un nouveau mal de la jeunesse. »[1]

Réponse ultime, Carné saura se laver de cette omniprésence à travers l'Ange de *La Merveilleuse Visite* et surtout par les beautés de *La Bible*. Mais sans doute était-il déjà trop tard pour inverser la tendance.

1. *Ibid.*, 4 TRI/2-1.

Classicisme et Nouvelle Vague

Parmi les critiques essuyées par Marcel Carné tout au long de sa carrière, il en est une qui lui porta particulièrement préjudice : celle de n'avoir pas suivi le courant initié par la Nouvelle Vague, courant dont il fut avec « Julien Duvivier [...] l'une des premières victimes »[1]. Comme son collègue et ami, « l'air du temps avait changé, les goûts aussi, mais [son] cinéma [...] était resté le même : impeccable »[2].

Cette incompréhension entre les générations de cinéastes n'est pas récente. N'avait-il pas lui-même à ses débuts voulu faire « différemment » de ses aînés ? Cette critique à l'égard de ses prédécesseurs, il allait donc à son tour la connaître de la part de la Nouvelle Vague, qui lui reprochera longtemps le caractère marqué du « cinéma à la papa ». Il s'en défendra dans *La vie à belles dents*, donnant sa vision du cinéma d'auteur : « Quelques snobs, voulant faire preuve de dilettantisme ont imaginé, il y a quelques années, la formule dite du "film d'auteur". Comme si tous les films n'étaient pas des films d'auteur, excellents, simplement bons, ou médiocres, mais d'auteur tout de même. »[3] Ce que reprend Michel Pérez : « Cinéaste de la minutie, de la finition artisanale, non pas sottement "réaliste" mais hautement conscient du réalisme particulier à chaque nouveau film, de la logique qui doit présider à l'organisation de ses composantes matérielles, Carné, et il n'y a aucune honte à cela [...], est avant tout un homme de studio. »[4] Turk résumera la vie du cinéaste avec cette belle formule : « L'histoire de Marcel Carné [...] n'est pas simplement celle du triomphe et du déclin d'un artiste, de l'expulsion du paradis d'un de ses enfants les plus doués. C'est également l'histoire de l'effort constant d'un individu qui a voulu restaurer les gloires du passé, recréer les fragments d'un paradis perdu »[5].

1. Annie Mallégol, Noël Demaines, *Le Grand Atlas*..., p. 46.
2. *Ibid.*
3. Marcel Carné, *La vie à belles dents*..., p. 41.
4. Michel Pérez, *Les films de Carné*..., p. 6.
5. Edward Baron Turk, *Marcel Carné*..., p. 12.

Le cinéaste règlera lui-même ses comptes en affirmant que « c'est toujours un bien que de donner à quelqu'un l'occasion et les moyens de s'exprimer. Mais encore faut-il que le bénéficiaire sache en profiter, ait quelque chose à dire et n'abuse pas de la facilité ainsi donnée. Personnellement, je me félicite d'avoir appris mon métier avant d'avoir eu la responsabilité entière d'un film... Les gens de la Nouvelle Vague sont allés trop vite et ont, en général, manqué leur but. Trop souvent, leur travail est resté à l'état d'ébauche. Cet engouement qui les a poussés a été un bien puisqu'il a permis au cinéma l'apport d'un sang neuf mais, faute de patience et de maturité, cela n'a pas permis de découvrir un seul tempérament exceptionnel. On a voulu rapprocher le mouvement nouvelle vague du néo-réalisme italien. Ça n'a aucun rapport. Les Italiens ont été poussés par un besoin de s'exprimer librement après plusieurs années de fascisme. De faire, en quelque sorte, "sauter le couvercle". Ce n'est pas le cas de la Nouvelle Vague française. Tous, sauf Godard, ont vite cherché à faire des films comme les anciens. Et puis, leur réputation de faire du spectacle au rabais a été une contre-propagande. On ne paie pas des places très cher pour aller voir un spectacle bon marché, surtout si la modicité des moyens est claironnée à grands sons de trompes ! »[1]. Il poursuit : « J'ai comme tout le monde [...] la tentation du film à petit budget avec une caméra, un opérateur et quelques techniciens [...]. Mais, en ce qui me concerne [...], c'est plus difficile que pour un réalisateur inconnu. Il faudrait que je puisse le faire en quelque sorte anonymement, en me cachant. C'est à peu près impossible. Et puis, serait-ce une expérience bien utile ? Si j'ai un rôle à jouer dans le cinéma, il ne peut plus se jouer que selon certaines données... Pourtant, être quelques semaines entièrement libre de sa caméra et montrer le monde à sa manière doit être amusant. Mais ne me parlez pas de cinéma-vérité. C'est la forme la plus raffinée de l'arbitraire et même du trucage »[2].

La cabale toucha alors directement *Trois Chambres à Manhattan*, après la parution d'un entretien accordé au *Figaro littéraire* où le cinéaste traitait ses tenants « d'impuissants congénitaux »[3]. Provocation inutile ? Du moins Carné reconnaissait-il en cette année 1965 que, « il y a trente ans, c'était le cinéma-religion, le cinéma-passion fait par des gens qui ne vivaient que pour le cinéma et qui, parfois même, mouraient à la tâche, comme

1. Robert Chazal, *Marcel Carné...*, pp. 101-102.
2. *Ibid.*, p. 101.
3. Marcel Carné, *La vie à belles dents...*, p. 286.

Jean Vigo. On ne le retrouve, cet enthousiasme, que chez deux ou trois réalisateurs italiens (le De Sica du *Voleur de Bicyclette*, Fellini) et, dans un certain sens, chez les responsables des *James Bond*, dont la perfection de facture demande cet enthousiasme. Mais en général, la religion est morte et la passion oubliée. Le cinéma est à peine encore un métier. Pour les jeunes bourgeois, c'est une occupation bien rétribuée, qui offre le privilège de ne pas nécessiter de longues années d'apprentissage. (En ce moment, ce serait même plutôt le contraire.) Évidemment, les films s'en ressentent. Ils sont moins passionnés et moins passionnants. Ils peuvent contenir certaines beautés, mais on a connu jadis des films qui faisaient crier d'admiration. Aujourd'hui, le climat n'y est plus. Nous avons des films de bonne qualité. Sans plus. Il leur manque la flamme qui fait les chefs-d'œuvre. Le cinéma, c'est une vieille passion qui se prolonge encore chez nous, les anciens. Malheureusement, les passions prolongées perdent de leur force. Chez les nouveaux, même les plus sincères, il s'agit surtout d'intérêts. Dans tous les sens du mot [...]. Nous serions, pour le moment, tout aussi embarrassés pour parler d'une école française de la peinture que d'une école littéraire puisque le Nouveau Roman est un aussi grand fiasco que la Nouvelle Vague cinématographique »[1]. Et de conclure : « Quand j'ai vu *Hiroshima, mon Amour*, j'ai pensé qu'il y avait là l'amorce d'une nouvelle forme de récit, enfin admise par le grand public. Mais ça a tourné court... Ce qui ne veut pas dire, tout de même, que la construction des films n'ait pas évolué. Des raccourcis, des retours en arrière sont possibles qui, il y vingt ans, étaient impensables ou, en tout cas, auraient été refusés par le public. Mais ce ne sont là que des mutations mineures... Il y a donc sclérose. Comme dans le roman, où la réforme dite du Jeune Roman a échoué. Au fond, ici comme là, la manière de raconter vaut mieux que ce que l'on raconte [...]. Mais au-dessus de tout, il y a que le cinéma, comme les autres arts, souffre actuellement d'un mal qui ne pardonne pas : le manque d'imagination. Ce ne sont pas les innovations techniques qui sauveront le cinéma, mais les idées et les trouvailles des créateurs »[2].

Malgré tout, le temps des passions est aujourd'hui achevé. « Malgré les réserves que l'on peut faire sur certains films et les critiques inconditionnelles dont elle est parfois l'objet, l'œuvre de Marcel Carné est l'une des plus importantes du cinéma français. Il va de soi que si l'on juge cette

1. Robert Chazal, *Marcel Carné...*, p. 96-98.
2. *Ibid.*, pp. 102-103.

œuvre suivant les critères que l'on applique à celle de Godard, d'Antonioni ou de Bergman – pour nous en tenir à trois exemples typiques du cinéma européen – elle apparaît comme extérieure à un cinéma moderne devenu plus personnel, plus spéculatif ou d'une plus grande liberté d'écriture. Mais la querelle des Anciens et des Modernes n'a jamais débouché sur des conclusions constructives et encore moins sur des certitudes. Il ne s'agit pas de juger une œuvre par rapport à une mode mais de tenter d'en évaluer la valeur intrinsèque. Et la valeur de l'œuvre de Carné est considérable [...] dans le nombre des illustrateurs plutôt que dans celui des auteurs complets, dont le cinéma actuel compte maints exemples. Mais, encore une fois, cela n'autorise pas un jugement de qualité [...]. L'art d'exprimer la pensée des autres pour en faire œuvre personnelle, n'est en rien un art mineur [...]. Carné occupe une place de choix parmi les très grands metteurs en scène, parmi ceux qui ont fait du cinéma un art à part entière, permettant à d'autres d'oser des formules nouvelles avec leur travail pour point de départ »[1].

Il est vrai que l'emploi des films ou, plus simplement, celui des créations cinématographiques du cinéaste sont nombreux. La danse des *Visiteurs du soir* réapparaît par exemple en 1953 dans *Les Chevaliers de la Table ronde* de Thorpe avec Robert Taylor et Ava Gardner ; on se souvient que Sacha Guitry donne après le succès des *Enfants du paradis* naissance à un *Deburau* ; que Lacenaire prend les traits de Daniel Auteuil en 1990 (sous la direction de Francis Girod) ; que Jean-Paul Belmondo incarne à nouveau le personnage de Frédérick Lemaître en 1998, mais pour le théâtre cette fois, dans la pièce d'Éric-Emmanuel Schmitt.

Reste toutefois à régler la paternité des œuvres et l'apport de Prévert. Face à la qualité reconnue des scénarios et des dialogues, le seul talent de Carné aurait consisté dans sa capacité de synthèse, dans ce que Léon Moussinac dans *La Marseillaise* résume au moment de la sortie des *Enfants du Paradis* en « sensibilité et intelligence, de la conception à la réalisation, du découpage à l'interprétation, du dialogue au décor, de la lumière à la musique [et dans la capacité] à choisir et diriger »[2] ?

Bernard-G. Landry a situé le rôle de chacun : « L'histoire est, peut-être, conçue par Prévert ; mais c'est au cours d'un travail commun qu'elle prend naissance, d'un travail où je ne suis pas loin de croire que Carné

1. Robert Chazal, *Marcel Carné...*, p. 83.
2. Michel Pérez, *Les films de Carné...*, p. 87.

conseille, accorde et tranche, un travail, en un mot, qu'il dirige avec l'intransigeance qui lui est coutumière. Et si cela ne rend pas plus aisé le travail de recherche en paternité que j'ébauche ici, il ne fait qu'accentuer la nécessité de l'entreprendre. Il est indiscutable que plus de dix ans de travail en collaboration ont créé entre ces deux hommes, en plus de liens d'amitié extrêmement solides (il suffit d'entendre Carné parler de "Jacques", pour comprendre la profondeur de l'amitié qu'il lui voue), des points communs établis par un jeu d'influences réciproques. »[1] Quéval parle davantage d'un « co-auteur [qui] exerce une certaine influence et […] assume une certaine responsabilité »[2]. Turk précise que « le caractère distinctif d'un film de Carné-Prévert est plutôt le fruit de la confrontation entre deux fortes personnalités artistiques et de l'interaction entre deux visions contradictoires »[3]. Carné lui-même avance : « Chaque réalisateur a sa vision personnelle des êtres en particulier, et du monde en général. Prenons un exemple, même arbitraire, puisque de nos jours il n'est pas un réalisateur qui ne collabore pas au scénario de ses films. Confiez le même scénario terminé à dix metteurs en scène différents qui pourront aller […] du chef-d'œuvre au navet. N'est-ce pas là la preuve irréfutable qu'un réalisateur de film est un auteur, médiocre ou génial, mais un créateur tout de même ? »[4]

Malgré cette évidente complémentarité des talents, on chercha pourtant à opposer les deux artistes, tentative à la fois vaine et inutile. Il ne faut pas, selon Michel Pérez, « revenir sur cette vieille querelle de paternité qui a longtemps divisé les admirateurs de Carné et ceux de Prévert. Après des années d'obéissance aveugle à une "politique des auteurs" qui n'a toujours pas cessé aujourd'hui d'exercer ses ravages (ni, dans certains cas, de répandre ses bienfaits) on est parvenu désormais, à ce qu'il semble, à une conception infiniment plus souple du partage des responsabilités cinématographiques et qui a toutes les chances d'être plus juste. De même que l'on reconnaît qu'il existe un cinéma de studio ou de genres dont l'importance peut ne pas être moindre que celle du cinéma des grandes individualités créatrices, on peut admettre que les réussites d'un cinéma né d'une collaboration étroite entre deux hommes ne doivent pas être nécessairement attribuées à celui dont on a décrété, à

1. Bernard-G. Landry, *Marcel Carné…*, chapitre 5.
2. Jean Quéval, *Marcel Carné…*, p. 15.
3. Edward Baron Turk, *Marcel Carné…*, p. 44.
4. Marcel Carné, *La vie à belles dents…*, p. 41.

tort ou à raison, qu'il possède la plus forte personnalité artistique. »[1] Pour le réalisateur lui-même, cette frontière n'a aucun sens : « La seule chose qui nous différenciait, c'est que, là où j'apportais fougue et enthousiasme dans le travail, lui restait aussi calme et détendu que s'il se fût livré à un simple jeu d'écritures. Par la suite, les journalistes chercheront à savoir quelle part revenait à chacun d'entre nous dans la confection d'un film. Nous-mêmes n'aurions pas su très bien le dire. Sauf les dialogues, que Prévert rédigeait seul et que j'ai rarement modifiés, la rédaction du scénario et le choix des acteurs étaient un travail en commun et l'importance de la part de l'un et de l'autre variait suivant le film. Notre collaboration s'arrêtait à la remise du script définitif, Prévert me laissant absolument libre de réaliser le film comme je l'entendais. Il ne venait que rarement sur le plateau et uniquement pour voir en projection les plans tournés les jours précédents. Ces jours-là, il me donnait aussi franchement son avis sur mon travail que je lui avais donné le mien sur les idées qu'il m'avait exposées. »[2] Ainsi, « pour être de nature incontestablement “littéraire” au départ (leurs scénarios témoignent d'une telle rigueur de construction qu'ils commandent impérativement le rythme du film à venir et les échanges de répliques dictent son montage), les films de l'équipe Carné-Prévert n'en sont pas moins des œuvres où l'image possède une force qu'on a souvent négligée, oubliant que les plus beaux d'entre eux ne se sont pas haussés au rang de mythe par la seule grâce d'un verbe brillant entre tous et d'une invention poétique nourrie au feu du surréalisme. »[3]

Faut-il davantage chercher un sens politique ? Dans un entretien qu'il accorda à Michel Aubriant et Hervé Le Boterf pour un numéro de *Cinémonde* de 1954, on demanda à Carné : « On dit que vous étiez un metteur en scène socialement sinon politiquement engagé. Est-ce vrai ? ». Sans hésitation, le cinéaste répondit à ses interlocuteurs : « Non ! C'est même archi-faux. Bien sûr, sorti du peuple, j'ai le cœur à gauche… Mais on a voulu voir une intention politique dans *Les Portes de la nuit* sous prétexte que j'y évoquais le collaborationnisme et la Résistance. Et l'on a eu tort »[4]. Il précisa à Robert Chazal : « Je ne prise que médiocrement le mot “engagé”. On lui donne en général une signification politique précise qui ne me concerne pas. Je le vis bien au moment des *Portes de la Nuit*.

1. Michel Pérez, *Les films de Carné…*, p. 32.
2. Marcel Carné, *La vie à belles dents…*, p. 58.
3. Michel Pérez, *Les films de Carné…*, p. 32.
4. Robert Chazal, *Marcel Carné…*, p. 51.

Sous prétexte qu'il y avait un bourgeois collaborateur, on feignit de croire que j'accusais tous les bourgeois de collaboration [...]. Il n'y pas que le climat artistique, il y a le climat social. Ainsi *Le Jour se lève* n'était pensable qu'à une époque où l'on venait précisément de prendre conscience d'une certaine solidarité ouvrière... *Le Quai des brumes* ou *Hôtel du Nord* échappaient complètement à cette règle. Je l'ai pourtant retrouvée avec *Les Tricheurs*, mais là encore, on a prétendu que j'attaquais toute la jeunesse, ce qui est archi-faux. Il s'agissait en fait d'une certaine jeunesse. Je n'ai donc jamais fait de cinéma "engagé", mais souvent du cinéma influencé par le contexte social, ce qui est fréquent chez beaucoup d'entre nous, et ce qui est, d'évidence, une des missions du cinéma. À condition, toutefois, de ne jamais oublier que le cinéma propose une transition, une impression et non un compte rendu exact. Un film est une œuvre d'art et pour toute œuvre d'art, il y a nécessité d'un choix. »[1] On peut toutefois reconnaître que « Carné a toujours cherché à faire voir le "petit peuple" de Paris ou d'ailleurs avec une tendresse réelle, peignant, par contrecoup, les profiteurs et les repus avec une violence romantique »[2].

En forme de bilan, est-il alors plus aisé de reconnaître les conséquences de son art sur le cinéma mondial ? Dans sa nécrologie publiée par *Libération* le 1er novembre 1996, les journalistes Gérard Lefort et Didier Péron, sous le titre « Chacun cherche son Carné » proposaient la liste des héritiers possibles avec, par ordre, Claude Berri, Jean Becker, Jean-Charles Tacchella, Bertrand Tavernier, Alain Corneau, Michel Deville, Patrice Leconte, Louis Malle, Jean-Paul Rappeneau et Bertrand Blier. Puis parmi la génération suivante figuraient Jean-Jacques Beineix, Luc Besson, Christian Vincent, Cédric Klapisch, Caro et Jeunet, Mathieu Kassovitz pour *La Haine*... et même le François Truffaut du *Dernier Métro*. Mais laissons la parole au cinéaste : « L'influence que j'exerce moi-même sur d'autres ? C'est plus difficile à dire et surtout ce n'est pas à moi de le dire. Je n'ai pas le goût des disciples ; l'art me paraît une chose trop personnelle. Pourtant j'ai cru reconnaître ma "manière" dans certaines séquences de films réalisés par d'autres. C'est ce que mes jeunes confrères appellent pudiquement des "hommages". Mais, au cinéma, les guillemets n'existent pas encore pour indiquer les citations..." »[3].

Une note plus personnelle, pour finir. Ayant appris par Roland Lesaffre que le réalisateur connaissait des ennuis pour la production des *Tricheurs*,

1. *Ibid.*, pp. 99-100.
2. *Ibid.*, p. 67.
3. *Ibid.*, p. 98.

André Malraux avait eu cette formule : « Des ennuis à Marcel Carné ! Comment ? dix-huit films, dix chefs-d'œuvre pour le monde entier, huit grands films pour la Nation ! »[1] Aujourd'hui pourtant, seule une place de Saint-Michel-sur-Orge porte le nom de Marcel Carné depuis le 18 septembre 1982 ; une avenue a été baptisée à Bois d'Arcy et des rues notamment à Joinville, Aubervilliers, Goussainville, Courcouronnes, Nozay, Le Mans, Lattes, Évry, Pérols, Béziers, Saint-Nazaire et Chevry-Cossigny ; on compte également une allée à Épinay-sur-Sénart, Mantes-la-Jolie et Tinqueux, des squares à Achères et Chambéry, ainsi qu'un collège et un gymnase à Vineuil. Mais quand se promènera-t-on un jour dans une rue Carné à Paris ? Quand, enfin, cette ville qu'il a tant honorée de sa caméra, saura-t-elle rendre à son enfant des Batignolles l'hommage qu'il mérite ? Quand le canal de l'Ourcq, l'Hôtel du Nord, le boulevard du Temple, Montmartre, l'Hôtel-Dieu, Saint-Germain-des-Prés accueilleront-ils dignement le souvenir de leur plus grand poète cinématographique ? Ce serait sans doute le plus beau « clap » de fin jamais rêvé par le réalisateur des *Enfants du Paradis*.

1. Roland Lesaffre, *Mataf*..., p. 279.

Annexes

Textes de Marcel Carné

« Quand le cinéma descendra-t-il dans la rue ?

Qu'on se rassure. Rien de révolutionnaire dans un tel titre, mais simplement l'interrogation de plus en plus angoissée de quelqu'un qui ne voit pas sans irritation le cinéma actuel se confiner en vase clos, fuir la vie pour se complaire parmi le décor et l'artifice… Jadis, nous voulons dire au temps hélas ! déjà lointain du film muet, quelles que soient leur appréhension, leur gêne de tourner au milieu d'un groupe de badauds les dévisageant avec une curiosité narquoise, des cinéastes choisis parmi les plus talentueux, ou même simplement amoureux d'un métier dont ils entrevoyaient toutes les possibilités artistiques, n'hésitaient pas à descendre dans la rue afin de saisir, grâce à l'objectif, un coin merveilleux du ciel, une rue grouillante d'animation ou de vie, ou la perspective imposante d'une avenue calme, austère et froide.

Faut-il rappeler les films de Feyder, l'un de ceux qui, avec René Clair, sut le mieux saisir le visage caché, profond des paysages familiers de la capitale et nous en restituer la vie intérieure avec le plus d'authenticité ? Faut-il rappeler les rues étroites et éternellement embouteillées de *Crainquebille* dans la lumière dorée du matin, la vie chaude et débraillée du faubourg dans *Gribiche*, la coulée tendre et matinale de la Seine dans *Les Nouveaux Messieurs* ?

Parallèlement, René Clair, magicien qui alors s'ignorait, tournait *Paris qui dort* vidant d'un coup la capitale. Puis, multipliant les tours d'illusionniste, faisait pousser des chapeaux au pied des becs de gaz (*Le Fantôme du Moulin rouge*), circuler à travers les rues un corbillard attaché à un chameau (*Entracte*) et promenait dans les rues un cortège de provinciaux baroques venant s'échouer sur une tour de Notre-Dame (*Le Voyage imaginaire*).

Heureux temps !

Des jeunes munis d'une seule caméra portative et de quelques mètres de pellicule pouvaient se laisser guider au gré de leur fantaisie ou par leur seule inspiration…

Kersanoff, avec Ménilmontant, nous révèle la photogénie des ruelles lépreuses où, entre les pavés disjoints, coule un mince filet d'eau grasse ou savonneuse ; Lacombe nous restitue avec *La Zone* la poésie poignante qui baigne un paysage dénudé de banlieue ; André Sauvage réalise ses *Études sur Paris*, nuancées et sensibles ; enfin Deslaw extrait tout le pittoresque d'un quartier cosmopolite entre tous, *Montparnasse*, et magnifie les lumières de la ville – ô Chaplin ! ô Mac Orlan ! – avec ses *Nuits électriques*.

Heureux temps, disions-nous…

Marcel L'Herbier peut tourner trois jours pleins, à la Bourse, durant les fêtes de la Pentecôte, et recréer dans le Temple à colonnes sa vie fiévreuse, désordonnée, épileptique de tous les jours…

Depuis, le parlant est venu, compliquant singulièrement la tâche des cinéastes désireux de plonger à même la vie, de se mêler intimement à elle…

Faut-il voir là une des raisons pour lesquelles de tous ses collègues, seul ou presque, René Clair est demeuré sur la brèche ? Et encore… À vrai dire, ce n'est pas l'auteur de *Sous les Toits de Paris* qui est venu vers la ville, mais plutôt la ville qui est venue à lui.

Le Paris de René Clair, si vrai, si juste, émouvant et sensible, est en réalité un Paris de bois et de stuc reconstruit à Épinay. Mais si grand est le talent de René Clair, si subtils ses dons d'observation qu'il arrive à nous donner dans un milieu faux à l'aide de personnages miraculeusement saisis sur le vif, une interprétation de la vie plus vraie que la vie elle-même.

S'il est vrai que nous jurerions avoir rencontré dans la rue, au cours de notre existence quotidienne, les divers personnages de *Sous les Toits de Paris* ou de *Quatorze Juillet*, il est non moins exact que nous jurerions pareillement nous être trouvés soudain, un jour de flânerie dans les faubourgs, face à face avec des rues imaginées par Meerson. L'impasse aux chanteurs, la ruelle obscure qui borde le chemin de fer de la Petite Ceinture de *Sous les Toits de Paris*, la rue des escaliers, la petite place du bal de *Quatorze Juillet*, quoique nous les sachions fabriqués de toutes pièces, nous émeuvent par leur criante authenticité, peut-être davantage que si Clair et sa troupe s'étaient vraiment transportés sur les lieux mêmes de l'action.

Malheureusement – et il fallait s'y attendre – l'association Clair-Meerson n'a pas tardé à créer des poncifs.

Après *Sous les Toits de Paris*, il n'est pas un réalisateur qui ne se soit cru capable de réunir ce que l'auteur de ce film, qui demeure une belle leçon, avait réussi. D'où une multitude de reconstitutions en studio, ou dans le parc y attenant, de vues parisiennes totalement dénuées d'atmosphère et même de vraisemblance… C'est pourquoi les vrais films sur la Ville-Lumière sont devenus tellement rares qu'il nous faut, désormais, nous contenter de temps à autre d'une image évocatrice par-ci, par-là, véritable bouffée d'air frais qui vient nous frapper au visage et qui fait que notre cœur bat plus vite : un aperçu d'un terrain vague du Pré-Saint-Gervais, baigné de mystère et d'inquiétude dans *Cœur de Lilas* ; un paysage de neige sous un ciel noir et bas, avec sa perspective d'arbres mutilés (*Dans les rues*), et c'est tout…

Pourtant que de choses restent à dire sur Paris.

Certes, on a abusé de certaines vues sur Paris. Mais d'un Paris-cartes postales, l'Opéra, la Concorde, la tour Eiffel, l'Arc de Triomphe : autant d'antennes en contact avec le reste du monde. Mais il y a le cœur, la vie multiple, prenante et sans cesse renouvelée, qui est celle de chaque quartier, de chaque maison, de chaque coin de rue…

Quels drames neufs, imprévus, vivants, pourraient éclore demain ayant le Belleville des petites gens pour visage ou le calme et provincial Passy pour âme !

Qui chantera le vrai mirage, l'attraction, la puissance de Paris, sans cliché et sans fard, et quand donc un cinéaste nous rendra la beauté majestueuse des quais de l'île Saint-Louis noyés d'une brume ténue ; le "climat" équivoque, inquiétant, des environs de l'École militaire, envahis un peu plus chaque jour par les constructions neuves ; de l'atmosphère poignante du quartier d'Italie, étalant sa pauvreté comme une lèpre ?

Qui donc décrira l'amusante et pittoresque croisière fluviale qu'est un voyage en bateau parisien, de Charenton à Suresnes, dans le matin doré des bords de Seine ; le quartier Saint-Sulpice, son parfum d'encens, son silence ouaté, sa vie au ralenti ; ou encore les jardins de Paris pleins de mille cris joyeux d'enfants, sans oublier le Bois de Boulogne – le plus grand de tous –, caricature de forêt, havre hospitalier où une vague humaine, en se retirant, laisse une multitude de papiers gras froissés ?…

Serait-ce impossible dans le pays qui vit naître Atget et dont les photographes se nomment Kertesz, Man Ray, Brassaï, Germaine Krull, etc. ; où des peintres comme Utrillo et Vlaminck ont su magnifiquement rendre l'atmosphère désolée, nue, de certains coins de banlieue, ou la morne grisaille d'une rue noire et sale sous un ciel de suie ?

Et qu'on ne vienne pas nous dire que la littérature ferait défaut. Sans parler de Mac Orlan ou de Jules Romains, nombre de romanciers actuels ne se sont pas fait faute de se pencher sur certains quartiers de Paris et d'en saisir l'âme cachée sous le visage familier de leurs rues : ainsi André Thérive avec *Sans Âme*, Bernard Nabonne avec *Grenelle* et *La Butte aux Cailles*, Robert Gairic avec *Belleville*, Eugène Dabit avec *Petit Louis*, *Les faubourgs de Paris* et surtout *Hôtel du Nord* où s'agite « dans un décor d'usines, de garages, de fines passerelles, de tombereaux qu'on décharge, tout le monde pittoresque et inquiétant des abords du canal Saint-Martin ».

Populisme, direz-vous. Et après ? Le mot pas plus que la chose ne nous effraie. Décrire la vie simple des petites gens, rendre l'atmosphère d'humanité laborieuse qui est la leur, cela ne vaut-il pas mieux que de reconstituer l'ambiance trouble et surchauffée des dancings, de la noblesse irréelle, des boîtes de nuit dont le cinéma a fait jusqu'alors si abondamment profit ?

Paris, ville à double visage.

Est-il un autre nom capable de susciter, mieux que celui-là, une multitude d'images à base de sentimentalité populaire ? »[1]

« Discours à l'Académie des Beaux-Arts, le 14 mai 1980.

Monsieur le Président, Messieurs,

Les paroles plus qu'élogieuses à mon endroit que vous venez d'entendre ajoutent encore, s'il était possible, à ma confusion et, pourquoi ne pas le dire, à mon émotion. C'est que je ne suis pas l'homme des longs discours. Le métier que j'exerce requiert un langage concis et clair et non de longues explications. S'il m'arrive parfois de le regretter, c'est pour me souvenir fort opportunément qu'un certain Empereur des Français avouait sa préférence pour le dessin sur la littérature… Hélas, je ne suis pas davantage dessinateur, et d'ailleurs ce n'est pas un court croquis que vous attendez de moi, mais un discours qui soit suffisamment long comme le veut la tradition, mais qui – tout de même – ne le soit pas trop… Il me faut tout d'abord m'excuser auprès de vous pour avoir préféré à la solennité d'une réception officielle un cadre plus intime et je veux croire plus cordial : celui de nos réunions de travail.

1. Marcel Carné, « Quand le cinéma descendra-t-il dans la rue ? », *Cinémagazine*, novembre 1933 (cité par www.marcel-carne.com).

Parisien de naissance, donc badaud par principe et par tradition, tout spectacle de quelque ordre que ce soit me trouve au premier rang de la foule extasiée. Par contre, j'avoue être mal à l'aise – et c'est peu dire – rien qu'à l'idée de participer audit spectacle, et à plus forte raison d'en être le point de mire… Je n'en veux pour preuve le fait que j'ai choisi, à l'origine, d'être derrière la caméra et non devant… Telle était – du moins, le croyais-je – la raison de l'attitude que j'ai cru devoir adopter lorsque l'un de vos collègues, particulièrement tenace et entreprenant, me fit le grand honneur de me pressentir afin de siéger parmi vous. Par la suite un article paru dans un quotidien, intitulé "Carné coquet", et qui relatait la chose, croyait pouvoir conclure par cette affirmation : "Le cinéaste estime que le vert n'avantage pas son tour de taille…" On le devine, cette révélation a jeté un grand trouble dans mon esprit. Des deux raisons, laquelle est la bonne ? Là est la question, comme je crois l'avoir entendu quelque part… Soyons sérieux : on me dit que ma décision risque de choquer certains. Si cela était, vous m'en verriez sincèrement navré. Et tout aussi sincèrement, je vous demanderais de vouloir bien m'en excuser. Je le déplorerais d'autant plus qu'en m'accueillant parmi vous, je ne me dissimule pas que vous avez fait preuve d'un libéralisme qui vous fait honneur. En effet, vous n'avez pas craint de faire appel à un homme qui n'est pas un grand clerc et qui, comme on dit, n'a pas fait ses universités. "Perdu dans la foule obscure", tout comme le héros du *Barbier de Séville*, ce qu'il sait il le doit au quotidien de la vie. Et également – dès son plus jeune âge – à sa fureur de lire. Tout d'abord, le meilleur et le pire. Le bon choix n'est venu qu'ensuite. Pour qualifier un tel homme, la langue française a choisi un mot barbare. Un de ses plus malsonnants. Un mot qui écorche les lèvres de celui qui le prononce et irrite les oreilles de qui l'entend : le mot "autodidacte". Fils d'un modeste ébéniste, j'avoue que je suis un de ceux-là.

Toutefois, je ne me dissimule aucunement que je ne suis pas le premier dans ce cas à qui l'Institut de France ait fait appel. L'Académie française accueillant en son sein Jean Guehenno n'ignorait certainement pas qu'il était fils de sabotier. J'ai dans mes relations un ami, enfant naturel de modeste condition, qui dans sa jeunesse caressait un rêve singulier : il voulait être acteur à la Comédie-Française… À l'époque où tout jeune – garçon et fille – que la nature n'avait pas trop désavantagé parlait de devenir "vedette de cinéma", on relèvera pour le moins son désintéressement. Il suivait avec assiduité le cours de Maurice Escande, et celui-ci m'avait dit l'estimer fort pour son acharnement au travail, même si, récitant *Mithridate*, il se prenait quelque peu les pieds dans les vers de Racine. Il est vrai que ce ne sont pas les meilleurs que celui-ci ait écrits. Cependant sa présence au cours scandalisait un autre professeur, une respectable sociétaire de cette même Comédie-Française qui avait, entre autres, la particularité, au milieu du XXe siècle, de s'habiller à la façon du XIXe. On voit par là combien elle vivait avec son temps… Bref, cette respectable personne ne pouvait supporter la présence au cours de mon ami. – Un enfant du peuple dans la Maison de Molière ! s'indignait-elle jusqu'à la suffocation… Si elle l'ignorait, on aurait pu lui apprendre que l'auteur du *Misanthrope* était lui-même fils de tapissier, et que le fait que ce soit celui du roi ne changeait rien à l'affaire. Dut-elle se retourner dans sa tombe, grâce à vous, Messieurs, un autre enfant du peuple est accueilli aujourd'hui à l'Institut de France… On le voit, Michelet avait raison qui prétendait que l'Histoire est un perpétuel recommencement…

Certes, je n'aurai garde d'oublier qu'en m'appelant à siéger parmi vous et à participer à vos travaux, c'est le cinéma français tout entier que vous avez voulu honorer en ma personne. Cependant je ne peux qu'être sensible au fait que vous m'ayez personnellement choisi pour le représenter. Mais peut-être ignoriez-vous que, tout jeune, à l'âge où l'irrévérence tient lieu de ligne de conduite, j'ai commis un crime de lèse-majesté dont je ne peux que rougir, précisément à l'heure présente…

Alors critique dans un journal de la profession, je réalisais à l'occasion des courts films de publicité à l'image de ceux que l'on voit aujourd'hui à profusion dans les salles. Le producteur en était Charles Peignot, éditeur d'une merveilleuse revue : *Arts et Métiers graphiques*, dont quelques-uns d'entre vous ont peut-être conservé le souvenir. Jean Aurenche, devenu par la suite un des tout premiers scénaristes du cinéma français – on lui doit, entre autres, l'adaptation cinématographique du *Diable au corps* – en écrivait les thèmes. C'est ainsi qu'un marchand de meubles fort connu commanda à Charles Peignot un film appelé à faire valoir sa marque. Aussi impertinent que moi-même à l'époque, Aurenche visa haut. J'ose à peine le dire, le film s'appelait : *Une Élection à l'Académie* !… On y voyait un Académicien, de belle prestance dans son habit de bonne coupe – nous n'osâmes tout de même pas nous attaquer à cela ! – sortir en courant de l'Institut, poursuivi par un huissier qui s'égosillait à lui crier : – Maître, Maître… Revenez, on vous attend ! À la fin, essoufflé, l'Académicien s'arrêtait, se tournait vers l'huissier et, avec une indignation de grand seigneur, s'exclamait : – On m'avait promis un fauteuil à l'Académie, mais je croyais que c'était un fauteuil Lévitan !… Eh ! oui, voilà, messieurs, l'homme que vous avez appelé à siéger parmi vous ! Cependant, laissez-moi vous rassurer : la morale eut le dernier mot. La Société Pathé qui devait projeter le film le jugea, avec raison, irrévérencieux et le refusa. Ne vous inquiétez pas davantage pour le présent : avant d'occuper le fauteuil que votre bienveillance m'a généreusement octroyé, je ne me suis nullement préoccupé de connaître la marque de son fabricant…

Mais si l'impertinence a disparu en même temps que les jeunes années, elle n'en a pas moins existé. Et ce rappel d'un passé, même défunt, me fait craindre que vous n'en mesuriez que mieux le fossé impressionnant qui me sépare de mon illustre prédécesseur, le comte Arnauld Doria. […]

On le voit, j'avais raison de dire que tout me sépare de mon illustre prédécesseur. Et ce n'est pas la moindre ironie du sort si, comme je le crois, j'ai le cœur plutôt à gauche et suis ennemi de la violence quelle qu'elle soit, j'occupe aujourd'hui le fauteuil d'un représentant de la noblesse, de surcroît foudre de guerre, avant de se consacrer – ô paradoxe – à la peinture aimable de l'Aristocratie et de la Grande Bourgeoisie du XVIIIe siècle… Ainsi donc, grâce à vous, Messieurs, le cinéma, et plus particulièrement le cinéma français, fait aujourd'hui son entrée en ce haut lieu en ma modeste personne. Ce cinéma français qui, quoique dernier né de tous les autres Arts va, en un peu moins d'un siècle, apporter au monde dans ses manifestations les plus valables un certain visage de notre culture, de notre passé et de notre esprit au même titre que ses devanciers. Il y a pourtant entre ceux-ci et le petit dernier, encore vacillant parfois sur ses jambes mal assurées, une différence capitale…

Contrairement à ses illustres prédécesseurs, l'Art cinématographique n'a jamais réussi à se débarrasser du joug que l'argent a toujours fait peser sur lui. Et il est à redouter que, s'il y parvenait un jour – ce dont je doute – ce soit à la faveur d'un bouleversement social engendrant un cinéma d'État – remède à mes yeux pire que le mal… Pour œuvrer valablement, l'auteur d'un film est contraint de faire appel à des moyens financiers toujours importants, souvent considérables. L'insupportable est que ceux qui lui fournissent lesdits moyens entendent intervenir dans le travail d'exécution ; aussi bien dans l'élaboration de l'œuvre que dans sa réalisation et sa finition. Combien de fois au cours de telles discussions, m'est-il arrivé d'envier la liberté de création d'un romancier devant sa page blanche, ou celle du peintre face à sa toile encore vierge !… Certes, et je ne le nie pas, la commande existe également dans le domaine de la peinture et de la musique, et davantage encore dans celui de l'architecture, laquelle, ainsi que le cinéma, exige des moyens matériels importants. Cependant je doute que, la commande passée, le financier exerce un contrôle permanent et intervienne à tout instant au cours de l'exécution de l'œuvre. Au cinéma, si.

Mais procédons par ordre et voyons tout d'abord de quelle manière est choisi un sujet de film. Comme on le sait, les sources d'inspiration sont diverses : scénario conçu spécialement pour l'écran, roman ou pièce de théâtre, fait-divers pris dans la réalité ou lu dans un journal. Voire œuvre chorégraphique, comme ce fut le cas pour mon film *Les Portes de la nuit*, inspiré d'un ballet de Prévert et Kosma : *Le Rendez-vous*. Par contre ce que l'on sait moins, c'est que le choix du sujet peut être le fait non seulement du réalisateur, mais également celui du producteur lui-même. On le devine, une recherche de la qualité guide le premier, alors que ce qui importe au second c'est le profit et lui seul. Cependant oublions le cas où le sujet est imposé au réalisateur qui, l'ayant accepté, devient par la force des choses une sorte de tâcheron – exécutant ce que lui dit le producteur et se souciant peu de faire œuvre personnelle – pour examiner l'éventualité où le sujet proposé par le réalisateur l'emporte. On pourrait croire que celui-ci, ayant fait admettre son choix, va être libre d'œuvrer suivant son inspiration… Ce serait mal connaître la disposition d'esprit du producteur qui exigera un certain nombre de modifications. Les unes ayant pour cause des goûts qui lui sont personnels ; les autres, les plus nombreuses, portant sur le coût du film.

J'ai parlé des moyens matériels souvent considérables, qu'on en juge : Une œuvre des plus modestes exige de nos jours un apport financier d'environ deux à trois millions de nos francs actuels. Et c'est par dizaines de millions qu'il faudra compter pour réaliser une œuvre d'envergure. Pour ne citer qu'un exemple – je m'excuse qu'il me soit personnel – s'il me fallait réaliser aujourd'hui *Les Enfants du Paradis*, c'est quatre milliards d'anciens francs qu'il faudrait envisager pour sa réalisation, et sans doute davantage… Or, en dehors de la puissante Société Gaumont, aucune maison française de production ne dispose de moyens financiers aussi importants. C'est alors que va intervenir un second personnage, peut-être encore plus redoutable que le premier en ce sens que, lui, entend ne prendre aucun risque – je dis bien aucun – sur ce qu'il appelle "l'opération". C'est le distributeur qui, comme son nom l'indique, a pour objet de distribuer le film dans le circuit de salles qu'il possède ou sur lesquelles il s'est assuré un contrôle absolu. Si le genre du film l'intéresse, il va apporter au producteur l'argent dont celui-ci a besoin pour compléter son financement sous forme de traites, facilement escomptables compte tenu du capital que représentent les salles qu'il possède. Se plaçant sur le seul plan commercial, ou qu'il croit tel, il entend imposer ses vues aussi bien dans l'élaboration du scénario que dans le choix des artistes. C'est ainsi que, neuf fois sur dix, il refusera dédaigneusement un film sans vedette... Une seule alternative s'offre alors au réalisateur : se soumettre ou se démettre. Refuser d'accéder aux désirs du personnage – et le mot "désirs" on le comprend est un euphorisme fleuri – c'est se priver de son concours indispensable. Il n'existe en effet sur le marché du film que trois distributeurs d'importance. Or, ceux-ci ont partie liée et exercent un véritable monopole de fait. Autant dire que c'est renoncer par là même au film envisagé. Certains, de plus en plus rares, il faut bien l'avouer, s'insurgent, tentent de sauver ce qui peut l'être ; d'autres s'inclinent, parfois la rage au cœur, ne serait-ce que pour la raison très simple qu'un contrat les lie au producteur, qu'ils ne peuvent légalement se soustraire aux accords passés et reculent à l'idée d'un procès à l'issue douteuse... Cependant acceptons là encore que l'accord se fasse entre le cinéaste, le producteur et le distributeur, tant en ce qui concerne le sujet que le choix des principaux acteurs. La préparation technique du filin peut alors commencer.

La période qui suit va montrer toute la complexité du métier de réalisateur ; ainsi que l'étendue des connaissances qui doivent être les siennes. Même s'il en est l'inspirateur, un film n'est pas seulement l'œuvre d'un homme. Aux côtés d'acteurs plus ou moins nombreux, il lui faut s'entourer d'une équipe de techniciens et d'ouvriers qualifiés. Il se trouve à cet instant précis dans la situation d'un chef d'orchestre qui serait appelé à choisir, un à un, les exécutants de la formation qu'il est appelé à diriger. Suivant l'importance du film entrepris leur nombre variera de trente à quarante, pour dépasser largement la centaine s'il s'agit d'un film à grand spectacle, par exemple. Aucune erreur, sans conséquences graves, ne lui est permise, y compris dans des choix qu'on pourrait croire subalternes. Si je ne craignais d'abuser, il me serait facile de démontrer qu'une erreur dans la désignation d'un obscur accessoiriste peut avoir des conséquences redoutables. J'en ai été personnellement l'auteur et la victime. Or, le croirait-on, c'est ce moment, périlleux entre tous, que choisit le producteur pour intervenir plus particulièrement et tenter d'imposer ses choix personnels. Sous les prétextes les plus divers, il discute un à un les noms qui lui sont soumis, qualités professionnelles discutables, exigences financières exagérées, voire affiliation syndicale...

Enfin, au terme de discussions parfois orageuses, voilà le réalisateur, tous obstacles franchis, à la veille du tournage. Le travail qui l'attend devenant plus personnel, va-t-il pour autant être libre d'œuvrer au gré de son inspiration ? Ce serait mal connaître l'état d'esprit du producteur qui l'a engagé. Le fait est à peine pensable. Il a misé, on l'a vu, des sommes considérables sur le talent, l'intelligence et le savoir-faire d'un homme qu'il a choisi dans un but précis. Or, paradoxalement, cet homme ne lui inspire qu'une confiance toute relative… Le propriétaire d'une écurie de courses qui ferait courir un cheval et demanderait à son jockey de retenir l'animal par la bride durant la course serait traité de fou. C'est l'asile qui le guetterait… Et pourtant au cinéma, c'est quelque chose de comparable qui se produit… De crainte que ses occupations extérieures ne relâchent la surveillance constante qu'il entend exercer sur la marche du travail, le producteur a engagé un homme à lui, chargé à tout moment de défendre ses soi-disant intérêts. Non seulement celui-ci doit s'opposer avec la plus vive énergie aux "caprices", ou prétendus tels, du réalisateur, mais encore il doit veiller à la stricte application du plan de travail imposé. Prend-on une heure de retard, résultant d'un incident fortuit ou d'une difficulté imprévue dans la prise de vues, le directeur de production n'aura de cesse que celle-ci soit récupérée dans les jours qui suivent. Il n'est pas exagéré de dire qu'à l'exemple des courses cyclistes, la réalisation d'un film est la plupart du temps "une course contre la montre". Parfois même, le directeur de production n'hésite pas à intervenir brutalement dans le travail de création. Citerai-je un exemple ? La brume artificielle de mon film *Le Quai des brumes* était obtenue grâce à une machine qui produisait une fumée se diluant uniformément dans le décor. Or, chaque prise de vue voyait le directeur de production bondir du fauteuil qu'il occupait en permanence sur le plateau. À l'entendre, la fumée était trop abondante : elle cachait le décor qui coûtait si cher au producteur ! C'était, chaque fois, des discussions sans fin et une perte de temps qu'il fallait naturellement rattraper les jours suivants…

Cependant, tant que durent les prises de vues, le réalisateur demeure dans une certaine mesure libre d'œuvrer comme il l'entend. Soit en opposant une certaine force d'inertie, soit en rusant – profitant en cela de la supériorité que lui confère la connaissance de son métier – soit, enfin, en acceptant le combat au grand jour… Il en va malheureusement tout autrement quand la pellicule impressionnée repose dans une cinquantaine de boîtes métalliques sur les rayons d'une salle de montage. C'est alors que le film va prendre vie avec l'assemblage des scènes tournées, non dans un ordre chronologique, mais au contraire dans un désordre ayant pour cause certaines nécessités de la prise de vue. Par exemple, l'obligation de réaliser à la suite les unes des autres, sans interruption, toutes les scènes se déroulant dans un même décor. Ce qui n'est encore qu'un puzzle désordonné va connaître rythme, équilibre et mesure. Mais c'est aussi l'instant où le réalisateur risque d'être dépossédé de son œuvre, et où le profane peut le plus facilement intervenir et dicter ses ordres. Un exemple, à nouveau pris dans *Le Quai des brumes*, me fera plus facilement comprendre. Si on a vu le film, peut-être se souvient-on de la scène où Jean Gabin, saisi d'une véritable folie meurtrière, frappe à coups redoublés Michel Simon à l'aide d'une brique ramassée à terre. Or, le producteur – présent en permanence au montage – exigeait qu'un seul coup de brique fût asséné à ce dernier !... J'objectai le comique de la scène, invoquant les comédies burlesques d'avant-guerre et les premiers films de Charlie Chaplin. – Mettons-en deux..., voulut bien m'accorder dans un premier temps le producteur. On le devine, je ne restai pas sur cette victoire qui, pour moi, n'en était pas une... Durant les jours qui suivirent, je n'eus de cesse de harceler mon opposant, tant et si bien que, de guerre lasse, j'obtins, je crois, que huit ou neuf coups de brique fussent assénés au pauvre Michel Simon, mais surtout que la scène acquière ainsi la violence que j'entendais lui donner... Or un tel incident, dont le grotesque n'échappera à personne, est loin d'être exceptionnel...

Le fait de parler de coupures m'amène tout naturellement à évoquer la censure officielle, laquelle ne fait que coiffer une multitude d'autres, dont la censure municipale – le maire de chaque commune possédant le droit d'interdire à tout moment un film, sous le fallacieux prétexte d'une cause possible de troubles sur l'étendue du territoire qu'il administre. C'est ainsi que mon film *Les Tricheurs*, autorisé par la censure officielle pour tous les publics, fut interdit dans certaines villes de province, dont Nice, aux moins de dix-huit ans. Désireux de voir le film dont ils s'estimaient spoliés, ceux-ci se rendirent en masse à Cannes où le film était projeté librement... Le même incident devait se reproduire à Genève. Devant l'interdiction, cette fois totale du film, les Genevois affluèrent par cars spéciaux à Lausanne où la projection ne subissait aucune contrainte.

Dussé-je abuser de votre patience, il me faut parler également d'une autre commission – encore une – dite de "pré-censure". Comme son nom le laisse supposer, elle s'exerce sur la lecture du scénario ou de son résumé. Et puisque j'ai cité *Le Quai des brumes* à deux reprises, achevons avec lui. Lorsque l'adaptation pour l'écran du roman de Pierre Mac-Orlan lui fut soumise, le représentant du Ministère de la Guerre n'émit un avis favorable qu'à la condition formelle – je cite sa lettre – "que le mot *déserteur* ne soit jamais prononcé, que le soldat n'ait pas l'air d'un mauvais garçon et que, lorsqu'il se débarrasse de ses effets militaires il ne les jette pas dans un coin mais les plie soigneusement et les pose sur une chaise...". Inutile de dire que – vêtements soigneusement pliés ou pas – cela ne trompa personne...

Le croirait-on, l'argent qui se montre par ailleurs arrogant jusqu'au despotisme, n'est parfois qu'une fiction soigneusement entretenue... Un exemple encore. Je réalisais un film pour lequel, comme aurait dit mon illustre prédécesseur, "l'intendance ne suivait pas toujours...". La semaine de tournage touche à sa fin. Le directeur de production rappelle justement au producteur qui semble l'oublier, la nécessité de retirer à la banque l'argent pour la paie de l'équipe. Puis il ajoute : – "Nous sommes vendredi, le lendemain la banque étant fermée, il serait difficile d'obtenir l'argent nécessaire..." C'est alors qu'il s'attire cette réponse qui en dit long : – Si vous croyez que c'est plus facile quand la banque est ouverte !... Cela explique le nombre énorme des films dont la réalisation est brusquement interrompue sans espoir réel de reprise ultérieure. D'autres, plus nombreux encore, ne dépassant pas le stade de l'écriture du scénario.

J'ai connu pour ma part un nombre important de projets avortés. Le malheur voulait que ce soit chaque fois une entreprise ambitieuse : un *Candide*, où Louis Jouvet aurait été Pangloss et Gérard Philipe Candide ; une *Vie de Vautrin*, adaptée des quatre romans de Balzac où il y est présent ; un film sur *Diagilev et les Ballets Russes* ; un autre sur le mouvement surréaliste, d'après *Les Pieds dans le Plat*, de René Crevel ; beaucoup d'autres encore... On m'excusera si j'ai l'immodestie de croire qu'ils eussent peut-être figuré parmi les œuvres les plus marquantes de ma carrière...

Pourquoi, me dira-t-on, plutôt que de nous entretenir du cinéma moyen d'expression universel, dernier-né de tous les Arts et qui fait appel à certains d'entre eux : littérature, peinture, musique – un film n'est-il pas construit comme une symphonie avec des mouvements comparables à celle-ci – pourquoi avoir choisi un ton qui relève davantage de la communication que d'un discours d'Installation ? Je ne pense pas commettre d'indiscrétion en avouant que la raison m'en a été fournie par un de nos collègues qui, ayant lu le livre de souvenirs que j'ai eu l'audace de commettre, m'a avoué avoir ignoré jusqu'à cet instant les difficultés de tous ordres auxquels se heurte l'auteur d'un film. L'accumulation de celles-ci avait été pour lui une révélation. D'où la pensée qu'il n'était peut-être pas négligeable de m'élever contre la main-mise de l'argent sur la Création cinématographique, en ce lieu où d'ordinaire souffle l'Esprit. Ayant écrit une longue dissertation sur l'Art cinématographique, André Malraux concluait par ces mots: "Par ailleurs, le cinéma est une industrie..." On ne saurait résumer en moins de mots le combat qui fut toujours celui de la Création cinématographique contre l'Argent-Roi... Je m'en voudrais cependant de généraliser. Il existe heureusement des exceptions. Le Président Paul-Louis Weiller vous a dit sa participation financière à mon film *Drôle de Drame*. Je tiens à dire qu'il se montra si effacé, si discret, totalement invisible même durant sa réalisation, que je devais ignorer jusqu'à ces dernières années la part primordiale qu'il avait prise dans ce film, dangereusement audacieux pour l'époque mais encore projeté de nos jours, quarante ans après sa réalisation. Je suis heureux que l'occasion me soit offerte aujourd'hui de rendre publiquement hommage à son désintéressement, ainsi qu'à son audace qui, à ce moment-là, frisait la témérité. Mais force m'est d'avouer qu'il s'agit d'un cas unique dans toute ma carrière.

J'ai réalisé vingt-trois films. Combien de fois ai-je bénéficié, je ne dirai pas d'une liberté totale, mais relative ? Je n'oserais le dire avec certitude... Les réalisateurs américains eux-mêmes – et cela malgré les débouchés mondiaux qui s'offrent aux films en langue anglaise – ne sont pas exempts de la tyrannie de l'argent. S'ils n'ont pas connu un grand succès, les compagnies américaines les considèrent comme de simples employés qu'on peut renvoyer et remplacer sur l'heure, pour peu qu'ils ne se plient pas aux ordres qui leur sont donnés. C'est pourquoi les plus célèbres d'entre eux sont devenus leurs propres producteurs. Certains en France ont essayé de secouer le joug d'une manière identique. Mais la plupart des marchés étrangers étant fermés aujourd'hui aux films français pour des raisons qu'il ne m'appartient pas de dire ici, l'entreprise s'avère malaisée. D'autre part, et je ne l'apprendrai à personne, un artiste de chez nous est peu enclin à mêler la chose financière à son travail. Et s'il n'en a pas le goût, il en a encore moins le sens... D'où l'exception de telles expériences, au surplus rarement couronnées de succès.

De ce qui précède, je ne voudrais pas que l'on déduise que je suis amer ou aigri ou que je conserve une quelconque rancune envers qui que ce soit. Si je me remémore certaines luttes passées, c'est parfois pour en sourire. Le fait de trouver que la brume estompe la visibilité d'un décor dans un film qui se nomme précisément *Le Quai des brumes*, ne peut avec le recul du temps que prêter à l'hilarité et non au ressentiment. Victor Hugo a écrit quelque part "Lutter, c'est vivre". À l'en croire, j'ai donc bien vécu.

Lorsque j'ai choisi ce métier – le plus beau du monde – … enfin disons un des plus beaux – pour avoir vu à l'œuvre mon maître Jacques Feyder, l'auteur de *La Kermesse héroïque*, je ne me dissimulais pas qu'il me faudrait affronter quelques tempêtes… Avec la légèreté de la jeunesse, je m'en consolais en me moquant : mon ascendance bretonne ne m'y préparait-elle pas ? Toutefois, ma vision se limitait aux combats à mener. La partie immergée de l'iceberg m'échappait. Mais comment aurais-je pu, admiratif du nouveau moyen d'expression qui s'offrait au monde, imaginer qu'un film était une simple marchandise, un produit manufacturé au même titre que tel autre et dont son auteur se voyait dépouillé, son œuvre achevée, au bénéfice exclusif de ceux qui en faisaient commerce ?…

Aujourd'hui encore, nous en sommes là. Le réalisateur d'un film ne possède aucun droit sur l'œuvre qu'il a créée. Pas même un droit de regard sur sa diffusion d'où résulte souvent une grande partie de son succès ou de son échec. Pas davantage le droit de s'opposer, sinon en engageant un procès, aux coupures et autres mutilations auxquelles peuvent se livrer des distributeurs locaux ou des directeurs de salles au cours de l'exploitation du film. Il existe toutefois une possibilité à un auteur de devenir possesseur de son œuvre : attendre que le producteur décède ou fasse faillite pour tenter de racheter le négatif à la faveur d'une éventuelle vente aux enchères. C'est ainsi que le cas s'est produit pour mon film *Trois Chambres à Manhattan*. Toutefois, on en conviendra, c'est là une éventualité qui demande une certaine dose de patience pour qui y songe… On m'objectera la limitation des droits de cession. Mais les producteurs ont prévu le cas. C'est pourquoi ils exigent que ceux-ci leur soient consentis pour une durée de trente années. Les producteurs d'Outre-Atlantique se montrent encore plus voraces : ils refusent tout accord qui ne porterait pas sur 99 ans !… J'en aurai fini, lorsque j'aurai dit que le dépôt légal, comme cela est pratique courante pour tout ce qui est de l'écriture, n'existe pour le film que depuis quatre ans. Chose infiniment plus grave, il n'a pas été prévu d'effet rétroactif dans le décret qui l'a institué !… Or la pellicule est un matériau fragile qui résiste mal aux atteintes du temps. Sans surveillance, la peinture d'un tableau s'écaille, ses couleurs se ternissent. De même le papier d'un livre jaunit et se détériore. Le support d'un film devient, lui, un bloc de pierre irrécupérable. L'exemple affligeant m'en a été fourni par mon film *La Marie du port*.

Si donc on ne porte pas promptement remède à ce qu'il faut bien appeler un total abandon, nos petits-enfants ignoreront toujours qu'il y eut une *Grande Illusion*, une *Passion de Jeanne d'Arc*, une *Kermesse Héroïque*, et combien d'autres qu'il serait trop long de citer ici… 1980 est, paraît-il, pour notre pays l'Année du Patrimoine. Je ne sache pas qu'on se soit beaucoup préoccupé de ce patrimoine-là… Telle est, hélas, la situation présente du cinéma français. Je ne crois pas avoir forcé le trait en parlant comme je l'ai fait de la main-mise de l'argent sur la Création et en notant l'indifférence des pouvoirs publics à l'endroit du film. Je ne voudrais cependant pas qu'on se méprenne. Si j'ai cru devoir parler ainsi, c'est davantage en pensant à ceux qui viennent plutôt qu'à ceux qui, comme moi, ont leur carrière derrière eux.

Personnellement, je crois l'avoir dit, je n'éprouve nul ressentiment à la pensée des combats livrés. J'estime au contraire, à travers les luttes menées, avoir bénéficié de hasards heureux qui décident d'une vie. J'en vois une première preuve dans ma rencontre fortuite avec Françoise Rosay, l'admirable artiste que l'on sait. D'un projet encore lointain et flou, la femme de Jacques Feyder allait faire de celui-ci une réalité soudaine en me présentant à son mari. Quatre films où je travaillerais aux côtés de ce dernier allaient suivre, dont l'admirable *Kermesse Héroïque*.

Ma rencontre avec Jacques Prévert ensuite. Au départ, un coup de dé. Tout comme moi, le futur auteur des dialogues des *Enfants du Paradis* est totalement inconnu de ce que l'on a coutume d'appeler le grand public. Toutefois, il a fait jouer une pièce, *La Bataille de Fontenoy* qui, suivant le mot d'ordre du moment, met le Surréalisme au service de la Révolution. Cette pièce je l'ai vue par le plus grand des hasards un dimanche de désœuvrement à la Maison des Syndicats d'obédience communiste. J'étais alors loin de me douter qu'elle allait tracer une partie du chemin de ma vie. Une réplique toutefois avait provoqué ma joie : – Soldats de Fontenoy, vous n'êtes pas tombés dans l'oreille d'un sourd !… Elle me poursuivra longtemps. Les années ont passé.

Je prépare mon premier film. Un sujet redoutable qui a été imposé au débutant que je suis. Il n'y est question que des prostituées et de mauvais garçons. Mais c'est cela ou rien. Je cherche un co-adaptateur qui accepte de se pencher sur la chose… Une idée démente me traverse l'esprit : faire appel à l'auteur délirant de *La Bataille de Fontenoy*. Je ne l'ai jamais rencontré, mais j'ai cru comprendre à travers sa pièce qu'il est plus près d'André Breton que de Francis Carco… Or, il s'agit de travailler à un sujet sur ce que l'on a coutume d'appeler "le milieu". Comme on le voit une gageure, s'il en est une… Et le miracle se produit. Dès le premier contact, Prévert et moi sympathisons. Il accepte d'adapter ledit sujet, non sans avoir au préalable ironisé comme on s'en doute…

Ce sera le début de dix années qui demeurent pour moi les plus belles et les plus enrichissantes de ma carrière tout entière. Issus tous deux du peuple, tous deux formés à l'école de la vie et portant par là-même un regard identique sur le Monde, aimant les mêmes auteurs et les mêmes artistes, ignorant les autres, nous ne pouvions que nous entendre. C'est ainsi qu'il n'y eut jamais d'éclats de voix entre nous. Des discussions, oui ; des disputes, jamais. Contrairement aux hommes d'argent, il avait compris – et c'est tout à son honneur de co-auteur – que contraindre un réalisateur à diriger une scène contre son gré ne peut engendrer qu'un résultat médiocre. Si je n'arrivais pas à lui faire partager mes vues, il me disait sans le moins du monde être vexé : “Je ne suis pas d'accord avec toi, mais c'est ton film.” Et il écrivait la scène telle que je la désirais, sachant que je n'en tirerais aucune vanité et que la fois suivante, si je trouvais qu'il avait raison, je m'inclinerais tout aussi naturellement.

De beaux esprits ont cherché à savoir quelle part revenait à chacun de nous dans ce travail pourtant indissociable du scénario. L'auteur d'un livre qui m'était consacré s'en moquait spirituellement : “Lorsqu'on utilise un ascenseur Roux-Combaluzier, écrivait-il, s'inquiète-t-on de savoir si Roux est responsable de la descente et Combaluzier de la montée ?”

On le devine, une collaboration où règne une si parfaite harmonie ne pouvait qu'indisposer certains qui ne ménagèrent pas leurs efforts afin de nous séparer. L'occasion, tant attendue, allait leur être fournie par notre film *Les Portes de la nuit*. Une critique déchaînée mena l'assaut principalement contre Prévert qui, sur ma demande, avait comme je l'ai dit adapté pour l'écran le ballet dont il était l'auteur avec Kosma, *Le Rendez-vous*. Dans sa soif de destruction – il convenait d'en finir une fois pour toutes avec ces deux-là ! – l'unanimité de la critique alla jusqu'à ignorer la chanson du film qui, quelques années plus tard, devait faire le tour du monde et être classée en février dernier : meilleure chanson de film de ces cinquante dernières années. Je veux parler des *Feuilles Mortes*. Écœuré, meurtri plus encore, Prévert devait abandonner le cinéma durant près d'une décade. Cependant, contrairement à lui, je m'accrochai...

C'est alors que ceux qui avaient tout fait pour nous séparer, allant même jusqu'à écrire que Prévert me portait préjudice – mais oui ! – entreprirent de verser des pleurs sur notre séparation... On commença à parler de “Carné sans Prévert” pour, évidemment, le déplorer... Et lorsque, quelques années plus tard, l'auteur de *Paroles* revint au cinéma, on écrivit, tel *Le Canard Enchaîné* : “Les dialogues sont signés d'un certain Prévert, mais ça ne doit pas être le même...”.

Ne serait-ce que pour ces années de collaboration avec l'auteur de *Paroles*, j'estime avoir été gâté par le sort. Si celles qui ont suivi furent moins stimulantes, elles comportèrent cependant des motifs de satisfaction comme on en rencontre peu... Aussi – l'avouerai-je – lorsqu'il m'arrive parfois de regarder en arrière, c'est une sorte de vertige qui me prend à la vision du chemin parcouru. Dût-on me taxer d'immodestie, je ne peux nier avoir été gâté par le succès. Et, sans les avoir jamais recherchés, par les honneurs également. Et le fait de ma présence parmi vous, même si je la dois à votre générosité, en est un exemple et non des moindres.

Cependant je ne me reconnais qu'un seul mérite : c'est – alors au creux de la vague – de n'avoir jamais désespéré ni même éprouvé un quelconque sentiment de lassitude. Mais, à y bien réfléchir, est-ce là vraiment un mérite personnel ? N'est-ce pas plutôt une force que la nature m'a donnée et dont j'aurais tort de me prévaloir ? En ce cas, je ne la remercierai jamais assez, car je vois dans ce désir opiniâtre de vaincre, qui fut toujours le mien, une des raisons – et non la moindre – de ma carrière.

Un dernier aveu dans ce discours qui, décidément, en comporte beaucoup. Un singulier hasard a voulu que l'anagramme de mon nom en forme un autre... Je vous laisse deviner lequel... Écran !...

Peut-être – avec la superstition commune à tous les gens du spectacle – ai-je vu parfois dans ce hasard un encouragement à poursuivre... Quoi qu'il en soit, on comprendra qu'il ne me déplaît pas que ce soit là le mot de la fin. »[1]

Portraits et entretiens

« Le môme Carné par Jean Gabin.

Faire un papier sur Carné, moi j'demande pas mieux, encore que ça soit pas tout à fait mon boulot. Enfin, j'vais vous écrire ça comme je le pense.

D'abord, ça me fait plaisir de parler de Carné. J'ai pas encore fini son dernier film, *Le Jour se lève*, que je pense bien en faire d'autres avec lui. Mais, dame ! s'il est pas content de ce que je vais dire de lui, il va râler et il me recoincera au tournant ; oh ! gentiment, j'en suis sûr.

1. *Discours de Marcel Carné à l'Académie des Beaux-Arts, le 14 mai 1980* (cité par www.marcel-carne.com).

Carné, je lui ai déjà dit vingt fois, a raté une belle carrière de jockey de handicap pour réussir celle de metteur en scène. Ça l'agace quand je lui dis ça ; ça n'est pas qu'il soit particulièrement susceptible, mais il trouve que j'ai tort de l'appeler devant tout le monde "petite tête de metteur en scène" ou de parler de lui en disant "le môme Carné". Il dit "que je galvaude son autorité". Pourtant, qu'est-ce que ça prouve ? Qu'il a réussi jeune... c'est déjà pas si mal.

Je crois que je le comprends, moi, Carné, et ça n'est pas donné à tout le monde, parce qu'on n'en voit pas des tas qui se donnent autant que lui à leur boulot. Alors, y a plus que ça qui compte et, pour faire ce qu'il a envie de faire, je ne sais pas comment dire, il ferait n'importe quoi. Il a raison ; on fait un truc ou on ne le fait pas.

Évidemment, ça ne le met pas toujours de bonne humeur, mais on a bien exagéré. À en croire certains bruits, quand Carné tournait ses premiers films, le studio, c'était une désolation. On pouvait pas entrer dans un bureau sans trouver un directeur de production en train de pleurer sous une table, et Carné criait si fort que ça faisait écailler les décors et qu'il fallait garder des plâtriers en permanence sur le plateau.

Moi, j'ai jamais vu ça. Carné rogne quelquefois, mais je ne l'ai jamais entendu éclater bruyamment en public ou accabler les fautifs avec hargne, comme font tant d'autres. Non. Il se cache pour être furieux. Il se promène nerveusement entre les décors et le mur du studio et il remâche sa rancune avec la chique imaginaire dont il gonfle sa joue droite, la mine orageuse. Et, si je me hasarde à lui demander ce qui ne va pas, il me confie avec expansion ses inquiétudes mortelles sur la catastrophe qui menace le prochain plan.

– Crois-tu, dit-il, crois-tu ce qu'ils m'ont fait !

– Qu'est-ce qu'ils t'ont fait ?

Je lui demande et je m'attends au pire. Ça n'est généralement pas si grave que ça et les angoisses de Carné ne sont qu'une preuve de plus de la conscience formidable qu'il apporte à la moindre des choses qu'il fait. Mais, ce qu'il faut entendre, c'est ce "ils". "Ils", ce sont les ennemis obscurs, les puissances néfastes et ténébreuses qui, pour des raisons inexplicables et qui ne regardent qu'elles, s'opposent à la perfection en tout vers laquelle tend le môme Carné.

C'est incroyable ce dont "ils" sont capables – ou, plutôt, incapables.

Quand Carné y pense, il tortille et malmène les boutons de son gilet ou de son veston avec tant de fureur inconsciente qu'il finit par les arracher et qu'il les répand autour de lui en grêle légère. Et, là encore, il faut une habilleuse en permanence avec du fil et une aiguille.

Mais bientôt le mal est réparé et Carné revient dans le décor tout souriant et tout heureux de faire sa mise en scène. Il se précipite vers l'appareil.

– J'peux voir, moi? J'peux voir, moi? demande-t-il toujours deux fois avant chaque plan.

Et il voit vite et bien.

Qu'est-ce que vous voulez, on s'entend bien tous les deux, on pense la même chose sur beaucoup de questions, on a envie d'expliquer aux gens ce qu'on pense, et c'est peut-être pour ça que nous travaillons si bien ensemble. Ça fait longtemps que je tourne, et j'ai vu bien des metteurs en scène. J'ai toujours fait de mon mieux, et, je peux bien le dire, travailler avec Carné, ça me fait plaisir d'une autre façon, parce que je me sens dans une ambiance véritable de camaraderie et de franchise.

Moi, je l'aime bien, le môme…

Je me demande si tout ça fait bien un article. En tout cas, c'est ce que je voulais dire.

Jean Gabin. »[1]

« Préface de Didier Decoin à l'édition des *Enfants du Paradis.*

Dans un instant, vous allez lire-voir un film. L'un des plus beaux qui soient. Et puis aussi, l'un des plus clairs. Peut-on préfacer la clarté ? A-t-on ce droit ? Oh, je crois qu'il ne faut surtout rien dire de la clarté. Lui ajouter quoi que ce soit, c'est aussitôt l'obscurcir. C'est humilier d'une reprise au coton à broder ce nuage arachnéen d'un voile nuptial. Vous savez, le soleil vivrait aussi bien sans tous ces brouillards que sont nos mots en trop. Alors, je me tairai sur ces Enfants. Je me tairai sur leur Paradis. Je vous parlerai, de préférence, de celui-là qui les a créés. Enfantés. Mis au monde noir et blanc, souligné de gris, des théâtres cinématographiques. Carné.

Sans Carné, *Les Enfants du Paradis* déraperaient encore dans leurs Limbes. Carné, je le connais. Il est le Funambule. Il évolue non pas sur un fil, mais sur un film. L'équilibre qu'il recherche (et qu'il trouve : *Les Enfants du Paradis* en sont l'illustration) est un équilibre de la délicatesse, du paradoxe et de l'impossible. Regardez-le, ce metteur en scène des mille et une merveilles : il franchit le vide, menacé sur sa droite par l'hydre Imaginaire, guetté sur sa gauche par la hyène Réalité. Entre le Possible et l'Impossible, le cœur de Marcel Carné balance.

1. *Pour Vous* n° 541, 29 mars 1939 (cité par www.marcel-carne.com).

Et depuis le commencement de la carrière cinématographique de Carné – depuis, en fait, *Nogent, Eldorado du dimanche* – les deux Bêtes attendent, la gueule ouverte, que Marcel-le-Funambule rate un pas, et chute d'un côté, ou de l'autre. D'ailleurs, cette chute a été annoncée, à chaque film, par les petits prophètes de la critique. Sonnez joyeusement, trompettes de l'Erreur Grandiloquente ! Et vous autres, tambours de la Noble Connerie, roulez !

Après *Hôtel du Nord*, *Les Tricheurs*, *Les Assassins de l'ordre*, on a dit : "Carné ? C'est le Delacroix de la lanterne magique, le peintre du vérisme sordide !" On a prétendu que le dénommé Carné Marcel ne savait se mouvoir que sur des pavés luisants de pluie... Avec, en prime et dans les lointains de la bande son, des cris de navires ou de trains ; avec, quelque part, un terrain vague (ou deux...) strié de barreaux derrière lesquels les songes seraient en retenue, lycéens punis d'un cinématographe en briques, en fer, en barbelés. Aux antipodes de la réflexion, on a affirmé, après *Juliette ou la Clef des songes*, *Drôle de Drame*, *La Merveilleuse Visite*, que Carné était (« On ne discute pas, M'sieurs Dames, on regarde et on se tait ! ») le chantre de l'onirisme, du somnambulisme, le cousin (moral) d'*Alice au pays des Merveilles*. Assez ! Il suffit !

Carné n'est pas une salade que l'on secoue dans un panier, qui jette ses lambeaux de feuilles moitié vers le ciel, moitié vers la terre. Carné, je vous dis que je le connais. Il est probablement le seul cinéaste à faire la part des yeux fermés. Voilà la vérité. Les yeux fermés, ça veut dire quoi ?

À tout instant, dans tous les films de Carné (je répète : dans tous ses films), il se produit une rupture. Vous pourrez, dans une page ou deux, constater qu'elle est plus flagrante dans *Les Enfants du Paradis* que partout ailleurs. Brusquement, le terrain (qui semblait solide) cède sous les pas. Les rails du travelling se dérobent sous les roues caoutchoutées de la caméra. C'est l'intrusion de l'Insolite. Ici, je m'arrête un instant et je souris. Car il y a quelque chose de sexuel dans ce principe carnésien de l'intrusion. Quelque chose (l'indicible, l'étrange, le merveilleux) pénètre quelque chose (le concret, le quotidien, le métropolitain qui pue). Carné, c'est un peu le Mime Deburau des *Enfants du Paradis*. Il valse avec la Pute ou le Tueur, avec l'Épouse ou le Superbe. Il condescend à entrer dans la danse des cités de tous les jours, mais ses entrechats, ses jetés-battus, ses pirouettes ne sont inscrits à aucun répertoire chorégraphique.

En filmant une java, Carné écoute pleurer les mille violons de Salzbourg. Vous ne le changerez pas : ce diable de petit bonhomme est *sol y sombra*. Une arène partagée en son milieu, exactement, d'ombre et de soleil.

Une bonne fois pour toutes, Bergman a choisi l'étouffement. Définitivement, Visconti s'est prononcé pour la chute. Pour l'éternité, Fellini est l'homme des dérisions. Carné, lui, ne s'est pas décidé.

Il aime d'un même amour le jour et la nuit. Le Paris des *Enfants du Paradis* et la Bretagne de *La Merveilleuse Visite*. Il sait (cependant, il se refuse à l'avouer !) qu'une âme est chevillée au corps. Que la lumière est la sœur de la pénombre. Il sait que, toutes les douze heures, l'humanité s'endort. Lorsque l'homme dort, lorsqu'il est étendu, immobile, livré à tout et à rien, plus corporel que jamais, nu, comme limoneux, alors... oui, alors, des images fulgurantes, démentielles, traversent cette immobilité, cette torpeur de chair : les Rêves !

Carné croit aux rêves. Dans sa caméra, il met des rêves, encore des rêves, toujours des rêves. Mais, malin comme un singe, il se rappelle que les rêves sont les racines de la réalité. Je ne sais pas si vous me comprenez. Évidemment, c'est difficile. Vertigineux. Complexe.

Le cinéma-selon-Carné ressemble à l'Évangile selon Saint-Mathieu – texte choisi par le marxiste Pasolini parce que toutes les interprétations restent acceptables. Le cinéma-selon-Carné n'est pas manichéen, d'aucune façon. Je vous dirai même que le cinéaste le plus éloigné de Carné est Ford. Je suis d'ailleurs convaincu que Carné n'aurait pas réussi aux États-Unis : je ne le vois pas adopter la colorimétrie à base des trois dominantes qui, des années durant, a symbolisé la règle de trois (et... d'or !) du cinéma hollywoodien. Ce qui n'empêche pas ses films de faire des carrières fabuleuses de l'autre côté de l'Atlantique !

Mais Carné n'est l'homme ni des trois ni des deux dimensions. Il est celui de la dimension unique, à laquelle s'ajoute une ombre. Carné, c'est cela : il filme une ombre sur un mur. De l'ombre, il déduit que le soleil existe. De l'ombre, il déduit (en même temps) qu'un homme existe.

Allons, nous approchons une certaine vérité ! La caméra, recule, recule, recule... Plan large (ces plans larges, vous allez les découvrir dans *Les Enfants du Paradis*). Alors, voici que l'image se décompose comme suit : À droite, l'ombre. Au milieu, l'homme. À gauche, le soleil. Drôle d'équation, n'est-ce-pas ? C'est elle qui résoudra, si vous acceptez de l'appliquer, le problème Marcel Carné.

Un mot encore. L'image est supposée parler. Il faut un dialoguiste. J'ai eu la chance merveilleuse d'être ce dialoguiste, à deux reprises. Et je puis affirmer ceci : le principe Ombre-Homme-Soleil se répète au niveau du texte. Un Personnage (quel qu'il soit) dit : "Oui". En même temps, il pense "Non". Et, dans son inconscient (Freud eût adoré le cinéma selon Carné), une voix secrète murmure : "Peut-être".

Je m'arrête, je me relis, je me projette les "rushes" de cette préface. Qu'ai-je voulu dire ? Ceci, en somme :... *Les Enfants du Paradis* (et tous les autres enfants de « Monsieur Carné » comme disent les machinistes, sur le plateau), c'est l'histoire du Soleil qui a rendez-vous avec la Lune. L'histoire du Crépuscule qui prend l'Aube par la main. C'est Il et Elle. C'est Socrate buvant la ciguë et, à l'instant de sa mort, rêvant qu'il redevient petit enfant. C'est le nouveau-né bleu, luisant, hurlant, jaillissant, qui entrevoit, en une fraction de seconde hallucinée et prophétique, qu'il deviendra Socrate.

Tout cela est si simple, au fond ! Carné, c'est vous. Ses films sont votre nuit. Maintenant, silence. On tourne la page. Ouvrez les yeux. *Les Enfants du Paradis* vont rêver pour vous... »[1].

« Marcel Carné et sa mère.

Le premier – et le dernier – souvenir que j'ai de ma mère remonte au jour de mon baptême. J'avais cinq ans.

Mon père, ébéniste de profession, franc-maçon et libre-penseur obstiné, s'opposait à ce qu'il considérait comme des mômeries. Il détestait la religion comme il méprisait l'aristocratie : il avait fait supprimer la particule de son nom pour ne plus s'appeler de Carné, mais Carné. Il avait fallu toute l'obstination de ma mère et de sa famille – paysanne d'origine bretonne, donc fort pieuse – pour obtenir que je sois enfin présenté à l'Église. Je me revois donc portant un plateau chargé de dragées et les distribuant à mes parrain et marraine. Je revois aussi les longs cheveux noirs, le visage allongé, le teint pâle de celle que j'appelais "maman".

Elle est morte d'une pneumonie très peu de temps après. J'étais trop jeune pour assister à l'enterrement. Mais j'ai une image très nette des jours suivants : mon père, me prenant par la main, m'avait emmené devant la tombe, au cimetière de Saint-Ouen.

1. *Les Enfants du Paradis*, Éditions Balland, 1974 (cité par www.marcel-carne.com).

Cependant, dans le malheur qui m'atteignait – et dont je ne pouvais mesurer alors l'étendue –, j'ai eu une très grande chance. Celle de trouver une seconde mère, une mère de substitution. Celle-ci n'était autre que la sœur de mon père. Elle a toujours refusé de se marier, et a sacrifié sa vie pour que j'aie un foyer et pour m'entourer de sa tendresse.

Cette tante, qui s'appelait Marguerite, est venue avec ma grand-mère s'installer dans l'appartement familial de la rue des Batignolles, à Paris. Elles faisaient tout pour me gâter.

Le jeudi, elles me donnaient de l'argent pour aller au cinéma, qu'elles-mêmes ne fréquentaient jamais. Au grand dam de mon père, furieux de m'avoir entendu crier au milieu de la nuit parce que j'avais fait un cauchemar, consécutif à la vision d'un film d'épouvante. "Tu n'iras plus jamais au cinéma !", avait-il proclamé. Ma tante m'a alors recommandé en cachette : "Fais attention aux films que tu vas voir ; qu'ils ne te donnent plus de frayeurs !".

Comme tous les gens simples et effacés, ma tante n'avait pas d'histoire : jamais un mot plus haut que l'autre, jamais une exigence égoïste. Avec le recul, je découvre combien j'ai été la seule passion de sa vie. Quand un de mes films était éreinté par la critique, ou sifflé par le public – ce fut le cas pour *Drôle de Drame*, au Colisée, où, soit dit en passant, le même public a hué l'*Atalante*, de Jean Vigo, et *La Règle du jeu*, de Jean Renoir –, ma douce tante en souffrait plus que moi.

Une des plus grandes joies de sa vie fut de pénétrer sur un plateau de studio. Je l'y avais conduite afin d'assister au tournage des *Enfants du paradis*. Elle était en extase : c'était elle, ce jour-là, qui entrait au paradis...

Bien que nous ayons vécu dans une constante intimité – devenu adulte, j'ai pendant longtemps déjeuné tous les jours avec elle –, jamais elle ne me posait de questions, jamais elle ne m'adressait le moindre reproche. De mon côté, j'étais réduit à m'efforcer de deviner ce qui lui faisait plaisir pour le lui offrir. Car, bien entendu, elle ne réclamait rien...

Je n'ai jamais oublié que c'est à elle que je dois de n'avoir pas eu le sentiment d'être orphelin. En effet, après son veuvage, mon père avait entrepris de mener sa vie propre en dehors du foyer de la rue des Batignolles. Il avait une trentaine d'années, beaucoup de maîtresses, et ne venait que de temps à autre à la maison pour apporter de l'argent. Peu, à vrai dire. Il n'était pas riche, pas plus que mon grand-père, qui, en dépit de son titre de marquis de Carné, était un modeste employé des chemins de fer.

Ce fut donc à moi qu'il revint de faire découvrir à ma mère adoptive les plaisirs que pouvait apporter un peu d'aisance...

Elle est morte en 1958, tandis que je réalisais *Les Tricheurs*.

Le producteur avait consenti à interrompre le tournage, pendant deux jours, ce qui lui coûtait fort cher, mais il savait que pour rien au monde je n'aurais consenti à ne pas être auprès de ma tante lors de ses derniers moments.

Elle s'était dévouée pour moi qui n'étais pas son fils et à qui elle ne devait rien. Moi je lui devais l'essentiel : une enfance normale. »[1]

« Marcel Carné – J'ai gardé la tête froide et le cœur chaud.

Marcel Carné, le cinéaste le plus acclamé du monde, auteur d'inoubliables chefs-d'œuvre comme *Les Enfants du Paradis*, *Les Visiteurs du soir* et *Quai des brumes*, n'avait pas travaillé depuis 1973. À quatre-vingt-six ans, il vient, à un âge où aucun cinéaste ne fut jamais en activité, de commencer, en Haute-Normandie, le tournage de *Mouche*.

– Presque vingt ans après avoir arrêté le cinéma, vous y revenez. Enfin. Pourquoi avoir tant tardé ?

– Ne croyez pas, comme la rumeur le propage, que je n'ai pas tourné pendant dix-neuf ans parce que je ne pouvais pas. En fait, je ne voulais plus. Ce n'est pas le cinéma qui m'a abandonné. C'est moi qui, volontairement, l'ai lâché. Je me suis occupé, ces dernières années, à mettre en boîte des spectacles audiovisuels. Et cela me plaisait. Jusqu'au jour où m'est revenue l'envie.

– Pourquoi donc avoir choisi de revenir sur un plateau pour y filmer une nouvelle, longue de cinq pages, de Maupassant ?

– Pour répondre, il me faut faire un peu d'histoire du cinéma. En 1930, vous voyez que cela ne nous rajeunit pas…

– … Vous, si. Vous avez l'air frétillant comme un gardon.

– C'est un peu normal puisque mon film se déroule sur les bords de Marne, à la fin du siècle dernier. C'est un peu normal aussi car le fait de retravailler m'a redonné un formidable coup de jeune. En 1930 donc, le journaliste que j'étais en a eu soudain marre de critiquer les films des autres. J'ai voulu réaliser, à mon tour, un film. Ce fut un documentaire, *Nogent, Eldorado du dimanche*, inspiré par le monde des bateliers et l'amour des impressionnistes. Soixante-deux ans plus tard, je clos la boucle avec ce qui sera, d'évidence [Rire], mon dernier film. Ancré dans le même milieu

1. Sébastien Chardin, *Ils parlent de leur mère*, Paris, Hachette, 1979 (cité par www.marcel-carne.com).

et racontant, cette fois, l'histoire d'une fille aimée par cinq garçons, dans une France écrasée de soleil, sur les bords de Marne.

– À quoi pensiez-vous le jour où vous avez redit "moteur" ?

– Je n'étais pas plus ému que ça. Même si j'attendais ce moment depuis cinq ans, tant ce film a failli ne pas se faire puisque, chaque fois que j'en parlais, on me disait que j'étais trop vieux.

– Quel âge avez-vous ?

– 86 ans. Et six mois ! Je suis un Lion du mois d'août.

– Pensez-vous être le cinéaste en activité comptabilisant le plus grand nombre d'années ?

– Je le crois. John Huston a cessé de travailler à 81 ans. David Lean à 76 ans, et Fritz Lang à 70. Personne encore n'a fait de film à 86 ans.

– Comment vous sentez-vous ?

– Bien. Le producteur m'a fait passer, lorsque nous avons signé le contrat et lorsque le tournage a commencé, tous les examens médicaux possibles et imaginables. Les analyses étant bonnes, les assurances ont accepté de couvrir les risques, clause qu'elles avaient auparavant refusée.

– Avez-vous une idée de votre tension en ce moment ?

– Oui. 13/7. Comme un adolescent. Avec un cœur de jeune homme.

– Le tournage en extérieur, sous la pluie et dans le brouillard, ne vous met pas à plat ?

– Pas le moins du monde. Je ne me sens fatigué que les jours où je ne tourne pas. Nous travaillons avec une équipe formidable. Le mauvais temps nous a, certes, gênés, mais pas retardés. J'ai vu déjà une heure et quart de pellicule impressionnée et le résultat, sans me vanter, n'a rien de l'œuvre gâteuse d'un vieux monsieur.

– Sans tomber dans le gâtisme, vous pourriez néanmoins accuser de temps à autre quelques faiblesses. Un tournage peut être une partie de plaisir, mais pas de repos.

– Je ne suis pas un fanfaron en disant que je vais sur le plateau avec joie. Il n'est rien de tel, lorsqu'on atteint un âge presque canonique, que de continuer à travailler pour entretenir sa tête et son corps. J'en oublie une arthrose du genou. Avant, bien sûr, je ne m'asseyais pas aussi souvent que je le fais maintenant. Mais je peux vous dire que, moralement et psychologiquement, je suis bel et bien debout.

– *Mouche* prône la liberté de vivre à sa guise à partir du moment où on ne fait de mal à personne. C'est, comme vos films précédents, une œuvre luttant contre les tabous.

– Oui. C'est ce que j'ai toujours fait, dans ma vie comme dans ma carrière. Agir selon mon goût. Je le prouve en me déclarant ravi de tourner avec des jeunes, voire des adolescents. Qui m'aiment bien. Ils savent que j'en ai toujours bavé pour réussir à faire ce que je voulais, en connaissant des hauts et des bas. Publics et privés. Mais j'ai gardé la tête froide et le cœur chaud. Pendant les périodes où j'étais encensé comme pendant celles où j'étais vilipendé. J'ai toujours choisi de ne faire que ce qui me plaisait. Je reste un anticonformiste.

– Avant le début du tournage, *Mouche* était vendu dans dix pays, uniquement sur votre nom. Vous êtes le cinéaste le plus célèbre du monde, non seulement encore en vie, mais toujours en activité.

– Je n'en tire pas orgueil mais une certaine fierté. Et je suis heureux de voir que mes jeunes interprètes m'aiment bien et qu'ils apprécient encore les films vieux d'un demi-siècle d'un monsieur qui a toujours eu pour la jeunesse un regard affectueux et appréciateur.

Interview Henry-Jean Servat » [1].

Dialogues

Les dialogues du *Jour se lève* restent parmi les plus typiques du cinéma de Carné. Voici un extrait de celui qu'adresse le cinéaste à Gabin, et qui permet de remarquer que les numéros 390 à 420 sont manquants, le suspense ayant été ménagé jusqu'au dernier moment :

« À toi, Jean, ce scénario pour te rafraîchir la mémoire sur un plan que tu as tour à tour méprisé et admiré, et dont tu as pu dire un jour : "Ah ! oui, ce film où j'ai fait tellement de vélo..." (???) sans rancune Marcel "Le Môme"

[...] La place – (Crépuscule) Enchaîné.

9- Demi ensemble – panoramique. Deux agents, conduits par un homme d'une quarantaine d'années, traversent la petite place et se dirigent vers... L'appareil les suit, panoramique et découvre... la maison ouvrière. Devant l'entrée de la maison, une dizaine de curieux sont arrêtés... d'autres arrivent derrière... Tous regardent vers l'intérieur de la maison où il se passe quelque chose.

1. Henry-Jean Servat, « Marcel Carné – J'ai gardé la tête froide et le cœur chaud », *Paris-Match*, n° 2270, 26 novembre 1992.

10- Plan moyen. Le groupe des curieux. Les agents. Les agents arrivent près des curieux, fendent le petit groupe qui stationne sur le trottoir et entrent, pendant que les badauds échangent quelques propos. Premier badaud : – *Qu'est-ce qu'il y a ?* Deuxième badaud : – *J'sais pas…* Troisième badaud : – *Paraît qu'on a tué un aveugle…* Quatrième badaud, une femme : – *Non ! Il s'est suicidé !* Premier badaud : – *Pauvre type !… Je comprends ça, quand on est aveugle !* Couper net. […]

L'escalier – Crépuscule.

39- Plan moyen (légère contre-plongée). Le palier du deuxième étage. Un couple, penché par dessus la rampe de l'escalier, regarde monter le commissaire. La femme, à son mari : – *Je te l'avais toujours dit, qu'il avait une sale tête, ce Gerbois.* Le mari, légèrement impatienté : – *Mais puisque je te dis que ce n'est pas Gerbois… c'est l'autre, celui d'en face…* La femme, obstinée : – *Ça ne fait rien… ça n'empêche pas qu'il a une sale tête, ce Gerbois.* […]

41- Demi ensemble puis plan moyen par panoramique. Le palier du troisième étage. Ayant refermé sa porte, une "dame", petite bourgeoise d'une soixantaine d'années, descend du 3e vers le 2e. Elle tient dans ses bras un cadre, contenant un agrandissement photographique d'un monsieur à moustaches – sans doute son défunt mari – une cage avec un serin et aussi un écrin à couverts. L'appareil panoramique, la suit et découvre le commissaire montant l'escalier, toujours suivi de son secrétaire, du brigadier et de deux agents. Le commissaire : – *Où allez-vous Madame ?*

42- Plan américain – panoramique. La dame de face. Le commissaire, de profil. La dame : – *Je n'en sais rien… Mais vous ne pensez pas que je vais rester dans une maison du crime !* Le commissaire : – *Mais vous ne courez aucun danger, Madame.* La dame, sceptique : – *On dit ça ! on dit ça !…* La dame va pour faire un pas en avant, mais à cet instant l'écrin qu'elle portait s'ouvre et une douzaine de petites cuillers en vermeil s'éparpillent sur les marches de l'escalier. La dame, navrée : – *Oh ! mes petites cuillers !* […]

96- Plan moyen (reprise du 94). François prend son vélo, s'approche de la maison… pose le vélo contre le mur… rejoint Françoise…

97- Plan rapproché. Les deux, de profil… l'embrasse… Puis il s'écarte, la regarde. François : – *T'as la bouche fraîche !…* Françoise le regarde et sourit sans rien dire. François : – *Tu viens pas faire un tour ?…* Françoise : – *Non… pas ce soir…*

98- Plan américain. Les deux. Françoise prend François par le bras et l'entraîne à l'intérieur. Françoise : – *Entrez… mais ne faites pas de bruit… Tout le monde dort…* Couper net. […]

107- Plan moyen. Travelling arrière. François, en arrière-plan, à demi dissimulé derrière le linge suspendu.

108- Plan moyen. Françoise, en arrière-plan, également derrière le linge suspendu... le haut de son corps disparaît à la vue de François... Elle remue ses fers, va et vient tout d'abord sans rien dire, puis elle commence à repasser. On entend une horloge dans la maison endormie qui sonne les deux coups d'une demi-heure. Voix de Françoise, très grave: *– C'est drôle d'être ici tous les deux... pendant que les autres dorment...*

109- Plan moyen. François, puis Françoise. (Reprise du 107). Il se dirige vers Françoise, mais pour parvenir jusqu'à elle, doit se baisser et passer sous le linge. François: – *Oui... c'est comme si tout le monde était mort...* L'appareil recule et découvre Françoise qui repasse une blouse. François, rêveur et amusé : – *Ça serait bien... si tout le monde était mort... partout...* (Il rit)... *Et que nous deux on soit tout de même vivants!*

110- Plan américain. Françoise, de face. François de profil. Françoise, repassant, rêveuse : – *On dit que lorsque les gens s'aiment, ils sont plus vivants que les autres...* (À François) *vous croyez que ça existe vraiment, les gens qui s'aiment? Ou bien est-ce que c'est seulement des choses écrites dans les livres?...*

111- Plan américain. François de face. Françoise, de profil. François: – *J'en sais rien.* Il prend une cigarette, la porte à sa bouche, l'allume et tousse. Françoise, achevant de repasser : – *Vous ne devez pas fumer, puisque ça vous fait tousser...* François : – *C'est pas la fumée, c'est le sable...*

112- Plan américain. Françoise, de face. François, de profil. Françoise : – *C'est fini...* Elle montre la blouse qu'elle a fini de repasser. –... *Elle est jolie, ma blouse, avec le petit col? Je vais la mettre... Restez là deux minutes. Je vous appellerai...* Portant la blouse, elle remonte vers le fond et passe dans la pièce à côté dont la porte demeure entrouverte. [...]

113- [...] Il touche le lit, se retourne vers Françoise, demeurée à la porte, hors champ. François, continuant : – ...*Tout ce qu'il y a d'étroit, le paddock!*

114- Plan moyen. Françoise, à la porte. Françoise : – *Oh! il y a bien assez de place pour moi...*

115- Plan moyen. (Reprise du 114). François, avec un léger regret : – *Pour toi... oui...* Il se dirige vers la cheminée.

116- Plan américain, puis plan moyen par travelling arrière. François, de profil. Il entre à gauche, s'approche de la cheminée, et voit soudain, accrochées le long de la glace quelques cartes postales, ainsi qu'une série de "photomaton". François, étonné et content : – *Tiens me voilà... me voilà moi-même et en plusieurs exemplaires...* (se tournant vers Françoise)... *C'est gentil de m'avoir accroché là...* (Il rit) *Quand on est en visite, ça fait toujours plaisir de retrouver quelqu'un qu'on connaît... on se sent moins seul...* Posé sur la cheminée, il y a également un petit ours en peluche, auquel il manque une oreille. François montre l'ours à Françoise. François : – *Et celui-là, qui c'est ?...* L'appareil recule. Françoise entre à gauche. Françoise : – *C'est Balop... mon ours quand j'étais petite... je l'ai gardé avec moi.* François : – *Il a une bonne tête.* Françoise : – *Oui, il vous ressemble...* François se tourne vers la glace.

117- Plan rapproché. François dans la glace. François : – *Ça se peut après tout... on a peut-être un air de famille...* Il se cache l'oreille et se regarde en souriant, tout en élevant l'ours à hauteur de son visage. Derrière "eux", Françoise. Françoise : – *Vous voyez... il est comme vous... Il a un œil gai et puis l'autre qui est un tout petit peu triste...* François, s'exclamant : – *Mais c'est vrai que j'ai un œil gai et un œil triste...* Il se tourne vers Françoise.

118- Plan américain. François, au centre et de face. Françoise à gauche et de profil. François : – *Comment que tu t'es aperçu de ça ?...* Françoise, très simple : – *Parce que je vous ai regardé...* [...]

123- Plan rapproché. Françoise, de face. Françoise : – *Oh ! tout le monde dort... je peux bien m'en aller... puisque c'est moi qui garde la maison...* (Elle rit en apercevant la tête de François)... *Vous n'allez pas être jaloux ?*

124- Plan rapproché. François, de face. François affecte l'air « dégagé » et s'accoude à la cheminée. François : – *Jaloux ! moi... mais tu es libre... moi aussi, je suis libre...* (sur le ton de la constatation lamentable)... *on est libre !...* (Il la regarde, de plus en plus "dégagé"). *Alors... salut... au revoir et à bientôt... quand tu voudras me voir, t'auras qu'à me faire signe...*

125- Plan américain. Les deux. François, de face, en second plan, Françoise de 3/4 dos, en premier plan. Il quitte la cheminée, fait un pas en avant, aperçoit l'ours, s'en empare. François : – *... Tiens... je l'emmène... celui-là...* Françoise : – *Vous n'allez pas l'emporter ?* François : – *Si, ça m'ennuierait de repartir "les mains vides"...* Il prend l'ours, le met dans sa poche, passe devant Françoise, se dirige sans dire un mot vers la porte... [...]

152- Ensemble puis plan moyen par travelling arrière de 3/4, puis panoramique. La porte communiquant avec les coulisses. Elle s'ouvre. Clara, ayant simplement jeté sur son costume de scène un manteau, sort et remonte vers le fond de la salle. L'appareil la précède de 3/4 face. Derrière Clara, on aperçoit toute la salle, ainsi que la scène, sur laquelle Valentin poursuit son numéro. Arrivée à la hauteur des derniers rangs de spectateurs, Clara s'approche du bar... Panoramique... et s'y installe près de François, s'appuyant des coudes derrière elle.

153- Plan américain. Clara, François. Clara regarde le spectacle et parle pour François, mais presque à la cantonade. Clara : – *C'est beau comme tout... surtout d'ici avec le recul... ça vaut le déplacement... Vous comprenez... Tous les soirs à côté de lui... on ne peut pas se rendre compte... mais d'ici, on a un joli coup d'œil...*

154- Plan rapproché. Clara, de 3/4 face, puis de face.... *Il est merveilleux ! Regardez ses mains... quelle douceur... Et le sourire ! ...Un sourire comme ça... c'est du velours !...* (Elle soupire)... *La vache !... Ah, les femmes sont bien folles et moi je suis la reine...* Elle se tourne vers François et l'interpelle directement.... *Vous avouerez qu'il faut avoir de l'eau dans le gaz et des papillons dans le compteur* (elle se tapote la tête)... *pour être restée trois ans avec un type pareil !*

155- Plan rapproché. François, de face. Clara, en amorce, de profil. François, très calme : – *Écoutez... vous êtes bien gentille, mais quand vous aurez fini de faire le ménage, vous me le direz ?* Clara : – ... *le ménage ?* François : – *Parfaitement !... Vous arrivez là... vous videz vos tiroirs... vous battez vos tapis... Je ne vous ai rien demandé, moi ! Pourquoi que vous me racontez votre vie ?...*

156- Plan rapproché. Clara, de face. François, en amorce, de profil. Clara : – *Oh !... Faut pas m'en vouloir... Si je vous parlais, c'est histoire de ne pas causer toute seule... Ce soir, je suis tellement heureuse... vous pouvez pas savoir... la liberté,... c'est pas rien !* François, tout en écoutant Clara, continue à surveiller Françoise... Clara le regarde et sourit. Clara : – *Tout de même, vous n'êtes pas très aimable... Vous feriez mieux de m'offrir quelque chose...* Elle se retourne face au bar. [...]

161- [...] Clara : – *C'est formidable ce qu'il cause bien, cet homme là... Il a une façon de remuer les mains en parlant... Ses boniments, on croirait qu'il les sort de ses manches... Il peut raconter n'importe quoi et tout de suite on croit que c'est arrivé... Tenez, la Côte d'Azur, par exemple, il n'a qu'à en parler et on y est.* Réaction de François. *On est dedans jusqu'au cou... C'est comme ça qu'il m'a eue : avec des mimosas.* François, tiquant : – *Des mimosas ?...* Il se retourne.

162- Plan américain. François, de face. Il jette un regard vers...

163- Plan moyen.... Françoise. Elle est toujours à sa place. Mais le numéro de M. Valentin se termine... Le public applaudit. Applaudissements. [...]

171- Plan américain. Les deux. Clara se retourne également. Clara : – *Vous devriez me dire quelque chose de gentil... quelque chose de tendre...* François sourit. On le sent peu à peu troublé par cette femme. François :

– *Qu'est-ce que tu veux que je te dise… que tu es belle ? Avec ce maquillage, on ne peut pas savoir…* (il rit) Clara s'approche de lui.

172- Plan rapproché. Les deux. Clara, doucement provocante : – *Le maquillage… je l'enlève toujours avant de me coucher…* Regard de François sur Clara… *C'est pas tous les jours… qu'une femme qui est libre comme ça, brusquement, rencontre un homme qui lui plaît…* (Elle examine François)… *Vous avez les yeux bleus… C'est calme… C'est reposant… Et puis vous, au moins, vous parlez pas souvent.* François, souriant et ironique : – *Tu voudrais peut-être que je te dise que je t'aime ?* Clara, avec beaucoup d'aisance, très sûre d'elle : – *Non… j'en ai ma claque des hommes qui parlent d'amour…* (très douce) *C'est vrai… Ils en parlent tellement qu'ils oublient de le faire.* François, s'approchant d'elle, à son tour : – *Tu sais, moi… j'suis pas tellement distrait…* […]

177- […] [Valentin est maintenant près d'eux et veut que Clara rentre avec lui. Elle annonce qu'elle est avec quelqu'un. Il lui dit que c'est momentané.] Clara, protestant et de plus en plus gaie : – *Non, non. Pas momentanément… On est ensemble pour la vie…* (À François) *Pas vrai ?…* Elle hésite un instant, avant de poursuivre, car elle ne connaît pas le nom de François…. *Comment vous appelez-vous ?… Moi, je m'appelle Clara…* (Elle rit) M. Valentin, un peu blême : – *Allez, viens… c'est ridicule… tout ça…*

178- Plan américain. Les trois. François de face. À nouveau, M. Valentin saisit Clara par le bras. Mais François prévient son geste et saisit à son tour M. Valentin par le bras. François : – *Ridicule… Tu vois donc pas que c'est toi qui es ridicule… Et impoli avec ça… ! Les gens impolis, avec moi, c'est vite fait* (baissant un peu la voix)… *un grand coup de pompe dans le cul !…* M. Valentin blêmit de plus en plus… Très gêné, il hésite un instant, puis… M. Valentin : – *Si vous croyez que c'est avec des grossièretés qu'on arrange les choses…* […]

186- Plan américain, puis plan moyen par panoramique. Il se détourne de la glace, fait face au centre de la pièce. Il revient vers la table sur laquelle traîne un journal ouvert…

Il le prend, lit à mi-voix. François, lisant : – … *Mouvement des navires… Navires attendus à Boulogne… Le 6, Veendam, venant de New York… Le 13, Noordam, venant de New York…* (Il répète)… *Mouvement des navires…* Il referme le journal, reste un instant songeur, puis se dirige… panoramique… vers le lit, sur lequel il s'étend.

187- Plan moyen plongée. François, songeur, sur le lit… Après un instant, il ferme les yeux et répète… François : – … *Mouvement des navires…* Couper net.

Couloir et loge concierge.

188- Plan moyen. Au bas de l'escalier sont réunis, attendant, très effondrés, la concierge, le concierge et M. Gerbois. Le concierge est assis sur les dernières marches, tandis que sa femme, debout à l'entrée de la loge, caresse un gros chat noir qu'elle tient dans ses bras. Dans un coin, un agent discute avec deux locataires. La concierge : – *Tout de même, M. Gerbois, ce que ça peut être triste, tout ça !... Quand je pense que pas plus tard que tout à l'heure, il m'a encore dit "bonsoir" en rentrant, et même qu'en passant, il a caressé le chat !...* Le concierge, rêveur : – ... *Le chat... Et maintenant, je me demande ce qu'il doit fabriquer là-haut... tout seul... ça doit pas être gai !...* M. Gerbois, morne : – *Non... ça doit pas être gai...* (Il se secoue)... *Et avec ça... il fait un de ces froids... Et où je vais me coucher, moi ?... Je ne peux tout de même pas aller à l'hôtel... J'ai pas les moyens...* Le concierge : – *Faudrait savoir ce qu'ils vont faire, puisqu'il ne veut pas sortir...* Couper net. [...]

233- [...]. François de face. François, surpris, à Clara : – *Tu ne dors pas ?*

234- Plan rapproché. Clara. Reprise du 232. Clara : – *Si... mais j'ai des cauchemars... je rêve que tu n'es pas là... Alors, je me réveille en sursaut et comme tu n'es pas là non plus... ça n'arrange pas les choses... Si c'est ça que tu appelles des nuits d'amour !...*

235- Plan rapproché. François. Reprise du 223. François : – *Oh ! les nuits d'amour... c'est dans les livres... et puis c'est pour les gros... pour ceux qui ne foutent rien... et encore ! est-ce qu'on sait... moi, je gratte. Tu comprends... Clara... je gratte toute la journée... Quand on gratte, la nuit c'est pour dormir...* Il se tourne vers Clara, la regarde et sourit tendrement. –... *tandis que le jour... le jour, ça dépend... tiens, par exemple... le dimanche matin...* [...]

245- [...]. Clara, à mi-voix : – *Qu'est-ce qu'il fait ?* Avec un sourire blasé et sur la pointe des pieds, elle se dirige vers la porte à droite. Panoramique. Elle l'ouvre brusquement. M. Valentin apparaît dans la position fâcheuse du monsieur surpris écoutant aux portes. Il ne se trouble pas pour si peu.

246- Plan américain. François, dans le fauteuil. François, un peu écœuré : – *Eh bien ! c'est du joli...*

247- Plan américain. Panoramique. Valentin, Clara, puis François. Valentin entre très à l'aise, tandis que Clara referme brutalement la porte derrière lui. Valentin : – *Eh ! oui... j'écoute aux portes... je n'ai pas de préjugés, moi...* (à François qui le regarde avec une sourde hostilité et ne lui répond pas) *Ça vous choque...* (souriant) *C'est inouï... Ce sont les gens qui ont l'air le plus franc qui ont précisément horreur qu'on écoute aux portes...*

C'est donc qu'ils ont quelque chose à cacher... Clara entre à droite. Clara, à François : – *L'écoute pas... Si tu commences à l'écouter, t'auras jamais fini... Il est licencié en philosophie...* Toujours sans s'émouvoir, Valentin va s'asseoir sur le lit à gauche. Valentin : – *J'ai toujours été très intelligent... Est-ce ma faute ?* (brusquement il se lève) *J'espère que je ne vous dérange pas, au moins...* (Il se rassied et, avec déjà une voix un peu mouillée)... *Vous avez l'air si bien tous les deux ensemble... Vous savez... Je ne suis pas un envieux, moi, je suis ici, un jour, je suis ailleurs, mais tout de même ça réchauffe le cœur...* (il désigne le couple) *de voir un nouveau bonheur...*

248- Plan américain. Clara, debout derrière François, assis. Clara : – *Quand tu auras fini de parler entre guillemets, tu me le diras. Qu'est-ce que tu viens faire ici ?*

249- Plan américain. Panoramique. Valentin, puis François et Clara. Valentin se lève, se dirige vers le couple, tout en parlant. Panoramique. Valentin : – *Moi ? Je reviens comme ça... en passant... c'est amusant... je reviens comme un revenant...* Il rit momentanément, puis s'approche de Clara et affectueusement. – *Tu ne veux pas voir les chiens ?* Clara, simplement : – *Non...* Valentin, avec un douloureux soupir : – *Ah ! les femmes oublient vite ! Pauvres petites bêtes... Pas les femmes, les chiens...* Sur ces derniers mots, François se lève brusquement et éclate.

250- Plan rapproché. François, Clara et Valentin en amorce. François : – *Écoute, ça va avec les chiens ! Tu te figures pas que tu vas nous faire sauter dans un cerceau, non ? T'es peut-être intelligent, mais t'es pas rapide quand tu causes... Qu'est-ce que tu veux ?*

251- Plan rapproché. Clara de face, les deux hommes en amorce. Clara : – *Mais tu le sais bien, ce qu'il veut ! Il veut te parler* (changeant de ton, un peu plus triste). *Et toi aussi, tu veux lui parler.* (très doucement) *Écoute, François, tu devrais t'en aller... il s'en irait avec toi, vous seriez plus tranquilles... et moi aussi... parce que ce que vous avez à vous dire... ça ne m'intéresse pas.* [...]

266- Plan américain. Valentin de face. François en amorce. Valentin, sur un ton de constatation triste : – *Est-ce que vous croyez que les enfants de l'Assistance n'ont pas de parents ?... Laissez-moi vous parler à cœur ouvert...*

267- Plan rapproché. Valentin. –... *Vous avez devant vous un pauvre homme... comme tous les hommes, j'ai des défauts... des vices même... mais dans le fond, je ne suis pas plus mauvais qu'un autre...* (avec la plus grande sincérité) *j'ai eu des torts, je le reconnais... je ne parlerai pas de la mère...* (grand geste indiquant que la mère est loin... loin... morte peut-être)... *inutile de l'accabler... quand nous avons eu cette enfant, j'étais encore jeune...*

je ne me rendais pas compte... (sur le ton de la constatation amère)... *Une erreur de jeunesse... comme on dit... une blague...* (amer)... *mais on vieillit... et soudain on s'aperçoit que ce n'était pas une blague, mais une faute... et ça ronge !...* (Il boit) [...]

272- [...]. Valentin : – *Oui... un monde... Ce n'est pas très grand un monde... On part chacun de son côté... mais la terre tourne... et on se retrouve... Vous comprenez donc qu'il était – si je n'avais peur d'employer les grands mots, je dirais – de mon devoir... d'intervenir.* François, avec mépris : – *Ton devoir.* Valentin, très père de famille : – *Moi, je ne souhaite qu'une seule chose, le bonheur de cette petite... c'est un sentiment très naturel... Eh ! bien... franchement... je ne pense pas qu'elle puisse être heureuse avec vous...* À cet instant par derrière Valentin, un couple en grand deuil, leurs deux enfants, idem qui, visiblement reviennent de l'enterrement...

273- Plan rapproché. François. François : – *Ça c'est formidable... C'est vrai... Y a rien d'autre à dire... t'es formidable...* (hochant la tête avec dérision et comme se parlant à lui-même :)... *le père... ah ! il est gratiné le père !... Il met sa fille au garde-meuble... et puis quinze ans après... vingt, un peu plus tard, quoi... il se ramène sur la pointe des pieds... les larmes aux yeux pour quoi faire, je vous le demande... pour faire de la morale !... De quoi se marrer !* (Il rit)

274- Plan américain puis plan rapproché, par travelling avant. Les deux de profil. François agrippe Valentin par le revers de son veston, approche son visage contre celui de Valentin. L'appareil avance jusqu'à cadrer les deux visages en plan rapproché. François, continuant mais changeant de ton : – *Écoute... Faut que je te dise... moi aussi je suis de l'Assistance... mais tu peux être tranquille que si Papa et Maman rappliquaient pour m'apprendre le piano... comment que je leur dirais deux mots...* (ici, le piston s'arrête.) –... (souriant)... *Et puis qu'est-ce que ça peut foutre tout ça... Elle me plaît Françoise... Je l'aime...* (affirmant)... *Tu as compris ; je l'aime... Qu'est-ce que tu peux faire ?...* François lâche Valentin, le repoussant du bras.

275- Plan rapproché. Valentin de face. Il paraît soudain beaucoup plus pâle et beaucoup plus agité. Valentin, anxieux et fébrile : – *Vous l'aimez ?... Et elle ?...* François (voix off) : – *Est-ce que ça te regarde ?* Valentin, bafouillant presque avec nervosité : – *Enfin, j'ai le droit de savoir... enfin... ce qui s'est passé exactement entre vous et elle... J'ai le droit... vous entendez...*

276- Plan américain. Panoramique. François de 3/4. Valentin en amorce de profil. François : – *Le droit ! Tiens, tu me fatigues...* François se lève et amorce le geste de quitter la table. Valentin retient François par le bras. Début deuxième morceau de piston. Valentin, un peu hagard, jouant sa dernière carte : – *Mais voyons... qu'est-ce que vous comptez faire... Écoutez tout de même... mon cher ami... Vous ne pouvez pas songer... Enfin Françoise... je suis responsable... Réfléchissez un peu... Vous n'avez pas de situation... pas d'avenir...* (Il hésite un court instant)... *pas de santé... Enfin, il faut tout de même le dire: Vous faites un métier malsain.* À ces mots François agrippe à nouveau Valentin par le veston, le soulève. Panoramique. François : – *Qu'est-ce que tu as dit ?...* (Il le laisse retomber) *t'as de la veine d'être père, toi, tiens...* François regarde Valentin de telle sorte que celui-ci a physiquement peur et ne dit plus un mot... François alors prend sur la table le chapeau de Valentin, le lui tend... L'autre le prend machinalement. –... *Tu sais ce que tu vas faire maintenant ?... Tu vas te lever... mettre ton petit chapeau sur ta petite tête... Et puis tu vas partir, tu entends... partir immédiatement... c'est-à-dire foutre le camp...* [...]

285- [...]. Françoise : – [...] *Si je disais le contraire, ça serait un mensonge...* François, têtu et sur le point de redevenir méfiant : – *J'aime pas les gens qui mentent...* Ils s'arrêtent. Françoise se tourne vers François. L'appareil idem.

286- Plan rapproché. Françoise de 3/4 face, François de 3/4 dos. Françoise, avec une réelle et évidente sincérité : – *Je ne suis pas menteuse, vous savez...* Dans un élan et soudain très tendre, François prend Françoise par le cou. François : – *Bien sûr que tu n'es pas menteuse, puisque je t'aime...* Il l'embrasse...

287- Plan rapproché, puis plan moyen, par travelling arrière. François de 3/4 face, Françoise de dos, celle-ci se dégage doucement... se retourne un peu... L'appareil recule et découvre... un tas de "paillassons" (de ceux destinés à couvrir les vitres des serres). Françoise vient s'asseoir sur les paillassons... François la suit... La jeune fille s'étend sur la couche de paille. Françoise : – *On est bien ici...* (se souvenant)... *Vous vous rappelez... ce que vous m'avez dit... Après Pâques, on ira chercher des lilas...* François, heureux et rêveur, la dominant : – *Ah ! oui... les lilas...* (soudain plaisantant)... *Tu n'as pas assez de fleurs, ici ?...*

288- Plan rapproché. Françoise. Françoise : – *Oh !... ici, c'est des fleurs enfermées... c'est pas la campagne... la campagne... c'est quand il fait beau...*

289- Plan rapproché. Contre-plongée (plafond). François de face au-dessus de Françoise. François : – *C'est vrai que je t'aime, tu sais... tu as un joli corps... Tu es fragile... Tu as l'air d'un petit animal... La première fois que je t'ai vue... avec tes fleurs... Tout d'un coup j'ai eu envie d'être heureux... C'est vrai que je t'aime...*

290- Plan rapproché. Françoise, de face. Françoise : – *Ça fait drôle de vous entendre dire ça...* [...]

299- [...] Panoramique. À ce moment François quitte la fenêtre et vient rejoindre Clara sur le canapé, tandis que celle-ci met ses bas. François, affectueusement : – *Qu'est-ce que tu vas faire maintenant ?* Clara, sur un ton tranquille : – *Je vais chercher un engagement... Je connais du monde... Tu sais... dans le métier* (rêveuse)... *Autrefois j'ai travaillé avec un dresseur de phoques...* François, visiblement pour dire quelque chose : – *C'est gentil, les phoques...* Clara : – *Oui... Le dresseur aussi était gentil avec moi... mais avec les autres, c'était une vraie brute... Alors je l'ai quitté pour Valentin... parce qu'il travaillait en douceur... Valentin...* (petit rire amer). Elle a achevé de mettre ses bas... Elle quitte le divan, revient vers le lit mettre ses chaussures... L'appareil la suit, quittant François.... *il dressait un chien en trois jours... Tu sais pas comment ?... Eh ! bien, il lui rasait le poil à la jointure de la patte et, avec un fer rouge, il lui brûlait la peau...*

300- Plan américain – Clara.... *Devant le public pour le faire travailler, il lui touchait la plaie... avec une petite baguette, en douceur...*

301- Plan américain. François assis sur le canapé, puis Clara. François : – *Tais toi... ça me dégoûte... Et puis ne me parle plus de ce type... c'est un dégueulasse... un fou...* Clara entre à gauche, s'approche de François. Clara : – *Oh ! non, il n'est pas fou... il est "piqué" comme un fruit gâté... Et il le sait... Alors il abîme les autres... ça le console...* (regardant François tristement) *Moi aussi, il m'a abimée...* (reprenant le dessus)... *Enfin faut pas se plaindre.* Elle se rapproche davantage de lui et lui touche légèrement les cheveux à la tempe... *Avec toi, j'ai respiré un peu* (légèrement amère)... *Une petite cure... quoi...*

302- Plan rapproché. François de face. Clara en amorce. François, ému et bafouillant un peu : – *Écoute, Clara, je voulais te dire... Enfin... j'ai pas voulu te faire de peine... Et puis je voudrais que tu gardes tout de même un bon souvenir de moi... parce que tu sais... moi, je ne t'oublierai pas...*

303- Plan américain. Reprise du 301. Clara changeant brusquement de ton, s'écarte de lui, et avec une sorte de rage triste. Clara : – *Moi, si je pouvais t'oublier... je t'oublierais tout de suite, je te le garantis...* (se répétant à elle-même)... *un bon souvenir... des souvenirs...* (brusquement à François)... *Est-ce que j'ai une gueule à faire l'amour avec des souvenirs ?...* Elle répète encore... *"des souvenirs... des souvenirs"* tout en se dirigeant vers un porte-valises à droite, près de l'armoire. Panoramique.... Elle prend une valise... revient vers la table au centre de la pièce... ouvre la valise... en sort une boîte dans laquelle se trouve mélangé tout un fouillis de couture et de pacotille de scène... Enfin elle trouve ce qu'elle cherchait...

304- Gros plan.... un médaillon absolument identique à celui donné par Françoise à François...

305- Plan américain. Reprise du 301. Clara tenant en main le médaillon, revient vers François. Panoramique. Clara : – *Tiens je vais t'en donner, moi, un souvenir... un cadeau, pour que tu penses à moi...* (elle lui tend le médaillon). [...]

370- [...] Quelques ouvriers se joignent à Gaston et Paulo. 1er ouvrier : – *François, on te connaît... t'es un bon gars...* 2e ouvrier : – *On parlerait pour toi...*

371- Demi ensemble. La place, même angle, champ plus vaste. 3e ouvrier : – *Y a des gens qui ont tué, déjà... Ils n'en sont pas morts...* 4e ouvrier : – *T'obstine pas... François...* 5e ouvrier : – *On te laissera pas tomber...*

372- Ensemble. La place, même angle, champ plus vaste. 5e ouvrier :) 6e ouvrier :) 7e ouvrier : Appels divers adjurant François. 8e ouvrier :)

373- Gros plan. François. François : – *Il n'y a plus de François... il n'y a plus rien... plus personne... nulle part...* Cris de la foule. [...]

Ici s'intercale : la scène manquante du meurtre (30 numéros environ). 390 + 30 = 420. [...]

426- [...] Puis Clara se penche, lui tâte le cou du revers de la main, comme on fait pour voir si quelqu'un a la fièvre. Clara, très doucement : – *Bouge pas comme ça... essaie de dormir...*

427- Gros plan Françoise. Elle n'a pas entendu Clara... Elle parle maintenant avec un tout petit peu plus de lucidité et d'expression... un peu plus vite aussi... Françoise : – *Oh !... J'ai peut-être eu tort de lui dire que je l'aimais... Quand je lui ai dit... Il a changé... Il n'était plus pareil...* (un silence)... *Toujours expliquer... Toujours expliquer... j'ai mal à la tête... Tu comprends... François... On s'aime... Mais ça ne nous regarde pas...*

428- Plan rapproché, Clara. Elle regarde Françoise sans rien dire.

429- Plan américain, puis plan moyen par panoramique. Les deux. Françoise, continuant : –... *Moi j'ai confiance...* [...]

Chambre François – Petit jour.

446- Plan américain. François dito 444. Il regarde toujours son revolver... Sur cette vision muette, on entend soudain la voix de François répéter la phrase. François : – *Et puis à Pâques... On ira chercher les lilas...* Couper net. [...]

Chambre François – Petit jour.

449- Plan américain. François. Reprise du 444. Il a un rire amer et murmure. *François : – Des lilas...* Puis il prend son revolver, le regarde une dernière fois. Couper net. » [1]

Chansons

Les Feuilles mortes

« Oh ! je voudrais tant que tu te souviennes des jours heureux où nous étions amis / En ce temps-là la vie était plus belle et le soleil plus brûlant qu'aujourd'hui / Les feuilles mortes se ramassent à la pelle / Tu vois je n'ai pas oublié... / Les feuilles mortes se ramassent à la pelle les souvenirs et les regrets aussi / Et le vent du Nord les emporte dans la nuit froide de l'oubli / Tu vois je n'ai pas oublié la chanson que tu me chantais. / C'est une chanson qui nous ressemble /Toi tu m'aimais et je t'aimais / Et nous vivions tous les deux ensemble toi qui m'aimais moi qui t'aimais / Mais la vie sépare ceux qui s'aiment tout doucement sans faire de bruit / Et la mer efface sur le sable les pas des amants désunis. / Les feuilles mortes se ramassent à la pelle les souvenirs et les regrets aussi / Mais mon amour silencieux et fidèle sourit toujours et remercie la vie / Je t'aimais tant tu étais si jolie / Comment veux tu que je t'oublie / En ce temps-là la vie était plus belle et le soleil plus brûlant qu'aujourd'hui / Tu étais ma plus douce amie... / Mais je n'ai que faire des regrets / Et la chanson que tu chantais toujours toujours, je l'entendrai ! / C'est une chanson qui nous ressemble / Toi tu m'aimais et je t'aimais / Et nous vivions tous les deux ensemble toi qui m'aimais moi qui t'aimais / Mais la vie sépare ceux qui s'aiment tout doucement sans faire de bruit / Et la mer efface sur le sable les pas des amants désunis. »

Les Enfants qui s'aiment

« Les enfants qui s'aiment s'embrassent debout contre les portes de la nuit / Et les passants qui passent les désignent du doigt, / Mais les enfants qui s'aiment ne sont là pour personne / Et c'est seulement leur ombre qui tremble dans la nuit, excitant la rage des passants / Leur rage, leur mépris, leurs rires et leur envie, / Les enfants qui s'aiment ne sont là pour personne, / Ils sont ailleurs bien plus loin que la nuit, bien plus haut que le jour dans l'éblouissante clarté de leur premier amour. »

1. Archives Carné, 2 JOU/1.

Plaquettes publicitaires

Drôle de Drame

« À Londres, en 1900. Le professeur de botanique Irwin Molyneux est un curieux personnage qui, à l'insu de tous, écrit sous le pseudonyme de Félix Chapel, des romans policiers dont l'évêque de Bedford, son cousin, dénonce l'influence pernicieuse. Invité à dîner chez Molyneux, l'évêque s'étonne de ne pas y voir la femme de son cousin, Margaret, et, devant les explications confuses du professeur qui ne veut pas lui avouer que sa femme prépare elle-même le repas, faute de domestiques, conçoit les plus horribles soupçons : Molyneux n'aurait-il pas fait disparaître son épouse ? Désespérant de voir l'évêque quitter leur cottage, les Molyneux lui abandonnent la place, mais l'évêque se voyant seul, alerte la police qui vient enquêter sur les lieux en la personne de l'inspecteur Bray. Celui-ci arrête aussitôt le laitier Billy qui, chaque matin, vient, tout en livrant sa marchandise, flirter avec la secrétaire des Molyneux, la charmante Eva. Voyant la tournure que prennent les événements, Eva prévient le professeur et lui apporte une lettre de son éditeur, qui propose à Chapel, alias Molyneux, un reportage sur le mystère Molyneux. Penaud, le professeur doit avouer son manque d'imagination et révèle que c'est Eva qui lui donnait toutes ses idées de romans ; à son tour, la jeune secrétaire déclare que ses idées lui venaient de Billy, le pauvre laitier qui se morfond en prison malgré son innocence. Affublé d'une fausse barbe, Molyneux se décide à jouer le rôle de Chapel, le célèbre romancier et, laissant Margaret dans un hôtel du quartier chinois, se rend à son propre domicile pour écrire un reportage sur le crime qu'il est censé avoir commis. La situation déjà compliquée va se corser encore. Billy, relâché, trouve un refuge dans le grenier du cottage des Molyneux où les journalistes se sont installés en terrain conquis pour mieux suivre l'enquête et, secondé par Eva, la douée secrétaire, rédige les articles du malheureux professeur, que la double existence commence à gêner terriblement. Madame Molyneux, seule dans son hôtel, décide d'aller chercher du réconfort auprès de sa tante, Mrs Pherson, mais en voyant apparaître cette revenante dont les journaux ont annoncé la mort, on la prend pour un fantôme et on lui ferme avec terreur la porte au nez. Désespérée, Madame Molyneux retourne au quartier chinois où son altière prestance trouble profondément un jeune pensionnaire de son hôtel. Cet amoureux inattendu n'est autre que William Kramps, le tueur de bouchers, que Scotland Yard recherche en vain depuis des années. Kramps lui aussi est, comme l'évêque de Bedford, un adversaire farouche du roman policier qu'il accuse de trop attirer l'attention du public sur les méfaits des criminels et, voulant se venger de toute une corporation sur la personne de Félix Chapel, va faire une petite expédition sur les lieux du crime, où il sait trouver le romancier. Se trouvant brusquement face à face avec Kramps qui, comme tout le monde, le prend pour Chapel, Molyneux, pour sauver sa vie menacée, arrache sa fausse barbe et confesse qu'il n'est pas le romancier, mais le professeur de botanique. Enchanté de rencontrer un confrère en assassinat, Kramps félicite Molyneux de son crime et l'entraîne vers le quartier chinois pour lui présenter la femme admirable dont il est tombé amoureux. N'ayant pu réussir dans son entreprise, Kramps retourne au cottage en compagnie de Molyneux et tombe dans l'eau du bassin de la serre, tandis que le professeur découvre l'évêque de Bedford venu, déguisé en Écossais, rechercher un portrait compromettant oublié le soir du fameux dîner, et le fait arrêter par l'inspecteur Bray. Madame Molyneux, décidée à en finir, revient chez elle et se fraie à grand peine un passage parmi la foule massée devant la maison du crime. Molyneux, affolé de tant de complications, la cache dans un placard et, toujours sous la fausse barbe de Chapel, reçoit la tante Mac Pherson qui, admiratrice des romans de Chapel, l'institue son légataire universel. Bray poursuit ses exploits en arrêtant Billy et Eva dans leur grenier ; un journaliste découvre Madame Molyneux dans son placard et l'innocence de l'évêque éclate tandis que, pour calmer la foule furieuse, Madame Molyneux apparaît à une fenêtre. Mais la foule envahit la pièce réclamant Molyneux pour le lyncher. Instant critique ! William Kramps rétablit la situation en s'accusant du meurtre du professeur Molyneux. Margaret refera sa vie avec Chapel, et voilà Molyneux condamné à porter la barbe de Chapel jusqu'à la fin de ses jours, l'héritage de la tante le consolera. Quant à Billy et Eva ils auront trouvé un bonheur simple et tranquille à travers tant d'aventures et de complications de toutes sortes. [...] »[1]

Le Jour se lève

« Sur une place, dans une importante agglomération industrielle, s'élève une maison ouvrière de quatre étages. Sur le dernier palier, à travers une porte fermée, parviennent des échos d'une violente discussion.

1. *Ibid.*, 4 DRO/1.

Soudain éclate un coup de feu. Un homme, blessé, sort du logement, trébuche, roule… et tombe mort. Peu de temps suffit pour que la police apparaisse. Mais, quand elle se présente devant la porte fermée, alors, de l'intérieur, c'est une bordée de coups de revolver qui répond aux sommations. Voici, dans sa chambre, celui qui a tiré : François. Il a déclenché contre lui l'énorme mécanisme policier. Il ne préserve plus, de sa vie ou de sa liberté, que quelques heures d'une tranquillité précaire. Elles lui serviront à faire le bilan de cette aventure où il sombre. François, du coin de sa fenêtre, peut voir sur la place le rassemblement que son acte provoque. Alors il se souvient. C'est cette même place qu'il traverse en vélo chaque matin, quand il se rend à son travail. Dans une usine immense et neuve, il exerce un métier dangereux : il est "sableur". Masqué, revêtu d'une sorte de scaphandre, il décape au jet de sable des plaques d'acier. Ainsi travaillait-il, lorsque un jour la porte de l'atelier s'est ouverte. Une jeune fille, Françoise, est entrée. Ils se sont revus et bien vite l'amour est né. Puis la jalousie… Un soir, en se cachant, il la suit et elle le mène dans un endroit inattendu : un petit café-concert de province. Qui l'attire en ce lieu ? Sur la scène, un dresseur de chiens, Monsieur Valentin, présente cinq pauvres bêtes. On est vite édifié sur la sympathie que peut inspirer ce Monsieur. Sa partenaire, Clara, l'abandonne au milieu de son numéro. Elle ne peut plus voir cet homme, avec qui elle vit depuis deux ans. Venue s'accouder au bar, près de François, c'est à lui qu'elle confiera ses rancœurs… Eh bien, c'est pourtant cet individu suspect que la jeune fille est venue voir. François peut s'en rendre compte à la fin du numéro, quand elle rejoint dans les coulisses le montreur de chiens. Lorsque celui-ci la reconduit quelques minutes après, François se cache pour qu'elle ne le voie pas. Il voudrait la suivre, cependant. Il en est empêché par Clara que la belle prestance de l'ouvrier a séduite. Voici mieux : Clara prend François comme chevalier servant, lorsque Monsieur Valentin vient chercher sa partenaire… Par galanterie, l'ouvrier défend cette femme. Elle reste avec lui… Des mesures ont été prises devant la maison, des renforts amenés… Un commissaire apparaît qui prend l'affaire en main. Il fait d'abord refouler sur la place les curieux trop nombreux. Cependant que dans sa chambre François vit, dans un grand silence, sa dernière nuit… Soudain, l'offensive policière se déclenche… De l'escalier où ils sont protégés par un barrage de boucliers d'acier, les agents entreprennent de démolir la porte à coups de revolver… Il ne sortira plus de cette chambre. Il en sortait pourtant librement… Il se souvient. Il se revoit, un dimanche matin, allant chez Clara qui, depuis qu'il l'a rencontrée, est demeurée pour lui dans cette ville. Mais, ce dimanche-là, voici que Monsieur Valentin a réapparu… François n'en a pas fini avec lui. Les deux hommes, dès qu'ils sont en tête-à-tête, se heurtent l'un à l'autre – Ce n'est pas Clara qui les sépare, mais une autre : Françoise. Eh bien ! Monsieur Valentin dira toute la vérité ! Vérité curieuse : Françoise est sa fille… Jadis il a mis une enfant à l'Assistance publique. Il en a toujours gardé un remords. Il l'a recherchée. Il l'a retrouvée, dit-il. François n'a plus de motif d'être jaloux. Pourtant, Françoise a ri, quand l'autre l'a questionnée sur son père… Comment serait-elle sa fille ? Bien sûr que non, elle ne l'est. Mais cet homme a une marotte. Il s'est montré bon pour elle, et lui a montré de l'affection… à elle qui n'en a jamais connu. Alors, pourquoi le détromper ? Soit… mais le soir François qui veut rompre avec Clara voit renaître sa jalousie, plus horrible qu'avant. Il a brusquement l'impression d'enfoncer dans la boue. Que dit Clara, elle qui a été longtemps la partenaire de Monsieur Valentin ? Que cet homme joue un jeu abject, ici, comme il l'a déjà fait ailleurs… Que s'il s'est attiré l'affection de Françoise, ce n'est pas pour se conduire comme un père… Dans cette chambre où il s'est enfermé, François perd sa confiance dans la vie. Devant la maison, sur la place, la police attend… Le dernier acte s'annonce : la brigade des gaz est arrivée. François, dans sa chambre, revit la scène même, après laquelle il s'est enfermé : la scène du meurtre. Au moment où il se préparait à s'étendre et qu'il remontait son réveil, en prévision du jour suivant, Monsieur Valentin a fait irruption dans la pièce, hagard et furieux… Il n'est plus question qu'il soit le père… Il est jaloux… monstrueusement jaloux… Il provoque François, il prononce les seuls mots impardonnables : “Elle t'aime peut-être, mais moi je lui plais… tu m'entends : je lui plais. Tu veux des détails ?”… François a tiré. Maintenant il arme son revolver. La dernière balle sera pour lui-même. Mais un homme rampant sur le toit, portant des ampoules à gaz lacrymogènes, de son côté, vise François. À la minute même où il lance ses gaz, éclate un coup de feu. François a précédé son geste. Sur un corps étendu au jour levant, se déroulent les nuages nocifs. Dans la chambre où il n'y a plus qu'un mort alors, le réveil sonne, annonçant en vain la reprise d'un nouveau jour. »[1]

1. *Ibid.*, 4 JOU/1.

Les Visiteurs du soir

« [...] Cette légende couleur d'amour et de mort appartient aux fantômes oubliés qui hantent encore les solitudes de la pitié. On la contait jadis dans les demeures seigneuriales. Les murs orgueilleux sont tombés, démantelés par les hommes et par le temps. Les troubadours se sont évanouis dans le passé... Mais leur belle histoire est venue jusqu'à nous portée par la vague des siècles défunts. En ce joli mai 1485, le baron Hugues célèbre en son château les fiançailles de sa fille Anne avec l'un de ses hommes de guerre : le chevalier Renaud. Baladins, danseurs, trouvères, jongleurs, montreur de monstres, contribuent à l'éclat de la fête, quand arrivent deux ménestrels de bonne mine dont l'art est de chanter l'amour et ses jeux cruels et tendres. Mais si Gilles et Dominique chantent si bien l'amour, c'est pour mieux le tourner en dérision. Fidèles serviteurs du Diable, leur sort sur la terre est de troubler les amours des humains. Et c'est pourquoi Gilles réussit à séduire Anne cependant que Dominique gagne les hommages du chevalier Renaud et du baron Hugues. Au cours d'une chasse, alors que Gilles et Anne oublient les heures près d'une fontaine fleurie sous les oliviers, Dominique use des artifices de sa beauté pour amener les deux seigneurs à perdre leur âme. Quant à Gilles il lui suffit de quelques phrases cruelles pour vouer au désespoir celle qui vient de s'abandonner à lui. Mais au cœur glacé de Gilles la tendresse éperdue et la confiance de la jeune fille ont ranimé une cendre presque éteinte : le souvenir de sentiments qu'il croyait morts à jamais avec un passé détestable. C'est pourquoi malgré les sarcasmes de Dominique, oubliant le pacte qui le lie au Démon, il va retrouver Anne dans sa chambre pour lui parler d'amour. Et, tous deux, avec l'imprudence éternelle des amants, constatent que rien ni personne ne peut, désormais les séparer. Dans le fracas de la foudre, l'éblouissement des éclairs, l'odeur du soufre et des arbres calcinés, un cavalier de haute mine surgit devant la poterne du château. Un voyageur surpris par l'orage demande l'hospitalité. Le diable est dans la place. Inquiétant, sardonique, bonasse, souriant, aimable, grimaçant, menaçant il a tôt fait de mener à bonne fin son jeu cruel. Grâce à ses insinuations perfides, Gilles surpris dans la chambre d'Anne est enchaîné dans le chenil pour y attendre la mort dans les supplices. Puis avec l'aide de Dominique, il oppose Renaud à Hugues et fous de jalousie les deux hommes décident de s'affronter dans un duel sans merci. Le malin a gagné la partie. Il ne lui reste plus qu'à se montrer devant Anne dans l'appareil de sa puissance pour achever son œuvre maligne. Mais la jeune fille ne croit pas au Diable. Elle n'appartient qu'à Gilles. Et tous les sortilèges du démon resteront inutiles. C'est en vain que lui faisant avouer son amour à la face de tous, il fait jeter Anne dans le chenil en compagnie de Gilles… C'est en vain qu'il fera tuer Renaud par le baron Hugues… C'est en vain que Dominique entraînera le vieux seigneur vers les séjours infernaux. Seul le souvenir des heures vécues près de la fontaine aux Oliviers demeure au cœur des amants. Le diable pour conquérir la jeune fille doit libérer Gilles sur une promesse illusoire… Car pour la première fois Anne vient de mentir ; quand on aime tout est permis pour sauver son amant… Gilles libéré mais privé de mémoire se rencontre à la fontaine aux Oliviers avec Anne venue pleurer sur son bonheur perdu. Devant elle il retrouve le souvenir merveilleux des heures oubliées, des mots murmurés lèvres à lèvres. Le Diable fou de rage, transforme les amants enlacés en statues de pierre… ils resteront éternellement pétrifiés dans leur étreinte… Mais l'amour prodigieux de Gilles et d'Anne survivra à la métamorphose. Sous les froides poitrines de granit deux cœurs vivants continuent à battre au rythme d'une invincible passion. […] »[1]

Les Enfants du Paradis

« Entrez, Mesdames et Messieurs, entrez… les jeunes et les vieux… Entrez les amoureux !… Justement, on va parler de vous, ça vous intéresse… Entrez aussi, le Monsieur Sérieux… Vous apprendrez peut-être des choses que vous ne savez pas encore… Venez voir vivre et mourir, aimer et souffrir, comme on dit dans les chansons, les *Enfants du Paradis*… Du paradis perdu, bien entendu… Nous allons vous raconter leur destin et le vôtre du même coup… Un marchand d'habits, la beauté, la gloire, les portes d'hôtel complices, les coulisses, et Pierrot au clair de lune, ce sont les histoires de tout le monde et de toujours… C'est la vie, qui ne commence ni ne finit, l'amour, la mort, hier comme aujourd'hui…

Et justement, c'était hier. Ou presque. C'était au temps où Paris, sous le moins romantique des rois, était encore un des lieux d'élection de l'insolite poétique. Les gamins charbonnaient sur les murs des maisons la poire symbolique de Louis-Philippe ; mais derrière les murs des maisons, les duchesses de Balzac sanglotaient aux pieds des forçats évadés et milliardaires ; de sombres adolescents se préparaient sournoisement à la conquête du monde, à l'échafaud. Un grand appétit de merveilleux,

1. *Ibid.*, 4 CAR/2.

d'orphelines persécutées, de sociétés secrètes, d'exotisme bruyant, attirait le peuple de Paris vers le théâtre, tel qu'il connut alors une fortune inouïe sous ses formes les plus directes : le mélodrame, la pantomime.

Voici, d'un bout à l'autre, le Boulevard du Temple. Il est devenu le Temple des mélodrames, des dénouements sanglants. Le Boulevard du Crime, en un mot. Les salles, luxueuses ou misérables se succèdent porte à porte, chaque soir houleuses d'une foule exigeante et crédule. Qui hésiterait entre le prix du dîner et celui d'une place au "paradis" ? Là, s'entasse sous les cintres, rit, boit et pleure, un peuple bon enfant, peut-être, mais qui sait faire et défaire les gloires de la scène et avec qui il faut compter. Le spectacle d'ailleurs est autant sur le Boulevard que dans les théâtres. Dans un grouillement joyeux, avides de plaisirs et d'émotions, les badauds se pressent devant les parades en plein vent, les saltimbanques, les aboyeurs. C'est comme une foire perpétuellement animée, bruyante, cocasse, avec ses baraques de toiles peintes, ses marchands ambulants, ses escarpes, ses bons bourgeois, ses filles ; une kermesse populaire débordant des trottoirs sur la chaussée, où les riches équipages des élégants et des beautés à la mode se frayent avec peine un passage vers Tortoni ou le café Anglais.

C'est au long de ce fleuve de rêves qu'est le Boulevard du Crime que vont se nouer et s'écouler quelques destinées dont le film s'est fait le chroniqueur. Elles nous apparaissent dans le désordre et les hasards apparents de l'existence, s'ordonnent autour d'un beau visage de femme ; se dénouent, se défont et s'en vont, au fil de la vie.

Cet aimable jeune homme, riche seulement d'ambitions et de la certitude de son génie, qui essaie vainement de se faire engager au "Grand Théâtre" et se console de son échec en offrant son cœur à toutes les passantes, porte un nom banal : Lemaître, un prénom assez courant : Frédérick.

Ce Jocrisse désolé, qui semble tombé de la lune sur le tréteau des Funambules, où son père fait la parade en le prenant pour cible de ses lazzis, ce n'est rien, c'est un rêveur silencieux, un incapable : c'est Baptiste Deburau.

Cet écrivain public qui exècre autant les hommes que le linge mal blanchi, c'est "Monsieur" Lacenaire, un petit escroc, un petit voleur sans envergure.

Et voici, sortant de son puits, la Vérité. Ou la Beauté. C'est la même chose. D'où vient-elle, qui est-elle, qu'importe ? Elle est belle, elle s'appelle Garance, elle fait ce qu'elle veut. Et justement elle ne veut plus, dans cette misérable baraque, jouer le rôle de la Vérité, où d'ailleurs, puisqu'elle n'est pas nue, les badauds ne la reconnaissent pas. Elle s'en va. Comme une brillante navette, elle s'en va tisser les destins de tous ceux qui l'approcheront... qu'elle approchera.

Le premier, c'est, sur le Boulevard du Crime, Frédérick Lemaître, dont elle repousse en riant, les avances. Ce n'est pas bien grave. Le cœur de Frédérick n'est pas brisé pour si peu...

Voilà maintenant Garance chez Lacenaire. Curieux ami... Il la distrait. Il parle tout le temps (de lui). Il la supporte ; s'il était capable d'aimer, c'est Garance qu'il aimerait. Il compte beaucoup sur elle pour le trahir un jour.

Mais la vraie face de traître, la voilà, précédée du son de la trompette. C'est Jéricho, le marchand d'habits, l'inquiétant messager de la pègre, l'homme à tout faire, à condition que ce soit sordide.

Lacenaire emmène Garance faire un tour, sur le Boulevard du Crime, évidemment. Et l'on s'arrête devant la parade des Funambules. Si Garance n'a plus de travail, Lacenaire, lui, ne chôme pas. Il escamote la montre en or d'un badaud et disparaît. Garance est la coupable toute désignée et la main de la loi va s'abattre sur elle. Mais Baptiste Deburau, qui, depuis qu'il l'a aperçue, s'est perdu, dans la contemplation de la beauté, intervient. Il ne sait pas manier les mots convaincants, mais ses gestes se révèlent plus éloquents encore... Il mime ingénieusement tout ce qui s'est passé, à la grande joie de la foule... L'innocence de Garance éclate et la jeune femme reconnaissante, lance au mime une fleur rouge qui sera pour lui l'appel du destin. Baptiste aime Garance...

Cet amour a révélé Baptiste à lui-même, à la foule... Il est comme réveillé et il va pouvoir passer des tréteaux de la parade à la scène des Funambules, malgré l'opposition sceptique de son père. Mais pour cela, il faudra au moins une catastrophe.

Devant un public passionné et qui en a pour son argent, le Théâtre des Funambules présente dans des décors naïfs et charmants, des pantomimes tendres et burlesques où les fées, les personnages de la Comédie Italienne, des types de la rue, des acrobates, des animaux cocasses jouent leur rôle... Cette troupe nombreuse et peu disciplinée, que le Directeur mène à coups de hurlements et d'amendes, est divisée en deux clans qui se haïssent. Ce qui devait arriver arrive un soir où le public est particulièrement nerveux : une effroyable bagarre éclate sur la scène et il faut baisser le rideau sous les clameurs. Deux hommes vont sauver la situation... et la recette. Frédérick Lemaître qui, toujours en quête d'un engagement va faire des débuts inopinés et triomphants, et Baptiste qui se révèle le Pierrot idéal. C'est le moment de dire que la fille du Directeur, Nathalie, aime profondément Baptiste. Maintenant que nous connaissons l'amour de Baptiste pour Garance, cela nous permettra de faire quelques pronostics. L'avenir les démentira d'ailleurs.

Lemaître et Deburau, chacun sur la première marche du succès, fraternisent et Baptiste emmène Frédérick loger dans son modeste hôtel, “Le Grand Relais”, où, soit dit en passant, l'aimable Frédérick fera sur le champ la conquête de l'inflammable Directrice.

Dans la sombre nuit de Paris, Baptiste Deburau promène solitairement ses pensées secrètes. Mais on fait au coin des rues d'étranges rencontres. Le Pierrot lunaire se lie d'amitié avec un mendiant, aveugle à ses heures, qui l'emmène au “Rouge-Gorge”. C'est l'endroit tout indiqué pour retrouver le marchand d'habits, papelard, doucereux et jovial, prêt à acheter et à vendre n'importe quoi à n'importe qui. Au nom de la morale, il s'indigne de trouver Baptiste dans un milieu si peu fait pour lui. Mais Baptiste ne regrette pas d'être venu, car voici qu'entre dans ce sinistre lieu de plaisir, l'éclairant de son mystérieux sourire, Garance. “Monsieur” Lacenaire l'accompagne, traînant sur ses pas, son complice et admirateur : Avril, le pâle voyou, dans toute l'acception du terme. Baptiste est irrésistiblement entraîné vers Garance, et ne s'en cache pas, ce qui dans un tel endroit, n'est pas sans danger. Avril tente de le lui démontrer en le faisant passer par la fenêtre, mais Baptiste rentre par la porte, assomme Avril et s'en va avec Garance !...

Tout s'arrange n'est-ce pas ? Baptiste, avec la complicité de la nuit, de la pluie, ose avouer son amour à Garance et cette grande passion, à la fois pudique et ardente, semble toucher l'étrange femme... Elle accompagne Baptiste jusqu'au “Grand-Relais” et s'apprête tout naturellement à le garder dans sa chambre. Non, rien ne s'arrange. Baptiste se fait sans doute de l'amour une idée moins simple, puisqu'il s'enfuit devant celle qui s'offre. Bien entendu, le hasard met à ce moment Garance en présence de son voisin Frédérick, ce charmant Frédérick Lemaître qui n'a pas peur des réalités, lui ! Garance ne couchera pas seule pour sa première nuit au “Grand-Relais”... ni cette nuit-là, ni les autres. Mais si son corps est dans le lit de Frédérick, où est son cœur ?...

La vie ne s'arrête pas pour si peu. Au moment où va se fermer le premier cahier de notre chronique, qu'a-t-elle apporté à tous ces gens qui se cherchent à tâtons, éblouis par les lumières du Boulevard du Crime ?

Baptiste est devenu l'Étoile de la troupe des Funambules, où la beauté de Garance fait maintenant sensation. Cette beauté a frappé le cœur du comte Édouard de Montray qui vient lui offrir, avec sa fortune, une évasion vers une vie toute nouvelle. Mais Garance n'est pas à vendre…

Frédérick Lemaître, lui aussi, joue la pantomime, mais à contre-cœur. Son génie l'attire vers d'autres moyens d'expressions. En attendant, il mène avec Garance des amours sans conviction. Frédérick est vaguement jaloux de Baptiste, à qui Garance pense trop à son gré. Et Baptiste aussi pense trop à Garance ; et Nathalie souffre.

Encore une destinée qui ne va pas se réaliser tout de suite, Lacenaire a décidé de donner de l'extension à ses affaires et il prépare un assassinat fructueux. Il le prépare mal, sans doute, car il le rate ; et, à nouveau, c'est l'innocente Garance qui tombe à sa place entre les mains de la police. Seulement, voilà : arrête-t-on une jolie femme qui compte parmi ses amis, le comte de Montray ?…

Tournons la page… la vie continue, et, comme on dit, la roue tourne, écrasant les uns, lançant les autres dans les étoiles…

Deburau, Frédérick Lemaître sont devenus, cinq ans plus tard, chacun dans le genre où le poussait son génie particulier, les idoles du public parisien. Frédérick Lemaître interprète d'une façon sensationnelle tous les grands rôles romantiques, y apportant une flamme et un talent jusque-là inégalés. Baptiste Deburau, lui, a recréé la pantomime, dont son personnage de Pierrot enfariné restera le symbole éclatant et muet.

Comment ces deux hommes se sont-ils installés dans la célébrité ? En restant, semble-t-il ce qu'ils étaient. Frédérick mène sa vie comme une comédie burlesque, se laissant aller à tous les caprices d'une fantaisie qui peut maintenant se permettre d'être fastueuse. Ce n'est, en somme, que sur le plateau qu'il redevient sérieux, car son amour le plus profond, c'est au théâtre qu'il l'a voué. Sans cesse, obscurément, il médite, étudie, prépare de nouvelles créations. Cet excentrique, ce coureur de jupons va bientôt rendre Shakespeare à la scène française. Mais en attendant et comme il se doit, la Direction du Grand Théâtre demande à son génie de se mettre au service de *L'Auberge des Adrets*, plat mélodrame, d'une imbécilité rare.

Deburau, le pêcheur de lune, a épousé la douce Nathalie. A-t-il tiré un trait sur les regrets de sa jeunesse, brûlé la fleur rouge qui fut jadis son bien le plus précieux ? On ne sait. Il emporte chaque soir un nouveau triomphe. Le public populaire comme l'élite saluent en lui le plus grand mime de tous les temps. Nathalie lui a donné un charmant enfant ; les Funambules prospèrent. Que pourrait-il regretter ? Que pourrait craindre Nathalie, elle qui n'a jamais douté de la puissance invincible et triomphante de son amour ?

Quant à notre Manfred au petit pied, notre Corsaire au plastron immaculé, Lacenaire, le galant cavalier de la Mort, il n'a pas encore atteint à la gloire, mais patience. Il sait que son heure viendra. Fini, les petits crimes dérisoires, les nuits au bouge. Que diable, quand on s'appelle Lacenaire, on n'est pas fait pour assommer anonymement un encaisseur derrière une porte ! Lacenaire médite, lui aussi, son chef-d'œuvre…

Frédérick Lemaître s'apprête donc de mauvaise grâce, à répéter, sous la direction éclairée des auteurs, *L'Auberge des Adrets*. Sur le chemin qui mène de sa loge à la scène, l'extravagant Monsieur Lemaître trouve moyen de se bagarrer sérieusement avec une brochette d'ennemis intimes, créanciers exaspérés ou maris ridicules. Il arrivera un peu en retard sur le plateau. Mais dans la lutte, son costume de Robert Macaire aura gagné du pittoresque et de la vérité, y compris les accrocs gigantesques et le célèbre bandeau qui doit dissimuler un très réel œil au beurre noir.

Néanmoins ni ces détails dignes d'inspirer Daumier, ni le talent de Frédérick ne pourraient faire de *L'Auberge des Adrets* une bonne pièce. Rien ne saurait la sauver. Et, cependant, la première est pour Frédérick l'occasion d'un nouveau triomphe. C'est que, faisant passer sur la scène le grain de folie qui assaisonne sa vie privée, Frédérick Lemaître joue en farce burlesque et rend sciemment grotesque le personnage de Robert Macaire qui ne l'était jusque-là qu'involontairement. Il jongle avec le texte, les grands sentiments, les lois du théâtre elles-mêmes, puisqu'il interprète dans la salle une partie de la pièce ! Le sombre mélodrame devient un immense succès comique, que les auteurs ne sauraient pardonner à l'artisan de ce miracle… Il est entendu qu'au matin, l'aventure se dénouera par un duel.

Nullement ému, ce n'est pas son premier duel, Frédérick retourne à sa loge, où l'attend un Monsieur fort élégant qui lui demande la charité, le doigt sur le manche d'un poignard. C'est Lacenaire, toujours flanqué de son pâle séide, Avril. Le procédé n'est pas pour surprendre un bohème comme Frédérick, chez qui les notions classiques du bien et du mal ne doivent pas occuper une place très définie. Le faux bandit partage de bonne grâce son argent avec le vrai. Il partage même un souper bien arrosé. Au matin, les trois compères, très éméchés, se présentent sur le lieu de la rencontre…

La seconde représentation de *L'Auberge des Adrets* est remise à plus tard. Les auteurs marquent un point : Frédérick Lemaître a été blessé au bras.

Frédérick ne s'éloigne pas pour si peu du Boulevard du Crime. Que faire de ses loisirs forcés ? Aller là où un grand acteur n'a jamais le temps d'aller : au théâtre. Frédérick décide d'applaudir le camarade de ses débuts, dont la vie l'a séparé. Or, aujourd'hui, comme à chaque représentation, les Funambules font salle comble. Plus une place. Mais pour Frédérick Lemaître tout s'arrange. Depuis bien des soirs, une inconnue très belle, très élégante, occupe, fidèle et seule, la loge qu'on lui réserve. Elle acceptera, pour une fois, la compagnie d'un spectateur de marque, qui se glisse à ses côtés sans être vu d'elle.

Sur la scène, où les naïves toiles peintes de jadis ont fait place à de luxueux décors, Baptiste mime génialement la tragédie des amours pauvres et malheureuses, malheureuses parce que pauvres.

Qu'en pense-t-elle la belle spectatrice, que pense-t-elle Garance – car c'est elle – de l'infortuné Pierrot qui ne peut suivre au bal celle qu'il aime parce qu'il est trop mal habillé ? Ce ne sont pas les toilettes qui lui manquent, à Garance, ni les bijoux... Le comte de Montray a fini par triompher. Garance a accepté qu'il essaie de faire son bonheur, à sa façon.

Frédérick et Garance se sont reconnus ; le célèbre comédien, expert en passions, n'est pas long à comprendre ce qui attire aux Funambules celle avec qui il joua jadis à faire semblant d'aimer. Va-t-il être rétrospectivement jaloux de Baptiste ? Quel beau sujet de pièce ! Frédérick Lemaître la cultivera, cette jalousie, jusqu'à ce qu'il se sente mûr pour jouer *Othello* !

Mais en attendant, Frédérick se précipite vers les coulisses, où on l'accueille comme l'enfant prodigue. Il s'empresse d'avertir Baptiste de la présence fidèle de Garance à son spectacle, libre à lui d'en tirer les conclusions qu'il voudra. Or, Baptiste n'a pas oublié Garance. Frédérick est venu souffler sur un feu que le temps n'a pas éteint. Baptiste est bouleversé de savoir si près de lui, celle qui lui fut si précieuse qu'il n'osa y toucher ! Le souvenir le brûle, l'attire avec une force invincible, l'arrache hors de scène en plein spectacle. Baptiste court à la loge de Garance. Trop tard, une fois de plus. La loge est vide.

Entretemps notre vieil ami Jéricho, le marchand d'habits, a sauté sur l'occasion de brouiller les cartes de Baptiste. Il a averti Nathalie de la présence de Garance dans la salle. L'épouse, la mère s'est défendue. C'est le petit enfant, dûment chapitré qui est allé voir Garance dans sa loge, et la belle passagère a compris...

Elle est partie, elle est retournée mélancoliquement dans son luxueux hôtel, où l'attend une nouvelle ombre du passé... "Monsieur" Lacenaire, à tout hasard, est venu lui rendre visite. Il trouve Garance toujours semblable à elle-même. Ce serait plutôt lui qui aurait changé. Lacenaire s'occupe un peu trop maintenant de ce qu'on pense de lui, et il a pris un sens aigu de son honneur particulier…

Il rencontre en partant le comte de Montray et de ces deux mondes qui se croisent, jaillit un éclair de haine qui ne sera profitable ni à l'un, ni à l'autre. En tout cas, ce n'est pas auprès d'une Garance, incessible, qu'il a achetée, mais qui ne s'est pas vendue, que M. de Montray trouvera la paix dans l'âme. La jalousie le tourmente, lui aussi, et ses soupçons, ô ironie, s'égarent sur Frédérick Lemaître…

Le grand acteur est prêt maintenant à jouer *Othello*. Deburau, lui, a disparu. Bouleversé d'avoir à nouveau frôlé la destinée de Garance, il se cache aux yeux de tous. Il essaye en vain de retrouver à l'hôtel du Grand Relais le fantôme de sa jeunesse…

Tout Paris se presse à la première d'*Othello* où Frédérick Lemaître se surpasse. Le comte de Montray et Garance sont là. Garance vient de recevoir, avec des fleurs de Frédérick, l'assurance qu'il s'est déchargé de sa jalousie sur le More de Venise… Mais le comte s'obstine dans son erreur. Après la représentation triomphale, au foyer, s'enferrant sur sa fausse piste, il provoque Frédérick. Alors qu'il serait si simple, pour savoir la vérité, de soulever ce rideau, derrière lequel Baptiste venu à la représentation et ayant retrouvé Garance, la serre, ivre de bonheur, contre sa poitrine. Eh bien, Lacenaire lui aussi présent à cette petite fête, l'écartera ce rideau, et le malheur du comte de Montray apparaîtra théâtralement aux yeux de tout Paris. Or, de son propre aveu, Lacenaire n'est pas quelqu'un contre qui on se bat en duel. Pour prix du douteux service qu'il vient de lui rendre, Montray se contentera donc de faire jeter ignominieusement Lacenaire à la porte. Affreux malentendu, Lacenaire ayant également horreur d'être jeté à la porte.

Chacun venge son honneur à sa manière. Le lendemain matin, le comte de Montray attend aux Bains Turcs deux messieurs, en effet, mais il n'en repart qu'un. Avril laisse auprès du corps de Montray, qu'il vient d'assassiner, un Lacenaire enfin satisfait, certain qu'il a pleinement réalisé sa destinée. Lui aussi, sa gloire l'attend…

Baptiste croit également avoir réalisé sa destinée, chose qu'il aurait été plus facile de faire quand Garance s'offrit à lui pour la première fois. Mais cette nuit, à l'hôtel du Grand Relais, dans la chambre de jadis, où ils sont revenus tous les deux, il la tient solidement entre ses bras. Au petit jour Baptiste ne lâchera pas son bonheur retrouvé…

Hélas, il est trop tard… Une intervention de Nathalie qui lutte, elle aussi, pour son amour, le fera comprendre à Garance. Et Garance ne se trouve plus le droit, ni la possibilité peut-être, d'être heureuse auprès de celui qu'elle aime. Elle s'en va, seule, vers on ne sait quel destin, par le Boulevard du Crime qui, envahi de masques en ce jour de Carnaval, semble grouiller d'une folie collective…

En vain Baptiste se lance-t-il farouchement à la poursuite de Garance. Il y a trop de choses contre lui. Et ces obstacles infranchissables se matérialisent en une cohue effarante, une ronde démentielle de blancs Pierrots hurlants et ricaneurs, une masse accablante contre laquelle l'homme vaincu lutte inutilement, un torrent que rien ne saurait remonter, et le noie, le roule et l'emporte loin, très loin, de plus en plus loin de son amour désespéré… […]

Une kermesse populaire, débordant des trottoirs sur la chaussée ; où les riches équipages se frayent avec peine un passage vers Tortoni ou le Café Anglais… Une foire perpétuellement animée, avec ses marchands ambulants, ses petits métiers, ses bourgeois et ses filles : le boulevard du Crime en 1840. "– Entrez, mesdames et messieurs, entrez… Un franc aux avant-scènes si vous êtes fortunés et quatre sous au "Paradis" si vous êtes pauvres ou momentanément gênés. Celui-là ne sait rien faire… C'est un attardé, un rêve tout debout ; même quand il est assis… Et celui-là, hélas, c'est mon fils !…"

Au "Paradis" s'entasse, sous les cintres, rit, boit et pleure tout un public bon enfant, qui sait faire et défaire les gloires de la scène. Dans un décor naïf peuplé d'oiseaux, la jolie Colombine est courtisée par un séduisant Arlequin, sous le regard désespéré du pauvre Pierrot. Un désordre invraisemblable de décors et d'accessoires insolites… des acrobates, des danseurs, des nains, des arabes et des guerriers zoulous : les coulisses de Funambules. Frédérick Lemaître et Baptiste Deburau, chacun sur la première marche du succès fraternisent, en parlant de leur commune passion : le Théâtre.

"Le Rouge-Gorge". Un nom printanier qui sert d'enseigne à un abominable tapis-franc où se distrait bruyamment une pègre boueuse. Baptiste aperçoit dans ce sinistre lieu de plaisir, l'éclairant de son mystérieux sourire, Garance, qu'accompagne "Monsieur" Lacenaire. "– Péché avoué est à moitié pardonné, lui répond le Président… C'est exact, mais comme il faut que justice soit faite, alors on va vous couper seulement la moitié de la tête !…" Avril, le pâle voyou, va démontrer à Baptiste ce qu'il en coûte au "Rouge-Gorge" de se montrer trop empressé auprès des dames accompagnées…

Baptiste, avec la complicité de la nuit, osera-t-il avouer son amour à Garance, cette grande passion à la fois pudique et ardente qu'il lui voue ?... Elle est belle, elle s'appelle Garance, elle fait ce qu'elle veut... Et ce soir, dans cette chambre, seule avec Baptiste, "elle n'a pas tellement sommeil".

"...l'incomparable Baptiste, mon propre fils, dont son père peut être fier, a composé lui-même le spectacle que nous vous présentons aujourd'hui..." Fait sans précédent au Théâtre des Funambules, le spectacle tient l'affiche depuis plus de trois semaines devant une assistance chaque fois plus nombreuse. Le comte de Montray, "un des hommes les plus brillants et les plus riches de France" passe maintenant toutes ses soirées aux Funambules...

Arlequin-Lemaître, amoureux de Phœbé-Garance, donne une aubade à celle-ci, sans se soucier du pauvre Baptiste endormi. Triste, désolé, touchant, ridicule, Baptiste aperçoit "au loin" une barque dans laquelle ont pris place Arlequin et Phœbé tendrement enlacés. "– Tentative d'assassinat avec préméditation... complicité... Ça peut aller dans les cinq à six ans de réclusion... Tout bonnement..." Qu'importent les drames... Avides de plaisirs et d'émotions, les badauds se pressent devant les parades en plein vent, les saltimbanques, les aboyeurs...

La salle du "Grand Théâtre", le soir de la première de *L'Auberge des Adrets* dont Frédérick Lemaître va faire un immense succès comique. Applaudis frénétiquement par le public, les trois auteurs de *L'Auberge des Adrets*, conduits par Frédérick, saluent avec discrétion et modestie... "– Et avec qui vous battez-vous en duel ?" – Avec un imbécile. – Vous allez le tuer, j'espère. – S'il fallait tuer tous les imbéciles !"

Le duel. Les trois auteurs, sinistres, funèbres, transis de froid, attendent Frédérick, cette "Poule aux œufs d'or", qu'ils risquent bel et bien de tuer...

Sur la scène où les naïves toiles peintes de jadis ont fait place à de luxueux décors, Baptiste mime génialement la tragédie des amours pauvres et malheureuses.

Baptiste est bouleversé de savoir si près de lui celle qui lui fut si précieuse qu'il n'osa la toucher. Le souvenir va l'arracher de scène en plein spectacle.

Dans le luxueux hôtel, Lacenaire rencontre le comte de Montray et de ces deux mondes qui se croisent, jaillit un éclair de haine qui ne sera profitable ni à l'un ni l'autre.

Deburau, le pêcheur de lune, a épousé la douce Nathalie. Que pourrait craindre celle-ci qui n'a jamais douté de la puissance de son amour ?

" – Écoute Nathalie, il faut que je te dise quelque chose... Garance est revenue. Elle est ici, loge 7 et elle attend Baptiste !... Loge 7... n'oublie pas !... J'aurais dû te le dire plus tôt... mais cette femme... c'est Garance !... Elle est revenue et elle doit repartir... Alors elle voulait te voir... tu comprends !" "– Rassurez-vous, je ne lui demanderai rien... Mais j'aimerais connaître cet homme qui a posé la main froide de la richesse sur la blanche épaule de mon ange gardien !"

Ce ne sont pas les toilettes qui manquent à Garance, ni les bijoux, depuis qu'elle a accepté que le comte de Montray fasse son bonheur. À sa façon. Heureusement pour les pauvres, l'argent ne peut pas tout. Auprès d'une Garance inaccessible, le comte n'en a peut-être pas pour son fameux argent.

Frédérick Lemaître s'étant déchargé de sa jalousie sur le More de Venise, se sent prêt à jouer le rôle de sa vie : *Othello*. "– Ce mouchoir que j'aimais tant et que je t'avais donné, tu l'as donné à Cassio ! – Non, sur ma vie et sur mon âme. Faites venir l'homme et interrogez-le ! – Oui, vous êtes là vivante dans mes bras comme la première fois ! Et je ne demande rien d'autre que cette bouche qui est votre bouche et ces yeux qui sont vos yeux..." [tirades d'*Othello*]. – Vous avez tort de m'humilier... Je ne suis pas un personnage de vaudeville, moi... Tandis que vous... vous en êtes un... Et je le prouve !"

" – Comme c'est beau la lumière de la lune !... Elle brille pour nous comme le premier soir... Et comme le premier soir la fenêtre est grande ouverte..."

Le comte de Montray attendait aux Bains Turcs deux messieurs. Il vint deux messieurs, en effet. Mais il ne devait en repartir qu'un...

Le Boulevard du Crime, envahi de masques semble grouiller d'une folie collective. Des milliers de déguisés s'interpellent, rient, chantent et s'amusent. Une foule immense, un torrent que rien ne saurait remonter... C'est le Carnaval... la vie est belle ! »[1]

Une plaquette avait également été éditée à destination des journalistes : « 1827 Paris. Autrefois. Le boulevard du Crime au début du XIXe siècle. Le Boulevard du Crime évoque à lui seul une époque où le Théâtre était roi. (Un roi dont la popularité dépassait de beaucoup tout ce qu'on imagine !) D'aucuns pensent qu'il dut son nom à quelque crime retentissant. La réalité est tout autre : des centaines, des milliers

1. *Ibid.*, 4 ENF/3.

d'innocents – ou de criminels – périrent bien Boulevard du Temple, mais leur sang fut répandu sur la scène des théâtres qui se touchaient. Le Théâtre Nicolet, le Théâtre des Associés, le Théâtre de Madame Saqui, le Paradis de Bobèche, le Salon des Figures, l'Ambigu, les Funambules, les Spectacles Sazary, attiraient une foule sincère, vibrante, sympathique aux acteurs. Cette foule avait ses idoles : un mime génial, Deburau sorti du peuple, et le plus célèbre acteur de mélodrame : Frédérick Lemaître. L'un et l'autre répondaient à l'idéal de bonheur et de justice des âmes simples, à ce goût du merveilleux qui subsiste chez l'homme dont le cœur est demeuré pur. Le spectacle n'était pas seulement à l'intérieur, il était dans la rue. Imaginez une immense kermesse où se confondaient les boniments des bateleurs, les sonneries de trompette et les battements du tambour, les lazzis, les appels du peuple de Paris. Trois allées parallèles, bordées d'arbres, constituaient le Boulevard du Temple dont le centre était occupé par la Chaussée réservée à la circulation des voitures. Des deux côtés, les allées où les forains avaient installé leurs baraques ; enfin, derrière, les maisons, c'est-à-dire les théâtres et les cafés où se tenaient de curieuses réunions. Une joyeuse animation, faite d'insouciance et de curiosité, composait à ce lieu une physionomie très particulière, aimable, d'un pittoresque souvent savoureux que le cinéma se devait de traduire avec tous les moyens d'expression dont il dispose. Marcel Carné ne fera pas seulement œuvre d'historien. Encore moins de chroniqueur. Il a des ambitions plus humaines et plus hautes, et d'abord celle de faire revivre un Paris dont le souvenir ne nous quittera plus. L'évocation d'une époque aussi mal connue et aussi extraordinaire que celle-là ne pouvait manquer de séduire – en raison des difficultés qu'elle comporte – le seul metteur en scène capable d'en retrouver l'atmosphère à la fois réaliste et poétique. Un effort sans précédent dans l'histoire du cinéma français. Pour donner l'ambiance nécessaire au nouveau film de Marcel Carné il fallait reconstruire le Boulevard du Crime tel qu'il était à l'époque où doit se dérouler l'action d'une production dont une partie de l'intérêt réside dans la perfection des détails. Il paraît facile, à première vue, de pouvoir, grâce aux documents parvenus jusqu'à nous, édifier à nouveau, pour les besoins du cinéma, un Boulevard entier, y jeter une nombreuse figuration et réaliser ainsi une œuvre de grande classe. Cependant ne croyez pas que ce soit si commode et nous allons nous tenir au courant des difficultés qui se sont élevées pour trouver les matières premières nécessaires à la réalisation d'un décor sans précédent en France… Les travaux viennent de commencer, pendant que les terrassiers s'affairent et déblaient le terrain, les charpentiers montent les échafaudages sur lesquels seront bâties les façades des Théâtres et des immeubles copiées avec exactitude d'après les documents de l'époque. Le terrain est prêt, on voit l'amorce des trottoirs : sur l'ossature des maisons, les menuisiers sont à l'ouvrage et donnent une "forme" aux constructions tandis que des spécialistes posent les plaques de staff des façades. Les châssis des fenêtres, les revêtements en bois des magasins sont mis en place et tandis que les plâtriers continuent leur ouvrage, les équipes qui ont achevé le Boulevard proprement dit, montent les petites rues adjacentes. Les arbres n'ont pas souffert du changement de terre et le pavage une fois posé a été convenablement roulé : le Grand Théâtre et le Théâtre de la Gaieté vont être achevés. Voyez avec quel soin sont montés les décors des ruelles et avec quelle minutie sont exécutés les détails des façades dont la construction des échafaudages est un parfait exemple. Une vue d'ensemble du Boulevard du Crime permet de constater l'étendue des travaux menés à bien par les décorateurs Barsacq et Gabutti, et les ouvriers des studios.... Mais si l'étonnante reconstitution du Boulevard du Crime par les décorateurs Barsacq et Gabutti, les costumes de Mayo, composent un ensemble qui atteint la perfection et s'y maintient constamment, le prodige n'est-il pas d'y retrouver la chaleur de la vie ? Ici l'interprétation a répondu pleinement à ce qu'on pouvait attendre d'acteurs tels qu'Arletty, Jean-Louis Barrault, Pierre Brasseur, Marcel Herrand, Maria Casarès, Le Vigan, Louis Salou, Boverio, Gaston Modot, Marcelle Monthil, Robert Dhéry, Palau, Jacques Castelot etc. Le scénario de Jacques Prévert, les dialogues de cet auteur, le seul capable de concevoir et de conduire avec une telle maîtrise l'intrigue passionnante et mouvementée de ce film en deux époques dont les héros s'appellent Deburau et Frédérick Lemaître, a fourni à Jean-Louis Barrault et Pierre Brasseur l'occasion de leur plus belle création. Ils incarnent magnifiquement le mime et le comédien dont la forte personnalité possède ce rayonnement auquel le public avec son merveilleux instinct ne se trompe jamais. Roger Hubert a la tâche de fixer sur la pellicule les images fugitives de la plus attachante histoire d'amour ; Georges Mouqué y ajoutera son apport musical, intelligemment subtil et sensible. Les exploitants – nous en sommes sûrs – apprécieront en connaisseurs tous les éléments de succès réunis dans une œuvre dont la qualité, la classe, l'intérêt ne peuvent être mis en doute puisqu'il s'agit du nouveau film de Marcel Carné *Les Enfants du Paradis*... Et maintenant que nous vous avons présenté les principaux interprètes des "Enfants du Paradis", revenons au grand décor qui fut édifié aux Studios de la Victorine à Nice et sur lequel nous allons vous donner quelques détails bien dignes d'attirer votre attention. La longueur du Boulevard du Crime reconstitué est de 150 mètres. Le décor se compose de plus de 50 façades de Théâtres et maisons dont la hauteur varie entre 12 et 18 mètres, leur construction a été effectuée sur un terrain qui avait une pente de 4 % et il a fallu déblayer plus de 800 mètres cubes de terre. L'ossature du décor a nécessité 35 tonnes d'échafaudages de Paris. La mise en place en a été faite par 4 spécialistes charpentiers de la capitale en 40 jours seulement. Le décor comprend la reproduction exacte de 7 Théâtres qui sont : le Grand Théâtre, le Théâtre de la Gaieté, le Paradis de Bobèche, le Salon des Figures, les Funambules, les Délassements comiques, les Spectacles Sazary. On a utilisé pour édifier les façades 3 000 mètres carrés de "caunisse", destinés à recevoir le revêtement et 350 tonnes de plâtre. Pour les travaux annexes il a fallu 150 mètres cubes de bois, 2 tonnes de clous, 500 mètres carrés de vitres, 300 fenêtres entières, un nombre équivalent de persiennes. Quant à la main-d'œuvre il a fallu 15 menuisiers pendant 90 jours, 50 machinistes pendant 60 jours, 25 staffeurs pendant 60 jours, 20 plâtriers pendant 45 jours, soit un total de 67 500 heures de travail. Le Boulevard et les ruelles adjacentes ont été pavés à l'aide de plaques moulées sur une superficie d'environ 2 000 mètres carrés. Il a fallu 8 jours de cylindrage pour que ce revêtement soit mis en place. Par ailleurs, 20 arbres avec leurs racines ont été transplantés sur le terrain pour lui donner la physionomie exacte qu'avait le Boulevard du Crime en 1827. La hauteur de chaque arbre oscillait entre 8 et 12 mètres. Que dire encore sur ce surprenant décor, si ce n'est que, pour la nécessité des prises de vues où abondent les "travellings", il a fallu construire sur de grandes profondeurs, les rues qui débouchent sur l'actuel Boulevard du Temple, afin que le déplacement des appareils ne révèle pas l'envers du décor. Et si l'on veut un détail qui prouvera avec quel soin fut édifiée cette surprenante construction, nous ajouterons que 4 peintres en lettres ont travaillé pendant 20 jours pour tracer certaines inscriptions qui figurent sur les maisons et parmi lesquelles on peut relever certaines mentions dont nous pouvons nous amuser aujourd'hui : "Bains du Boulevard : ici 0,25 ; à domicile 0,35". "Restaurant des Oublis", plat du jour, Bouillon et bœuf, prix fixe 0,35 et sur une boulangerie cette inscription "pain chaud à volonté" 0,10 par personne. Et voici la première photo prise sur le "Boulevard du Crime". La foule des figurants anime la rue sillonnée de calèches conduites par des cochers en livrée, tandis que le marchand d'oublies agitant sa sonnette convie les passants à tenter leur chance. La Parade des Théâtres va battre son plein dans quelques instants sous l'œil indifférent du rémouleur. Et c'est ainsi que revivra bientôt l'actuel Boulevard du Temple, grâce à l'un des plus prodigieux efforts de réalisation qui ait été accompli dans l'Industrie Cinématographique française. Le metteur en scène Marcel Carné semble ravi des premières scènes réalisées, car tous les interprètes comprenant ses désirs, ont donné le meilleur d'eux-mêmes au cours des prises de vues de cette sensationnelle production *Les Enfants du Paradis* »[1]

Les Portes de la nuit

« Les Portes de la nuit vont se fermer sur la ville... Un mélancolique crépuscule d'hiver, ce triste hiver. Qui suivit le magnifique été de la Libération de Paris, allonge ses ombres sur les quartiers insolites du nord de la capitale. Là, entre les boulevards extérieurs et la banlieue, bordé par les fleuves de rails qui mènent aux pays de la brume, parcouru, comme un port abandonné, de canaux et de bassins silencieux, s'étend un étrange territoire d'eau, de fer et de fumée, aux rues peu fréquentées... Là commence cette histoire, pour s'y achever au petit matin, lorsque s'ouvriront, chacun de nos personnages ayant répondu aux nécessités du Destin, les Portes du jour...

Il ne faut pas s'attendre, entre les gazomètres et le bassin de la Villette, à le rencontrer, ce Destin, sous les traits légendaires d'une femme mystérieuse, voilée de noir. Ici, le Destin, qui va et vient de l'un à l'autre, lourd d'avertissements et de desseins secrets, on le prendrait, on le prend, tout simplement pour un clochard, un ivrogne digne et sentencieux. Nul ne le croit, nul ne l'écoute. Et pourtant, il sait. Il sait, par exemple, que son voisin, dans le métro, descend à la prochaine et il le lui dit... L'homme remarqué par le Destin s'appelle Diego. Il porte, avec l'élégance naturelle et négligée des gens qui ont beaucoup voyagé, un costume neutre, de bonne coupe. Il se dirige vers la rue des "Petites-Feuilles" pour y accomplir, après bien des hésitations ce qu'il est convenu d'appeler un pénible devoir. Diego vient annoncer à Claire Lécuyer que son mari, le cheminot Raymond, avec qui il était aux mains de l'ennemi pendant la lutte clandestine, a, moins heureux que lui, été fusillé. Diego arrive devant l'immeuble où vivait son ami. Celui-ci est voisin d'un immense chantier de démolitions, bordé de

1. *Ibid.*, 4 ENF/2.

hangars sordides, sous lesquels s'entassent les épaves les plus variées des maisons mortes. Le propriétaire du chantier, M. Sénéchal, est également celui de la maison, dont il habite le premier étage. Disons tout de suite que M. Sénéchal s'est enrichi pendant l'occupation de façon si inquiétante, qu'après la Libération, il est allé faire un petit tour à Drancy. Mais son fils, Guy, lequel, paraît-il, s'est conduit comme un héros sur les barricades, a réussi à le tirer de ce mauvais pas…

Voici Diego dans le modeste appartement où il apprend à Claire la terrible nouvelle. La jeune femme est confondue. Puis, elle éclate de rire. Il y a de quoi. Raymond, le soi-disant fusillé, arrive sur les talons de Diego ! Les deux amis tombent dans les bras l'un de l'autre, et la méprise s'explique : Diego a bien vu Raymond partir pour le poteau d'exécution, mais le cheminot a échappé à la mort grâce à un supplément d'information in extremis ! Diego et Raymond évoquent les souvenirs communs du temps de la bataille nocturne, et, parmi eux, l'ombre du traître qui a mis un terme à leurs activités en les donnant à la police. Ce traître que Diego n'a jamais vu, qu'il n'a fait qu'entendre ; et dont il reconnaîtrait la voix, il en est sûr, si un jour le Destin les rapprochait à nouveau…

Les émotions, ça creuse. Diego décide d'emmener Claire, Raymond et leur petit garçon Cri-Cri dans un restaurant du quartier où le marché noir est encore abordable. C'est là, à la fin d'un bon petit dîner, où Diego et Cri-Cri sont devenus de grands amis, que nous ferons la connaissance du fameux Guy Sénéchal. Ce jeune homme, trop bien habillé, suivi d'un couple de filles qui n'ont pas maigri pendant la guerre, échange au passage quelques réflexions aigres-douces avec nos amis… Derrière eux, entre le clochard. Il demande la permission de jouer de l'harmonica avant de faire la quête. Mais est-ce bien pour cela qu'il est venu ? Il en profite, en tout cas, pour lire l'avenir dans la main d'une gitane, et il avertit cette professionnelle de la prédiction – qui, bien sûr, ne le croit pas – qu'elle mourra cette nuit même – puis à Guy Sénéchal, il laisse entendre qu'il n'aura pas une mort heureuse…

L'air qu'il joue maintenant sur son harmonica éveille en Diego de lointains souvenirs… D'ailleurs le clochard vient s'attabler auprès du jeune homme qui, pas plus que les autres, ne le prend au sérieux et qu'il irrite. Lorsque le clochard lui dit qu'il a peut-être eu tort de venir dans ce quartier, il lui affirme froidement qu'il a, ici-même, rendez-vous avec la plus belle fille du monde !… – La plus belle fille du monde ? Qu'à cela ne tienne ! Le clochard, d'un revers de manche efface la buée qui recouvrait la vitre du restaurant et Diego au comble de la surprise aperçoit, dans une voiture de grand luxe qui vient de s'arrêter dans la rue, la femme merveilleusement belle dont il vient de parler… Que fait cette femme de rêve dans ce quartier perdu ? Tout simplement l'homme qui conduisait la voiture a éprouvé le besoin de se rafraîchir un peu… Et déjà la vision disparaît dans la nuit… Mais il est temps de partir, si Diego ne veut pas rater le dernier métro, ainsi que le lui rappelle le clochard. Un peu trop tard, peut-être, car effectivement, ce dernier métro, Diego le manque. Cri-Cri, ravi, insiste pour que son nouveau copain vienne coucher à la maison et tout le monde retourne rue des "Petites-Feuilles"… Cependant, la voiture, à l'intérieur de laquelle Diego a aperçu la femme à la beauté bouleversante, rode, lentement, par les rues désertes du quartier perdu…

Il y a entre l'homme qui tient le volant et sa femme, Malou, une profonde mésentente. L'argent n'a pas fait leur bonheur et Dieu sait si Georges en a ! Mais maintenant, Malou est à bout. Elle n'aime plus Georges, elle ne peut plus vivre auprès de lui. Elle a voulu ce soir revenir dans ce quartier qui fut celui de son enfance, et qu'elle a quitté il y a de longues années, pour mener autour du monde une vie parfois brillante, parfois étrange. Elle saute de la voiture, elle fuit Georges qui perd sa trace et l'appelle en vain dans la nuit… Malou est seule, égarée dans les rues vides… Soudain de l'ombre surgit le clochard, pour la remettre obligeamment sur le chemin de sa destinée. Et bientôt Malou arrive devant la maison de M. Sénéchal. Elle monte, sonne. M. Sénéchal vient ouvrir et s'étonne de cette apparition éblouissante. Mais il est encore plus effaré lorsque Malou se fait reconnaître. Malou est la fille de M. Sénéchal. Elle n'avait pas vu son père depuis que, tout enfant, sa mère l'avait emmenée avec elle, fuyant un intolérable foyer conjugal. Sénéchal est au fond, plus inquiet qu'ému de cette réapparition. D'une avarice sordide, il craint un instant que Malou, en difficulté, ne vienne lui demander de l'argent. Or c'est elle qui est en mesure de lui en donner. Ce qu'elle fait, à l'insu de celui-ci, avant de fuir, assez rapidement, une présence, qui lui demeure, à jamais étrangère… À l'étage au-dessus, chez les Lécuyer, Diego repose auprès du petit Cri-Cri… Croyant son grand ami endormi, l'enfant se lève avec précaution et commence à s'habiller sans bruit. Diego l'interpelle soudain… Cri-Cri se trouble, puis, désireux de sceller son amitié avec Diego par le partage d'un secret, il finit de demander à celui-ci de le suivre jusqu'au chantier de démolitions. Là, dans une cabane abandonnée, qui est le domaine mystérieux et secret de tous les gosses de la maison, Cri-Cri montre à Diego son trésor : une chatte sauvée du canal avec ses trois petits !

Cependant, après avoir bavardé, l'enfant s'endort. Diego le prend dans ses bras pour le ramener à la maison. Et c'est alors qu'il se trouve soudain en présence de Malou, errant elle-même parmi le cimetière de décombres, que la nuit et le clair de lune parent de toutes les magies d'un merveilleux fantastique ; Malou, venue chercher ce soir le souvenir du chemin perdu menant au pays de l'enfance, alors que, petite fille, elle apprenait à danser dans le chantier de démolitions ! Le petit Cri-Cri retournera seul à la maison, tandis que Diego reconnaît en Malou la femme entrevue dans la voiture, « la plus belle fille du monde », avec qui il s'était vanté auprès du clochard d'avoir rendez-vous cette nuit-là ! Il est là aussi, cet inquiétant personnage et, invisible dans les ténèbres, il joue doucement sur son harmonica un air connu de Diego et de Malou, un air qu'ils ont entendu chacun de leur côté…

À la même heure de leurs deux vies si étrangement mêlées. Car, attirés invinciblement l'un vers l'autre, fidèles au rendez-vous que le Destin leur a préparé, Diego et Malou se parlent… se connaissent… se reconnaissent… Plusieurs fois leurs routes se sont croisées sur les chemins de la Terre, et, sans le savoir, ils allaient l'un vers l'autre. Des coïncidences étranges ont voulu que, dans l'île du bout du monde, Diego ait gravé son nom auprès de celui de Malou… Et la voix de Malou, qui chantait alors à la radio, il l'a entendue, un soir d'alcool et de rixe… Deux êtres, cette nuit-là, sont enfin parvenus au terme de leur double voyage solitaire… Et chacun exerce sur l'autre un attrait si puissant qu'ils continueront peut-être la route ensemble… Malou se laisse aller entre les bras de Diego, cet inconnu qu'elle connaît si bien… Mais la vie ne s'arrête pas parce qu'un homme et une femme, après s'être retrouvés, se perdent l'un en l'autre. La vie continue, avec ses immenses merveilles et ses petits drames sordides…

À peine remis de la visite brève et inattendue de sa fille, M. Sénéchal voit arriver son fils Guy. Celui-ci ne perd pas son temps en démonstrations filiales. Il se prépare en toute hâte à filer vers l'Espagne. En effet, le héros des barricades n'est qu'un abominable petit gredin, qui a, pendant l'occupation, participé aux plus basses besognes policières contre des Français. Il sait qu'il a été démasqué et, s'il ne tient pas follement à sa peau, car il a conscience qu'elle ne vaut pas cher, il tient à garder une certaine dignité dans son abjection. Il tremble surtout de comparaître en accusé, en vaincu, devant ses anciennes victimes. Guy rafle au passage les dollars abandonnés par Malou, à la grande fureur de l'honnête M. Sénéchal. Suivi par son père qui court après son argent, Guy se rend au garage du chantier chercher de l'essence. Là, la discussion se poursuit, lamentablement sordide, chacun jetant son ignominie à la face de l'autre. Jean et Malou, attirés par le bruit, entendent les voix affreuses des deux complices. Diego reconnaît soudain un rire et une voix... Le rire et la voix du traître qui le livra jadis, avec Raymond Lécuyer, à la torture ! Il se précipite et se dresse soudain en accusateur devant Guy. Celui-ci tire son revolver. La lutte s'engage entre les deux hommes et Guy reçoit, en même temps qu'une terrible correction, l'humiliation qu'il redoutait tant. D'autant plus que Raymond, qui allait prendre son service sur les voies, a entendu les coups de revolver et entre à son tour dans le garage...

Guy toutefois est un personnage trop dégoûtant pour que l'honnête Raymond ait même envie de se venger de lui. On le laissera vivre, avec sa honte d'avoir été battu et humilié devant sa sœur, que l' on découvre soudain. Raymond entraîne Diego et Malou loin de toute cette boue. Il ne reste plus à Guy que son revolver, qu'ivre de rage, de haine et de désespoir, il emporte avec lui au hasard de la nuit... Guy erre maintenant, lamentable au bord du canal... Un attroupement attire son attention. On repêche une noyée : la gitane tombée à l'eau ainsi que le lui avait prédit le clochard. Ce fait banal a attiré quelques curieux au bord de l'eau noire et glacée. Et parmi eux, Georges, le mari de Malou, qui la cherche toujours, et qui a eu horriblement peur en entendant parler de femme noyée... En apprenant que Georges cherche une femme qui s'appelle Malou, Guy se fait connaître et s'offre à le conduire jusqu'à elle. Georges accepte, malgré les avertissements du clochard qui lui conseille de n'en rien faire. Guy apprend à Georges que Malou est en ce moment même avec un inconnu, selon toute vraisemblance son amant. Unis dans l'humiliation et le malheur, Georges et Guy partent en voiture et, comme l'homme est peut-être armé, Guy tend à Georges son revolver...

Cependant, dans un petit bistro, rendez-vous habituel des cheminots, où les a conduits Raymond avant de prendre son service, Diego et Malou font des projets d'avenir. Diego est prêt à sacrifier son seul bien, sa liberté, pour ne jamais quitter Malou, et Malou elle-même abandonnera tout pour le suivre. Là-dessus, survient l'éternel clochard, qui reproche à Diego d'être encore dans ce quartier où il n'aurait jamais dû venir... Cette fois, Diego exaspéré, jette brutalement à terre l'homme qui ne veut pas se taire, et il quitte avec Malou cet endroit où, pour la dernière fois, le Destin a tenté de se faire entendre. Maintenant, rien n'arrêtera plus le cours des choses. Georges, au volant de sa voiture aperçoit soudain dans la lumière des phares Diego et Malou enlacés... Georges arrête... Il appelle Malou et, complètement égaré, tente en vain de la reprendre. Mais elle s'éloigne de lui pour toujours, elle le quitte, elle retourne vers

Diego qui l'attend… Affolé, Georges sort soudain le revolver que lui a donné Guy. Il tire sur la femme qui ne sera plus jamais à lui. Malou tombe en avant, dans les bras de Diego qui se précipite… Guy s'enfuit à toutes jambes. Que peut-il faire, parvenu au dernier degré de la honte ? Il erre, lamentable, dans le quartier…

Sous le ciel qui pâlit, on le verra s'engager mécaniquement, à la manière d'un automate entre les rails d'une gare de triage près de la Porte d'Aubervilliers… Quelques instants plus tard, on retrouvera sur la voie son corps déchiqueté par un convoi dont le chef des manœuvres, par un détour de la destinée n'est autre que l'honnête Raymond Lécuyer… Pendant ce temps, Diego a mené vers l'hôpital Malou, qui n'a plus conscience que pour penser à son nouvel et magnifique amour… Trop tard. Les hommes, si savants soient-ils, ne peuvent plus rien pour Malou. Les blessures de la jeune femme sont de celles dont on ne guérit pas… Laissant là Georges, telle une loque effondrée, Diego s'en ira seul, chercher le métro du matin, le premier métro de l'aube triste et froide…

Le métro autour duquel, avec le jour enfin revenu, la vie va reprendre, continuer comme hier et demain… La vie, avec sa foule, ses marchands furtifs et ses musiciens ambulants… »[1].

La Marie du port

« À Port-en-Bessin, petit port de pêche normand, a lieu, ce jour-là, l'enterrement de Jules Le Flem, un pêcheur qui, en mourant laisse cinq orphelins. Tandis que la chenille noire du convoi passe pour un dernier adieu devant la flottille des chalutiers au grand complet dans l'arrière-port, dans un café désert un homme attend au comptoir. C'est Henri Chatelard, propriétaire de la plus importante brasserie de Cherbourg, ainsi que d'un cinéma y attenant. Il a accompagné sa maîtresse, Odile, à Port, afin que celle-ci assiste à l'enterrement de son père. La cérémonie terminée, le café s'emplit. Très vite la conversation devient animée. Une vente aux enchères doit avoir lieu le jour même, celle d'un chalutier appartenant à un certain Viau, lequel a fait de mauvaises affaires et noie son chagrin dans la boisson. Un peu plus loin, chez Le Flem, Odile et sa jeune sœur Marie participent à une réunion de famille où oncles et tantes se partagent assez sordidement les orphelins, à l'exception d'Odile et de Marie, laquelle a décidé de rester à Port et de se placer au café. Pendant

1. *Ibid.*, 4 POR/1.

ce temps, Chatelard assiste à la vente du chalutier et s'en rend acquéreur. Après quoi, il reprend le chemin de Cherbourg avec Odile, non sans avoir fait la connaissance de Marie. Quoique cette première rencontre avec Marie ait été dépourvue d'aménité, elle semble avoir fait impression sur Chatelard. C'est un homme qui connaît la vie, n'a pas beaucoup d'illusions, mais, sentant passer le temps plus vite qu'il ne faudrait, est attiré par tout ce qui est jeune… Marie, petite nature "normande", assez renfermée, volontaire, ambitieuse, fréquentait jusqu'alors un adolescent, Marcel, le fils de Viau, jeune garçon coiffeur. Si Marcel est très épris, il ignore tout des femmes et de l'amour. Sa jalousie, ses tirades aussi enflammées que ridicules agacent Marie au cours des rendez-vous qu'ils se donnent sur la plage. Quant au père Viau, très sévère envers son fils, il ne veut pas entendre parler de Marie. Chatelard est revenu souvent à Port, son bateau nécessite certaines réparations. Jamais Odile ne l'accompagne : leur liaison est sur le déclin et si la jeune femme est d'excellent cœur, elle est surtout de nature paresseuse et molle. À chacun de ses voyages à Port, Chatelard rencontre Marie, lui fait des avances et n'essuie que des rebuffades. Y prend-il plaisir ? Il saisit toutes les occasions de la voir (ce qui fait jaser) jusqu'au jour où, devenu fou de jalousie, Marcel se jette sous la voiture. Le jeune homme en est quitte pour une fracture et, comme il refuse de regagner le domicile paternel, Chatelard l'emmène à Cherbourg où Odile le soignera. Chatelard a compris que Marie ne lui cèdera jamais s'il ne l'épouse pas. Mais il n'est pas homme à se laisser faire. Il décide de ne plus retourner à Port. Cependant, il reste obsédé par le souvenir de cette petite fille entêtée mais au regard séduisant. Quant à Odile, molle et passive, elle assiste, sans beaucoup se défendre, à la ruine de sa propre liaison, se trouvant un dérivatif dans les attentions maternelles dont elle entoure Marcel. Chatelard ne venant plus à elle, c'est Marie qui, un jour, vient à Cherbourg. À bout de patience, Chatelard l'enferme dans son bureau, dans le but bien défini d'en venir à bout, même par la force ! Mais l'attitude à la fois calme et ironique de Marie le déconcerte. Il abandonne, décidé à rendre la jeune fille à son amoureux. C'est à ce moment qu'il découvre Marcel et Odile se livrant à des démonstrations qui n'ont plus rien de maternelles… Un formidable éclat de rire le soulève. Révoltée, Marie s'enfuit. Chatelard la rejoint. Leurs positions respectives s'affrontent, bien précises. Marie veut, exige le mariage qui pour elle représente la sécurité du cœur… et de la situation. Chatelard, lui, s'il la désire, l'aime peut-être, entend demeurer libre… »[1]

1. *Ibid.*, 4 MAR/1.

Juliette ou la Clef des songes

« Une grande prison anonyme s'installe dans la nuit… Les gardiens viennent d'effectuer leur dernière ronde… Tout n'est plus que silence et pénombre… Dans sa cellule, un jeune prisonnier, Michel, est étendu… Sa pensée retourne vers celle qu'il aime et qui l'a probablement oublié… Il perd conscience, peu à peu… Et c'est alors qu'une lumière inconnue glisse dans la cellule. Dressé sur son grabat, le prisonnier voit soudain la porte s'entr'ouvrir. Il se lève, tire à soi le lourd battant de fer et, soudain, inondé de lumière, il se trouve devant un chemin qui fuit entre les oliviers vers un village de rêve…

Michel s'éloigne en gambadant dans la liberté retrouvée. Mais les premiers passants qu'il interroge : une petite bergère, une vieille gardienne de chèvres, le notaire du pays ne peuvent lui dire le nom de ce village vers lequel il se dirige… C'est un village plein de soleil, où chantent les cigales, un village sans mémoire, dont les habitants ne connaissent plus leur nom, ni les jours de la semaine, ni les traits de ceux qu'ils aiment… Michel, lui, se souvient. Il sait qu'il aime Juliette et que pour partir avec elle au bord de la mer, il a pris de l'argent dans le tiroir-caisse de son patron. Mais si le destin l'a conduit ici, peut-être Juliette y est-elle aussi ?… Le garde-champêtre qu'il interroge lui propose de faire une annonce au tambour. Qui pourra dire où est Juliette ? Et tout aussitôt, un groupe se forme autour de l'étranger… Pour tous ces gens sans mémoire, Juliette fait peut-être partie de leur passé oublié. Ils se forgent des souvenirs. Pour l'un, c'était sa sœur, morte on ne sait plus quand, pour l'autre c'est peut-être sa femme, pour le troisième c'est un bateau, pour un autre, enfin, une fleur…

Juliette, cependant, erre comme une ombre dans ce pays perdu. Juliette qui a, elle aussi, oublié jusqu'au souvenir de ses amours passées… Mais quelqu'un la suit : un personnage énigmatique, à la barbe avantageuse, qui faisait sa promenade dans un coupé noir. Un personnage peu scrupuleux au surplus. Quand Juliette apprend qu'un inconnu la recherche, il lui fait dire qu'il est celui-là et l'attire ainsi jusqu'en son château… Là, notre Personnage voudrait persuader la jeune fille qu'elle est déjà venue souvent, qu'ils se sont aimés. Juliette hésite… Mais les chiens du château ne la reconnaissent pas. Elle comprend, alors, qu'on la trompe. Pendant ce temps, Michel est arrêté par un inconnu qui veut lui arracher ses souvenirs et l'assomme à demi. Le jeune homme se réfugie au château où le maître vient l'interroger. Puisqu'il connaît le passé que

Michel lui dise son nom, à lui qui vainement a lu tous les livres d'Histoire dans l'espoir d'y découvrir la sienne. Mais qu'importe à Michel le passé de cet homme. Il cherche Juliette et il comprend qu'elle est ici. Repoussant le Personnage, il s'élance pour retrouver la jeune fille... Mais elle a fui, ayant compris que le Personnage n'est pas celui qu'elle attendait...

Dans la clairière de la forêt, une grande fête a lieu. L'accordéoniste fait danser les couples heureux n'ayant d'autre pensée que celle de la jeunesse. À Michel qui l'interroge, il conseille de ne pas poursuivre un souvenir chimérique. Mais le jeune homme ne peut trouver le bonheur sans Juliette. Il s'arrête au bout du chemin... Et tout à coup Juliette est devant lui. Elle comprend tout de suite que Michel l'aime, mais... elle a perdu la mémoire... Alors, dans la forêt enchantée où passe le marchand de souvenirs, elle rêve d'un merveilleux passé. Elle rêve de retrouver ses joies oubliées, le bel amour qu'elle a dû vivre aux pays de soleil. Et pour contenter son désir, Michel s'éloigne un instant, afin de lui acheter le châle qu'elle portait peut-être à Séville...

Quand il revient, il voit Juliette monter dans le coupé du Personnage. Une absence de quelques minutes a suffi pour que sa mémoire oublie les traits du bien-aimé... Juliette retourne au château où le Personnage inventera pour elle le plus beau des passés. Et la jeune fille est bientôt conquise... Mais Michel connaît cette fois son refuge. Suivi par les habitants du village il se rend au château, pénètre dans les salles désertes et découvre, aux robes tachées de sang pendues dans sept placards, l'identité du Personnage : c'est Barbe-Bleue... C'est alors que paraît le couple, en habit de noces. Michel se précipite, lance son nom à la face du criminel. Puis il se jette aux pieds de Juliette. Il faut qu'elle se souvienne de leur amour, des petites rues de Montmartre où ils se donnaient rendez-vous... Il faut qu'elle quitte cet homme dont elle ignore les crimes... Mais pourquoi ce bruit grandissant qui empêche qu'on l'entende ?... Pourquoi ce tintamarre qui lui fait se boucher les oreilles ?...

Michel se dresse sur son séant et se retrouve dans sa cellule. Il comprend qu'il a rêvé... Déjà la sonnerie du réveil fait se lever les prisonniers. Une clef grince dans la serrure. Appelé au Greffe, le jeune homme apprend que, sur la demande de Juliette, le patron a retiré sa plainte. Mais il apprend aussi que la jeune fille va épouser cet homme, en qui Michel retrouve le Personnage de son rêve.

Michel est libre, mais il a perdu son amour. Il va revoir Juliette dans la petite chambre qui aurait pu être celle de leur bonheur. Hélas ! il est déjà trop tard ! Malgré les appels de la jeune fille il s'enfuit dans la nuit. C'est Juliette, maintenant, qui le cherche en vain. Caché dans l'ombre d'un chantier de démolitions, il entend sa voix décroître. Puis le silence retombe… Devant les yeux de Michel, il y a maintenant une porte interdite : "Danger de mort" qu'il suffit de franchir pour tout effacer… Halluciné, le jeune homme se dirige vers elle, l'ouvre… Par-delà la Mort, dans l'Éternité de son amour, Michel rentrera dans son rêve par le chemin des oliviers, tout éclatant de soleil. »[1]

Thérèse Raquin

« C'est dans une rue étroite et sombre de Lyon que Mme Raquin vend du drap depuis quarante ans. Veuve, la vieille Mme Raquin n'a qu'une passion : son fils Camille, de santé très fragile et qu'elle a, depuis sa naissance, disputé sans cesse à la mort. Si elle a, jadis, recueilli chez elle une nièce orpheline, Thérèse, ce fut pour donner une compagne à Camille ; et depuis trois ans, elle a réalisé son rêve : Thérèse est devenue la femme de Camille. Ainsi, il y a désormais dans la maison une employée pour aider Mme Raquin à tenir sa boutique et une infirmière pour veiller sur la santé de Camille. Thérèse, qui est jeune et belle, a été la victime de cette combinaison, mais elle a accepté son destin sans protester. Elle est toujours comme absente et perdue dans un rêve…

À la suite d'un incident de travail, Camille, qui occupe un vague emploi de contrôleur dans une gare de marchandises, s'est lié avec un Italien, camionneur de son métier, qui est beau, généreux, séduisant. Bizarrement, Camille s'est attaché à ce garçon superbe qui a toutes les vertus qui lui manquent, et l'a convié à participer aux petites réunions du jeudi soir : autour d'un tapis vert, Mme Raquin, son fils et deux amis : M. Grivet, fonctionnaire aux chemins de fer, M. Michaud, comptable retraité, jouent passionnément aux petits chevaux, à coups de dés, et se disputent tout le long de la soirée. Thérèse a horreur de ce jeu et de ces querelles ; Laurent n'a feint de s'y intéresser que pour approcher Thérèse. Tout de suite, ils se sont aimés. Et tout de suite Laurent a proposé à Thérèse de l'arracher à ce milieu sinistre. – Prenons la fuite ensemble… sans explications… sans discussions…

Mais Thérèse n'a pas osé. La passion l'a sortie de son rêve et ramenée sur la terre, mais trop d'années de soumissions la retiennent encore, par pitié, à la vieille dame qui l'a recueillie, au pâle époux qu'elle a accepté.

1. *Ibid.*, 4 JUL/1.

Pourtant, elle est devenue la maîtresse de Laurent et elle n'appartient plus qu'au feu qui la dévore. Les amants ont du mal à se rejoindre ; ils doivent prendre des risques incroyables pour se retrouver, et ce climat de mensonges leur pèse horriblement. Ils décident alors de faire à Camille l'aveu de leur amour, et lui demandent de rendre à Thérèse sa liberté. Insensible à cette preuve de loyauté, Camille essaie vivement de reconquérir sa femme par des menaces, par un chantage au suicide, et finalement par un plan diabolique qu'il a conçu avec sa mère : enfermer Thérèse chez une vieille tante qui habite les environs de Paris. Thérèse se laisse prendre à ce piège et consent à accorder à Camille ces trois jours de voyage à Paris qu'il lui demande pour essayer de la distraire et de la reconquérir. Mais ce projet a paru suspect à Laurent. À l'insu de Thérèse, il monte dans ce train qui emmène le couple.

Le voyage s'effectue de nuit, et dans le compartiment, Camille s'est endormi. Brusquement, Thérèse voit paraître Laurent derrière la vitre du couloir. Il lui fait signe de venir le rejoindre, et elle lui obéit. Laurent, encore une fois, supplie Thérèse de quitter son mari ; qu'ils descendent tous les deux à la prochaine station et disparaissent ensemble, ou l'aventure finira mal. Thérèse y consent, mais Camille s'est réveillé, il sort du compartiment pour savoir ce que Thérèse est devenue. Il surprend les amants, s'emporte, s'obstine à faire valoir que les lois sont pour lui, refuse encore une fois toute séparation. Laurent, exaspéré, le frappe, ouvre la portière et jette sur la voie l'infortuné Camille…

Suicide, crime ou accident ? Une enquête est ouverte par la police. Thérèse, obstinément, déclare qu'elle ne sait rien de ce qui s'est passé dans ce train où tout le monde dormait, où personne n'a rien remarqué de suspect. Et les policiers ne savent dans quel sens diriger leurs recherches, car Thérèse et Laurent ont décidé de ne plus se voir pour ne prêter à aucun soupçon… La police ne trouvera rien, mais Thérèse, déchirée par les remords, a pris Laurent en haine. Entre elle et lui, il y a le cadavre de Camille : vivant, il n'était rien, et mort, il les sépare. Tout ce que souhaite Thérèse, c'est que Laurent ne soit pas arrêté et qu'il disparaisse pour toujours…

Et c'est cela sans doute qui serait arrivé si le meurtre n'avait eu un témoin : un marin qui faisait semblant de ronfler sur une banquette, et qui a deviné l'assassinat à la lecture des journaux. Libéré d'un engagement militaire qui l'a conduit jusqu'en Asie et à ses champs de bataille, le témoin rêve d'une vie tranquille et d'un paisible commerce de vélos d'occasion. Pour s'installer, il lui faudrait de l'argent et c'est à Thérèse qu'il vient réclamer le capital dont il besoin. Ainsi, quand le juge d'instruction allait clore l'enquête, quand Thérèse et Laurent allaient se séparer, un danger surgit qui rapproche les deux amants. Ils n'ont pas d'argent et vont être dénoncés ! Le chantage dont ils sont l'objet est plus ignoble que le crime qu'ils ont commis et les délivre de leurs remords. Perdus, ils se reprennent à s'aimer… Mais où trouver la somme que ce témoin leur réclame ? La police a conclu à la mort accidentelle de Camille, tombé du train par une portière restée ouverte. La Compagnie de chemin de fer, pour éviter un procès désagréable, offre une transaction et le paiement comptant d'une somme importante…

Thérèse et Laurent convoquent le témoin pour la lui remettre. Sont-ils sauvés ? Non, celui-ci flaire un piège dans le rendez-vous qui lui a été donné. À une petite bonne un peu simple d'esprit, il a remis une lettre, adressée au juge d'instruction qu'il faudra mettre à la poste s'il n'est pas revenu du rendez-vous à six heures du soir… Laurent et Thérèse remettent au témoin l'argent qu'ils ont touché, mais en sortant de la boutique, le maître chanteur se fait écraser par un camion. Les billets qu'il vient de toucher baignent dans le sang, et le témoin murmure, agonisant dans les bras de Laurent qui s'est porté à son secours : – La lettre… la lettre À [cinq] heures du soir, exactement, la petite bonne met à la poste la lettre qui révélera au juge d'instruction le crime de Thérèse et de Laurent. »[1]

L'Air de Paris

« […] Victor Le Garrec, ancien boxeur sans grand passé sportif, dirige une salle d'entraînement où viennent de jeunes espoirs. Il recherche parmi eux celui qui pourra devenir le "champion" qu'il n'a pas pu être. Sa femme, Blanche, l'adore mais ne partage pas son enthousiasme et rêve d'une vie plus calme, d'une salle de culture physique installée à Nice où elle possède une petite maison. En faisant la connaissance d'un jeune garçon, employé à la S.N.C.F., André Ménard, Victor met en cet avenir de boxeur toutes ses espérances. En effet, dès le début ce nouveau poulain s'affirme le futur champion que Victor a toujours cherché. Il ne vit plus que pour cette idée : Dédé est installé chez le couple pour fuir la chambre d'hôtel sordide où il mène une vie misérable et afin de pouvoir se consacrer entièrement à son entraînement.

1. *Ibid.*, 4 THE/1-3.

Un nouveau rythme de vie commence pour tous dans le plus grand sérieux. Seuls des voisins, les Pozzi, dont la fille Maria est amoureuse de Dédé, sont admis à troubler la surveillance de Victor qui ne cesse pas un seul instant au grand mécontentement de Blanche qui ne cache pas sa désapprobation. Mais il y a un autre élément dans la vie de Dédé et les événements vont venir troubler les plans de Victor.

Alors qu'il travaillait à la S.N.C.F., Dédé avait aperçu, descendant d'un train, une jeune femme dont le charme et la beauté l'avaient frappé. Elle avait perdu une minuscule main d'or, porte-bonheur détaché de son bracelet, que Dédé avait ramassé. Le hasard les avait remis face à face un soir et la jeune femme, amusée et troublée, avait promis d'être présente pour le premier match. Car le jour du grand combat, celui qui déciderait de tout, arrivait. Corinne était présente… Dédé encouragé fut un brillant vainqueur. De cette soirée triomphante date une liaison qui est pour Dédé le bonheur le plus parfait. Il est heureux, vraiment heureux, pour la première fois de sa vie sans doute. Le sort semble enfin lui être favorable, mais sur cet amour pur et sincère une ombre plane… Victor. Un problème grave se pose, un choix est à faire. Dédé doit choisir entre son métier et son amour.

Va-t-il s'éloigner de Corinne? Va-t-il se lancer à corps perdu dans sa nouvelle carrière pour oublier et se consacrer au grand avenir que lui prépare son ami Victor? Ce n'est pas lui, toutefois, qui prendra une décision mais Corinne qui renonce à ce bonheur impossible et qui quitte Paris. Dédé se sent seul, mortellement trahi, abandonné, tout son bonheur s'effondre… mais Victor est là et avec lui des jours d'espoir… "t'as pas besoin de souvenirs, t'as l'avenir"… ce sont ses seules paroles et la petite main d'or que Corinne avait offerte à Dédé brille faiblement [au fond de la Seine]. »[1]

Le Pays d'où je viens

« En plein hiver, par une route de montagne, un jeune homme au visage vif et mobile, à l'aspect sympathique, est poursuivi par deux colosses qui se sont lancés à ses trousses dans une puissante voiture. Afin de leur échapper, il monte en cachette dans un camion arrêté devant une auberge de routiers et arrive quelques instants après dans cet équipage au milieu de la charmante et petite localité de Saint-Parfait que la neige recouvre à demi. Le jeune homme essaie de ne pas éveiller l'attention mais,

1. *Ibid.*, 4 AIR/1.

à sa grande surprise, les passants qu'il croise semblent le reconnaître, et il a bientôt l'explication au mystère en apercevant à travers les vitres de la Brasserie Universelle, le café le plus important du pays, son sosie exact en la personne du chef d'orchestre Julien Barrère.

Le destin semble l'avoir malicieusement conduit en cet endroit pour le faire intervenir au milieu d'une situation qui, sans lui, resterait sans issue. Julien Barrère est timide au point de ne pouvoir avouer à Marinette, la ravissante serveuse de la Brasserie, le violent amour qu'il éprouve pour elle. Et pourtant, chaque matin, celle-ci trouve accroché à son balcon, un edelweiss, petite fleur qui ne pousse, comme chacun sait, qu'à de grandes altitudes et que l'on ne peut cueillir qu'au mépris du danger. Marinette est bien loin de supposer que l'homme mystérieux, capable de cette touchante attention, n'est autre que le petit chef d'orchestre. Elle s'imagine, au contraire qu'il s'agit d'un héros lointain, d'une sorte de prince charmant qui, romantiquement, se découvrira un jour. Son jeune frère, Michel et sa petite sœur Sophie, dont elle a la charge, connaissent seuls ce secret.

Et en ce 24 décembre, ils n'ont qu'un souci : écrire au Père Noël pour lui demander en même temps que de nombreux jouets, le bonheur de leur sœur ainsi que celui de Julien. Mais au milieu de leur jeu, ils découvrent l'inconnu qui, par peur des gendarmes, s'est caché dans la vaste cheminée d'une pièce désaffectée. Que fait-il là ? comment se fait-il qu'il ressemble d'une façon si frappante à Julien ? L'inconnu qui auparavant les a entendu parler, dissipe leur inquiétude… Il est un des collaborateurs du Père Noël, dit-il, il s'appelle Perceval, et il s'est confectionné la tête de Julien suivant la règle habituelle qui veut que les envoyés célestes prennent l'identité de quelqu'un de la ville afin que leur travail en soit facilité. Il promet donc aux deux enfants de faire son possible pour accomplir leurs vœux. Perceval commence, en effet, par corriger une sorte de bravache, Roland, qui importune Marinette et qui, d'ailleurs, provoque son renvoi de la Brasserie. Marinette s'étonne, elle ne croyait pas Julien si fort, si courageux !

Mais son étonnement ne fait que croître. Julien sort avec elle, l'accompagne dans la petite ville que les guirlandes, la neige et le givre qui brillent sous les lumières multicolores, transforment au point que les rues paraissent enchantées… Tout devient merveilleux avec ce compagnon qui continue à jouer le rôle de Julien, tandis que Marinette en vient à se demander s'il ne serait autre que l'homme à l'edelweiss ? La jeune fille est prête à s'abandonner à Perceval, mais le baiser qu'elle lui accorde est destiné, il le comprend, au seul Julien. Il s'esquive donc, non sans amertume ni regrets.

Le lendemain matin, Marinette qui a passé une nuit horrible à attendre Julien, retenu par les suites d'une sévère correction que lui a infligé Roland, se demande ce qu'il est devenu. Pour elle maintenant, il n'y a plus de doute, l'homme à l'edelweiss, le héros mystérieux, le prince charmant, celui qu'elle aime enfin, c'est Julien. Où est-il ? Pourquoi a-t-il disparu ? Il reste à Perceval à parfaire son œuvre d'envoyé du bonhomme Noël. Il a suscité l'amour de Marinette pour Julien, mais ce n'est pas suffisant, il faut maintenant que les deux jeunes gens se retrouvent en liberté. Julien retrouvera Marinette et Perceval pourra réintégrer la famille qui le tenait prisonnier de peur qu'il ne dilapide son immense fortune. Cependant, il restera bien décidé à s'enfuir, dès qu'il le pourra, vers un autre pays. »[1]

Les Tricheurs

« Un jeune étudiant, Bob Letellier, âgé d'une vingtaine d'années, lie connaissance avec un inconnu, Alain, qu'il a surpris chez un disquaire au moment où il dérobait un microsillon. Fils d'un industriel, élevé de façon bourgeoise, Bob se laisse éblouir par l'anti-conformisme agressif de ce garçon, étudiant lui aussi, qui n'a volé ce 45 tours qu'afin d'accomplir un "acte gratuit". Le jeune homme accompagne Alain au Café Bonaparte, à Saint-Germain-des-Prés, où les amis de ce dernier ont établi leur "Q.G.". Une fille appartenant à la bande, Clo, invite Bob à la "surboum" qu'elle organise le soir même dans l'appartement de ses parents. Séduit par cette aventure et désireux surtout de retrouver son nouveau compagnon, Bob se rend à cette invitation. Clo se donne à lui au cours de la nuit, et le jeune homme découvre avec ivresse l'univers de ces garçons et de ces filles qui s'abandonnent avec frénésie à une vision négative de la vie. Durant la même nuit, Bob fait la connaissance d'une autre jeune fille, Michèle, qui produit sur lui une profonde impression. Sensible aussi à cette rencontre, celle-ci lui téléphone dès le lendemain pour qu'il vienne la rejoindre dans la chambre qu'elle sous-loue dans le quartier du Luxembourg… Les jeunes gens éprouvent l'un pour l'autre un amour véritable. Cependant, prisonniers de leurs personnages, de la comédie qu'ils se jouent à eux-mêmes comme aux autres, refusant de trahir leurs convictions et d'admettre que leur désespoir peut être vain, ils préfèrent feindre le détachement, l'indifférence même, et se font inutilement mal. Leur désaccord s'aggrave quand le destin les place en face

1. *Ibid.*, 4 CAR/2.

d'un problème dont Bob mesure la gravité alors que Michèle n'y voit qu'un "risque excitant" : gagner six cent mille francs (la somme qui permettrait à la jeune fille d'acquérir la voiture de ses rêves...) en se livrant à la place d'un autre à des manœuvres de chantage. S'imaginant que Bob n'a pas l'audace d'accomplir cette entreprise, alors qu'il a, en réalité, décidé d'agir seul, Michèle devient par dépit la maîtresse d'Alain. C'est seulement en comprenant son erreur – lorsqu'il la rejoint dans l'atelier même d'Alain pour lui apporter l'argent – qu'elle mesure l'étendue de son amour pour Bob. Mais il est trop tard, et elle ne peut retenir le jeune homme qui la quitte en lui abandonnant les six cent mille francs... Ils trichent tous avec la vie... »[1]

Terrain vague

« En bordure d'un H.L.M. parisien s'étend un terrain vague. Assez grand pour qu'il prenne, le soir venu, un air de mystère. C'est là que se réfugient à leurs heures de loisir ou lorsque leur logement se trouve surpeuplé, tous les jeunes dont les familles occupent l'énorme et triste bâtiment. L'imagination peuplée d'illusions, tous ces jeunes se sont groupés en bandes encore inoffensives dont chacune a ses mystères, ses trésors, ses rites et ses initiations, premiers symboles de leur révolte contre les adultes. La plus étrange est celle qui a pris refuge dans une vieille usine délabrée et dont le chef est, paradoxe, une belle fille. Elle s'appelle Dan, s'habille comme un garçon, a un "lieutenant" Lucky, doux de caractère, mais d'un comportement qui s'extériorise parfois par le goût de la bagarre. Sans qu'ils puissent ou osent l'avouer, à cause des autres, ils s'aiment. Un jour la "bande" accepte en son sein un "nouveau". Il est très jeune, on l'a surnommé "Babar". Il est heureux de se soumettre aux rites d'initiation sous l'œil sarcastique du "Bourreau" et du "Râleur" car au fond de lui-même il a une profonde admiration pour Dan. Les adolescents vivent en marge de la société, bien qu'ils ne soient pas des bandits. Ils sont surtout désorientés parce que, personne, profondément, ne s'occupe d'eux. Ils ont constitué un trésor qui comporte d'innombrables objets hétéroclites qu'ils ont apportés avec eux, ou qu'on leur a donnés, et dont certains ont été volés. Pour eux, le repaire de la bande, c'est où l'on peut se cacher, discuter et rêver d'avenir. Un jour, la bande recueille le "Grand Marcel", jeune délinquant évadé d'un Centre de Redressement. Mais Marcel essaie

1. *Ibid.*, 4 TRI/2-1.

d'entraîner les jeunes vers des délits beaucoup plus graves que leurs jeux innocents. Il voudrait en faire un gang, mais les jeunes, Dan et Lucky en tête, résistent. Il essaie même de faire de Dan sa maîtresse, mais elle se méfie de lui, résiste et tente de l'évincer. Furieux, Marcel intrigue contre elle et réussit à l'exclure de la bande. Fier, il prépare son coup, mais se heurte à Lucky. C'est la révolte. Marcel quitte les autres et ceux-ci furieux s'en prennent à Lucky et à Babar qu'ils traitent de "lâches" et de "menteurs". Ils n'ont pas raison du premier et tuent le chien du deuxième. Celui-ci veut se réfugier auprès de Dan. Trop tard, Dan est dans les bras de Lucky. Renversé, désespéré, Babar court au "repaire", monte et du troisième, pour prouver qu'il est un homme, se jette dans le vide. »[1]

Du Mouron pour les petits oiseaux

« Il est respectable et distant. C'est le propriétaire de l'immeuble. Nul ne soupçonne qu'il vit sur ses gardes, un revolver à portée de la main. C'est que M. Armand est un ancien truand. Et s'il élève des canaris avec infiniment de soins, il veille avec plus de précautions encore sur un magot de billets de banque qu'il aurait dû partager avec Victor, un complice qui a eu la malchance de se faire pincer par la police. Les locataires sont sans histoire. Le boucher, sa femme et son commis débitent leurs quartiers de viande ; Mlle Pain, l'aristocrate presque centenaire ne quitte plus son fauteuil roulant ; l'illuminé du deuxième étage recueille avec ferveur les chats perdus du quartier ; la concierge, Mme Communal, s'active chaque jour à ses besognes rituelles ; quant à Lucie, la jolie blonde du troisième, nul ne sait qu'elle a une profession particulière : elle vend des cigarettes dans une boîte de nuit. Rien ne semble jamais devoir rapprocher Lucie de l'austère M. Armand. Mais le hasard se moque des convenances et des habitudes prises. Lucie est une femme légère. Mais par nécessité. Elle vendrait son âme pour Renato, le beau Napolitain indolent qui rêve d'aller épater sa mamma au volant d'une voiture de sport. Si Lucie a une discrète aventure avec le boucher, c'est que ce dernier est prêt à payer ses charmes au meilleur prix. Au prix d'une voiture de sport. Si la bouchère n'avait pas fait de scandale en allant gifler Lucie, si Mlle Pain n'était pas morte brusquement, la quiétude de l'immeuble n'aurait pas été troublée. Et la belle tranquillité de M. Armand ne se serait pas envolée. Car un malheur n'arrive jamais seul. Un qui est surpris de retrouver M. Armand

1. *Ibid.*, 4 TER/1.

dans la peau d'un honorable propriétaire, c'est l'inspecteur qui enquête distraitement sur la mort de Mlle Pain. En même temps, Lucie découvre que M. Armand est assez riche pour lui permettre de réaliser le rêve de Renato. Lucie fait un irrésistible numéro de charme. Et M. Armand succombe. Que dirait-elle d'un petit voyage sur la Côte d'Azur ? Victor a resurgi. L'air de Paris est momentanément malsain pour M. Armand. Il emporte des disques dans une grande boîte à chocolats et, bien sûr, le magot dans une mallette soigneusement fermée à clé. M. Armand ne s'est pas assez méfié de Lucie. Lui toujours sur ses gardes, se fait joliment posséder : à une station-service, il a suivi le pompiste qui n'avait pas de monnaie. Et Lucie a démarré en trombe. Il est éberlué, M. Armand. Le hasard, qui fait toutes choses à sa fantaisie, n'a pas dit son dernier mot. Et la plus mauvaise surprise est encore pour cette pauvre Lucie. »[1]

Trois Chambres à Manhattan

« François Combe (Maurice Ronet) est l'une des vedettes les plus en vue du Tout-Paris. Mais il doit ce succès à son épouse, Yolande (Geneviève Page) qui l'aida à ses débuts. Lorsque Yolande s'éprend d'un jeune acteur, Thierry (Robert Hoffmann), et qu'elle demande le divorce, l'avenir s'effondre pour François… Une année plus tard, dans une chambre minable de Manhattan, François n'a gardé de son passé que quelques complets dans sa penderie, une photo de Yolande et des souvenirs au goût de cendre. Son amertume et sa rancœur l'ont empêché de conquérir l'Amérique. Et la nuit, à Broadway, à Greenwich Village, François traîne sa désespérance à travers les rues, le bruit, dans l'éclairage cru des enseignes lumineuses. Un soir, dans un snack, François rencontre Kay (Annie Girardot). Quelle étrange attirance les entraîne à se confier l'un à l'autre, à échanger de pudiques confidences, à passer la soirée puis la nuit ensemble, dans un hôtel misérable de la 8e Rue ? Peut-être le désarroi, cette panique devant la solitude qui fait s'unir les naufragés. En une nuit, dans cette première chambre, l'alcool et le tabac aidant, Kay dévoile à François un coin de son passé : son divorce, sa petite fille qui vit à Mexico sous la tutelle de son père, une amie new-yorkaise, Jessy, chez qui elle habitait, partie sans laisser d'adresse… Kay décide de tout dire : Jessy avait un amant, Pierre (Roland Lesaffre), pilote de ligne, qui ne sait pas encore qu'il va retrouver l'appartement vide à son retour… François se demande s'il s'agit de

1. *Ibid.*, 4 MOU/1.

mensonges, d'imagination ou tout simplement de la vérité. Kay a-t-elle été Comtesse Larsi à Rome ? François ne sait que penser, le malheur l'a rendu méfiant, et Kay doit supporter le scepticisme, l'ironie et parfois la cruauté de son compagnon. Pourtant, lorsqu'il s'enfuit de la chambre, l'effroi devant la solitude retrouvée pousse François à courir se réfugier dans les bras de Kay. Plus encore, il se décide à l'emmener vivre dans sa propre chambre, à Manhattan. L'espoir d'une vie d'où le bonheur ne serait pas exclu semble renaître. Malgré le souvenir de Yolande, malgré le passé incertain de Kay, malgré la honte devant le manque de confort et d'argent, un fragile amour se dessine, tout de tendresse, de ménagement et de pitié réciproque. À son tour, François se confie. Il relate son passé, ses succès… Il trouve du travail : Hourvitch (O.E. Hasse), producteur à la Télévision – que François avait aidé quelques années auparavant – lui propose un rôle dans une série d'émissions. Depuis longtemps, François n'avait été aussi confiant, aussi heureux de vivre et d'aimer. Mais le Producteur parle trop ! Lorsque François lui demande s'il a connu une Comtesse Larsi, à Rome, femme d'un ambassadeur, Hourvitch ne peut tenir sa langue : "Elle lui en a fait voir… Il y a eu un joli scandale… Elle a tout plaqué pour partir avec un gigolo…" François, après cette nouvelle désillusion, décide de ne pas rentrer. Lasse d'attendre, inquiète, Kay part à la recherche de François. Elle parcourt les rues, les bars où ils allèrent le premier soir. Dans l'un d'eux, un homme l'interpelle : c'est Pierre, l'ami de Jessy. Il s'accroche à Kay, lui demande des nouvelles de Jessy, les raisons de son départ. Il est complètement saoul. À ce moment précis, François pénètre dans le bar. La méprise est inévitable. Et Kay, que Pierre retient à toute force, n'a pas le temps de courir et de s'expliquer : François s'est enfui. Tard dans la nuit, François rentre enfin. Kay l'a attendu. Ivre d'alcool et de jalousie, François ne veut rien entendre. Violent, aveugle, il frappe Kay pour aussitôt, sa colère éteinte, lui demander pardon. Le lendemain Kay entraîne François chez Pierre. D'elle-même, l'équivoque disparaît. Cette tranquillité est de courte durée. Le passé resurgit sous la forme d'un télégramme de Mexico. "Michèle gravement malade, venir d'urgence – Signé : Larsi." Kay prend l'avion, promettant à François de téléphoner, et de revenir vite. La solitude assaille de nouveau François, et avec elle renaissent le doute, les soupçons, la jalousie. Pendant qu'à Mexico Kay lutte contre la cruauté du Comte Larsi (Gabriele Ferzetti) qui lui interdit de voir sa fille autrement qu'endormie par les narcotiques, François, entraîné par Hourvitch, passe la soirée avec June (Margaret Nolan), sa jeune et séduisante partenaire. Par faiblesse, par crainte de se retrouver seul, François emmène June dans sa chambre. Au milieu de la nuit, le téléphone sonne. C'est Kay : sa fille est sauvée, elle rentre demain. Gêné par la présence de June, François se montre presque froid. June se retire avec tact, souhaitant "bonne chance" à François. Le lendemain, François est encore sous le coup de l'appréhension. Sa joie, sa certitude de la droiture de Kay, c'est trop de bonheur. François, honteux de s'être laissé entraîner la veille, ne peut l'exprimer. Devant ce trouble, Kay se méprend. Son intuition lui souffle qu'une autre femme est venue. L'attitude déconcertante de François lui fait croire que tout est fini. Réprimant ses larmes, Kay s'en va. Mais François, mesurant l'amour qu'il va perdre, abandonne tout orgueil. Il court derrière Kay et lui crie la vérité : "Je t'aime... Peu importe ce qui arrivera ! Si je serai heureux ou malheureux... D'avance, j'accepte. Ni toi, ni moi, jamais plus, jamais... jamais... nous ne serons seuls..." »[1]

Les Jeunes Loups

« Alain, un "jeune loup" élégant et racé, est entretenu par la princesse Linzani. Il mène de front une aventure avec une fille de son âge, Sylvie, qui malgré son allure audacieuse n'a jamais eu d'amant. La nuit même où elle se donne à lui, Alain la quitte pour aller retrouver la princesse. Désespérée, la jeune fille erre dans Paris. Prise dans une rafle, elle est dépannée par Chris, un jeune beatnik qui l'emmène à "la Cage". Alain est là. Il tente de marquer sa jalousie et quand il demande à Sylvie de venir danser, elle obéit. Elle sait qu'elle a gagné. Quelques jours plus tard, elle annonce à Alain qu'elle lui a trouvé du travail, chez le photographe Riccione qu'elle a rencontré à *Elle*. Alain est ravi, mais bientôt Riccione vient reprocher amèrement à la jeune femme sa "recommandation" : Alain lui a volé un objectif de valeur et si l'objet ne lui est pas rendu, elle portera plainte. Sylvie proteste, mais doit se rendre à l'évidence. Alain tente de se disculper. Il a volé, oui, mais pour se venger de Riccione qui l'a traité avec mépris. Il a jeté l'objectif dans la Seine. Mais il faut rembourser. Le jeune loup tente de faire chanter la princesse qui l'a, depuis, congédié. Il trouve finalement l'argent dans le lit d'une prétendue cliente dont il doit décorer l'appartement. Du coup, il retrouve son aplomb, emmène Sylvie à Deauville dans une voiture volée. Quelques semaines plus tard, il lui annonce un "coup dur" au cours d'un réveillon chez Ugo Pescaro,

1. *Ibid.*, 4 TRO/4.

célèbre promoteur d'immeubles. Sylvie est furieuse, mais Alain poursuit son projet et va demander à Chris un smoking pour aller à la soirée. Chris accepte, l'emmène chez lui – un somptueux appartement de la Muette où il n'a pas paru depuis un an – et comme le réveillon n'implique pas la présence de Sylvie, Alain suggère à Chris de passer la soirée avec Sylvie. Le jeune beatnik ne répond pas, mais il retrouve sans peine ce soir-là Sylvie à la Cage ; dépitée, elle provoque les jeunes qui l'entourent. Chris la tire de là et lui propose de l'emmener chez des gens du monde où sa présence doit constituer une attraction. Cette soirée est celle de Pescaro. Le trio se retrouve donc. Alain présente Sylvie comme étant sa sœur, à Pescaro. Le promoteur propose au jeune homme de travailler comme décorateur à l'ensemble résidentiel qu'il prépare. Il lui offre un atelier et deux chambres pour sa sœur et lui. L'affaire est conclue mais Sylvie est quelque peu inquiète de cette situation ambiguë. Elle accuse d'abord Alain de vouloir la "vendre" au riche promoteur. Elle comprend bientôt que c'est pire : Alain se prête aux "passions particulières" de Pescaro. Cette fois Sylvie s'enfuit, écœurée. Il faudra cela pour qu'Alain comprenne l'amour qu'il éprouve pour Sylvie. Par Chris, il connaît enfin le refuge de la jeune femme, une villa au Cannet, où il accourt, désespéré. Mais elle ne veut pas l'entendre. Il jure qu'il a changé, qu'il travaille ; il ébauche un suicide. Est-il sincère ? Sylvie sourit, accepte de lui donner sa chance. La belle voiture qui l'attend est celle de la maison pour laquelle il travaille... Finie la bohème... À Aix, à l'étape, Sylvie n'entend pas la radio qui diffuse le numéro d'une voiture, celui de la Ford Mustang où, confiante, elle écoute Alain lui parler de l'avenir. »[1]

Les Assassins de l'ordre

« Bernard Level, juge dans une petite ville de province, se voit confier l'instruction d'une affaire délicate. Un homme soupçonné d'un délit mineur est décédé au commissariat, à l'issue de son interrogatoire par le commissaire et deux inspecteurs. Level s'engage dans cette affaire avec la plus extrême prudence, conscient des remous démagogiques qu'elle ne peut manquer de soulever dans une certaine presse et dans le public. Toutefois, il ne tarde pas à acquérir la conviction que les policiers se sont livrés à des violences sur le prévenu et sont responsables de sa mort. Il les inculpe, et met en marche une information minutieuse dont il escompte

1. *Ibid.*, 4 JEU/1.

qu'elle aura pour résultat la comparution des trois hommes en cour d'assises. Dès cet instant, toutes sortes de pressions sont exercées sur lui, aussi bien que sur son enquête. Pressions qui n'ont rien d'officiel, mais émanent des inculpés eux-mêmes : de par leur fonction, ils possèdent des moyens d'action particulièrement efficaces. Ils essaient d'intimider un témoin. Ils vont jusqu'à compromettre le propre fils du juge et n'épargnent même pas la femme qu'il se prépare à épouser. Level tient tête. Lorsque s'ouvre le procès aux assises, les policiers n'ont plus que la ressource de confier leur défense à un grand maître du barreau. Et c'est un nouvel adversaire qui se dresse alors devant Level, d'autant plus redoutable que son talent ne s'embarrasse pas de scrupules et que le juge, maintenant, est impuissant à le combattre. Au fil des audiences, le lourd dossier de l'accusation est présenté par lui sous une optique complètement faussée. Peu à peu, il s'effrite : il ne fait aucun doute que l'on s'achemine vers un verdict d'acquittement. Alors Level va jusqu'au bout de son action. C'est devant la cour elle-même qu'il livre son "baroud" d'honneur. Au nom de la salubrité des institutions, tout autant qu'au nom de la dignité de la personne humaine, il demande au jury la condamnation des "brebis galeuses". Sera-t-il écouté ? »[1]

La Merveilleuse Visite

« Un matin sans soleil, alors qu'il roule en sa vieille carriole conduite par le bedeau, le recteur d'un village breton regagne sa cure. Chemin faisant, il découvre, gisant sur la grève, le corps d'un homme. Un homme entièrement nu. Beau et blond comme un dieu. Il semble comme évanoui. On le ramène au presbytère en toute hâte. Il revient à lui et déclare, tout de go, qu'il est un ange tombé du ciel… On a beau être prêtre et croyant, il est parfois permis de se montrer incrédule : les anges tombent rarement sur la côte bretonne ! Troublé, le recteur fait appel à un médecin rationaliste qui – espère-t-il – va le tirer de ce mauvais pas… Sans doute s'agit-il de quelque naufragé encore sous l'effet du choc qu'il vient de subir… ou d'un fou inoffensif. L'homme de l'art conseille la plus grande patience : "l'ange" ne semble aucunement dangereux. Avec le temps, la mémoire lui reviendra et ses chimères s'envoleront comme elles étaient venues. Seul Ménard, le bedeau – de nature un peu simple – a conservé suffisamment d'innocence pour croire aux anges. Il baptise donc "son" ange Jean, du nom de celui

1. *Ibid.*, 4 ASS/1.

qui ondoya le Christ… Du reste, des faits étranges ne vont pas tarder à se manifester. Depuis que le jeune homme loge au presbytère… tous les miroirs se brisent à son approche. D'autre part – et c'est peut-être le plus inquiétant – il ignore visiblement l'usage de l'argent : lorsqu'il pénètre dans une boutique, il choisit ce qui lui plaît et s'en va sans payer, regardant la "caisse" avec étonnement. Il joue du violon comme un grand maître… mais ne sait pas déchiffrer la musique. De tels faits laissent les spectateurs fascinés ou irrités. Dans le village chacun va réagir selon sa nature… Délia, la jolie lingère du manoir, éprouve du désir pour ce garçon étrange. Un amour sensuel qui s'épanouira en une étrange pureté. François, l'amant de Délia, se prend de haine pour ce "hippy" fainéant. Les villageois vont devenir, à leur tour, les ennemis de "Jean". Celui-ci ne s'est-il pas permis de repeindre tout le village en couleurs vives, trouvant les masures trop grises à son goût ? La colère monte lorsqu'il se permet de mettre en liberté tous les animaux domestiques… C'est une incroyable corrida. La peur et la haine se font un impitoyable chemin dans les cœurs. Il faut se débarrasser du "dingue". Un jour où un camion, voulant éviter "Jean", roule dans le fossé, la mesure est à son comble. La foule part en expédition punitive. "Jean" est rejoint sur les hauteurs d'une falaise, entouré, cerné, submergé. "Jean" recule. Un paysan sort un revolver et fait feu. "Jean" chancelle, bascule dans le vide, sous le regard médusé des villageois qui sont en train d'assister… à un miracle ! […]. »[1]

Un jour… Bernadette

« Un jour… Bernadette […] L'audio-visuel qui est ici présenté constitue un spectacle de haute qualité. Sa valeur artistique ne fait aucun doute. Il s'y ajoute une résonance spirituelle qui me permet d'en recommander la vision à tous les pèlerins de Lourdes. Ils y découvriront comment le Seigneur choisit les humbles pour son œuvre et les exalte. Comment aussi, au message évangélique qu'elle reçut de Notre-Dame, Bernadette a répondu par l'engagement de toute sa vie, suivant en cela le conseil de Saint Jacques : "Soyez les réalisateurs de la parole et pas seulement des auditeurs qui s'abuseraient eux-mêmes" (Jac. 1/22). De la sorte, guidés par l'enchantement des images et des sons, de même que par la beauté d'un récit où la poésie n'enlève rien à la vérité des faits, les spectateurs, que je souhaite très nombreux, de *Un jour… Bernadette* seront conduits

1. *Générique*, 23 octobre 1974, n° 4, pp. 42-43.

sur le chemin où les précède une grande Sainte de notre temps. Lourdes, le 16 mai 1980. Henri Donze, évêque de Tarbes et Lourdes : "Le Royaume de Dieu est comme un grain de Sénevé, disait Jésus. C'est la plus petite des graines. Elle devient un grand arbre et les oiseaux du ciel viennent y faire leur nid". Ainsi Lourdes. Quand le Ciel visite la terre, c'est comme une humble goutte d'eau. Puis c'est un Océan. Ici, comme un amour, l'humilité de Dieu se propose et s'infiltre au cœur des hommes. Comme une réponse inattendue à tant de soifs, à tant de cris. Cris muets du malheur innocent des Soubirous confinés au cachot… Soifs de tant d'humains venant chercher et trouvant ici nouvelle Source, nouvelle Vie… Dieu ne vient pas en vain. La Dame n'est pas passée pour rien. Bernadette, pauvre goutte d'eau, est venue. Puis elle s'en est allée. La Source reste. […] Ce spectacle a été réalisé grâce aux collections des Musées Pyrénéens d'Art Sacré du Gemmail, de Sainte Bernadette, de l'Hospice de Lourdes et du couvent des sœurs de la Charité de Nevers. Les Gascons sont fiers et changeants. Quand on m'a proposé de participer à la création d'un spectacle audiovisuel sur Lourdes, j'ai répondu : "Je crois que tout a été dit." Quand on m'a présenté le matériel dont on disposait pour faire ce spectacle, supervisé par Marcel Carné, j'ai accepté. Il est très difficile de justifier les meilleures intentions. Il est encore plus difficile d'expliquer la démarche d'une équipe qui a forgé une œuvre, à moins de raconter sa vie commune. Nous nous sommes jetés dans ce rêve éveillé, il y a huit mois. Je n'en finissais plus de montrer à mes amis les beautés de chez nous ; je les gorgeais de nos paysages, je les saoulais de nos trésors cachés dans les musées, les églises. Je leur présentais nos bergers, nos artisans, nos pierres. Nous avons parcouru la montagne aux quatre saisons, marché dans les brumes du matin et dans le lit des gaves, planté nos appareils dans la neige, la nuit, pour attendre en grelottant que le soleil sorte du ventre de la terre. Nous sommes partis à la recherche du rare, de l'insaisissable. Nous avons rencontré la foi paisible des paysans, la passion des conservateurs. Nous voulions atteindre l'âme de la région, en titillant son cœur jusqu'au plus profond de ses vallées. Des semaines de travail, sur les traces de Bernadette, avec un matériel relativement lourd et des idées précises. Un responsable artistique exigeant, des techniciens minutieux, des difficultés de tous ordres, la fatigue de journées et de nuits interminables, la joie intérieure de la beauté saisie au vol ainsi que de l'expression vivante de la Foi, voilà le premier aspect de l'équipe. Et puis, quand ce travail est terminé, quand on a rangé dans les tiroirs seize mille photos magnifiques, l'aventure ne fait que commencer. Pendant des mois, va battre le pouls fiévreux d'autres techniciens qui vont donner la vie aux images, comparer, choisir, mettre en page, proposer des assemblages, des astuces visuelles, des trucages, des subtilités de laboratoire. Penchés sur les tables lumineuses, regardant chaque paysage, chaque portrait à la loupe, projetant sur écran chaque séquence, ils bâtissent. Et puis, la machine parle, l'ordinateur crépite, digère la pensée humaine. On critique, on démolit, on s'accorde, on se déchire. Les moments d'euphorie bousculent les périodes de découragement. Le découpage, les effets spéciaux, l'illustration sonore, les enregistrements, le mixage, opposent les caractères, catapultent ou harmonisent les idées. Cent fois, on revient sur un passage, satisfaisant pour les uns, impossible pour les autres. Les propositions fusent, on discute, on tâtonne. La machine futuriste rectifie le tempo, l'intensité, les cadrages. Et peu à peu, seconde par seconde, le spectacle prend corps, sans qu'on en ait conscience. À la fin – mais y a t-il une fin ? – une douzaine de personnes qui, pendant huit mois, n'ont vécu que pour cet instant, s'arrêtent, et anxieuses, guettent la réaction du spectateur. »[1]

Carné, l'Homme à la caméra

« Un film, c'est toujours une histoire d'amour. *Carné, l'Homme à la caméra* raconte la rencontre d'un metteur en scène, Marcel Carné, et d'une caméra. La caméra a la voix d'Arletty. De leur insolite amour naissent quelques-uns des chefs-d'œuvre du cinéma français. C'est ainsi que de *Drôle de Drame* aux *Enfants du Paradis* en passant par *Le Jour se lève*, *Les Portes de la nuit*, *Les Visiteurs du soir* entre autres, nous retrouvons les fantasmes, le Diable, le Destin, les Amours malheureuses, la Mort, la Solitude qui ont été les grands thèmes traités par Jacques Prévert et Marcel Carné.

La vie passée, présente et future de Marcel Carné se mélange avec les extraits de ses principaux films. Nous retrouvons les visages et les talents de Michel Simon, Jules Berry, Jean Gabin, Yves Montand, Arletty, Michèle Morgan, Gérard Philipe, Louis Jouvet.

L'adversité, tout autant que la célébrité, marque Carné et lui donne un détachement qui n'est dépourvu ni de sensibilité ni d'humour.

Quatre auteurs en quête d'un portrait. Durant onze heures, Paule Sengissen, journaliste, maître de recherche au service de Pierre Schaeffer (ORTF) et co-productrice du film, a interviewé Roland Lesaffre, témoin

1. Archives Carné, 4 BER/1.

d'une partie de la carrière de Marcel Carné. Des onze heures d'interviews correspondant à deux cent cinquante pages dactylographiques, une quarantaine ont été retenues et confiées à Henri-François Rey, Didier Decoin, Jacques Robert, Roland Lesaffre.

Comment imbriquer la thématique de l'univers de Jacques Prévert et de Marcel Carné, à savoir le Diable, le Destin, l'Amour, le Désespoir, la Solitude, avec la vie de ce petit bonhomme sanguin qui a passé son enfance dans l'artisanat des faubourgs ? Comment montrer l'homme dans son ambiguité et non son manichéisme, lui qui incarne le Français dans ses contradictions, ses émotions, son décor, Paris ? Comment cerner les différentes facettes d'un metteur en scène dérangeant et mystérieux ? Comment dévoiler ses rages, ses espoirs, ses regrets ? Comment concilier un portrait de La Bruyère et une oraison de Bossuet ?

Qui, mieux que Christian-Jaque, pouvait apporter des réponses à ces questions ? En six tableaux, le Diable, le Couple, l'Homme, l'Amitié, l'Oppression, la Gloire, il dessine le portrait d'un de ses pairs. C'est ainsi que de *Drôle de Drame* aux *Enfants du Paradis* en passant par *Le Jour se lève*, *Les Portes de la nuit*, *Les Visiteurs du soir* entre autres nous retrouvons les visages et les talents de Michel Simon, Jean-Louis Barrault, Jules Berry, Jean Gabin, Arletty, Louis Jouvet, Yves Montand, Pierre Brasseur.

Pendant l'occupation, il a tourné deux de ses chefs-d'œuvre, *Les Visiteurs du soir* et *Les Enfants du paradis*. Mais peut-on dessiner un portrait de Marcel Carné sans évoquer Jacques Prévert ? Jacques Prévert parle de son métier et de la critique.

Enfin l'homme Carné, "né de l'enfant Carné", apparaît par touches successives et déroutantes. Il agace et se dérobe sous l'œil de Christian-Jaque qui le traque dans les replis de sa mauvaise foi.

L'adversité tout autant que la célébrité marquent Carné et lui donnent un détachement dépourvu ni de sensibilité, ni d'humour. Marcel Carné se promène dans les lieux où il a tourné ses œuvres. Paris, "le plus beau décor du monde" ; dans les studios où il a inventé son style, le fantastique social.

Les scénaristes. Henry-François Rey a été le scénariste de Marcel Carné pour *Terrain vague*. Didier Decoin a été le scénariste de Marcel Carné pour *La Merveilleuse Visite* et *La Bible*. Jacques Robert, journaliste après la guerre, scénariste de long métrage et depuis une dizaine d'années, auteur de nombreux feuilletons à la télévision.

Henry-François Rey qui, à quinze ans, a vécu avec la famille Feyder, a connu Marcel Carné, assistant de Jacques Feyder. Il évoque cette partie de la vie du metteur en scène et traite du thème du Diable et de

Marcel Carné, témoin de son temps. Jacques Robert qui, en tant que journaliste, a bien connu les cabales dont Marcel Carné a été victime après la guerre, à propos d'un nombre important de ses films, traite plus particulièrement de "la période noire". Didier Decoin, prix Goncourt 1977, qui appartient à la nouvelle génération des auteurs, dépoussière Marcel Carné de son étiquette de "réalisme poétique" et le rend accessible au nouveau public de vingt à trente ans qui connaît mal l'œuvre de Marcel Carné.

Roland Lesaffre a été depuis *Thérèse Raquin* le comédien, le témoin, l'ami fidèle de Marcel Carné.

De l'art et de la manière de se battre contre les moulins à vent. Le seul homme qui a su se battre contre les moulins à vent de l'Administration et de l'Esprit a été Pierre Schaeffer. Il avait compris que seule une institution, en l'occurrence, le Service de la Recherche de l'ORTF, était capable de ruser avec les administrations télévisuelles et cinématographiques. Dans sa citadelle il allait à rebrousse-poil de l'air du temps puisqu'il étudiait les mécanismes de la non-communication sans la connaissance desquels aucune communication n'est possible. Écrire qu'il a dérangé est peu dire. Il est puni depuis quinze ans comme aurait été puni Henri Langlois, fondateur de la Cinémathèque française, s'il n'était pas mort. Quel est donc leur crime ?

Faire en sorte que l'image cinématographique demeure vivante, qu'un film tout en demeurant fidèle à son discours initial permette d'autres discours, d'autres rencontres, suscite de nouveaux intérêts, ne soit pas enterré dans les archives. Pour avoir tenté une telle démarche, en tant que productrice, je me suis heurtée à deux types de difficultés.

La première a été de vouloir produire deux émissions de télévision et un long métrage. Devant la richesse du sujet, la gageure étant de tenir deux discours audiovisuels différents avec des éléments communs : les extraits de films.

En effet, les émissions par le biais d'interviews donnent le point de vue d'un certain nombre de personnalités du spectacle sur le phénomène Carné, alors que le film, lui, restitue par le truchement d'images, l'atmosphère des films de Marcel Carné. Les extraits de films nombreux évoquent complètement les cinquante dernières années du cinéma français. Il est de fait que pour ceux qui ont vu et les émissions et le long métrage, l'impression est, à leur surprise, totalement différente.

La deuxième difficulté a été d'ordre juridique. Le droit de citation a toujours été reconnu par la jurisprudence et a été consacré par l'article 41 alinéa 3 de la loi du 11 mars 1957 sur la propriété littéraire et artistique. Toutefois, si son exercice ne se heurte à aucune difficulté, dans le domaine de l'édition littéraire, musicale, plastique, où les exemplaires des œuvres sont à la disposition de tous, il n'en n'est pas de même des œuvres cinématographiques.

Les négatifs sont conservés par les producteurs. Ceux-ci, à juste titre, en interdisent l'accès puisque la durée du droit de citation n'a pas été définie dans la loi de 1957.

La non-reconnaissance du droit de citation en matière audio-visuelle entraîne :

1- un préjudice artistique, pour les auteurs et metteurs en scène, dans la mesure où il n'y a pas de culture cinématographique possible s'il n'y a pas accès aux éléments de cette culture. Imaginez un lycéen qui n'aurait pas accès aux pièces de Molière, de Marivaux, de Beaumarchais ? Comment un étudiant aurait-il accès à la connaissance des auteurs du xe au xxe siècle si l'on ne pouvait éditer des morceaux choisis littéraires ?

2- l'impossibilité d'écrire visuellement des thèses sur tel ou tel cinéaste, directeur de la photographie, décorateur, et ainsi de faire progresser les différents courants de l'écriture cinématographique et télévisuelle.

Ainsi *Carné, l'Homme à la caméra*, est tout à la fois la tentative de brosser le portrait vivant d'un metteur en scène à travers ses œuvres, et de décliner les images sur des temps différents.

Pour des raisons aussi bien financières que juridiques, la production a dû s'arrêter et le montage n'a été définitif qu'en 1984. Paule Sengissen.

Marcel Carné vu par Henry-François Rey. Il griffe dès qu'on veut lui passer la main sur l'échine. Difficile de le caresser !... avec lui, on est toujours à rebrousse-poil. Comme les chats : bête du jour qui commence... bête du jour qui finit, et par-dessus tout... bête de nuit. Il n'y a pas une image de Marcel Carné... il y en a cent... il y en a mille. Ses contradictions... il faut les surprendre... ses vérités... les lui arracher... sa mauvaise foi, la contraindre...

Marcel Carné vu par Roland Lesaffre. Marcel tu es un insolent... oui, tu es un terroriste... Oui... tu terrorises tout le monde... tes potes, tes auteurs... tes techniciens... tes acteurs. Tes producteurs aussi, d'ailleurs. Espèce de bourreau, va ! Bourreau que l'on aime... cinquante ans de carrière, durant lesquels une certaine critique ne t'a jamais épargné... Non, non... ne dis pas le contraire, tu en as souffert. Et plus tu souffrais, plus tu étais dur... Dur envers tes potes, dur envers toi-même... drôle de drame, drôle de cocktail, ton satané mélange d'enfance, de souffrance et de gloire.

Arletty prête sa voix à la caméra. Peut-être est-ce de me voir… de me toucher… qui lui fait cet effet là… Oh ! ça fait longtemps qu'il me caresse du regard… qu'il me désire… Quand j'y pense… il m'a connue toute môme… moi la caméra des années trente, je commençais tout juste à parler… Et puis j'ai grandi… grandi… alors il m'a emmenée en voyage… en voyage de noces, bien sûr… Oh ! on est parti loin… très loin… tous les deux… avec Marcel à la recherche de contrées jusqu'alors… inconnues. C'est ainsi qu'on a découvert la poésie trouble de certains paysages quotidiens… parfois même leur beauté étrange… insolite… aujourd'hui, c'est là le vrai ventre de Paris le métro… on s'y rencontre… on s'y perd… on s'aime… on se vole… on s'assassine…

Marcel Carné raconte Jacques Prévert. Ce qu'il y a de plus extraordinaire dans toute ma vie, c'est la manière dont j'ai connu Prévert. Un jour j'ai été à la maison des syndicats voir une pièce qui s'appelait *La bataille de Fontenoy*. Il y avait une phrase qui m'avait fait éclater de rire, c'était "– Soldats de Fontenoy vous n'êtes pas tombés dans l'oreille d'un sourd." Puis des années se passent et j'ai l'occasion de faire mon premier film. Le sujet était presque imposé, le producteur voulait un film de gangsters. J'avais horreur des gangsters. On a trouvé un scénario qui s'appelait *Prison de velours*, c'est tout dire. C'était une histoire extrêmement conventionnelle qui se déroulait dans une maison de rendez-vous. Arrive le moment où le producteur me demande à qui je pense pour les dialogues. Alors j'ai une idée qui devait me suivre dans toute ma vie, sans que je m'en rende compte à ce moment-là, je dis : "J'ai pensé à Jacques Prévert." J'étais complètement inconnu à l'époque et donc le plus difficile était de faire accepter le synopsis à Prévert. Je l'avais prévenu que ce n'était pas une histoire très extraordinaire. Il le lit devant moi avec cette faculté qu'il avait de lire à une rapidité folle et quand il a terminé, il me dit – "Avec ça on est pas foutus mais on va essayer de se démerder." On a commencé à travailler, et j'ai compris ce qu'il appelait se démerder. C'était de trouver des personnages secondaires extrêmement intéressants, le marchand de canon, le bossu méchant, etc, et qui n'étaient pas, contrairement aux personnages principaux, extrêmement conventionnels. C'est ainsi qu'il fait *Jenny*.

Ce film a complètement dérouté la critique parce qu'il y avait une part de convention et une part d'originalité. L'atmosphère étrange dans laquelle se déroulait le film a frappé à l'époque où l'on voyait surtout des comédies joyeuses qui se déroulaient sur la côte d'Azur. Là c'était déjà un peu la brume, il y avait une scène d'amour qui se passait sur une passerelle enjambant le canal de l'Ourcq, tout cela semblait un peu bizarre. Pour Prévert comme pour moi, l'histoire dans un film passe un peu au second plan. Il est d'ailleurs assez difficile de résumer en quelques lignes les films que j'ai faits avec Prévert. Évidemment on peu dire : "C'est un homme enfermé dans sa chambre qui revoit son passé." "C'est un déserteur qui se réfugie dans une cabane et qui va rencontrer des êtres hors du commun", ça ne suffit pas. Mais si l'on veut entrer un petit peu dans le détail il faut raconter l'histoire en vingt minutes.

Même pour *La Marie du port* il y a plusieurs choses qui viennent se greffer sur l'histoire de la Marie et de Gabin. Il y a le petit gosse qui aime la Marie, il y a le père qui est tout le temps saoul, il y a un tas de choses comme ça qui font que ce n'est pas facilement racontable.

Extrait du n° spécial du *Magazine littéraire* consacré à Jacques Prévert. Interview de Fabrice Rouleau. N° 155 – décembre 1979.

Jacques Prévert parle de la critique.

Et au fond on s'aperçoit que l'Art ce qu'on appelle l'Art c'est aisé... c'est la Critique qui est difficile parce que les artistes il y en a plein dans le Monde... des grands artistes dans tous les pays... et puis des bons critiques y en a quelques-uns, qui sont oiseaux rares, et au fond puisqu'il n'y a pas de bons critiques, c'est donc que c'est difficile d'être Critique.

Quelques dialogues [...] »[1].

1. Coll. part.

Filmographie

Assistant

1928

Les Nouveaux Messieurs. Réalisation : Jacques Feyder. Images : Georges Périnal, assisté de Marcel Carné. Scénario et dialogues : Francis de Croisset, Jacques Feyder et Charles Spaak. Interprètes : Gaby Morlay (Suzanne Verrier), Albert Préjean (Jacques Gaillac), Henry Roussel (le comte de Montoire-Grandpré), Guy Ferrant (le journaliste), Gustave Hamilton (l'huissier), Léon Arvel (le président), Raymond Narlay (le chef de cabinet), Charles Barrois (le directeur du théâtre), Henry Valbel (le député Morin), Georges Deneubourg (de Courcieux), Andrée Canti (Julie), Yvonne Dumas, Duchange, Fred Gastal, Yvonneck, Christian Gérard, Louis Pré fils, Marechkine, Bill Bockett. Coproduction : Albatros et Sequana. Directeur de production : Simon Schiffrin. Noir et blanc, mono.

1929

Cagliostro. Réalisation : Richard Oswald. Images : Jules Kruger, assisté de Marcel Carné. Scénario et dialogues : Herbert Juttke, Georg C. Klaren. Interprètes : Hans Stüwe (Cagliostro), Renée Héribel (Lorenza), Alfred Abel (prince de Rohan), Ivan Koval-Samborsky (Benito), Rina De Liguoro (Laura, marquise Espada), Charles Dullin (marquis d'Espada, comte de Breteil), Illa Meery (Jeanne de la Motte), Edmond Van Daële (Louis XVI), Suzanne Bianchetti (Marie-Antoinette), Jules Moy (Bohmer), Georges Deneubourg (Basange), Alice Tissot (duchesse de Mittau), René Donnio (Chevreau), Jeannie Luxeuil, Andrée Canti. Coproduction : Wengeroff films et Albatros. Noir et blanc, mono.

1930

Sous les Toits de Paris. Réalisation : René Clair, assisté de Marcel Carné, Georges Lacombe et Jacques Houssin. Scénario et dialogues : René Clair. Musique : André Gailhard. Directeurs de la photographie : Georges Périnal et Georges Raulet. Ingénieurs du son : W. Morhenn, Hermann Storr.

Décorateurs : Alexandre Trauner, Lazare Meerson. Costumier : René Hubert. Monteurs : René Clair et René Le Hénaff. Interprètes : Albert Préjean (Albert), Pola Illéry (Pola), Gaston Modot (Fred « le dur »), Edmond T. Gréville (Louis), Delphine Abdala (la buraliste), Bilboquet alias Bill-Bocketts (Émile, le voleur), Raymond Aimos (un gars du « milieu »), Paul Ollivier (un client du café), Léon Courtois (l'inspecteur), Raymond Blot (un membre de la bande à Fred), Édouard Francomme (un membre de la bande à Fred), André Michaud (un agent), Louis Pré fils (le locataire du troisième), Eugène Stuber (un membre de la bande à Fred), Louis Zellas (le consommateur jaloux). Production : Société des Films Sonores Tobis. Directeur de production : Frank Clifford. Noir et blanc, mono. Durée : 80 min. Sortie : 2 janvier 1930, au Moulin Rouge.

1933

Le Grand Jeu. Réalisation : Jacques Feyder, assisté de Charles Barrois et Marcel Carné. Scénario : Jacques Feyder et Charles Spaak. Dialogues : Charles Spaak. Musique : Hanns Eisler. Photographie : Maurice Forster et Harry Stradling. Montage : Jacques Brillouin. Décors : Alexandre Trauner et Lazare Meerson. Interprètes : Marie Bell (Florence et Irma), Pierre Richard-Willm (Pierre Martel, Pierre Muller), Charles Vanel (M. Clément), Françoise Rosay (Mme Blanche), Georges Pitoëff (Nicolas Ivanoff), Camille Bert (le colonel), André Dubosc (Bernard Martel), Pierre Larquey (Gustin), Lyne Clevers (Dauville), Nestor Ariani (Aziani), Guérard (le livreur), Pierre de Guingand (le capitaine), Henri Chomette, Louis Florencie (Fenoux), Pierre Labry (le cantinier), Olga Velbria (Aïchouch), Simone Cerdan, Géno Ferny (l'employé des douanes), Jean-François Martial (un légionnaire), Jacques Normand (le capitaine de recrutement), Maryse Wendling. Production : Les films de France. Noir et blanc, mono. Durée : 120 min. Sortie : 2 mai 1934.

1934

Pension Mimosas. Réalisation : Jacques Feyder, assisté de Marcel Carné et Ary Sadoul. Scénario : Jacques Feyder et Charles Spaak. Dialogues : Charles Spaak. Studio : Tobis. Musique : Armand Bernard. Photographie : Roger Hubert. Décors : Lazare Meerson. Montage : Jacques Brillouin. Son : Hermann Storr. Interprètes : Françoise Rosay (Louise Noblet), Paul Bernard (Pierre), Lise Delamare (Nelly), André Alerme (Gaston Noblet), Arletty (Parasol, une parachutiste), Paul Azaïs (Carlo), Bernard Optal (Pierre enfant), Jean-Max (Romani), Raymond Cordy (Morel), Illa Meery

(Vilma), Pierre Labry (l'hôtelier), Nane Germon (la bonne de la pension), Marie-Thérèse Sylviac (la comtesse), Héléna Manson (la rentière), Edy Debray (le père de Pierre), Germaine Reuver (une convive au banquet), Georges Prieur (un convive au banquet), Jean Kolb (un convive au banquet), Pierre Ferval (le tapissier), Titys (le valet de chambre), Maurice Lagrenée (un habitué du bar), Nestor Ariani, Pierre Athon, Jenny Burnay, Jean Daurand, Anthony Gildès, Gustave Hamilton, Roger Puylagarde. Noir et blanc, mono. Producteurs : Alexandre Kamenka, Hans Henkel, Georges Lourau. Production et distribution : Société des Films Sonores Tobis. Durée : 109 min. Sortie : 18 janvier 1935.

1935

La Kermesse héroïque. Réalisation : Jacques Feyder, assisté de Marcel Carné. Assistant artistique : Charles Barrois. Conseiller historique : M. Sterling. Scénario : d'après une nouvelle de Charles Spaak. Adaptation : Robert A. Stemmle, Charles Spaak et Jacques Feyder. Dialogues : Bernard Zimmer. Musique : Louis Beydts. Directeur de la photographie : Harry Stradling Sr. Opérateur : Louis Page, assisté d'André Thomas. Costumes : Georges K. Benda, J. Muelle. Décors : Lazare Meerson, Alexandre Trauner, Georges Wakhévitch. Son : Hermann Storr. Musique : Louis Beydts. Montage : Jacques Brillouin. Tournage dans les studios d'Épinay. Interprètes : André Alerme (le bourgmestre de Boom), Françoise Rosay (Cornélia), Micheline Cheirel (Siska), Bernard Lancret (Jean Brueghel), Jean Murat (le duc d'Olivarès, ambassadeur d'Espagne), Louis Jouvet (le chapelain), Lyne Clevers (la poissonnière), Maryse Wendling (la boulangère), Ginette Gaubert (l'aubergiste), Marguerite Ducouret (la femme du brasseur), Alfred Adam (le boucher et premier échevin), Arthur Devère (le poissonnier), Pierre Labry (l'aubergiste), Marcel Carpentier (le boulanger), Alexandre d'Arcy (le premier lieutenant espagnol), Claude Sainval (le second lieutenant espagnol), Delphin (le nain), Roger Legris (le mercier), Bernard Optal (Ambroise), Matt Mattox (un danseur), Will Dohm (Rolla Norman), Enrico Glori, Raphaël Médina, Pierre Athon, Georges Spanelly, Francine Wells-Bessy, Yvonne Yma, Marianne Hardy, Molly Robert, Myrillis. Production : Société des Films Sonores Tobis. Directeur de production : Pierre Guerlais et Marcel Carné. Distribution : Filmsonor. Noir et blanc, mono. Durée : 110 min. Sortie : 3 décembre 1935. Grand Prix du cinéma français en 1936. Prix de la meilleure mise en scène à la biennale de Venise en 1936. Grand Prix du Cinéma International décerné par les critiques français.

Réalisateur

1929

Nogent, Eldorado du dimanche. Court métrage réalisé avec la collaboration de Michel Sanvoisin. Sortie : mars 1929, Studio des Ursulines, repris par la suite au Vieux Colombier au cours des années trente et réédité en complément de programme de *La Vie est à nous* de Jean Renoir en novembre 1969. Musique (réédition) : Bernard Gérard. Durée : 17 min.

1930-1932

Films publicitaires (principaux titres : *À la dérive*, *Le Voyage tragique*, *Une élection à l'Académie française*, *Securit*). Scénarios : Jean Aurenche. Décors et costumes : Paul Grimault. Producteur : Charles Peignot.

1936

Jenny. Scénario : Pierre Rocher. Adaptation et dialogues : Jacques Prévert et Jacques Constant. Images : Roger Hubert. Décors : Jean d'Eaubonne. Musique : Joseph Kosma et Lionel Cazeaux. Asssitant : Pierre Blondy. Montage : Ernest Hajos. Directeur technique : Jean Stelli. Interprètes : Françoise Rosay (Jenny Gauthier), Albert Préjean (Lucien Dancret), Lisette Lanvin (Danielle Bricart), Charles Vanel (Benoît), Jean-Louis Barrault (« Dromadaire »), Sylvia Bataille (Florence), Margo Lion (Madame Vrack), Roland Toutain (Xavier), Robert Le Vigan (L'Albinos), René Génin (le pêcheur du bistrot), Roger Blin (le malade solitaire), Génia Vaury (la jeune femme au chien), Raymond Segard (le fiancé londonien), Marcel Mouloudji (le jeune chanteur des rues à Paris), Joseph Kosma (le joueur d'harmonium), Louis Blanche, Daniel Clérice, Enrico Glori, Pierre Piérade, The Kentucky Singers. Production : Réalisations d'Art Cinématographique, Albert Pinkévitch. Sortie : 18 septembre 1936, au Madeleine Cinéma (Paris). Titres envisagés : *Prison de velours* et *Argent de poche*. Durée : 95 min. Prix de la Critique (Japon).

1937

Drôle de Drame. Scénario : d'après *The Lunatic at Large or His First Offence* de J. Storer Clouston. Adaptation et dialogues : Jacques Prévert. Images : Eugène Schüfftan assisté de Louis Page et Henri Alekan. Assistants réalisateurs : Pierre Prévert et Claude Walter. Décors : Alexandre Trauner. Costumes : Lou Tchimoukov. Musique : Maurice Jaubert (Éditions Enoch

– enregistrement R.C.A.). Photographie : Roger Kahan. Interprètes : Françoise Rosay (Margaret Molyneux), Michel Simon (Irwin Molyneux/ Félix Chapel), Louis Jouvet (Archibald Soper, évêque de Bedford), Jean-Louis Barrault (William Kramps), Jean-Pierre Aumont (Billy, le laitier), Nadine Vogel (Eva), Pierre Alcover (l'inspecteur Bray), Henry Guisol (le journaliste Buffington), Agnès Capri (la chanteuse de rue), René Génin (le balayeur), Marcel Duhamel (le fêtard qui aime les enterrements), Ky-Duyen (l'hôtelier chinois), Jeanne Lory (la tante Mac Phaerson), Jean Sinoël (le gardien de prison), Madeleine Suffel (Victory, gouvernante de la tante), Yves Deniaud (un policier en civil), Max Morisse (James, le valet de chambre), Pierre Prévert (un crieur de journaux dans le salon de thé), Louis Fabien (le policeman à l'œil au beurre noir), Guy Decomble (le maquereau), Jean Marais (un fêtard assommé par un Chinois), Jenny Burnay (Madame Pencil), Annie Cariel (Elisabeth Soper), Margot Capelier (une cliente du salon de hé), Claudie Carter, Fabien Loris, Maurice Marceau, Francis Korb, Frédéric O'Brady. Production : Édouard Corniglion-Molinier et Pathé Consortium Cinéma. Directeur de production : Charles David. Tournage : mai-juin 1937. Studio : Pathé cinéma à Joinville. Distribution : Pathé puis 1951 les Grands Films classiques. Sortie : 20 octobre 1937, au Colisée (Paris). Durée : 105 min. Titre anglais : *Bizarre, bizarre*. Prix du Meilleur Film Français (Japon).

1938

Le Quai des brumes. Scénario : d'après le roman de Pierre Mac Orlan. Adaptation et dialogues : Jacques Prévert. Images : Eugène Schüfftan. Opérateurs : Louis Page, Marc Fossard, Henri Alekan, Philippe Agostini. Assistants réalisateurs : Claude Walter et Guy Lefranc. Son : Antoine Archimbaud. Montage : René Le Hénaff. Décors : Alexandre Trauner assisté de Paul Bertrand. Costumes : Chanel. Musique : Maurice Jaubert. Régie : Ludmilla Goulian. Interprètes : Jean Gabin (Jean), Michèle Morgan (Nelly), Michel Simon (Zabel), Pierre Brasseur (Lucien), Jenny Burnay (l'amie de Lucien), Marcel Pérès (le chauffeur du camion), René Génin (le docteur du bateau), Roger Legris (le garçon d'hôtel), Édouard Delmont (Panama), Aimos (Quart Vittel), Robert Le Vigan (Michel Kraus), Claude Walter, Martial Rebe, Marcel Melrac, Gaby Wagner, Raphaël, Raymond Pélissier, le chien Kiki. Production : Gregor Rabinovitch Ciné-Alliance. Directeur de production : Simon Schiffrin. Tournage : janvier-février 1938. Studio : Joinville et extérieurs Le Havre. Sortie : 18 mai 1938, au Marivaux (Paris). Durée : 91 min. Prix Louis-Delluc 1938. Grand Prix national du cinéma français 1939. Prix Méliès, ex-æquo avec *La Bête humaine*. Primé pour ses qualités artistiques à la VIe Mostra de Venise 1938. Prix de la Critique Louis Delluc 1938. Grand Prix national du cinéma français 1939. Meilleur Film Étranger 1939 (États-Unis). Interdit aux moins de 16 ans à sa sortie, puis totalement sous l'Occupation.

1938

Hôtel du Nord. Scénario : d'après le roman d'Eugène Dabit. Adaptation : Henri Jeanson et Jean Aurenche. Dialogues : Henri Jeanson. Images : Armand Thirard. Opérateur : Louis Née et Avignon Felouse. Assistants réalisateurs : Claude Walter et Pierre Blondy. Montage : Marthe Gottié. Décors : Alexandre Trauner. Costumes : Lou Tchimoukov. Musique : Maurice Jaubert. Son : Marcel Courmes. Interprètes : Annabella (Renée), Arletty (Madame Raymonde), Louis Jouvet (Monsieur Edmond), Jean-Pierre Aumont (Pierre), André Brunot (Émile Lecouvreur), Jane Marken (Louise Lecouvreur), Paulette Dubost (Ginette), Bernard Blier (Prosper), Raymone (Jeanne), Andrex (Kenel), François Périer (Adrien), Henri Bosc (Nazarède), Marcel André (le chirurgien), Génia Vaury (l'infirmière), René Bergeron (Maltaverne), Louvigny, Lurville. Production : Lucachévitch – Cédif. Tournage : septembre 1938. Studio : Pathé cinéma rue Frankeur et Billancourt. Sortie : 10 décembre 1938, au Marivaux (Paris). Durée : 95 min.

1939

Le Jour se lève. Scénario : Jacques Viot. Adaptation et dialogues : Jacques Prévert. Images : Curt Courant. Opérateurs : Philippe Agostini, André Bac et Albert Viguier. Assistants réalisateurs : Pierre Blondy et Jean Fazy. Décors : Alexandre Trauner assisté de Paul Bertrand. Costumes : Boris Bilinsky. Musique : Maurice Jaubert. Son : Armand Petit-Jean. Montage : René Le Hénaff. Script : Jeanne Witta. Interprètes : Jean Gabin (François), Jules Berry (Valentin), Arletty (Clara), Jacqueline Laurent (Françoise), Jacques Baumer (le commissaire), Bernard Blier (Gaston), Mady Berry (la concierge), René Génin (le concierge), Marcel Pérès (Paulo), René Bergeron (le patron du café), Gabrielle Fontan (la vieille dame dans l'escalier), Arthur Devère (Gerbois), Georges Douking (l'aveugle), Germaine Lix (la chanteuse), Jacques Baumer, Léonce Corne, Albert Malbert. Production : Sigma – Jean-Pierre Frogerais. Directeur de production : Paul Madeux. Tournage : février-mai 1939. Studios : Paris, Studio-Cinéma Billancourt. Distribution : VOG. Sortie : 17 juin 1939, au Madeleine-Cinéma (Paris).

Durée : 87 min. Prix de la Critique (Cuba). Interdit aux moins de 16 ans à sa sortie.

1942

Les Visiteurs du soir. Scénario et dialogues : Jacques Prévert et Pierre Laroche. Découpage technique : Marcel Carné. Images : Roger Hubert, assisté de Marc Fossard et Maurice Pecqueux. Assistants réalisateurs : Michelangelo Antonioni, Pierre Sabas et Bruno Tireux. Décors et costumes : Georges Wakhévitch et Alexandre Trauner. Musique : Maurice Thiriet et Joseph Kosma. Enregistrement : orchestre de la Société des concerts du Conservatoire, dirigé par Charles Munch. Chanson interprétée par Jacques Jansen. Son : Jacques Lebreton. Montage : Henri Rust. Interprètes : Arletty (Dominique), Marie Déa (Anne), Jules Berry (le diable), Fernand Ledoux (le baron Hugues), Alain Cuny (Gilles), Marcel Herrand (Renaud), Roger Blin (le montreur de monstres), Jean d'Yd (l'homme à l'ours), Gabriel Gabrio (le bourreau), Pierre Labry (le gros seigneur), Piéral (l'un des trois nains), François Chaumette (un page), Simone Signoret (une figurante du banquet des fiançailles), Alain Resnais (un figurant), Georges Sellier (un figurant), Jean Carmet. Production : Scalera/Discina, André Paulvé. Tournage : studios Saint-Maurice et La Victorine (Nice) ; Vence ; Gourdon ; Tourrettes-sur-Loup, avril-septembre 1942. Sortie : 5 décembre 1942 au Madeleine-Cinéma (Paris). Durée : 120 min. Grand Prix du Cinéma Français 1942.

1943-1945

Les Enfants du Paradis. Première époque : *Le Boulevard du Crime.* Seconde époque : *L'Homme blanc.* Scénario et dialogues : Jacques Prévert. Découpage technique : Marcel Carné. Images : Roger Hubert assisté de Marc Fossard. Assistants réalisateurs : Pierre Blondy, Bruno Tireux. Décors : Léon Barsacq, Raymond Gabutti, Alexandre Trauner. Costumes : Antoine Mayo. Musique : Maurice Thiriet, Joseph Kosma et Georges Mouqué pour les pantomimes. Enregistrement : orchestre de la Société des concerts du Conservatoire, dirigé par Charles Munch. Son : Robert Teisseire. Montage : Henri Rust et Madeleine Bonin. Assistant pour les pantomimes : Gilles Margaritis. Interprètes : Arletty (Garance), Jean-Louis Barrault (Baptiste Deburau), Pierre Brasseur (Frédérick Lemaître), Marcel Herrand (Lacenaire), Louis Salou (le comte Édouard de Montray), Pierre Renoir (Jéricho, le marchand d'habits), Maria Casarès (Nathalie), Fabien Loris (Avril), Étienne Decroux (Anselme Deburau), Gaston Modot (Fil de Soie), Jane Marken (Madame Hermine), Marcel Pérès (le directeur des Funambules), Paul Frankeur (le commissaire), Pierre Palau (le régisseur des Funambules), Jacques Castelot (Georges), Léon Larive (le concierge des Funambules), Albert Rémy (Scapia Barrigni), Robert Dhéry (Célestin), Maurice Schutz (l'encaisseur), Habib Benglia (l'employé des bains turcs), Auguste Boverio (le premier auteur), Paul Demange (le deuxième auteur), Jean Diener (le troisième auteur), Rognoni (le directeur du Grand Théâtre), Louis Florencie (le gendarme), Jean Gold (le deuxième dandy, un ami du comte), Jean-Pierre Delmon (le petit Baptiste Deburau), Marcelle Monthil (Marie), Lucien Walter (le vendeur de billets), Jean Lanier (Iago), Jeanne Dussol (la femme à barbe), Lucienne Vigier (la première théâtreuse), Gynette Quero (la seconde théâtreuse), Gustave Hamilton (le concierge du Grand Théâtre), Raphaël Patorni (un dandy), Jean Carmet. Production : Société Nouvelle Pathé-Cinéma. Directeur de production : André Paulvé puis Raymond Borderie, Fred Orain. Tournage : studios La Victorine (Nice) et Pathé (Joinville). Sortie : 15 mars 1945 au Madeleine et au Colisée (Paris). Durée : 195 min. César des Césars. Meilleur Film Français de la Profession cinématographique.

1946

Les Portes de la nuit. Scénario : d'après *Le Rendez-vous*, ballet de Jacques Prévert, Joseph Kosma, Brassaï et Roland Petit. Adaptation et dialogues : Jacques Prévert. Images : Philippe Agostini, assisté de André Bac. Assistants réalisateurs : Pierre Gout, Roger Blanc, Georges Beaudoin. Décors : Alexandre Trauner. Costumes : Antoine Mayo. Musique : Joseph Kosma. Son : Antoine Archimbaud. Montage : Jean Feyte. Interprètes : Yves Montand (Diego), Nathalie Nattier (Malou), Pierre Brasseur (Georges), Serge Reggiani (Guy Sénéchal), Julien Carette (Monsieur Quinquina), Dany Robin (Étiennette), Saturnin Fabre (Monsieur Sénéchal), Mady Berry (Madame Quinquina), Jean Vilar (le Destin), Raymond Bussières (Raymond Lécuyer), Sylvia Bataille (Claire Lécuyer), Christian Simon (Cri-Cri Lécuyer), Jane Marken (Germaine), Fabien Loris (le chanteur des rues), Jean Maxime (Riquet), Michel Salina (le chirurgien), René Blancard, Gérard Guillaumat, Jacques Perrin. Production : Société nouvelle Pathé-Cinéma Alexander Korda, Raymond Borderie. Directeur de production : Pierre Laurent. Sortie : 3 décembre 1946 au Marivaux et au Marignan (Paris). Durée : 120 min.

1950

La Marie du port. Scénario : d'après le roman de Georges Simenon. Adaptation : Louis Chavance. Dialogues : Georges Ribemont-Dessaignes, Jacques Prévert. Images : Henri Alekan. Décors : Alexandre Trauner, Auguste Capelier. Musique : Joseph Kosma. Montage : Léonide Azar. Son : Antoine Archimbaud. Interprètes : Jean Gabin (Chatelard), Nicole Courcel (Marie), Blanchette Brunoy (Odile), Julien Carette (Viau), Jane Marken (la patronne du café de la Marine), Claude Romain (Marcel), René Blancard (le pilote du chalutier), Louis Seigner (l'oncle), Robert Vattier (le client refusé à la brasserie), Roland Lesaffre (un marin), Olivier Hussenot, Odette Laure, Gabrielle Fontan, Christian Fourcade. Production : Sacha Gordine. Directeur de production : Ludmilla Goulian. Tournage : studio de Joinville et Cherbourg. Sortie : 18 avril 1950, au Marignan et au Marivaux (Paris). Durée : 88 min.

1951

Juliette ou la Clef des songes. Scénario : d'après la pièce de Georges Neveux. Adaptation : Marcel Carné et Jacques Viot. Dialogues : Georges Neveux. Images : Henri Alekan. Assistants réalisateurs : Roger Dalcier, Michel Romanoff. Décors : Alexandre Trauner, Auguste Capelier. Costumes : Antoine Mayo. Musique : Joseph Kosma. Son : Jacques Lebreton. Montage : Léonide Azar. Interprètes : Gérard Philipe (Michel), Suzanne Cloutier (Juliette), Jean-Roger Caussimon (Barbe-Bleue), Yves Robert (le musicien), René Génin (le père La Jeunesse), Édouard Delmont (le garde-champêtre), Roland Lesaffre (le légionnaire), Gabrielle Fontan (l'épicière), Arthur Devère, Max Dejean, Martial Rebe, Fernand René, Marcelle Arnold, Marion Delbo, Guy Mairesse, Gérard Darrieu. Production : Sacha Gordine. Directeur de production : Ludmilla Goulian. Tournage : 3 juillet au 12 octobre 1950. Studios : Saint-Maurice et Boulogne. Distribution : Marceau. Sortie : 18 mai 1951 au Biarritz et au Madeleine (Paris). Durée : 106 min. Meilleure musique de film au Festival de Cannes 1951.

1953

Thérèse Raquin. Scénario : d'après le roman de Émile Zola. Adaptation : Marcel Carné et Charles Spaak. Dialogues : Charles Spaak. Images : Roger Hubert, assisté de Adolphe Charlet et Max Dulac. Assistants réalisateurs : Jean Valère et Carlo Lombardini. Décors : Paul Bertrand. Costumes : Antoine Mayo. Musique : Maurice Thiriet. Montage : Henri Rust, assisté de Suzanne Rondeau et Marthe Gottié. Régie : Paul Laffargue et Tonio Suné.

Interprètes : Simone Signoret (Thérèse Raquin), Raf Vallone (Laurent), Sylvie (Madame Raquin), Jacques Duby (Camille Raquin), Roland Lesaffre (Riton), Nério Bernadi (le médecin), Maria-Pia Casilio (Georgette), Marcel André (Monsieur Michaud), Martial Rebe (Monsieur Grivet), Madeleine Barbulée (Madame Noblet), Paul Frankeur (le contrôleur), Lucien Hubert (le chef de gare de Dijon), France Vernillat (Françoise), Jacques Hilling, Danièle Dumont. Production : Robert et Raymond Hakim Paris-films production/Lux films (Rome). Directeur de production : Ludmilla Goulian. Tournage : studios de Neuilly et Lyon, 2 mars au 28 avril 1953. Sortie : 6 novembre 1953 aux Moulin-Rouge, Normandie et Rex (Paris). Durée : 105 min. Lion d'argent à la Biennale de Venise. Meilleur film étranger pour une sélection américaine.

1954

L'Air de Paris. Scénario : d'après *La Choute*, idée originale de Jacques Viot. Adaptation : Marcel Carné et Jacques Sigurd. Dialogues : Jacques Sigurd. Images : Roger Hubert, assisté de René Guissart. Asssistants réalisateurs : Pierre Blondy, Pierre Granier-Deferre et Lou Bonin. Décors : Paul Bertrand. Robes : Balenciaga. Montage : Henri Rust. Son : Antoine Archimbaud. Musique : Maurice Thiriet, chanson de Francis Lemarque et Bob Castella, interprétée par Yves Montand. Interprètes : Jean Gabin (Victor Le Garrec), Arletty (Blanche Le Garrec), Roland Lesaffre (André Ménard), Marie Daëms (Corinne), Jean Parédès (Jean-Marc), Simone Paris (Chantal), Folco Lulli (l'épicier Pozzi), Ave Ninchi (Madame Pozzi), Maria-Pia Casilio (Maria Pozzi), Marcelle Praince (la vieille dame), Mathilde Casadessus (la voyageuse), Séraphin Ferrer (boxeur), Legendre (un boxeur), Streicher (un boxeur), Maurice Sarfati, Gil Delamare, Jean-François Poron. Coproduction : Silver Films (Robert Dorfmann), Del Duca film (Paris), Galatea (Rome). Directeur de production : Lucien Carré. Distribution : Corona. Tournage : mars-avril 1954. Sortie : 24 septembre 1954. Durée : 110 min. Coupe Volpi (prix d'interprétation) à Jean Gabin au Festival de Venise. Grand Prix Populiste à Roland Lesaffre.

1956

Le Pays d'où je viens. Scénario : Jacques Emmanuel. Adaptation : Jacques Emmanuel et Marcel Achard. Dialogues : Marcel Achard. Images : Philippe Agostini (Technicolor). Assistant réalisateur : Jean Vivet. Décors : Jean-Denis Malclès et Jean Douarinou. Musique : Gilbert Bécaud. Chansons : Louis Amade et Pierre Delanoë. Son : Jean Bertrand.

Montage : Paulette Robert. Interprètes : Gilbert Bécaud (Julien Barrère – Éric Perceval), Françoise Arnoul (Marinette Hardouin), Jean Toulout (Ludovic), Claude Brasseur (Roland), Gabriello (le patron de la brasserie), Madeleine Lebeau (la pharmacienne), Gaby Basset (la caissière), Jean-Pierre Bremmer (Michel), Chantal Gozzi (Sophie), Marcel Bozzuffi, Gabrielle Fontan, Georges Debot. Production : Clément Duhour et Gilbert Bokanowski. Tournage : 3 mars au 12 mai 1956. Sortie : 22 septembre 1956, au Gaumont-Palace (Paris). Distribution : Cocinor. Durée : 94 min.

1958

Les Tricheurs. Scénario : Jacques Sigurd, d'après une idée de Charles Spaak et Marcel Carné. Adaptation et dialogues : Jacques Sigurd. Images : Claude Renoir, assisté de Andreas Winding. Assistants réalisateurs : Serge Friedman et Paul Seban. Décors : Paul Bertrand. Costumes : Antoine Mayo. Robes : Christian Dior, Jacques Heim et Virginie. Montage : Albert Jurgenson. Son : Antoine Archimbaud. Musique : airs de jazz enregistrés par Maxime Saury, Ray Brown, Roy Eldridge, Herb Hellis, Stan Getz, Dizzy Gillespie, Coleman Hawkins, Gus Johnson, Oscar Peterson, Sonny Spitt, Norman Granz, Buddy Rich et Fats Domino. Interprètes : Pascale Petit (Mic), Andréa Parisy (Clo), Jacques Charrier (Bob Letellier), Laurent Terzieff (Alain), Jean-Paul Belmondo (Lou), Dany Saval (Nicole), Jacques Portet (Guy), Pierre Brice (Bernard), Alfonso Mathis (Peter), Roland Armontel (le chirurgien), Jacques Marin (Monsieur Félix), Roland Lesaffre (Roger), Denise Vernac (la mère de Mic), Claude Giraud, Dominique Page, Gabrielle Fontan, Jean-François Poron, Gérard Darrieu, Jacques Perrin, Sergio Gobbi, Alain Saury, Alan Scott. Production : Silver Films (Robert Dorfmann) – Cinétel (Paris) – Zébra Films (Rome). Directeur de production : Louis Wipf. Tournage : 24 mars au 12 juillet 1958. Sortie : 10 octobre 1958 au Marignan et au Marivaux (Paris). Titre envisagé : *Les Mains vides.* Durée : 125 min. Grand prix du cinéma français, de la meilleure actrice (Pascale Petit), du meilleur acteur (Jacques Charrier).

1960

Terrain vague. Scénario : d'après *Tomboy* de Hal Ellson Duke. Adaptation et dialogues : Marcel Carné et Henri-François Rey. Images : Claude Renoir. Décors : Paul Bertrand. Costumes : Antoine Mayo. Montage : Henri Rust et Marguerite Renoir. Musique : Michel Legrand et Francis Lemarque. Son : Jacques Carrère. Interprètes : Roland Lesaffre (Big Chief), Danièle Gaubert (Dan), Jean-Louis Bras (Babar), Maurice Caffarelli (Lucky),

Constantin Andrieu (Marcel), Dominique Dieudonné (le râleur), Alfonso Mathis (Hans), Denise Vernac (la mère), Georges Wilson (le juge), Dominique Davray, Simone Berthier, François Nocher, Geneviève Thénier, Claudine Auger. Production : Gray Films – Films Rive Gauche (Paris) – Jolly films (Rome), Louis Dolivet. Directeur de production : Paul Temps. Distribution : Cinédis. Sortie : 9 novembre 1960, au Berlitz, au Paris et au Wepler (Paris). Durée : 100 min.

1963

Du Mouron pour les petits oiseaux. Scénario : d'après le roman d'Albert Simonin. Adaptation : Marcel Carné et Jacques Sigurd. Dialogues : Jacques Sigurd. Images : Jacques Natteau. Assistant réalisateur : Jacques Corbel. Décors : Jacques Saulnier. Son : William Sivel. Montage : Albert Jurgenson. Musique : Georges Garvarentz et Charles Aznavour. Interprètes : Dany Saval (Lucie), Paul Meurisse (Armand), Suzy Delair (Antoinette), Jean Richard (Louis), Dany Logan (Jojo), Suzanne Gabriello (Madame Communal), Roland Lesaffre (le siphonné), Franco Citti (Renato), Robert Dalban (l'inspecteur), Jeanne Fusier-Gir (Mademoiselle Pain), Jean-Marie Proslier (Albin, le coiffeur), Jean Parédès (Monsieur de Fleurville), Joëlle Bernard (Gladys), Alfonso Mathis (le barman), France Anglade (la serveuse), Masako (la petite Japonaise de l'hôtel), Pierre Duncan, Sophie Destrade. Production : CICC (Raymond Borderie) Champs-Élysées productions (Paris) / Variety films (Rome), Jules Borkon. Sortie : 15 février 1963. Durée : 91 min.

1965

Trois Chambres à Manhattan. Scénario : d'après le roman de Georges Simenon. Adaptation : Marcel Carné et Jacques Sigurd. Dialogues : Jacques Sigurd. Images : Eugène Schüfftan. Assistants réalisateurs : Michel Romanoff (France) et Steve Kesten (États-Unis). Décors : Léon Barsacq. Musique : Mal Waldrow et Martial Solal. Son : Jacques Lebreton. Montage : Henri Rust. Interprètes : Annie Girardot (Kay Larsi), Maurice Ronet (François Combe), Roland Lesaffre (Pierre), Otto-E. Hasse (Hourvitch), Gabriele Ferzetti (le comte Larsi), Geneviève Page (Yolande), Margaret Nolan (June), Virginia Lee (la chanteuse noire), Robert Hoffmann (Thierry Damiot), Robert de Niro. Production : Montaigne (Charles Lumbroso). Studio : Boulogne extérieurs à New York ; Sortie : 10 novembre 1965, au Danton, au Monte-Carlo, au Triomphe, au Cinévog Saint-Lazare, au Vedettes et à l'Atlas. Durée : 110 min. Coupe Volpi (prix d'interprétation) à Annie Girardot au Festival de Venise.

1968

Les Jeunes Loups. Scénario : Marcel Carné et Claude Accursi. Dialogues : Claude Accursi. Images : Jacques Robin (Eastmancolor). Assistants réalisateurs : Stéphane Iscovesco et Benoît Jacquot. Décors : Rino Mondellini. Montage : René Gillet. Musique : Jack Arel, Guy Magenta, Cyril. Son : Antoine Bonfanti. Interprètes : Haydée Politoff (Sylvie), Christian Hay (Alain), Roland Lesaffre (Albert), Maurice Garrel (Ugo Castellini), Yves Beneyton (Cris), Serge Leeman (Jojo), Elizabeth Teissier du Gros (la princesse Linzani), Gamil Ratib (le prince Linzani), Bernard Dhéran (Jean-Noël), Elina Labourdette (Madame Sinclair), Luc Bourgrand (Eddie), Stéphane Bouy, Rolande Ségur, Lefèvre-Bel. Production : SNC (Paris) et West Films (Rome). Tournage : juin 1967. Producteur délégué : Vera Belmont. Sortie : 3 avril 1968 au Balzac, au Festival-Opéra, au Max-Linder, au Miramar et à l'Orly Publicis. Distribution : René Pignères. Durée : 110 min.

1970

Les Assassins de l'ordre. Scénario : d'après le roman de Jean Laborde. Adaptation : Paul Andréota et Marcel Carné. Dialogues : Paul Andréota. Images : Jean Badal (couleurs). Décors : Rino Mondellini. Musique : Pierre Henry et Michel Colombier. Son : René Longuet. Montage : Henri Rust. Interprètes : Jacques Brel (le juge Level), Catherine Rouvel (Danièle), Charles Denner (Maître Graziani), Didier Haudepin (François Level), Michael Lonsdale (le commissaire Bertrand), Paola Pitagora (Laura), Roland Lesaffre (Michel Saugeat), François Cadet (Rabut), Serge Sauvion (Bonetti), Françoise Giret (Geneviève Saugeat), Jean-Roger Caussimon (le commissaire divisionnaire), Bobby Lapointe (Louis Casso), Harry Max (Moulard), Luc Méranda (Marco), Luc Ponette (maître Rivette), Jacques Legras (l'inspecteur), Jean Franval (docteur Sabatier), Tania Busselier. Production : Les Productions Belles Rives (Michel Ardan). Sortie : 7 mai 1971 au Balzac, au Rio Opéra, au Max-Linder, au Paramount Gobelins, au Miramar, au Paramount Montmartre et au Triomphe. Durée : 110 min. Prix de la critique et prix des spectateurs au Festival de Moscou 1971. Palme d'argent au Festival de Moscou. Hommage spécial à Venise pour l'ensemble de l'œuvre.

1974

La Merveilleuse Visite. Scénario : d'après H.-G. Wells. Adaptation : Marcel Carné, Didier Decoin et Robert Valey. Dialogues : Didier Decoin.

Images : Edmond Richard (Eastmancolor). Assistant réalisateur : Patrick Brown. Décors : Louis Le Barbenchon et Bernard Evein. Son : René Longuet. Musique : Alan Stivell. Montage : Henri Rust. Interprètes : Roland Lesaffre (Ménard), Gilles Kohler (Jean, l'ange), Deborah Berger (Delia), Lucien Barjon (le recteur), Mary Marquet (la duchesse), Jean-Pierre Castaldi (François Mercadier), Yves Barsacq (le docteur Jeantel), Jacques Debary (le père Léon), Pierre Repécaud (l'enfant), Tania Busselier (Lucette). Producteur délégué : Jacques Quintard. Production : Mandala Films – France Films Productions – ORTF – Zafès. Sortie : 27 novembre 1974 au Gramont, à l'Élysée Point Show, au Gaumont Champs-Élysées, au Saint-Lazare Pasquier et au Cambronne. Titre envisagé : *L'Oiseau de mer.* Durée : 100 min. Prix du film fantastique à Hollywood 1979. Prix de la critique à Paris.

1976

La Bible. Oratorio inspiré des mosaïques de la basilique de Monreale (Sicile). D'après la sainte Bible de Don Raffaello Lavagna. Adaptation et textes de Marcel Carné et Didier Decoin. Images : Jean Collomb (couleurs). Musique : Jean-Marie Benjamin. Montage : Maurice Laumain et Henri Rust. Directeur de production : Vidal et Roland Lesaffre. Production : Antenne 2 – André Tranché (ARC Films). Tournage : Sicile et Israël. Sortie : Cannes 1977. Durée : 90 min. Prix œcuménique au Festival de Cannes 1977.

1980

Un jour… Bernadette. Direction : Marcel Carné. Texte de Robert Arnaut. Réalisation : Claire Marcenet-Barril. Produit par Jacques Quintard. Producteur exécutif : Christian Marcenet. Photographes : Pierre Barbier, Gérard Darric, Michael Zock. Dessin et sculpture : François Mengelatte et Gabrielle. Texte dit par Jacques Deschamps et Catherine Laborde avec la participation de Christine Berganton, Cathy Cazeaux et Régine Lacoste. Illustration sonore et mixage : Bruno Gillet. Musique originale : Jean-Claude Nachon. Prise de son extérieure : Joël Bocquet. Prise de son studio : Didier Gervais. Assistants de réalisation : Agnès d'Erceville, Denis Morille et David Cohen. Banc titre et effets spéciaux : Alain Taubes Visuel. Coordination technique : Technimedia. Réalisation intervisuel en mégavision.

À partir de 1981

Toulouse-Lautrec et Albi.

Martinique Ile aux fleurs.

Roma Aeterna. Direction : Marcel Carné. Multivision, plus de 3 000 diapositives. Durée : 54 min. Musiques de Ravel, Debussy, Ohana, Allegri, Respighi, Xenakis, Gabrieli, Prokofiev, Verdi, Mozart, Haendel, Bach, Rossini, Berlioz, Monteverdi.

Paris.

Interprète

1980

Carné, l'Homme à la caméra. Réalisation : Christian-Jaque. Auteurs : Didier Decoin, Henri-François Rey, Jacques Robert et Roland Lesaffre. Musique : Georges Delerue. Interprètes : Marcel Carné, Yves Montand et Roland Lesaffre. Avec les voix de Jean-Louis Barrault (le récitant) et Arletty (la caméra). Production : Les Réalisateurs associés – Télébulle – Antenne 2 – Le ministère de la Culture. Producteur délégué : Paule Sengissen. Directeur de production : Henry Dutrannoy. Durée : 80 min.

Bibliographie

Archives

Archives Carné, *The French Library and Cultural Center of Boston* (aujourd'hui à la Cinémathèque française de Paris).

Collections privées.

Correspondance

De Marcel Carné :

1936 (21 août), au ministre de la Santé publique, Paris.
1951 (30 juillet), à Roland Lesaffre, Heidelberg.
1956 (30 mars), à Jean Grémillon, sans lieu.

À Marcel Carné :

1931 (7 mai), par René Clair, Paris.
1942 (15 décembre), par Charles Spaak, Paris.
[1948], par Jean Anouilh, sans lieu.
1953 (16 janvier), par Simone Signoret, Saint-Paul-de-Vence.
1954 (25 février), par Robert Dorfmann, Paris.
1954 (30 juillet), par Jacques Flaud, Paris.
1958 (8 septembre), par Pierre Mac Orlan, Saint-Cyr-sur-Morin.
1961 (16 janvier), par J.-M. Spengler, Paris.
1964 (10 novembre), par François Truffaut, Paris.
1967 (8 mai), par Pierre Somveille, Paris.
1967 (21 novembre), par René Pignères, Paris.
1968 (17 septembre), par Michel Simon, La Ciotat.
1969 (5 septembre), par Robert Cravenne, Paris.
1972 (3 janvier), par Jacques Duhamel, Paris.
1973 (7 juin), par Nicole de Hautecloque, Paris.
1975 (18 décembre), par Valéry Giscard d'Estaing, Paris.
1976 (14 juin), par Pierre Dehaye, Paris.
1979 (10 octobre), par Emmanuel Bondeville, Paris.

À propos de Marcel Carné :
1937 (15 novembre), du ministère de la Défense et de la Guerre au directeur de l'Alliance Cinématographique Européenne, Paris.
1966 (19 août), de M. Brandin à Roland Lesaffre, Paris.
1967 (11 mai), de R. Pignères à Mme Josem, Paris.
1972 (21 février), d'André Planchet à Roland Lesaffre, Paris.
1974 (17 juillet), de Didier Decoin à Roland Lesaffre, Paris.
1974 (26 novembre), de l'Association Française de la Critique de Cinéma à Roland Lesaffre, Paris.
1975 (20 octobre), de la librairie Libris et les Éditions Jean-Pierre Ollivier à Roland Lesaffre, Paris.
1985 (22 octobre), de François Mitterrand à Arnaud de Vitry, Paris.

Scénarii originaux

Jenny.
Le Jour se lève.
Les Portes de la nuit.
Juliette ou la Clef des songes.
L'Air de Paris.
Le Pays d'où je viens.
Les Tricheurs.
Terrain vague.
Du Mouron pour les petits oiseaux.
Trois Chambres à Manhattan.
Les Assassins de l'ordre.
La Merveilleuse Visite.
La Bible

Découpages, romans et albums

« Drôle de Drame », L'Avant-Scène Cinéma, n° 90, 1969.
Drôle de Drame, Paris, Balland, coll. « Bibliothèque des classiques du cinéma », 1974.
Françoise d'Eaubonne, *Les Tricheurs*, Paris, Éditions Seghers, 1959.
« Les Enfants du Paradis », L'Avant-Scène Cinéma, n° 72-73, 1967.
Bernard Chardère, *Les Enfants du Paradis*, Paris, Éditions de Monza, 2005.
« Les Jeunes Loups », L'Avant-Scène Cinéma, n° 81, 1968.

« *Le Jour se lève* », *L'Avant-Scène Cinéma*, n° 53, 1965.
Jean Néry, *L'Air de Paris*, Paris, Les Éditions Mondiales del Duca, 1954.
« *Le Quai des brumes* », *L'Avant-Scène Cinéma*, n° 234, 1979.
Geneviève Sellier, *Les Enfants du Paradis*, Paris, collection « Synopsis ».
« *Les Visiteurs du soir* », *L'Avant-Scène Cinéma*, n° 12, 1962.
Les Visiteurs du soir, Paris, Balland, coll. « Bibliothèque des classiques du cinéma », 1974.

Plaquettes publicitaires

Drôle de Drame.
Le Jour se lève.
Les Visiteurs du soir.
Les Enfants du Paradis.
Les Portes de la nuit.
La Marie du port.
Juliette ou la Clef des songes.
Thérèse Raquin.
L'Air de Paris.
Le Pays d'où je viens.
Les Tricheurs.
Terrain vague.
Du Mouron pour les petits oiseaux.
Trois Chambres à Manhattan.
Les Jeunes Loups.
Les Assassins de l'ordre.
La Bible.
Carné l'Homme à la caméra.
Un jour, Bernadette.

Textes de Marcel Carné

« La caméra, personnage du drame », *Cinémagazine*, 12 juillet 1929.
« King Vidor », *Cinémagazine*, mai 1930.
« Rétrospective sur le film policier américain », *Cinémagazine*, juin 1930.
« Quand le cinéma descendra-t-il dans la rue ? », *Cinémagazine*, novembre 1933.
« Cinéma, vieux frère », *Aujourd'hui*, 30 septembre 1940.
« Monsieur Feyder », *Cinémonde*, 724, 1948.

« Que n'avons-nous une vraie école de cinéma ! », *Cinémonde*, 22 août 1958.
« La Merveilleuse Visite, un film pas comme les autres », *Dossiers Unifrance Film*, août 1974.
La vie à belles dents. Souvenirs, Paris, Pierre Belfond, 1989 (2e éd. ; édition originale : Éditions Jean Vuarnet, 1979).
Discours à l'Académie des Beaux-Arts, le 14 mai 1980.

Entretiens

Michel Aubriant, Hervé Le Boterf, « Entretien avec Marcel Carné », *Cinémonde*, 1954.
Jean-Paul Belmondo, *Bouillon de culture*, France 2, décembre 1998.
R. Boussinot, « Deux heures avec Marcel Carné », *L'Écran français*, 337, 26 décembre 1951.
Sébastien Chardin, *Ils parlent de leur mère*, Paris, Hachette, 1979.
G. Claude et B. Marc, « Faisons le point avec Marcel Carné », *Cinéma 61*, 54, mars 1961.
Edwige Feuillère, *Vertige feuillère*, documentaire, juillet 1993.
Annie Girardot, entretien avec l'auteur, Paris, *Théâtre Saint-Georges.*
Françoise Giroud, « Marcel Carné : je n'ai rien inventé », *L'Express*, 16 octobre 1958.
L'Aurore, 16 avril 1951.
« Les jeunes ont deux phobies : la solitude et le silence », *Ciné-Revue*, 27 mars 1959.
Jean Marais, *Bouillon de culture*, France 2, janvier 1997.
« Marcel Carné s'en va-t-en guerre », *Cinémonde*, 1964.
« Marcel Carné soigne à Nice une mauvaise sinusite avant de poursuivre avec Spaak, la mise au point de son prochain film : « Les Tricheurs », *Libération*, 19 août 1957.
Marcel Carné. La caméra vivante, réalisation Eddy Vicken, coll. « Georges Lautner présente », 2009.
Roland Lesaffre, entretien avec l'auteur, Paris, *La Closerie des Lilas.*
Henry-Jean Servat, « Marcel Carné – J'ai gardé la tête froide et le cœur chaud », *Paris-Match*, n° 2270, 26 novembre 1992.
Maurice Tillier, « Carné en liberté », *Le Figaro Littéraire*.
Jean Vietti, « Les grandes vedettes que j'ai connues », *Ciné-Revue*, 1961.

Études biographiques

Jean-Louis Béranger, *Marcel Carné*, Paris, Les Cahiers de l'Écran, 1945.
Catalogue de l'exposition *Marcel Carné cinéaste*, Paris, Musée de Montmartre, 15 janvier-30 avril 1994.
Robert Chazal, *Marcel Carné*, Paris, Éditions Seghers, collection « Cinéma d'aujourd'hui » (dir. Pierre Lherminier), 1965.
Carlos Fernandez Cuenca, *Marcel Carné en sus cuatro films fundamentales*, Cineclub de Zaragoza, 1952.
Bernard-G. Landry, *Marcel Carné, sa vie, ses films*, Paris, Éditions Jacques Vautrain, 1952.
Les Enfants du Paradis, Éditions Balland, 1974.
Jacques Meillant, *Marcel Carné*, Bruxelles, Club du Livre du Cinéma, 1957.
Michel Pérez, Les films de Carné, Paris, Ramsay, collection « Poche Cinéma », 1994 (éd. orig. : 1986).
Myriam Provence, « Marcel Carné. Cinéaste de personnages au destin tragique », *Généalogie magazine*, n° 162.
Jean Quéval, *Marcel Carné*, Paris, Éditions du Cerf, collection « 7e art », 1952.
Edward Baron Turk, *Marcel Carné et l'âge d'or du cinéma français 1929-1945*, traduit de l'américain par Noël Burch, Paris, L'Harmattan, 2002.

Biographies d'interprètes

Arletty, *La Défense*, Paris, Éditions de la Table ronde, 1971.
Jean-Louis Barrault, *Souvenirs pour demain*, Paris, Éditions du Seuil, 1972.
Claude Beylie, *Robert Le Vigan*, Paris, Pygmalion, 1996.
André Brunelin, *Gabin*, préface de Dominique Gabin, Paris, Éditions Robert Laffont, 1987.
David Chanteranne, « Jean Gabin (1904-1976), du mauvais garçon au patriarche », *Le magazine du xxe siècle*, n° 1, décembre-janvier 2003.
Catherine David, *Simone Signoret ou la mémoire partagée*, collection « Elle était une fois », Paris, Robert Laffont, 1990.
Olivier Dazat, *Alain Delon*, collection « Les noms du cinéma », Paris, Seghers, 1988.
Denis Demonpion, *Arletty*, Paris, Flammarion, 1998.
Philippe Durant, *Belmondo*, Paris, Robert Laffont, 1993.
Annie Girardot, *Vivre d'aimer*, Paris, Robert Laffont, 1989.

Jean-Marc Loubier, *Louis Jouvet Biographie*, Paris, Ramsay, 1986.
Joëlle Monserrat, *Yves Montand*, collection « Livre d'or », Paris, Éditions PAC, 1983.
Michèle Morgan, *Avec ces yeux-là*, Paris, Éditions Robert Laffont, collection « Presses Pocket », 1979.
Serge Reggiani, *Dernier courrier avant la nuit*, Paris, Éditions de l'Archipel, 2003.
Françoise Rosay, *La Traversée d'une vie*, souvenirs recueillis par Colette Mars, préface de Jean Anouilh, Paris, Robert Laffont, 1974.
Henry-Jean Servat, *Les trois glorieuses. Danielle Darrieux, Michèle Morgan, Micheline Presle*, Paris, Pygmalion, 2008.
Simone Signoret, *La nostalgie n'est plus ce qu'elle était*, Paris, Éditions du Seuil, 1978.

Cinéma français

Henri Agel, *Les grands cinéastes*, Paris, Éditions universitaires, 1959 ; *Miroirs de l'insolite dans le cinéma français*, Paris, Éditions du Cerf, collection « 7e Art », 1958.
Léon Barsacq, *Le décor de film 1895-1965*, préface de René Clair, Paris, Henri Veyrier, 1985.
Pierre Billard, *L'Âge classique du cinéma français. Du cinéma parlant à la Nouvelle Vague*, Paris, Flammarion, 1995.
Pierre Chavot, *L'ABCdaire de Prévert*, Paris, Flammarion, 2000.
Henri Colpi, *Défense et illustration de la musique dans le film*, Paris, éditions Serdoc, 1963.
Paul Grimault, *Traits de mémoire*, préface de Jean-Pierre Pagliano, Paris, Le Seuil, 1991.
L'Homme à la caméra de Dziga Vertov 1928 *Tchelovek c Kinoapparatom* (Moscou 1929).
Philippe d'Hugues, *Almanach du cinéma des origines à 1945*, Paris, Encyclopædia Universalis, 1992.
Jean-Pierre Jeancolas, *Histoire du cinéma français*, Paris, Nathan université, 1995.
Jean Lacouture, *Enquête sur l'auteur*, Paris, Arléa, 1989.
La petite encyclopédie du cinéma, Paris, Édition du regard, 1998.
J. Leirens, *Le Cinéma et le temps*, Paris, Éditions du Cerf, 1954.
Pierre Leprohon, *Présences Contemporaines*, Paris, Nouvelles Éditions Debresse, 1957.

ANNIE MALLÉGOL, NOËL DEMAINES, *Le Grand Atlas du Cinéma français*, Paris, Éditions Atlas, 1996.
FRÉDÉRIC MITTERRAND, *Destin d'étoiles*, tome II, Paris, P.O.L. – Fixot, 1991.
ROGER RÉGENT, *Cinéma de France*, Paris, Éditions Bellefaye, 1948.
GEORGES SADOUL, *Le Cinéma français*, Paris, Éditions Flammarion, 1963.
MAÏTÉ VIENNE, *La figure de l'ange au cinéma*, Paris, Éditions du Cerf, 1995.

Ouvrages historiographiques

Articles et revues

Nogent, Eldorado du dimanche
PIERRE RAMBAUD, *Le Petit Dauphinois.*
ALEXANDRE ARNOUX, *Les Nouvelles littéraires.*
Jenny
ALEXANDRE ARNOUX, *Les Nouvelles Littéraires*, 1936.
FRANÇOIS VINNEUIL, *L'Action française*, 1936.
Drôle de Drame
MARCEL ACHARD, *Marianne*, 27 octobre 1937.
HENRY CHAPIER, *Combat*, 11 novembre 1964.
FRANÇOIS VINNEUIL, *L'Action française,* 29 octobre 1937.
ÉMILE VUILLERMOZ, *Le Temps*, 6 novembre 1937.
Le Quai des brumes
RAOUL D'AST, *La Liberté*, 31 mai 1938.
L'Avant-garde, 28 mai 1938.
HENRI JEANSON, *La Flèche*, 12 août 1938 ; Le *Canard enchaîné*, 30 décembre 1938.
Le Merle blanc, 21 mai 1938.
ROGER RÉGENT, *L'Intransigeant*, 1938.
Hôtel du Nord
MARCEL ACHARD, *L'Intransigeant*, 2 janvier 1939.
HENRI AGEL, *La Voix des Parents*, décembre 1964.
JEAN FAYARD, *Candide*, 1938.
Le Jour se lève
GEORGES ALTMAN, *La Lumière*, 1939.
ALEXANDRE ARNOUX, *Les Nouvelles Littéraires*, 17 juin 1939.
ANDRÉ BAZIN, *Ciné-Club*, 1, décembre 1949.
HENRI JEANSON, « Marcel Carné ou le cinéma dans la peau », *Cinémonde*, 11 janvier 1939.

René Lehmann, *L'Intransigeant*, 1939.
Pour Vous n° 541, 29 mars 1939.

Les Visiteurs du soir

Michelangelo Antonioni, 1960.
André Bazin, *Jeux et poésie*, 1943.
Émile Henriot, *Le Journal*, 1943.
François Vinneuil, *Le Petit Parisien*, 1943.

Les Enfants du Paradis

Gabriel Audisio, *Action*, 1945.
François Chalais, *Carrefour*, 17 mars 1945.
Georges Charensol, *Les Nouvelles littéraires*, 12 avril 1945.
Léon Moussinac, *La Marseillaise*, 8 mars 1945.
Georges Sadoul, *Les Lettres Françaises*, 17 mars 1945.

Les Portes de la nuit

Georges Altman, *L'Écran Français*, 10 décembre 1946.
Alexandre Astruc, 1946.
François Chalais, *Carrefour*, 13 décembre 1946.
Jean Fayard, *Résistance – Paris-Matin,* 11 décembre 1946.
Henri Gérard, *L'Époque*, 4 décembre 1946
Georges Sadoul, *Ciné-Club*, 1, décembre 1949.
Serge Youtkévitch, « Lettre ouverte à Marcel Carné », *L'Écran Français*, 98, 13 mai 1947.

La Marie du port

Louis Chauvet, *Le Figaro*, 17 mars 1950.
Jeander, *Libération*, 15 mars 1950.
Françoise Giroud, « Un fauteuil d'académicien », *France-Dimanche*, 6 août 1950.
Claude Mauriac, *Le Figaro littéraire*, 25 mars 1950.
Jacqueline Michel, *Le Parisien libéré*, 16 mars 1950.
Pierre Nadal, « Carné, Prévert et le reportage », *Raccords*, 3, avril 1950.
Henri Troyat, *Le Rouge et le Noir*, 28 mars 1950.
Orson Welles, *La Revue du Cinéma*, 1948.

Juliette ou la Clef des songes

Georges Charensol, *Les Nouvelles Littéraires*, 1951.
Claude Mauriac, *Le Figaro Littéraire*, 9 juin 1951.
Monique Schimel, « L'homme et son destin : Carné », *Image et Son*, 55, juillet 1952.

Thérèse Raquin

Jean de Baroncelli, *Le Monde*, 14 novembre 1953.

André Bazin, *Le Parisien libéré*, 10 novembre 1953.
Georges Charensol, *Les Nouvelles Littéraires*, 12 novembre 1953.
Jean Dutourd, *Carrefour*, 11 novembre 1953.
Yves Gibeau, *Arts*, 12 novembre 1953.
Jean Néry, *Franc-Tireur*, 11 novembre 1953.

L'Air de Paris

Rodolphe-Maurice Arlaud, *Combat*, 30 septembre 1954.
André Bazin, *Le Parisien libéré*, 30 septembre 1954.
Jean Dutourd, *Carrefour*, 29 septembre 1954.
Georges Charensol, *Les Nouvelles littéraires*, 29 septembre 1954.
Claude Mauriac, *Le Figaro littéraire*, 2 octobre 1954.
Georges Sadoul, *Les Lettres Françaises*, 30 septembre 1954.
François Vinneuil, *Dimanche matin*, 30 octobre 1954.

Le Pays d'où je viens

F. et J. Chirpaz, « Marcel Carné, ou la rencontre impossible », *Esprit*, novembre 1956.
Louis Daquin, « Les 20 ans de cinéma de Marcel Carné », *Les Lettres françaises*, 1er mars 1956.
Jacques Doniol-Valcroze, *France-Observateur*, 25 octobre 1956.
J. Michel, « Carné ou la clé des songes », *Cinéma 56*, 12, octobre 1956.
Georges Sadoul, « Les films de Carné, expression de notre époque », *Les Lettres françaises*, 1er mars 1956.
Gilbert Salachas, *Cinéma 56*, décembre 1956.
François Truffaut, *Arts*, 31 octobre 1956.

Les Tricheurs

Jean de Baroncelli, *Le Monde*, 14 octobre 1958.
Ciné-Revue, mars 1958.
Simone Dubreuilh, *Libération*, 14 octobre 1958.
France Soir, 1er juillet 1958.
Ici Paris, 28 mai 1958.
Paris-Normandie, 26 mai 1958.
Radio-Cinéma-Télévision, 26 octobre 1958.
Georges Sadoul, *Les Lettres françaises*, 16 octobre 1958.

Terrain vague

Jean de Baroncelli, *Le Monde*, 14 novembre 1960.
Claude Mauriac, *Le Figaro littéraire*, 12 novembre 1960.
Henri-François Rey, *Arts*, 9 novembre 1960.
Georges Sadoul, *Les Lettres Françaises*, 15 novembre 1960.
Charles Spaak, « Allocution », *L'Écran Français*, 310, 13 juin 1961.

Du Mouron pour les petits oiseaux
MARCEL MARTIN, *Cinéma 63*, avril 1963.
Trois Chambres à Manhattan
PHILIPPE DEFRANCE, *Cinéma 66*, janvier 1966.
Les Jeunes Loups
ANDRÉ CORNAND, *La saison cinématographique*, 1968.
MICHEL AUBRIANT, *Le Journal du dimanche*, 31 mars 1968.
Les Assassins de l'ordre
BERNARD COHN, *Positif*, octobre 1971.
GUY HENNEBELLE, *Cinéma 70* (www.marcel-carne.com).
La Merveilleuse Visite
GILLES COLPART, *Revue du cinéma*, février 1975.
Le Figaro, 16 février 1972.
Le Télégramme, 18 juillet 1973.
Ouest-France, 24 juillet 1973.
Générique, 23 octobre 1974.
Carné, l'Homme à la caméra
Le Figaro, 12 août 1980.
Nécrologie
GÉRARD LEFORT et DIDIER PÉRON, *Libération*, 1er novembre 1996.
JACQUES SICLIER, *Le Monde*, 2 novembre 1996.

Musiques et chansons

JACQUES PRÉVERT, JOSEPH KOSMA, *Les Feuilles mortes* ; *Les Enfants qui s'aiment*, Enoch éditeurs, 1946.

PHILIPPE MOUGEOT, *Kosma-Jaubert, Les Enfants du Paradis et autres musiques de films de Marcel Carné*, orchestre du Capitole de Toulouse, Michel Plasson, EMI Classics, 1993.

Sites internet

www.marcel-carne.com
www.cinema-francais.fr
http://cine-passion.voila.net
www.imdb.com
www.wikipedia.fr
www.allocine.fr
www.programme-tv.net

Index des films de Carné

Index des noms de personnes

D

E

F

G

H

I

J

K

L

M

Q

R

Table des matières

Achevé d'imprimer par
l'Imprimerie France Quercy, 46090 Mercuès
N° d'impression : 21863/ - Dépôt légal : octobre 2012

Imprimé en France